内容简介

营销策划是构建企业竞争优势和促进高质量发展的一门学问，营销策划需要把握时代的脉搏，主动融入我国高质量的社会经济发展中。只有深入了解中国式现代化的内涵，理解中国市场环境的情景，才能做好营销策划，实现企业高质量发展。

本书引导学习者从案例分析入手，通过对营销策划知识的学习与运用，学会系统思考，洞察顾客心理，有效配置和运用企业内外资源。此次修订突出了大数据、人工智能的引领作用，补充了数字营销、内容营销相关案例，更新了数字营销方面的阅读书籍和阅读案例。书中提供了丰富的拓展阅读栏目，章末“即测即评”可在线自测并查看答案，刮开封底条码，扫码激活后即可阅读。

主要作者简介

连 漪 桂林理工大学商学院二级教授、硕士生导师，桂林理工大学市场营销学科带头人，中国高等院校市场学研究会副会长。曾任桂林理工大学商学院院长、梅高（中国）桂林创意咨询公司总经理、福达控股集团总经理，在国内多家公司任独立董事或高级管理顾问。

前言

营销策划是构建企业竞争优势的一门学问，深入了解中国的市场环境是做好营销策划的前提。目前，中国的经济总量已排名世界第二，在各个行业领域产生了许多国际知名品牌，如华为、海尔、美的、比亚迪、大疆等，诞生了诸多令世界瞩目的移动互联品牌，如阿里巴巴、京东、腾讯、百度、拼多多、美团和字节跳动旗下的系列社交媒体等，它们提供了洞察消费者心理的经典案例，极大丰富了营销策划的课堂教学内容。当前我国社会主要矛盾已经转化为人民日益增长的美好生活需要和不平衡不充分的发展之间的矛盾，习近平指出“人民对美好生活的向往，就是我们的奋斗目标”，这为营销策划指明了方向。营销的本质就是满足需求，为顾客创造价值，营销策划需要把握时代的脉搏，造福社会，主动融入我国高质量的社会经济发展中。国潮品牌的兴起，证明了立足本土文化、用好中国元素，可以创意无限、市场空间无限。中国市场天地广阔，大有可为。

著名管理大师德鲁克指出，企业有两项基本职能：创新与营销。营销最简短的定义，就是有利可图地满足需求。洞察顾客需求，协同企业各职能部门，可以为顾客长期稳定地提供价值，解决他们的问题。把握消费者行为，有助于解决社会主要矛盾，推动经济社会的发展。中国人民大学郭国庆教授在2020年出版的《市场营销学通论》（第8版）中，率先将市场营销学定义为“研究以满足人民日益增长的美好生活需要为中心的营销活动及其规律的综合性应用科学”，强调营销让生活更美好，让世界更美好。

北京大学符国群教授认为，市场营销的职能可以从三个层面来认识与理解：一是从活动与任务层面，二是从组织职能层面，三是从营销理念层面。不同层次的营销人员或营销管理者在企业中所处地位和视角不同，营销策划重点也不同，比如一线的营销人员通常从活动与任务层面理解市场营销，企业的营销经理则更可能从组织职能和理念的角度来理解市场营销。营销策划可以从需求侧出发，也可以从供给侧出发，正如著名营销大师西奥多·莱维特所言，营销需要想象力。

《营销策划》（第2版）是在《营销策划：原理与实务》的基础上修订的。随着大数据和人工智能时代的到来，云计算、人工智能、大数据等新兴技术的普及和应用，学科知识的交叉融合和信息技术的综合运用，极大推动了营销学科的发展，丰富了营销策划的内容。这次修订是为了适应营销环境变化，补充新知识、新内容与新案例，从大数据的思维视角提高对营销策划的认知高度，培养学生综合应用知识的能力，促进知识转化为能力。在数字化时代，营销策划领域需要智商和情商兼备、理解创意与数据、知识面广、对终身学习充满热情的复合型人才，因此培养有内驱力的人才是教育的使命。

《营销策划》（第2版）保留了原书的内容结构，突出了大数据、人工智能的引领作用，更新和完善了绝大部分引导案例和案例分析，全面更新了以数字营销、内容营销为主的营销策划案例，在营销视角栏目中选择与本章密切相关的数字营销知识与内容，补充与更新数字营销方面的阅读书籍和阅读案例。

本书由桂林理工大学连漪教授、梁健爱教授编著，连漪教授负责拟定大纲，融合全书思政内容与专业知识，以及审定全书。全书共14章，具体分工如下：连漪教授修订第1~7章；梁健爱教授修订第8~14章。参加本书案例资料收集工作的还有研究生陈文辉、董华龙。在此对他们付出的辛勤劳动表示感谢！

本书在修订过程中参阅了国内外营销策划方面的文献资料，特别是有关数字营销、内容营销等内容，这些文献资料对完成本次修订起到了重要的作用，在此对相关作者深表谢意！

因作者的学识和水平所限，书中难免存在有待商榷和不当之处，恳请广大同人和读者批评指正。如有建议与意见，请发邮件至 lianyi63@263.net，我们共同对这个领域进行探讨，促进“营销策划”课程的建设与完善。

连　漪

目录

第4章

营销战略策划

第5章

品牌策划

第6章

产品与服务策划

第7章

价格策划

第 8 章 分销渠道策划

第 9 章 广告策划

第 10 章 促销策划

第 11 章 公共关系策划

第 12 章 网络营销策划

第1章 营销策划导论

本章要点

- 了解营销策划的概念和种类。
- 掌握营销策划的步骤。
- 掌握营销策划的内容。
- 掌握营销策划书的内容和撰写原则。
- 了解营销策划人员的职业要求。

引导案例

希音如何成为跨境电商的独角兽

希音（SHEIN）创立于2008年，总部在南京，前身是一家婚纱电商Sheinside.com，意为“将她放在心里”。2014年，公司创建自主品牌希音，并推出网站和APP，进军“跨境快时尚”，主打女装。希音是全球快时尚电商领先品牌，近几年快速增长（见表1-1），直接服务全球超150个国家和地区的消费者，在中国、新加坡、美国及其他主要市场设有运营中心，已成为中国第三大独角兽企业，仅次于字节跳动与蚂蚁金服。

表1-1　希音2019—2022年相关数据

年份	收入（亿美元）	用户数（百万）	APP下载次数（百万）	估值（亿美元）
2019	30.15	5.6	57.2	50
2020	90.81	15.5	103.1	150
2021	150.7	43.7	157.1	470
2022	227.0	137.0	229.0	1 000

资料来源：根据网络资料整理。

希音致力于“人人尽享时尚之美”的品牌使命，采用DTC（direct to consumer，直面消费者）模式自建互联网线上销售平台，直接触达消费者，对标快时尚品牌ZARA，但价格只有ZARA的2/3。希音除了低价，还有两“快”——快速迭代和快速物流，让消费者在线上获得琳琅满目的商品和随买随穿的快感。希音有个口号：比ZARA还要快7天。希音重新定义快时尚，强调快速响应市场变化和消费者需求，通过高效的供应链管理和生产模式，提供价格亲民、款式多样的时尚产品。希音不同于传统时尚，传统的时尚大牌更注重引领潮流和塑造品牌形象，通过独特的设计和精湛的工艺制作高品质、高附加值的产品。希音的目标顾客是25岁左右的年轻女孩，这个人群并不是时尚大牌的主要用户。通过精准的定位和独特的商业模式，希音成功地将这个市场的价值挖掘出来。希音的制胜法宝就是建立了数字化的柔性供应链，C端（客户）带B端（供应商），按需生产，将“快”做到极致。

资料来源：3000亿出海黑马“希音”的AB面．（2021-10-20）．https：//caifuhao. eastmoney. com/news/20211020185005683713300；市值7000亿！成中国第三大最大独角兽柔性供应链打败欧服王牌ZARA.（2023-05-17）．https：//baijiahao. baidu. com/s? id=1766126541591736370&wfr=spider&for=pc.

启示：希音根据市场需求变化，重新定义了快时尚，通过价值创新的方式，运用网络爬虫技术和大数据分析预测时装流行趋势，可以精准定位，有针对性地调整产品设计，满足不同国家和地区的需求。大数据分析方法在时尚行业具有灵活性和创新性，为全球消费者提供了更符合当地市场需求的时尚产品，这使希音成为一家跨境独角兽企业。营销策划的目的就是与时俱进，寻找并建立企业的竞争优势。

第1节　营销策划概述

一、营销策划的概念

营销策划既是一种经营哲学，又是一种市场营销方法。菲利普·科特勒指出：“营销策划是一种管理程序，其任务是发展和维持企业的资源、目标与千变万化的市场机会之间切实可行的配合，策划的目的就是发展或重新开拓企业业务与产品，将它们组合起来，以期获得令人满意的利润和发展。”

营销策划就是根据企业的营销目标，通过设计和规划产品、服务、创意、价格、渠道、促销等活动，实现个人和组织交换过程的行为。营销策划的目的是找出和建立营销竞争优势。

营销策划的本质是实现营销目标，立足于企业现有营销状况，借助科学方法与创新思维，对企业未来营销发展做出战略性决策和指导。营销策划适合任何一种产品，包括无形的服务，它要求企业根据市场环境的变化和自身资源状况做出相应的规划，从而实现企业的商业目标。

营销策划一般分为广义营销策划和狭义营销策划。广义营销策划包括营销战略性策划、营销策略性策划和营销方式策划，其立足点从企业扩大到社会各种组织。狭义营销策划是以营销策略性策划为核心的营销组合策划，即从企业角度进行，依据企业可控因素4P（产品、价格、渠道、促销）进行谋划。

二、营销策划的特点

（一）目的性

进行营销策划之前首先必须明确营销发展目标。对任何企业来说，没有明确的营销发展目标，很容易发生营销方向出现偏差和缺乏营销动力的问题。因此，确立正确的营销目标是企业实施营销策划的首要任务。只有目的明确、方向正确，才能进一步考虑什么是达成目标的最好路径，即应由哪些人在什么时间和地点采取什么样的具体行动。因此，明确目的是制定科学有效的营销策划方案的前提。

（二）系统性

营销策划是关于市场营销工作的系统工程。营销策划的系统性首先表现在对市场环境与企业自身状况进行系统、准确的分析和判断。其次，营销策划的系统性表现在它是一种战略与战术的协调和统一。营销策划必须制定实现营销目标的营销战略，在营销战略的指导下，构思营销策略组合与具体营销运作方案。再次，营销策划的系统性还表现为时间与空间的呼应与连续。营销策划的各个环节总是环环相扣，一个活动的结束意味着下一个活动的开始，如此循环往复，构成了营销活动链。

（三）指向性

营销策划必须以消费者为中心，即围绕消费需求、消费行为及消费心理来做出营销决策、制定营销方案。营销策划的指向主体是实际和潜在的消费群体（顾客），除此以外还有政府、社区、供应商、股东、内部员工等。充分体现消费者的利益是营销策划成功的关键。

（四）可操作性

不能操作的方案，创意再奇特、再巧妙也无价值；不易操作的方案，必然耗费大量的人力、物力和财力，而且也使管理复杂化，成效不高甚至毫无成效。因此，营销策划必须结合企业环境，面对企业现实，设计出务实的、可操作的营销方案。

（五）可调适性

营销策划从本质上来说是一种前瞻性行为，它不可能预见未来市场的一切因素，在一些特定情形下出现营销方案与现实脱节的情形是不可避免的。因此，任何营销策划方案都需要在实施过程中根据实际情况加以调整和补充。

示例　“非洲之王”传音手机的成功策略

三、营销策划与营销计划的区别

营销策划与营销计划既有联系，又有区别（见表1－2）。

表1－2 营销策划与营销计划的区别

营销策划	必须有创意	天马行空 无中生有	掌握原则与方向	解决做什么的问题
	灵活多变	开创性	挑战性大	需要长期的专业训练
营销计划	无须创意	循规蹈矩 按部就班	处理程序与细节	解决怎么去做的问题
	一成不变	保守性	挑战性小	只需短期培训

造成二者差别的关键要素在于创意，具体可从以下五个方面来把握它们之间的关系。

第一，营销策划必须要有创意，有自由想象的空间，有任由思维驰骋的余地。营销计划则无须创意，它只要按照一定依据（如经营方针、经营战略等），遵循一定思路，按部就班地去做即可。从这个意义上讲，做策划与做计划是两种不同的工作。

第二，营销策划所要把握的是原则与方向，是一种大框架和总体思路。营销计划则需解决具体的程序与细节。前者需要"大手笔"，后者要求做耐心细致的具体工作。

第三，营销策划所要解决的是做什么的问题，怎么去做的问题则由营销计划解决。

第四，营销策划富有开创性，无章可循，循规蹈矩是营销策划的大敌，营销策划专家最喜欢的是挑战性、刺激、风险和机会。而营销计划绝不能异想天开，稳重的人通常更适合负责营销计划工作。

第五，营销策划人员需要较强的综合素质。营销策划人员须是"全才"或"通才"。营销计划人员也需要较高的综合素质，但其要求并不像营销策划那么严格。

换个角度讲，营销策划与营销计划的联系在于二者均强调现实性和理性，二者的区别则在于是否需要以想象力为基点的创造性。营销策划是现实性、创造性和理性的有机结合，它容纳了创意中的创造性和营销计划中的理性与现实性。没有创造性的营销策划，仅仅是灵机一动的创意；仅仅有现实性和理性的策划，不过是一种计划（见图1－1）。

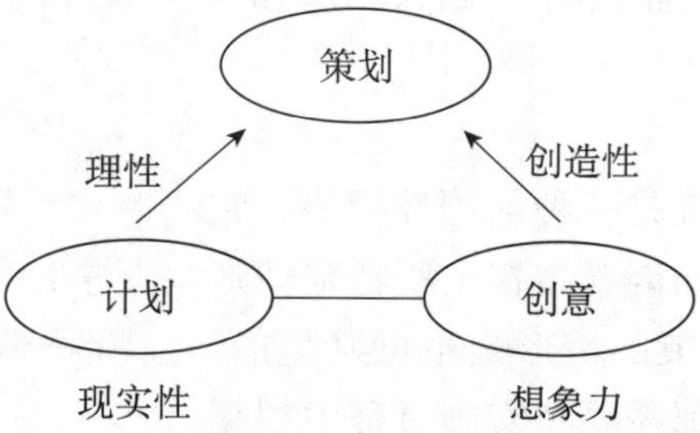

图1－1 策划、创意与计划的关系

营销视角　洞察心理，了解顾客如何决策

营销策划是否有效，需要了解消费者是如何决策的。著名心理学家、诺贝尔经济学奖得主丹尼尔·卡尼曼（Daniel Kahneman）教授，用一生的时间来研究这个问题。他发现人在做决策时其实是非常不理性的，通常情况下根本不会思考太多，更不会花心思去收集那么多的信息或者数据来分析，相反，人往往凭直觉或情况快速做出决策。做出决策后，再去找理由说服他人、说服自己。这就是著名的“第一系统和第二系统”理论。

第一系统依赖直觉、经验和情感，快速做出决策，它的运作过程是自动和时刻进行的，甚至是一种无意识和潜意识层面的活动。第二系统依赖推理、逻辑和数据，需要高度的注意力，是一个慢速的决策系统。因此洞察顾客心理，了解顾客购买不同产品的决策行为，可以大大提高营销策划的有效性。

资料来源：卡尼曼．思考，快与慢．北京：中信出版社，2012；尹一丁．市场营销二十讲．北京：清华大学出版社，2023.

四、营销策划的种类

根据策划形式、对象、意图和营销过程等不同，营销策划可划分为不同类型。

（一）按营销策划形式分类

按策划形式，营销策划可以分为战略营销策划和战术营销策划。战略营销策划是企业为保持竞争实力和发展地位，基于长期考虑做出的总体性营销谋略。战略营销策划主要涉及在所选领域内的有效竞争，战略营销竞争思路、手段和方法等问题。战术营销策划是企业在具体区域市场竞争中，为提升营销绩效，基于短期考虑做出的总体性营销谋略。战术营销策划主要涉及在所选具体区域的市场竞争，营销策略思路、手段和方法等问题。

（二）按营销策划对象分类

按策划对象，营销策划可分为企业策划、产品策划和服务策划。企业策划主要是对企业活动的全局、长远目标和整体发展进行总体设想和规划。产品策划主要是企业开展创造或选择战略性主导产品并建立具有良好体验的产品系统的整体规划。服务策划主要是企业以用户体验为中心，提供服务对象与服务提供商都满意的服务设计的总体设想和规划。

（三）按策划意图分类

按策划意图，营销策划可分为市场选择策划、市场进入策划、市场渗透策划、市场扩展策划、市场对抗策划、市场撤退策划等。市场选择策划主要发生在目标市场的选择阶段；市场进入策划主要发生在产品上市或新市场开拓阶段；市场渗透策划主要发生在市场已运作一段时间后；市场扩展策划主要发生在市场推广阶段；市场对抗策划主要发

生在市场激烈竞争阶段；市场撤退策划主要发生在退出市场阶段。

（四）按营销过程分类

按营销过程，营销策划可分为市场定位策划、产品策划、品牌策划、广告策划、价格策划、分销策划、促销策划等。此部分内容在后续章节详细介绍。

第2节　营销策划的步骤与内容

英国学者史密斯关于SOSTAC计划系统以及3M（三个关键资源）的论述精练地概括了营销策划的主要内容与步骤。SOSTAC计划系统包括：

S，情景分析（situation analysis），即我们现在在哪里。

O，目标（objective），即我们现在想往哪里去。

S，战略（strategy），即我们将怎么样。

T，战术（tactics），即战略的具体内容。

A，行动（action），即对计划的实施。

C，控制（control），即衡量、监控、检查、升级和修改。

要完成营销策划，应当明确完成工作所需要的资源，即3M，具体指人（men）、资金（money）、时间（minutes）三个自始至终都要使用的重要资源。

本书基于相关理论与实践，提出了营销策划的步骤与内容。

营销视角 | H2H让营销回归本质

如何衡量一个企业的营销是否成功？

我们不仅要看它获取的短期利润，而且要看它为顾客创造的价值，唯有如此，品牌才能获得长期成功。

这带来了一个问题：在竞争激烈的市场中，营销如何才能做到这一点？答案在于采用H2H营销（即human to human营销）。

我们正在进入一个新的营销时代，这个时代比以往任何时候都更加复杂和充满活力。消费者获取信息的途径、购买渠道和需求都变得高度多样化。他们不再是被动的消费者，而是品牌价值的积极创造者。在这种情况下，品牌必须使用人对人的方法，设计更人性化、更感性、更情境化的营销策略。通过满足消费者的需求，品牌可以成长，并共同创造长期价值。

H2H营销包含三个关键方面：以人为本的设计思维模式，共同创造价值的服务逻辑，多样性和连通性的数字化。品牌需要拥抱以人为本的方法，赋予消费者选择的自由。品牌应该深入了解顾客的需求，缩短产品和顾客之间的距离，并持续优化营销策略。

小红书是践行H2H营销一个很好的范例。小红书社区的用户可以获得来自真实用户分享的可验证的、有用的、相关的内容，体现了以人为本的理念。这些内容为营销人员创新和改善产品与服务提供了丰富的灵感和资源。通过小红书，品牌可以与用户建立良好的沟通，共同创造价值。

小红书的流量分配逻辑和去中心化的推荐机制，确保了好内容不会流失。即使一个产品是小众的或新兴的，它也可以找到自己的用户，为品牌创造机会。这使得小红书成为种草营销和真正 H2H 营销的首选平台。

在 H2H 营销框架和理念的指导下，科特勒咨询集团中国团队与小红书合作共创提出了“种草营销”新方法论。我们将其命名为“第三类营销范式”。在 H2H 营销时代，“第三类营销范式”将为众多品牌提供新的营销见解和创新指南，以更好地抓住品牌增长的机遇。

资料来源：科特勒，弗沃德，斯庞霍尔兹．H2H 营销：开创人本营销新纪元．上海：格致出版社，2023.

一、营销策划的步骤

任何一个全面而完整的营销策划均包括计划、分析、思考、构想与执行五个阶段，这是营销策划的基本步骤（见图 1－2）。

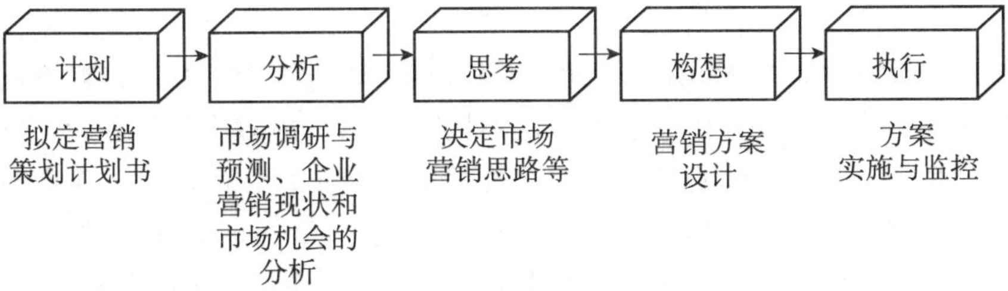

图 1－2　营销策划的基本步骤

（一）第一阶段——计划阶段

在进行正式策划之前，必须拟定关于营销策划的计划。它通常以文字的形式——计划书呈现出来，以指导整个营销策划工作。营销策划计划书的主要内容包括策划目的、策划进程、经费预算等。

1. 确立策划目的

策划目的要对本次营销策划所要实现的目标进行全面的描述。策划目的要体现企业发展要求，往往涉及对数量、速度、质量、成本等方面的研究。

2. 拟定策划进程

在拟定营销策划计划书时，必须明确策划的具体进程，列出详尽的时间表。规划营销策划进度可以采用甘特图。

3. 编制经费预算

根据详尽的策划进度时间表，可对策划费用做预算。一般而言，用于策划方面的费用包括以下几项。

（1）市场调研费：市场调研费的多少取决于调研规模的大小和难易程度。规模大，难度大，费用必然高；反之则费用低。

（2）信息收集费：主要包括信息检索费、资料购置费、复印费、信息咨询费、信息处理费等。其数量由收集的规模及层次决定。

（3）人力投入费：策划过程要投入必要的人力，其费用可通过预计投入人力的多少来决定。

（4）策划报酬：即支付给策划人的报酬。如果由本企业的人员来策划，就没有这笔开支。如果是外聘策划专家，就要支付策划报酬，其数额由双方协商而定。

4. 策划效果预测

在拟定营销策划计划书时，必须对策划方案实施后的可能效果进行预测，主要包括两部分：

（1）预测经济效果。预测经济效果的好坏是决定营销策划是否需要开展的前提。在预测时，应当客观，防止夸大和低估，以使决策准确。

（2）预测形象效果。即对方案实施后企业可能因此提高的知名度、美誉度等情况进行预测。这些指标未必能立即产生经济效益，但它为企业开辟了潜在市场，是企业未来经济效益的重要保证。

（二）第二阶段——分析阶段

营销策划计划书被企业认可后，就可进行市场调研与预测、企业营销现状分析与市场机会分析。这一阶段要求分析问题发生的原因并提出必须解决的课题，包括掌握营销策划的主题与目标，收集与调查信息，根据现状提出营销存在的问题。企业营销现状分析是找出企业营销中存在的具体问题，并分析其产生原因的过程。市场机会分析是根据企业营销中存在的具体问题，仔细在市场中寻求机会，为营销方案的顺利出台做铺垫。

（三）第三阶段——思考阶段

在计划与分析的基础上，营销策划进入设想解决营销问题的思路与方法阶段。这一阶段伴随着相关建议、意见的提出，通过对比、取舍与头脑风暴决定营销思路。营销思路是营销策划的“主轴”，各项营销策划与营销运作工作都要围绕这个思路进行。

在思考阶段，策划者可以采用头脑风暴法、互相启发法、特征分析法和自由联想法等方法。头脑风暴法是一种进行创造性思维的集体方法，它遵循“不能批评，只能补充”“欢迎自由奔放的想法”“努力争取尽可能多的想法”等原则。互相启发法也是一种进行创造性思维的集体方法，它让参与者在一张（或几张）纸、卡片上写出自己对议题的思路，然后由专人将分散的想法分类整理，归纳并发展成新想法。特征分析法是将特定营销问题的特征和构成因素制成图表，然后逐一审查从而得到新思路；它可以集体进行，也可以个人进行。自由联想法是将随意想到的东西记录下来，在一张大纸上写写画画从而得到新的思路。

（四）第四阶段——构想阶段

在这一阶段要进行营销方案的设计，也就是针对企业营销中存在的问题和发现的市场机会，提出具体问题的解决方案。有了思路和建议，如果不加以完善，就只能是一时的设想而已。要通过系列化和结构化加以充实后，才能形成基本完整的营销方案（见图1-3）。

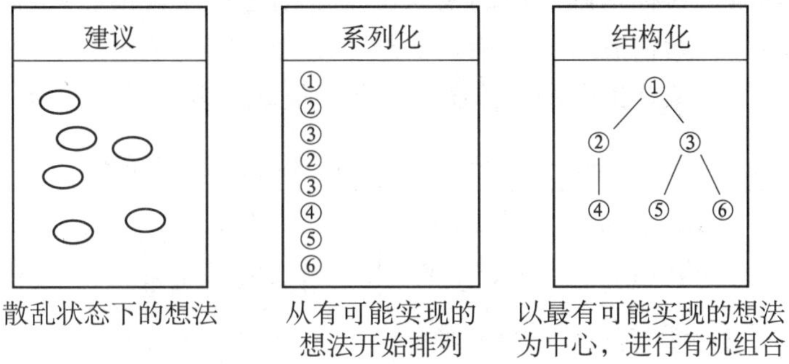

图1-3 建议的构想

从营销策划的操作实务看，营销方案的设计与制定一般有以下四个环节。

1. 准备

为营销方案的正式设计与制定进行前期准备，包括必要的物质准备、人员准备、资金准备等。这一环节的用时不宜太长。

2. 调研

调研环节主要是为营销策划收集相关信息。这些信息包括实地调研所获得的一手资料与通过媒体、行业资讯等途径获得的二手资料。它是决定策划能否取得成功的关键环节。全面准确的信息有助于制定正确、有效的营销战略与战术。因此，该环节必须分配较多的时间，有相应的费用预算。

3. 论证与选择

论证与选择环节主要是借助信息、知识和经验酝酿、构思各种可行方案，并对设计好的方案进行可行性评估、论证，选择最好的可行方案。方案的酝酿、拟定是基于大量的调研材料，借助理论知识和实践经验所进行的智力操作活动，这是营销策划的核心。而论证与选择则是根据具体需要，对方案进行尝试性运作。由于涉及面广、投入大，除了采用上述方式进行论证外，还应在一定范围内进行试运行，借助试运行的反馈信息来确认方案的可行性。

4. 确定

当策划方案经过论证认为可行时，就可以将设计好的方案用文字等形式表达出来，写成具体的、明确的、可操作的策划书，来指导企业营销策划实施过程的各项工作。

（五）第五阶段——执行阶段

在这一阶段要执行方案，也就是根据制定好的策划书，将日程表变成具体的营销行动。主要包括方案的具体实施、实施过程中的监控以及相关实施效果的测评与反馈。

二、营销策划的内容

营销策划涉及的内容很多，归纳起来主要有五个方面，即营销分析、营销目标、营销定位、营销战略与营销策略组合、实施与监控。这五个方面依序进行，相互关联（见图1-4）。其中，营销分析是营销策划的基础，营销目标是营销策划的思维轨迹，营销定位则是在营销分析与营销目标基础上质的飞跃，是基础分析与营销切入思路升华为营销战略与营销策略的原点；营销战略与营销策略组合围绕营销定位来确定与展开；实施与监控则是营销战略与营销策略组合的具体实践。如此循环往复，不断发展。

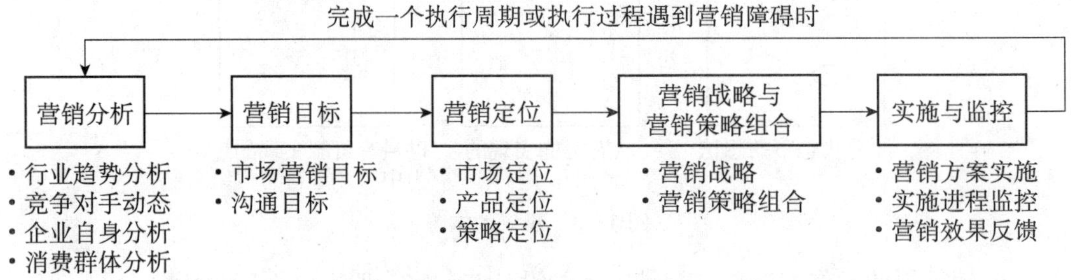

图1-4 营销策划进程示意图

营销视角 | 营销策划如何适应数字化时代

营销策划关键就是要掌握营销过程的关键内容，洞察顾客心理，拥有最终用户。谁了解顾客、洞察顾客的需求并满足需求，谁就能赢得市场。营销过程可以分为三个层次：客户争取、客户转化以及客户维系。

客户争取

进入数字化时代，随着算法和大数据技术的日渐成熟，精准营销成为主流。零售端的营销开始向平台倾斜，基于消费者浏览时长、鼠标点击、消费习惯、时间停留等轨迹，淘宝、天猫、京东以及美团等平台形成了自动推送模式。企业利用掌握的用户行为大数据，智能推送消费者喜爱的产品，实现了更智能、更精准的营销，预测性营销成为现实。

客户转化

数字化时代，AI体验、人货场的虚拟化实现了人与物之间的直接连接，打造充分透明的空间，消除了信息不对称。夸大其词、华而不实的营销都将失效。企业回归产品属性，客户体验成为绝对核心，人本营销成为趋势。个人智能数据助理、知识库、语义搜索功能、区块链、XR虚拟拍摄、数字孪生等智能工具都将得到快速发展。

客户维系

数字化时代，平台型和O2O型企业是主流。每个企业都想把消费者留在自己构建的生态中成为私域流量，全生命链管理消费者的消费行为，实现无限次的复购。阿里巴巴和京东等平台是零售渠道的主流。在线上展示产品，打破了原先基于线下选址的商业模式，重新梳理了业务流程，创新性地帮助商家低成本高效地触达消费者。随着元宇宙概念的出现，虚拟技术为客户体验的提升带来了极大的想象空间。商家纷纷提前布局，探索虚拟空间、虚拟人、数字藏品等元宇宙的营销玩法。

资料来源：王玮，冯茜，许师楷．数字化营销创新的“变”与“不变”．清华管理评论，2023（5）：52-66.

（一）营销分析

营销分析是营销策划过程中最基础的部分。它能告诉你“我们在哪里”，然后你才能决定“我们要去哪里”。

首先，需要对企业外部和内部的情境进行分析。外部分析主要是审视企业直接掌控之外的各个因素，如行业发展趋向、直接竞争对手动态、替代产品状况等等。内部分析包括企业在一些关键方面的表现，如产品的市场占有率、收益率、消费者忠诚度、新产品数量等等。

其次，还需要分析自身与竞争对手相比的优劣势。如我们所处的地理位置是否更方便？我们的服务是否更友好、更到位？我们的产品是否质量更优、价格更低？企业及其品牌在市场上的反应如何？我们的竞争优势是什么？能否保持下去？与竞争对手相比是否更有持久性？

最后，要对消费群体的消费心理与消费行为进行分析。谁是我们的消费群体？其中消费群体的主体部分是哪些？依据重要程度而言的不同层次消费群体分别有哪些消费心理和消费行为习惯？不解决这些问题，就无法界定营销目标，也难以进行营销定位。

（二）营销目标

1. 营销目标类型

营销分析的一个基本问题是“我们在哪里”，而营销目标是明确“我们要去哪里”。营销策划有多种不同的目标，根据企业的规模和结构的不同而有所不同。对企业来说，确立中长期目标相对容易，但营销策划更多的是确立短期战术目标。由于影响短期目标的市场因素比较多，此类目标的确立相对困难。

比较常见的营销目标有两个，一个是市场营销目标，另一个是沟通（传播）目标。典型意义的市场营销目标涉及销量、市场占有率、消费者满意度、消费者保有量、营销渗透、新上市产品数量、收益率等。这些目标中既有定性目标，也有量化指标，如6个月内在某市场的销量增加10%。市场营销目标还可能包括一些财务指标，如利润、贡献、收支平衡以及现金流动等。

沟通目标一般是指目标市场中人们的心理状态。AIDA模式是应用最广泛的沟通模式之一，常常用于界定沟通目标。AIDA是指注意力（attention）、兴趣（interest）、欲望（desire）和行动（action），它表明消费者在购买之前有一系列心理过程，而沟通目标可以根据这些过程来制定。策划报告经常提到“提高知名度”，这不是一个精确的、量化的目标；“在一年内让30%的购买者将A牌洗衣粉列入选择范围”才是一个量化的沟通目标。

2. SMART目标准则

确立目标是营销策划的关键。著名管理学家彼得·德鲁克说，企业必须要有一个目标，没有目标就没有灵魂，没有目标就会迷失方向。目标应当尽可能精确、可量化、可行、现实，而且有时间限制。可以采用 SMART 目标准则确立营销目标（见表1-3）。

表1-3　SMART目标准则

SMART	含义
specific	具体化
measurable	可测量的
attainable	可达成的
realistic	实际的、结果导向型的
time	有时限

（三）营销定位

在竞争日益激烈的市场上，怎样找准市场的“切入点”以实现预定的营销目标是企业经常碰到的问题，理论上称为营销定位。营销定位在营销策划整个过程中起着“枢纽”的作用。营销定位是在营销分析以及有了初步营销思路的基础上确立的，同时，营销定位又是确定营销战略与营销策略组合的“原点”。

营销定位需要对目标市场（区域）、目标消费群体、营销推广与传播的特定“位置”进行界定。营销定位准确与否直接关系到目标完成的成效及企业今后采取的营销措施。按照市场—产品—销售这一过程模式，营销定位可以分为市场定位、产品定位、策略定位三个类别。

1. 市场定位

市场定位一般分为地域定位和消费群体定位。

（1）地域定位。在进行营销策划时，首先要考虑产品的市场区域。比如，是面向全球市场还是国内市场？面向全球市场时，是面向所有国家还是某些国家？面向国内市场时，是面向一个省还是几个省或者全国？面向重点城市还是中等以上城市，或者小城市、农村？要充分考虑不同地域的特点，如人口、交通情况、风俗习惯等。例如，统一方便面专门针对四川消费者推出麻辣风味系列，受到广泛欢迎。

（2）消费群体定位。在进行营销策划时，还要考虑产品的目标消费群体。比如，产品是针对男性还是女性，或者兼顾？目标消费者的年龄段、收入情况是怎样的？目标消费群体的职业、收入、文化层次、消费偏好是怎样的？

2. 产品定位

产品定位是在进行营销策划时确定产品各属性的定位。它包括产品的质量定位、功能定位、造型定位、体（容）积定位、颜色定位和价格定位等。比如感冒药，面对不同的消费群体，可以开发不同包装档次、不同剂量规格。高质高价感冒药一般要求包装精美，低价普通感冒药对包装的要求较低；针对儿童的感冒药通常会减小剂量，将包装设计得活泼可爱。

3. 策略定位

策略定位是在进行营销策划时所用营销策略的立足点。策略定位方法有奇正定位、新老定位、正反定位、借势或造势定位等。这些方法之间没有绝对界限，往往互为补充、相互交叉。

（四）营销战略与营销策略组合

在营销策划过程中，对营销战略和营销策略组合之间的差异性、相关目标之间的联系、有效性和高效性三者的理解如图 1-5 所示。横向代表营销战略，从无效到有效的连续。纵向代表营销策略组合，从低效到高效的连续。处在框 1 的企业是最好的状态，将会繁荣发展；处在框 2 的企业可以存活，但发展不会太快；处在框 3 的企业会慢慢倒闭；处在框 4 的企业会迅速消亡。

图 1-5 营销战略与营销策略组合关联性分析

1. 营销战略

战略是长期的计划。公司发展战略一般分为公司层战略、事业层战略、职能层战略三个层次。营销战略是企业发展战略的第三层次——职能层战略的重要组成部分。营销战略为实现营销目标指明了方向，构筑了一幅 3～5 年的营销规划运作全景图。

2. 营销策略组合

营销策略组合是战略实施的细节，通常称为营销战术。它是使营销战略发挥效用的具体决策。营销策略组合的内容比较广泛，包括产品、品牌、包装、服务、定价、渠道及促销组合等方面的策略规划。图 1-6 给出了一个思考的模式。

营销策略组合的实施时间通常比较短，一般在 1 年或 1 年以内，比较灵活。如果营销策略组合与合理的长期战略相契合并有助于营销战略的实施，就是优秀的营销策略组合。若企业营销策略组合不力，消费者就不能很好地认识和了解产品，市场反应势必冷淡。

（五）实施与监控

在营销策划中，决定了营销战略与营销策略组合之后，下一步是实施策划方案并加强监控。任何战略与战术最后都需要具体的行动，而且要在实施中检验，以纠正错误。实施与监控需要掌握四个要点：一是在战略和策略的指导下推行营销策划活动，按计划推进；二是要有明确的人员安排（人数、组织机制、人员分工等）；三是明晰实施策划方案的费用预算；四是建立良好的监控反馈机制，以便随时根据计划中不合理或始料未及的状况进行调整与应对，并对实施效果进行反馈。

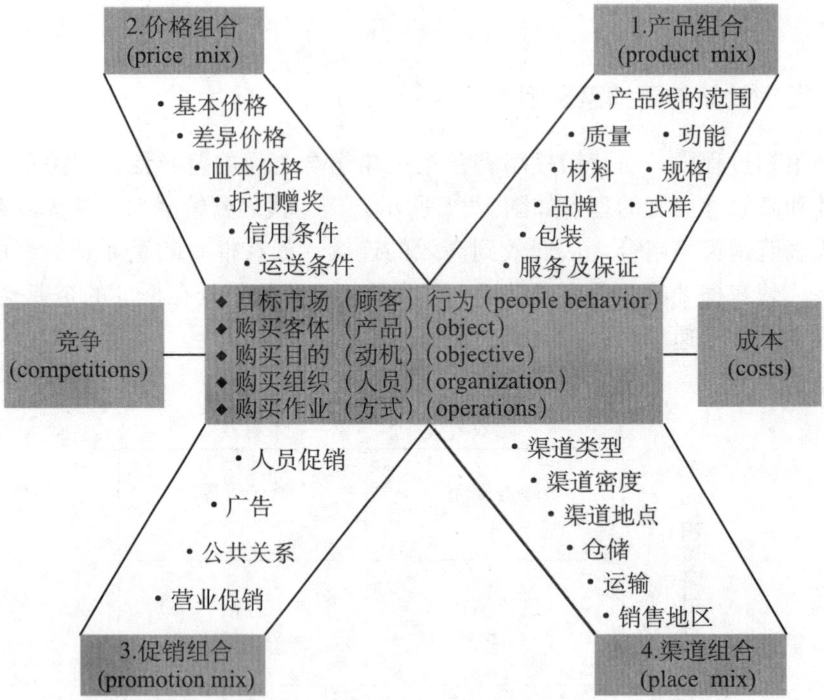

图 1-6　4P-2C-4O 组合分析模式

第3节　营销策划要领与趋向

一、营销策划要领

熟悉策划流程和掌握策划要点是做好营销策划方案的关键。撰写营销策划方案一般要掌握如下要点：

（一）问题解决导向

要制定营销策划方案，必须先找出战略及战术上的问题，以便提出解决措施。具有“问题解决”意识是撰写营销策划方案的第一要义。营销策划书就是一本“问题解决书”。

找出的问题可以分为战略问题和战术问题。比如，传播战略上的问题主要体现在两个方面：一是如何对商品进行市场定位，即如何巧妙地设定商品概念、明确目标对象等营销方面的问题；二是诉求内容及表现方法等信息方面的问题。战术问题较偏向于“效率化”问题，主要涉及执行效率及成本效率。举例来说：媒体的到达率及频次达到什么水平才能实现成本最低、效果最佳的目标？如何采用效果最佳的表现方法？这些都是解决问题的要点。

（二）成果导向

营销策划方案不能只提出各种可能性，必须具有较高的可操作性。因此在撰写营销策划方案时必须注意以下三个方面：一是目标化，不论营销目标还是传播目标，都必须明确；二是数字化，目标必须数字化才明确，比如本次广告活动的目标为试购率从42％提高至56％；三是监督与控制，成果导向的策划书必须重视成果的监督与控制，在执行期间加以管理控制，活动结束后再与实际成果做比较。

（三）市场导向

营销策划方案必须是市场导向的，需要密切联系产品、市场及消费者等具体情境进行思考。在策划前，策划者应做好了解市场、访问经销商、接触消费者等工作，充分了解商品、市场及消费者。

（四）精细化执行导向

“大胆设想，小心求证，精细执行”是营销策划的宝典。营销策划方案在解决问题的大原则下，真正执行时越精细越好，否则容易出现疏漏，影响实施效果。同时，营销策划方案也是前瞻性的行动策划。真正具有前瞻性的策划方案必须将每年或每次的营销策划活动都视为一个新的出发点。

（五）系统化导向

系统化营销策划方案才具有一贯性，尤其是整合营销传播活动的策划更需要系统化。为了保证营销策划内容的完整与充实，制定一套策划的系统或纲要不失为一个好方法，这样才不会遗漏某些步骤或内容。

二、营销策划趋向

营销策划的发展趋向是整合营销策划。整合营销策划是在信息技术迅猛发展的背景下，营销权力从制造商向消费者转移过程中衍生出的策划概念。自20世纪90年代中期以来，伴随4C理论的提出，整合营销策划很快在营销实践中采用。整合营销策划是实现营销传播资源（预算）效率化的机会，“用一种声音说话”，在多样化营销（传播手段）需求下，传递同一诉求，将商品与企业的形象有机地结合起来。

整合营销策划的目标是促使交换双方价值增值，市场是双方实现这一目标的手段和途径，双方以价值为联系纽带。因此，推行整合营销策划的企业首先必须进行价值分析，其中隐含的前提是对双方价值的认定和评价，只有这样才能理解增值问题。显然，双方的价值取向是不同的。对企业来说，价值增值过程表现为通过市场交换实现企业经营目标，超越竞争对手，立于不败之地。对顾客来说，价值增值过程表现为从交换中获得产品或服务的利益。在双方都追求价值最大化的前提下，只有双方寻求一种“双赢”的博弈效果，交易才可持续。在这一博弈过程中，企业价值是通过顾客价值的实现而实现的。

从图 1－7 对两种价值的分析比较可知，传统的 4P 营销理论是从产品市场开始，而整合营销 4C 是从顾客细分开始，为顾客确定至高无上的价值，这些价值体现在交换形式提供、沟通以及交付产品、服务和理念中，以便与顾客建立长期满意的关系。因此，整合营销策划最终还是回到营销的本质，即创造和满足顾客的需求。

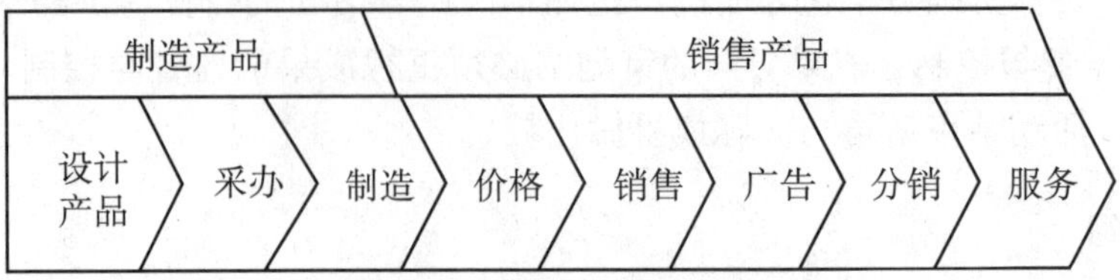

(a) 传统营销价值分析过程

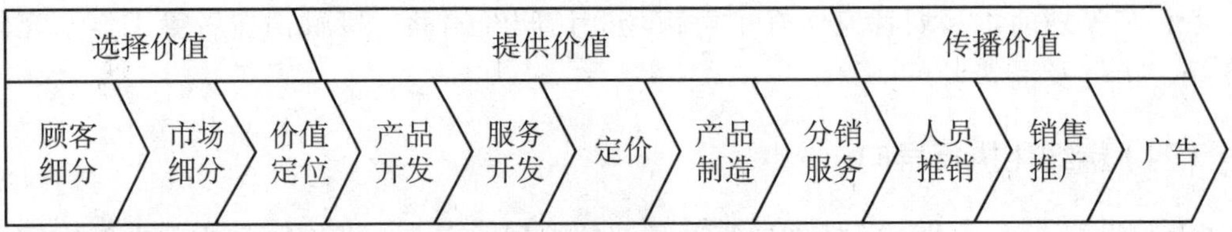

(b) 整合营销价值分析过程

图 1－7　两种价值分析比较

三、营销策划书

（一）营销策划书的概念

营销策划书是策划者根据营销策划项目的内容和特点，为实现营销策划目标而制定的实战方案。它遵循一定的逻辑框架。首先，明确营销策划书是给谁看的，不同的接受者所要求的标准是不同的；其次，明确营销策划书的作用是什么，界定清楚策划意图最为关键；再次，明确营销策划书的最终设计目的是什么，从根本上来说就是需要决策者接受策划内容，并按方案组织实施；最后，营销策划书应该是科学的、系统的和可操作的。

（二）营销策划书的内容

营销策划书的格式不是一成不变的，但营销策划书的内容是有规律可循的。营销策划书按照提出问题—界定问题—解决问题的思路撰写。营销策划书的作用就是将营销策划过程文字化，便于方案内容的沟通与实施。营销策划书的框架及内容如表 1－4 所示。

表 1－4　营销策划书的框架及内容

结构	内容
封面	1. 策划项目的名称/策划委托方 2. 策划机构或策划人的名称 3. 策划完成日期及本策划适用时间段

续表

结构		内容
前言		营销策划书正式内容前的情况说明部分，主要介绍策划的概况，即策划原因、过程和结果
目录		目录是为了方便阅读和查找相关内容
摘要		营销策划书的总结性陈述，目的是使阅读者对营销策划内容有一个非常清晰的认识，便于阅读者理解策划者的意图与观点。摘要的撰写要求简明扼要
正文	市场状况	PEST分析，市场结构及趋势，竞争环境分析，竞争者分析，产品生命周期分析，安索夫矩阵等
	SWOT分析	按市场/产品细分，找出优劣势，进行机会与威胁分析
	营销目标	战略重点和市场目标，目标市场与产品组合，BCG矩阵和安索夫矩阵等
	营销组合策略	SPT战略，4P
	策划方案预算	整个营销方案推进过程中的费用投入，包括营销过程中的总费用、阶段费用、项目费用等
	行动方案控制	运作日程表，人员与组织，测量与评估
结束语		与前言呼应，使策划书有一个圆满的结束，主要是重复一下主要观点并突出要点
附录		策划案的附件，起着补充说明的作用。如引用的权威数据资料、消费者问卷的样本、座谈会记录等。附录也要标明顺序

（三）营销策划书的撰写原则

撰写营销策划书的原则如下：

1. 逻辑性原则

营销策划的目的在于解决企业营销中的问题，按照逻辑思维来编制策划书。首先是设定情况，交代策划背景，分析产品市场现状，再把策划的中心目的全盘托出；其次对具体策划内容进行详细阐述；最后明确提出解决问题的对策。

2. 有效性原则

营销策划书要注意突出重点，抓住企业营销中所要解决的核心问题并进行深入分析，提出可行的应对策略。

3. 可操作原则

营销策划书是用于指导营销活动的，其指导性涉及营销活动中每个人的工作及各环节关系的处理。营销策划书的可操作性非常重要，不能操作的创意再好也无价值。

第4节 营销策划人员的职业要求

一、营销策划人员的基本素质

一名合格的营销策划人员应具备五个方面的基本素质，包括职业素质、心理素质、营销意识、知识水平和业务素质、团队精神。

（一）职业素质

一方面，营销策划人员必须具有强烈的事业心和高度的责任感；另一方面，营销策划人员必须有良好的社会公德和职业道德，以及由此决定的价值取向，比如，公正廉洁、豁达大度、诚实守信、实事求是等。

（二）心理素质

营销策划人员应具备的心理素质主要有：

1. 良好的认知素质

营销策划人员的认知素质是指观察、注意、记忆等能力的综合。首先是观察力，它是指有意知觉的能力，包括观察的客观性、全面性与敏锐性。其次是注意力，就是人们有意注意的能力，包括注意的稳定性、广阔性、转移性。最后是记忆力，主要看其识记是否敏捷，保持是否持久，能否迅速回忆和记起见过的事物，以及记忆的内容是否准确。

2. 情感意志素质

营销策划人员的情感意志素质表现在两个方面。一方面是情感和情绪。情感是人们对周围事物的态度体验。由生理需要而产生的情感是情绪，由社会需要产生的情感是情操。人的情绪状态包括心境、激情、应激。营销策划人员应具有积极的心境和激情，具有临危不乱、从容自如的应激状态。另一方面是意志。意志是自觉确定目的并根据目的来支配、调节行为，以达到预定目的的心理过程。营销策划人员应具备的意志品质主要有两个特征：一是果断，策划人员应有较强的应变能力；二是顽强，即坚持不懈地克服困难。

3. 个性心理特征

营销策划人员的个性心理特征主要包括个人的气质和性格。

（1）气质。气质是指一个人出生时就具有的比较稳定的心理特点。心理学把人的气质分为多血质、胆汁质、黏液质、抑郁质四种类型。气质本身没有好坏之分。作为一名营销策划人员，应为集上述四种类型之长的混合型，发挥自己气质之长，扬长避短。

（2）性格。性格是一个人表现在态度和行为上的比较稳定的心理特征和行为方式。心理学将人的性格分为理智型、意志型、情绪型三类。人的性格亦无好坏之分。一名优秀的营销策划人员应具有以下性格：一是有责任感、集体感、同情心，为人正直诚实、工作认真细致、勇于创新、谦逊自信。二是理智和意志占主导地位。作为营销策划人员，在任何时候都不能感情用事，被情绪左右，应理智地分析，实事求是地做出正确决策。

（三）营销意识

营销策划人员应有敏锐的市场洞察、敏捷的营销思维、准确的营销判断等营销意识。没有较好的营销意识，营销策划人员就难以做好营销策划工作。

（四）知识水平和业务素质

策划实际上是对信息进行收集、整理和重新利用的过程。策划不是一个简单的出主意、做计划的过程，它需要多学科的综合知识作为支撑。因此，营销策划人员应知识丰富，做到“广而博，博而专”。营销策划人员除了具有事业心和责任感，还应该在宏观上具有较强的政策运用能力，在微观上具有较强的实操能力。

从营销策划的工作角度来看，营销策划人员应该具备这样的知识结构：营销策划学的基础理论知识和实务知识；与企业经营密切相关的管理理论；与策划有关的社会科学知识。

（五）团队精神

营销策划人员要善于以最有效益和最能发挥能量的原则来进行团队组合，从而实现巧妙的策划、有力的传播、圆满的操作和科学的评估。营销策划工作包罗万象，客观上任何一个策划人员都不可能具备所有能力素质，必须将不同的人按“优势互补，珠联璧合，相得益彰”的原则组合在一起，发挥群体策划的作用。

二、营销策划人员的基本能力

（一）想象能力

营销需要想象力，没有快速敏捷且丰富的想象，很难做出高质量的营销策划方案。想象力不仅能创造出未曾见过的事物形象，而且能创造出未曾存在的事物形象。许多划时代的伟大发明都是从想象中产生的。想象力是记忆的“助手”，能深刻地影响人的思维，跨越时空的限制。想象力能提升学习效果，想象力是一切创造活动不可缺少的基本要素。想象力能够帮助我们透过表象找到营销的内涵——人们购买的不是产品，而是解决问题的方案。

（二）创意能力

创意是营销策划人员心智的最高体现，是营销策划人驾驭知识、驾驭信息的整体能力。创意能力首先要求策划人员必须运用形象思维描绘出营销策划全局的框架，然后用简洁的语言描绘营销策划的概要，并能够充分把握人力资源、物力资源、财力资源、社会资源以及各种可用资源的变动趋势和发展趋势。创意如同建筑中的框架结构，是营销策划的重要因素。创意是否合理将决定企业的成败。

（三）创新能力

创新意味着突破。策划就是通过对资料、信息的整理运用谋求一种突破。创新能力在整个企业策划方案中起着重要的作用。从创意的产生、选择到构思，从方案的表现、描述到向企业建议实施，每一个阶段都需要创新能力。

创新能力是基于学习能力之上的创造、更新。创新是进步的源泉。创新在营销策划思考阶段表现为对资源的创新能力，在营销策划构想阶段表现为对旧机制的更新，在营销策划执行阶段表现为新思想、新知识得到验证并取得成功。

（四）学习能力

在学习型社会，对每一个社会成员而言，学习成为日常生活的重要组成部分，学会学习尤为重要。要有竞争力、应变力，首先要有学习能力。21世纪应当倡导终身学习理念，重视学习能力的提高。

营销策划人员要勤学多练。要坚持学习，不断充电，并加强实战。只学习书本知识，无异于纸上谈兵。

（五）洞察能力

洞察能力就是指策划人员全面、正确、深入地认识、分析客观现象的能力。营销策划人员的洞察能力对于策划结果的质量具有直接的影响。策划人员应该具备统观全局、全面分析的能力，具有能够透过现象抓住本质以及着眼于发展、科学预见的判断能力。只有这样，策划人员才能够保证策划的针对性，找到解决问题的关键所在，获得成功。“察人之所察，见人之所见”是对策划人员洞察能力要求的具体描述。策划人员应该善于从过去和现在的文献中迅速发现可用的相关资料，并将其转化为有创意的重要素材。

（六）分析与解决问题能力

营销策划人员要善于综合分析，要有分析与解决问题的能力，善于在整体和全局中把握营销的时机和策略。营销策划人员要时常用鹰一般的眼光窥视整个市场的动态，及时预测并解决市场问题。

（七）市场调研与预测能力

营销策划人员要能够准确预测和善于把握历史发展的机遇，成为市场潮流的引领者。市场调研与预测能力是指策划人员对市场现状进行分析进而预测未来趋势的能力。它要求营销策划人员有深谋远虑、未雨绸缪的战略眼光。市场调研与预测能力直接影响策划的结果。

三、营销策划人员的基本技能

营销策划人员必须具备系统的逻辑思维，善于运用各种营销模型，除此以外还需要具备撰写文案、数据分析、营销传播等方面的技能。

（一）撰写文案技能

写文案不靠技巧，靠的是正确的思维模式；好文案不靠创意，靠的是精准的用户洞察。有人说成功的文案背后一定有非凡的洞察力，培养洞察力一定不是看文案有多漂亮，而是要看懂文案所表达的内容。

例如，农夫山泉的广告语是“我们不生产水，我们只是大自然的搬运工”，优于以前的广告语“农夫山泉有点甜”“每喝一瓶农夫山泉，你就为水源地的贫困孩子捐出了1分钱”。这个文案将品牌的理念与核心价值巧妙地渗透到每个受众的心里。

（二）数据分析技能

营销策划工作不应该是简单的营销推广，它从始至终都需要洞察消费者的真实需求，通过用户反馈的数据来优化营销策划内容。比如，对于微信文章，可以通过后台查看分享数、点击率、点赞数，将之与以前发布的内容的数据进行对比，确定用户是否更喜欢这篇文章。

（三）营销传播技能

在做好一个营销策划方案之后，要想尽快得到市场反馈，就要进行有效的营销传播。在互联网时代，营销策划人员要善用网络传播工具，提高营销工作效率。为此，要提高微博、微信、抖音、小红书等网络传播工具的使用技能。

营销策划是构建企业竞争优势的一门学问，深入了解中国市场环境的情景，洞察顾客心理，树立“四个自信”，是做好营销策划的前提。当前我国社会主要矛盾已经转化为人民日益增长的美好生活需要和不平衡不充分的发展之间的矛盾。习近平指出“人民对美好生活的向往就是我们奋斗的目标”。营销让生活更美好，营销的本质就是满足需求，为顾客创造价值，营销策划需要把握时代的脉搏，造福社会，主动融入我国高质量市场经济发展中。中国特色社会主义道路成就了我国经济快速成长，我国成为世界第二大经济体，巨大的市场空间和人民对美好生活的追求为营销策划指明了方向。马克思主义哲学强调，要善于把握事物发展总体趋势和方向，强调思维的整体性、全局性、长期性，高瞻远瞩、统揽全局地看问题。营销策划正是基于这样的战略思维方式，充分发挥企业的主观能动性、积极性和创造性，为长远谋划企业的生存和健康发展服务。

案例分析

《米其林指南》背后的故事

米其林是全球轮胎行业的领导者，逾百年前于法国的克莱蒙费朗建立。米其林 1889 年发明首个自行车可拆卸轮胎与 1895 年发明首个轿车用充气轮胎，此后在漫长的发展历程中在轮胎科技与制造方面不断创新。米其林在餐饮方面也有不凡的成就，它是世界餐饮业的权威鉴定机构。米其林出版的《米其林指南》被誉为美食“圣经”，年发行量超过 55 万册，它同时促进了米其林轮胎的销售。

1900 年，米其林创始人出版了一本供旅客在旅途中选择餐厅的指南《米其林红色宝典》。当时，米其林的逻辑很简单，为了提高轮胎的需求量，首先就要提高汽车的需求量。为此，就要鼓励大家远行，以好吃好玩的地方来吸引人。为此，它编纂了第一版《米其林指南》。第一版《米其林指南》免费发行了 35 000 册，内容包括旅行小秘诀、加油站位置、地图和更换轮胎的说明书等。后来，针对瑞士、巴伐利亚、英国、北非、意大利等地的旅行指南也相继发行。

1920年，米其林将《米其林指南》的发行方式由免费改为售卖。同时，丰富了《米其林指南》的内容，包含各种宾馆和餐馆的信息。接着，米其林发现人们对餐馆指南特别感兴趣，于是雇用了一批匿名调查者去光顾各大餐厅，并给出评价。

1926年，米其林的星级标准终于诞生，起初只有一颗星。20世纪30年代之后，三个等级的评星制度出台。一颗星是值得去造访的餐厅，是同类饮食风格中特别优秀的餐厅；两颗星表示餐厅的厨艺非常高超，是绕远路也值得去的餐厅；三颗星是值得特别安排一趟旅行去造访的餐厅。

目前，世界各地均有米其林三星餐厅，深受美食爱好者的青睐。根据《2024北京米其林指南》，北京有3家米其林三星餐厅、2家米其林二星餐厅以及28家米其林一星餐厅。

一个不按常理出牌的营销策略使一家轮胎制造商以美食家的身份被世人铭记。

讨论题

1.《米其林指南》背后的故事带给我们什么启示？

2. 从营销策划角度分析米其林成功的关键。

3. 这个策划案例主要涉及哪些知识？

重点名词

营销策划　　营销策划的种类　　营销策划的步骤

营销策划的内容　　营销策划书

思考题

1. 什么是营销策划？它有哪些特点？

2. 营销策划的基本步骤是怎样的？

3. 营销策划主要涉及哪些内容？

4. 做好营销策划的要领有哪些？

5. 试对本地一家企业的产品进行调查，总结其在市场上成功的策划要点。

拓展练习

一、目的与目标

1. 了解营销策划应具备的理论知识、方法和思考框架。

2. 通过技能训练，掌握营销策划书的撰写原则与内容，对营销策划有感性的认知，理解做好营销策划的思路及方法，能够解决企业实际营销问题。

二、内容与要求

1. 资料准备：收集经典营销策划案例，分析该案例的策划要点。

2. 具体任务：根据本章对营销策划的介绍，分组讨论营销策划书的撰写原则与内容。

3. 任务要求：以本地领先企业为例，试对其产品进行定位分析，在此基础上撰写一份产品推广的营销策划书。

三、组织与实施

1. 将班级同学分成5～6人一组的小组，实行组长负责制，全体组员共同完成课堂任务。

2. 各小组进行分工，完成资料的收集、汇总与分析。

3. 经过小组讨论后，完成实训报告，提交PPT文档，注明分工及各自的贡献。

4. 各小组选派成员对报告进行讲解，并回答其他组成员的提问。

5. 授课老师对各组的汇报进行点评及评分，提出意见及改进建议。

拓展阅读

一、阅读案例

1. 黄莹，王勇．故宫淘宝的华丽转身：新媒体背景下的文创品牌整合营销案例分析．改革与开放，2018（4）：13－14.

2. 余来文，朱文兴，苏泽尉，等．数字品牌：新商业、新媒体与新口碑．北京：企业管理出版社，2020.

二、阅读书籍

1. 科特勒陈就学，塞蒂亚万．营销革命5.0：以人为本的技术．北京：机械工业出版社，2022.

2. 营销的第三种范式 小红书种草方法论．https：//docs. qq. com/pdf/DTmFvb25XbWFqSXVD?.

3. 柯林斯．飞轮效应．北京：中信出版社，2020.

4. 格拉德威尔．引爆点：第5版．北京：中信出版社，2020.

5. 郑毓煌．科学营销．北京：中信出版社，2023.

即测即评

扫描二维码可在线自测并查看答案。

第2章

营销调研策划

本章要点

- 了解营销调研与营销调研策划的概念。
- 掌握营销调研策划的内容和方法。
- 掌握营销调研策划的基本步骤。

引导案例

中国膏药品类第一品牌的成长故事

桂林天和药业股份有限公司（简称“天和药业公司”）的前身为桂林第四制药厂，主要生产各种卫生敷料。1992 年，天和药业公司购得川南名医“海氏骨刺灵”秘方，成功研制出天和牌骨通贴膏，并于 1994 年正式推向市场。如今，天和牌骨通贴膏成为中国膏药品类第一品牌。

天和药业公司在推出天和牌骨通贴膏之前曾聘请专业公司进行市场调查。调查发现：在中医认为的“痹症”中，骨刺疼痛是发病率较高的病症之一，尚没有特效药；发病人群多在 40 岁以上，是一个巨大的潜在消费群体。

根据中医“通则不痛，痛则不通”的理论，天和药业公司最终选择了专治骨刺疼痛的产品概念，将主打产品命名为骨通贴膏，同时以膏药专家的品牌身份传播“早贴早轻松”的理念。

天和药业公司通过可视化的平面彩球设计，让给药过程看得见，在传播上实现了“中药西做”的品牌核心价值，将西药给药的“缓释”原理首次移植到中药上。同时，聘请著名表演艺术家做代言，快速提高产品的知名度和美誉度。

天和药业公司对膏药基质材料进行改良，让患者很快体验贴膏药后的感觉，开创传统膏药走向现代膏药之先河。在短短的几年时间里将天和牌系列膏药打造成中国膏药行业的第一品牌。该品牌广告荣获纽约国际广告节营销效果银奖。

启示：营销调研是策划的前提。天和药业公司从为顾客创造价值出发，通过市场调研找到目标客户，创新产品传播概念，实现了“中药西做”的品牌核心价值主张，赢得了顾客的认可。

第1节　营销调研策划概述

一、营销调研的概念与对象

（一）营销调研的概念

营销调研和市场调研有不同的含义，尽管它们会使用相同的方法。美国营销调研协会（Marketing Research Association，MRA）将营销调研（marketing research）定义为企业收集、分析和解释信息，用于制定理想的商业决策和成功地管理企业的过程。同时，该协会将市场调研（market research）定义为用来确定某一产品或服务的市场规模、地点或构成的过程。很显然，二者所包含的范围是不同的。准确地说，营销调研应包含市场调研，市场调研只是将营销调研的理论运用到某个具体的市场领域，而非所有营销领域。

营销调研就是设计、收集、分析和报告信息，从而解决某一具体的营销问题的过程。可见，营销调研是一个提供信息以解决营销问题（如确定价格、选择最有效的广告媒介等）的过程。这个过程的重点就是营销调研所提供的信息是用来制定决策的。

营销视角　营销调研新技术——神经元营销

技术的进步使营销者能够使用皮肤传感器、脑电波扫描器和全身扫描器来测量消费者的反应。例如，生物跟踪手腕传感器可以测量皮肤电活动或皮肤电导率，以检测排汗、体温和运动的变化。眼睛和脸部视觉研究的进步使营销者和管理者都受益良多。

眼动追踪（eye tracking）：眼动追踪技术能够注意到哪些产品可以抓住消费者的眼球并吸引消费者注意力。

面部识别：面部识别软件能够估计用户年龄和性别，公司可以利用此技术向合适的群体投放广告。

近年来，一些成本效益越来越高的研究消费者眼睛和脸部的方法被开发出来，并有了众多应用。宝洁、联合利华和金佰利等快速消费品公司利用计算机三维模拟产品包装设计，并与商店布局相结合，使用眼动追踪技术观察消费者首次关注的地方、在特定商品上停留的时长等。经过测试，联合利华改变了凌仕（AXE）沐浴露的容器形状、商标外观和店内的产品陈列。在韩国首尔的国际金融中心购物商场，26个咨询台都放置了液晶触摸屏，屏幕上方安装了两个摄像头和一个移动检测器。面部识别软件估计用户的年龄和性别后，屏幕中会出现针对相应人群的互动广告。在纽约、洛杉矶和旧金山，类似的应用正在被开发出来，用于人行道数字广告牌。在美国，用于识别和奖励零售商或餐馆的忠实顾客的面部识别摄像头和软件正在被测试。商业应用Scene Tap使用带有面部检测软件的摄像头来显示酒吧有多少顾客以及他们的平均年龄和性别，帮助喜欢到处

“串吧”的消费者选择下一个目的地。

资料来源：科特勒，凯勒，切尔内夫．营销管理：第16版．北京：中信出版社，2022.

（二）营销调研的对象

营销调研的对象十分广泛，既包括与企业有关的利益相关者，也包括与企业无直接关系的对象。具体来说有企业的所有者、经营管理人员、员工，现有及潜在的消费者，供应商与销售商，政府财税部门，会计师事务所，营销管理专家等。这些人的意见对企业的生产经营活动有重要意义，其中消费者的意见至关重要，故消费者是营销调研的主要对象。

二、营销调研的必要性

史蒂夫・乔布斯说：“营销调研没有用，因为消费者根本不知道他要什么。”亨利・福特说：“如果我问人们需要什么，他们只会告诉我想要一匹更快的马。”乔布斯和福特的话给很多营销人员足够的安慰和借口不去做市场调研，最终他们会把销售不理想的责任推卸给产品的瑕疵和运营的缺失，从而掩盖自己能力的不足。实际上，大多数情况下，并不是营销调研没用，而是营销调研方法错了。

在营销调研中，正确的提问非常重要，如果问错了问题，你就永远无法得到正确的答案。比如一个人是做手机的，他可能会问：“如何设计一个更好用的手机?”这样就陷入了“自我视角陷阱”，但如果他的问题变成：“如何提高人与人之间交流的效率和方式?”思维就不会被“手机”两个字所局限，最后解决这个问题的可能是微信或者其他方式，而不仅仅是一部更好用的手机。

营销调研并不是让消费者告诉你他要什么，而是通过调研来判断消费者遇到了什么问题或者哪些需求还没有被满足，受到启发从而找到解决办法。也许某个人、某句话或者某件物品会给你带来启发，让你做出重大决策。

消费者不知道自己需要什么，这是可以理解的。在车发明之前，没有人想要一辆车。但是消费者想要更快到达目的地的需求是一直存在的。营销调研就是去洞察那些一直存在、还没有被更好满足的需求，然后提出一个新的、替代的方案。

三、营销调研的类型

根据营销调研的目的，营销调研一般分为探索性调研、描述性调研、因果性调研、预测性调研等四种类型（见表2-1）。如果对调研问题的情况不太了解，就应从探索性调研开始。多数情况下还应在探索性调研的基础上继续进行描述性调研或因果性调研。预测性调研是以描述性调研和因果性调研为基础的，是描述性调研或因果性调研的进一步深化和拓展。

表2-1　四种调研类型的比较

	探索性调研	描述性调研	因果性调研	预测性调研
目的	• 了解并界定问题 • 追踪和寻求市场机会	• 描述特征、功能、属性	• 研究因果关系	• 对未来的判断和了解
适用	• 无法确定某一问题 • 实现问卷的精确和细化	• 对问题有较多了解 • 对所需信息有明确的定义	• 存在某种内在联系 • 试图寻找解决问题的途径	• 降低未来不确定性 • 为未来变化做一定准备
特征	• 小样本调研 • 不具备推断总体的作用 • 定性分析 • 处于大规模调查之前	• 大样本调研 • 定量分析 • 结论供决策参考	• 研究变量间相关关系 • 定量分析	• 基于历史数据预测未来 • 定量分析
方法	• 专家咨询法 • 座谈会法 • 个人访谈法	• 二手资料法 • 问卷法 • 观察法	• 实验法 • 描述性统计	• 回归分析统计

（一）探索性调研

探索性调研是为了确定调查的方向与范围、界定问题的性质以及更好理解问题的环境而进行的小规模的调研活动。它特别有助于把大而模糊的问题分解为小而精确的子问题以使问题更明确，并识别出需要进一步调研的信息。

（二）描述性调研

描述性调研在揭示因果关系的探索过程中是最基础的步骤，它的目的是描述总体的特征或功能。它会选择有代表性的大样本。

（三）因果性调研

因果性调研旨在了解哪些变量是起因（独立变量或自变量），哪些变量是结果（因变量或响应），确定起因变量与要预测的结果变量的相互关系。

（四）预测性调研

预测性调研是为了预测市场供求变化趋势或企业生产经营前景而进行的具有推断性的调查。其目的在于掌握未来市场的发展趋势，为经营管理决策和营销决策提供依据。

四、营销调研策划的概念

营销调研策划是一种针对性很强的市场研究活动，它是营销策划的基础，服务于营销策划的内容。任何一个营销调研策划的产生，都是针对组织营销的某个问题或某个特定目标。因此，营销调研策划就是根据营销策划的内容，为解决已界定的营销问题而进行的营销调研设计规划活动。

营销调研策划就是根据企业营销问题，设定收集和分析资料的范围（宏观、微观，企业、消费者和竞争对手等），将死资料变为活情报，为解决问题提供支持。

五、营销调研策划的内容

营销策划的内容不同，目标的侧重点也有所不同。但这些目标是相互关联、相互补充的，最终为营销策划的总体目标服务。因此，根据营销策划的不同内容，营销调研策划的调研目的、调研对象、调研流程、调研方法与手段等方面会做调整。最终，不同的营销调研策划与营销策划中不同的内容形成对应的关系。

从总体上看，营销调研策划的内容一般包括宏观环境调研、行业竞争环境调研和市场供求现状调研。

（一）宏观环境调研

宏观环境又称一般环境，是指影响一切行业和企业的各种宏观力量。在对宏观环境因素进行分析时，不同行业和企业根据自身特点和经营需要，分析的具体内容会有差异，但一般都应对政治、经济、社会和技术这四大类外部环境因素进行分析。

（二）行业竞争环境调研

行业是指按生产同类产品、具有相同工艺过程或提供同类劳动服务划分的经济活动类别，如饮食行业、服装行业、机械行业、金融行业、移动互联网行业等。

行业是企业最直接的外部环境，企业要对行业的整体水平及竞争状况有一定程度的了解。对行业及竞争状况的调研，除了把握整体市场规模、结构、发展和趋势，还需要对迈克尔·波特“五力模型”的五个方面即现有竞争者、潜在进入者、替代品、购买者、供应商进行调研分析。

（三）市场供求现状调研

市场是企业生存和发展的出发点和归宿，企业要对市场的供求现状进行调研，掌握市场对企业产品的需求总量、消费者需求状况以及整个市场的供应量、供应能力等情况，使企业能有效地满足市场需求。

1. 市场需求调研

市场需求调研主要包括三个方面：第一，了解市场需求总量，包括现实需求量和市场潜量，并重点分析市场潜量，即营销努力达到无穷大时的市场需求量，明确各细分市场及目标市场的需求量、销量及市场饱和点；第二，研究市场领导者、竞争对手以及企业的市场占有率、市场地位及变化情况，明确企业的发展目标及方向；第三，掌握消费者的需求结构及消费行为，明确消费者对同类商品不同规格、不同款式等的需求状况，了解消费者的购买心理、购买动机、购买模式和购买习惯等，分析影响购买决策的主要因素。

2. 市场供给调研

对市场的供给状况进行调研主要包括以下三方面：第一，调研商品的供应源，了解市场上同类商品供应企业的数量、分布、规模、供应能力及所提供商品的质量等情况，并与企业目前的供应情况相比较；第二，分析商品供应结构，即市场上同种商品不同规格的供应比例，调研企业当前目标顾客的需求结构是否能够被有效满足；第三，评价企业目前供应商的供应能力及与企业的合作态度、诚意及可靠性，明确判断企业所需的资源是否具有长期、稳定的供应保障。

第 2 节　营销调研方法的策划

营销调研方法是资料收集有效性的保证，应根据不同营销背景采用不同的营销调研方法。因此，营销调研方法的使用前提是与营销背景相匹配。通常来讲，一次有效的营销调研应考虑将定量调研与定性调研相结合。常见的营销调研方法如图 2－1 所示。

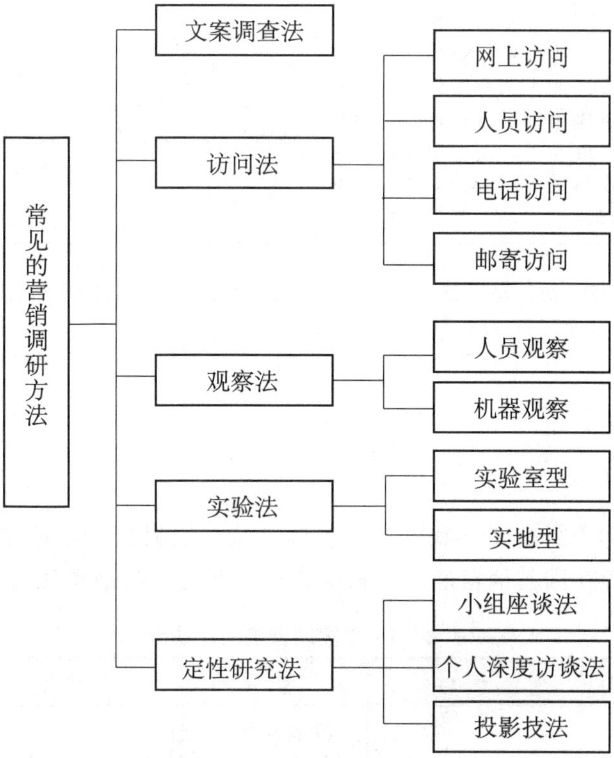

图 2－1　常见的营销调研方法

营销视角 不同研究工具的原理、优缺点及应用场景

不同研究工具的原理、优缺点及应用场景见表2-2。

表2-2 不同研究工具的原理、优缺点及应用场景

工具	功能性磁共振成像(fMRI)	脑电图(EEG)	眼动追踪(eye tracking)	功能性近红外光谱技术(fNIRS)	皮肤电反应、心率、呼吸频率等生理工具
原理	记录神经元活动诱发血氧变化产生的磁信号	记录神经元活动诱发的电信号	记录眼睛注视点的位置改变	记录神经元活动诱发的血液对近红外波段光谱的散射性变化	记录外界刺激引发的汗腺、心跳、呼吸等变化
优缺点	优点：设备无侵入性，空间分辨率高，可以全脑扫描，并对脑区进行准确定位 缺点：价格昂贵，设备较大，被试在实验中身体受限，时间分辨率较差（秒级）	优点：时间分辨率高，可以记录毫秒级变化；设备无侵入性，使用及维护较为方便；被试可以戴着设备接触周围真实环境 缺点：空间分辨率差，只能检测大脑皮层活动	优点：提供准确的视觉信息，直接反应被试的视觉信息加工过程 缺点：无法推断情绪反应的因果关联	优点：便携，适用交互场景，受电场影响小，可以与EEG联动使用 缺点：空间分辨率低于fMRI、高于EEG	优点：简单有效，允许被试与环境更自然地接触 缺点：难以区分刺激物对被试的唤醒是积极还是消极
应用场景	可以从体验偏好、产品选择、广告效果等方面预测个人及市场的消费水平，多用于与特定脑区相关联的行为预测	多用于预测消费者在体验偏好和产品选择上的个人及市场行为，研究对象以动态刺激物为主（如视频广告、电影、电视节目等）	多用来预测消费者的产品选择行为，用于研究与视觉注意力相关的消费行为	可以预测消费者的产品选择行为，尚未被研究者广泛使用	可以作为预测消费者行为的补充资料，其本身预测效果较差

资料来源：汪蕾，杨一恺，郑杰慧，等．基于消费者神经科学视角预测消费者行为：现状、挑战与未来．管理工程学报，2020，34（6）：1-12.

一、文案调查法

文案调查法又称资料查阅寻找法、间接调查法、资料分析法或室内研究法。它指研究该课题之前已经存在因其他目的而编辑的资料。其优点与缺点如表2-3所示。

表2-3 文案调查法的优缺点

优点	缺点
• 容易获得 • 成本低 • 可以丰富已收集到的一手资料	• 准确性难以保证 • 与调研主题的相关度不会很高 • 资料的及时性较差

二、访问法

访问法分为网上访问、人员访问、电话访问和邮寄访问等，它是研究人员通过询问受访者特定问题，从受访者的回答中获取信息的一类常用方法。其优缺点如表 2-4 所示。

表 2-4 访问法的优缺点

方法	优点	缺点
网上访问	• 辐射范围广 • 访问速度快，信息反馈及时 • 匿名性很好，不愿在公开场合讨论的敏感性问题可在网上畅所欲言 • 费用低 • 后台统计方便	• 样本对象有局限性，仅限于网民，会因样本对象的群体性和问题的局限性带来调查误差 • 所获信息的准确性和真实性难以判断 • 需要一定的网页制作水平
人员访问	• 简单、灵活，可随机提问 • 调查人员可边询问边观察，有助于提高调研质量 • 提问的问题和方式弹性大（可对某问题进行深入交谈） • 被调查者可充分发表意见，有助于获取有价值的信息 • 所提问题的响应率高	• 费用高、时间长 • 只适合小规模的调研 • 对调查人员素质要求较高 • 调研效果很大程度上取决于被调查者的配合情况 • 被调查者易受调研人员主观意识的影响，从而使信息失真
电话访问	• 经济、快速、易于控制 • 访问对象样本大、范围广 • 受调研人员主观影响小 • 交谈自由，能畅所欲言 • 对调研人员的管理方便 • 尤其适合热点问题或突发问题的快速调查	• 无法进行产品的有形展示 • 不适合长时间的访问 • 不适合深度访问或开放式问题的访谈 • 容易遭到拒绝 • 被调查者易产生抗拒心理
邮寄访问	• 高效、便捷、费用低 • 样本容量大、调查范围广 • 减少了对调研人员的监督 • 被调查者思考的时间充裕 • 尤其适用于较敏感或涉及隐私的问题	• 问卷或调查表的回收率低 • 信息反馈时间长、时效性差 • 对被调查者素质要求较高 • 对调查内容要求较高（问卷设计清晰无歧义、能够引起被调查者的兴趣）

三、观察法

观察法是通过观察特定的活动来获取信息的一类方法，分为人员观察和机器观察等，在市场调查中经常与访问法结合使用。一般而言，观察法适用于消费者偏好调查、商场经营环境调查、品牌调查等。观察法的优点与缺点如表 2-5 所示。

表 2-5 观察法的优缺点

优点	缺点
• 能够客观、真实地反映被调查者行为 • 不存在被拒绝或不配合的现象 • 有利于排除语言或问题理解等方面的误差 • 简便、易行、灵活 • 不干扰顾客	• 调查耗时长、费用高 • 只能反映客观事实，难以获得深层次信息 • 对调研人员的素质及业务水平要求高 • 观察到的事物可能存在某种假象

四、实验法

实验法是在控制某种行为或环境因素的情况下，考察某些市场变量的变化，以确定有关变量间的因果关系。实验法包括实验室型和实地型。一般适用于新产品的区域试销。实验法的优点与缺点如表2-6所示。

表2-6 实验法的优缺点

优点	缺点
• 较科学、实用 • 实验结果具有较强说服力、价值高 • 能够排除人们的主观偏差 • 可探索不明确的因果关系	• 耗时长、成本高 • 保密性差，易暴露营销计划的某些关键部分 • 样本或实验区域的选择较困难 • 操作、管理、控制等方面较困难

五、定性研究法

定性研究法是获取顾客或有关人员的态度、感觉和动机等信息的一类方法，常用的具体方法有小组座谈法、个人深度访谈法和投影技法等。

（一）小组座谈法

小组座谈法又称焦点小组访谈法，是指采用会议的形式挑选一组有代表性的消费者或客户，由主持人就某个专题进行询问，从而获得对有关问题的深入了解。它是定性调研中最重要的一种方法，使用很普遍。这种方法巧妙运用心理学的有关知识和激励原理，将若干受访者同时置于一个访谈室内，由主持人同时访问。在访谈过程中，一个人的发言会点燃其他人的思想火花，可以观察到受访者的相互作用，这比同样数量的人做单独陈述提供的信息更多。表2-7列出了小组座谈法的优点与缺点。

表2-7 小组座谈法的优缺点

优点	缺点
• 较资料收集速度快、效率高，获得的信息较为深入 • 更容易找到问题的原因和解决问题的途径 • 科学监测，结构灵活	• 对主持人的要求较高，访谈过程和结果较难控制 • 容易造成判断错误，更具主观性 • 受会议时间限制，很难进行深入细致的交流 • 结果对于整个总体不具有代表性

（二）个人深度访谈法

个人深度访谈法是一种无固定格式、直接一对一的访谈，在访问过程中，调查者与一名受访者在轻松的氛围中围绕某一问题进行深入讨论，目的是让受访者自由发言，充分表达自己的观点和情感。表2-8列出了个人深度访谈法的优点与缺点。

表 2-8　个人深度访谈法的优缺点

优点	缺点
• 消除了群体的压力，便于回答一些敏感性问题 • 可深入了解受访者的内心想法和态度	• 访谈结果的数据较难解释和分析 • 调查的无结构性使这种方法比小组座谈法更易受调查者自身素质的影响 • 比小组座谈法成本高，实际使用受到一定限制

（三）投影技法

投影技法是一种无结构、非直接的定性调研技术，来源于临床心理学。它是通过激励受访者对他们所关心的话题做出反应，来探究隐藏在表面反应下的真实心理，以获知真实的情感、意图和动机。其优点与缺点见表 2-9。

表 2-9　投影技法的优缺点

优点	缺点
• 可以获得受访者在知道研究目的的情况下不愿意或不能提供的回答 • 当要了解的问题是私人的、敏感的或有很强的社会标准时，作用就更明显	• 费用高 • 分析和解释起来比较困难，也易主观

六、现代营销调研方法的发展

营销视角　Credamo 见数智能调研平台

随着大数据和人工智能时代的到来，云计算、人工智能、大数据等新兴技术的普及和应用，对营销调研的广度、深度和精准度带来了深刻的变化。例如，通过网络爬虫、社交媒体监听、物联网传感器、人脸识别、语音识别等技术，可以获取海量的网络数据、社交数据、行为数据、生物数据等，这些数据可以反映消费者的偏好、情感、态度、意见、行为等多维信息。通过这些数据，研究者可以更好地了解市场的规模、结构、动态和趋势，以及消费者的需求、满意度、忠诚度和细分等。例如，希音正是运用网络爬虫技术和大数据分析预测时装流行趋势，成为一家跨境独角兽企业。希音通过谷歌的 Trend Finder 和自主研发的网页抓取、追踪系统，在面对跨境电商的多元市场时，能够有针对性地调整产品设计，满足不同国家和地区的需求。该公司不仅收集了时装面料、颜色、图案、款式和价格等关键数据，还通过分析海外市场，准确预测出了美国市场蕾丝风格和印度市场棉织服饰的流行趋势，为其在全球市场的设计决策提供了可靠的指导。大数据分析的方法使得希音在时尚行业保持了灵活性和创新性，为全球消费者提供了更符合当地市场需求的时尚产品。

另外，人工智能和大数据技术可以帮助营销调研者分析更多、更复杂、更深入、更有价值的数据。例如，通过机器学习、深度学习、自然语言处理、图像处理、情感分析等技术，通过对结构化和非结构化的数据进行分类、聚类、回归、关联、预测等多种分析方法，可以挖掘数据中的潜在规律、模式、关系等。通过分析，可以更好地解释市场的现象、问题和原因，以及消费者的行为、动机和心理等。这些技术为营销调研提供了更多的数据来源、数据类型、数据量和更高的数据质量，使得营销调研更加全面深入、实时和准确。

因此，大数据和人工智能将对营销调研的发展产生深远的影响，促进营销调研方法交叉融合与广泛应用。现代营销调研方法通常有以下几种。

（一）Python 爬虫技术

Python 爬虫技术是一种利用计算机程序自动化地爬取互联网上信息的技术，在市场调研中发挥着重要作用。爬虫技术在市场调研中的应用包括：

1. 市场需求关键字分析

利用爬虫程序系统性地汇总整理垂直市场的需求关键字，进行深度数据对比、商业分析，并制定基于实际数据的投资策略。这不仅有助于有效市场规划，还能够全面理解不同领域用户的实际需求。

2. 竞争对手分析

通过精准的网页扫描，爬虫程序可以获取竞争对手的产品信息、定价策略以及促销活动等关键数据。这种深度挖掘有助于深入了解竞争对手的市场定位和战略布局，为企业制定更有针对性的竞争策略提供科学依据。

3. 洞悉市场趋势和消费者需求

利用网络爬虫应用程序编程接口，企业能够自动扫描各类网页，包括新闻报道、社交媒体以及论坛帖子，获取关于市场趋势和消费者需求的翔实信息。这种全方位的市场洞察力有助于企业更精准地进行产品开发和营销策略制定。

（二）网络文本分析法

网络文本分析是一种研究方法，旨在在特定环境下从文本中提取信息和进行有效推断。这一研究方法采用高频词分析、语义网络分析以及情感分析，以深入理解文本中的关键信息。

首先，通过统计文本中的高频词并进行分类分析，能够了解在评论中出现频率较高的词汇，进而把握用户关注的焦点。词频表示词语在评论中出现的次数，高词频表明该词备受用户关注。为了获取用户最关注的高频词，首先建立分词语料库，并进行停用词的过滤，去除在文本中出现频率高但意义不大的词汇。经过停用词过滤可以更准确地提取出用户关注的核心词汇。

其次，构建共现矩阵，并进行语义网络分析。通过统计高频词在同一评论中两两之间的共现次数，建立共现矩阵。语义网络的基本原理是以共现矩阵为基础，以图形化的方式呈现词和词之间的关系。这有助于深入挖掘文本中词汇之间的内在联系，揭示出更隐晦的语义信息。

综合高频词分析和语义网络分析的结果，可以全面了解文本的主要关注点和词汇之间的语义关系。这一研究方法为深入挖掘用户评论、社交媒体文本等大量网络文本提供了有效的工具。

（三）眼动实验法

眼动实验法就是通过视线追踪技术，监测用户在看特定目标时的眼睛运动和注视方向，并进行相关分析的过程。眼动追踪是一种观察消费者认知过程和具体眼动轨迹的方法，能够揭示消费者的决策策略和潜在认知过程。人们注视商品时，表示他们正在思考或关注某些事物，眼动过程则是这种认知过程的可视化呈现。在眼动追踪中，注视时长和注视次数是要获取的关键参数。

注视时长是指眼睛停留在特定区域的时间长度，它反映了大脑对该区域的解读程度。较长的注视时长通常表示该区域具有较大的吸引力或信息获取难度大。注视次数表示眼睛在该区域停留的次数，反映了个体对信息的理解程度和该区域的重要性。有学者认为，总注视时长是衡量注意力在不同目标上分配情况的最佳指标。

在眼动追踪中，消费者对感兴趣的内容通常注视时间较长，而对不感兴趣的内容注视时间较短。对注视行为的分析有助于深入理解消费者在产品或信息浏览中的注意力分配和偏好，为产品设计和市场营销提供重要的洞察。

（四）用户画像分析

用户画像是指通过收集、分析和处理用户的人口统计学特征、行为偏好、属性等信息，形成一系列精练的特征标识，将这些标识组合成标签组，形成可理解的用户模型。

以抖音为例，该平台在构建用户画像时主要考虑用户的历史浏览偏好、使用环境，以及人口统计学特征，如年龄、职业和性别等，以更精准地进行内容推送。此外，抖音还密切关注用户对推荐结果的行为反馈，包括点击、观看、收藏和评论等。用户观看短视频时通过 APP 的用户界面与内容进行互动，这些行为被记录并上传到系统日志中。通过对这些数据的深度分析，系统会生成个性化的推荐列表，从而形成用户画像。

抖音的内容分发采用智能推荐系统，该系统结合用户画像、使用环境、热度和协同等模型，推荐最符合用户兴趣的信息。这种个性化的推荐系统有助于提升用户体验，使用户更容易发现他们感兴趣的内容并与之互动。通过精准构建用户画像，抖音成功地实现了内容个性化推送，为用户提供了更富有吸引力的使用体验。

第3节　营销调研策划的步骤

营销调研策划一般分为五大步骤：界定问题和调查目标、制订调研计划、现场调查与收集资料、分析资料与解释结果、提交研究报告（见图2-2）。

图 2-2　营销调研策划的步骤

一、界定问题和调查目标

界定问题是营销调研过程中极为重要的步骤。只有明确界定了问题，才能更好地解决问题。如果对研究问题的定义含糊不清，甚至对问题做了错误的界定，那么无论研究计划多么完备，实施方案多么具体，也是没有价值的，这样的研究结果无法帮助企业决策者制定正确的决策。问题的界定不是营销调研人员自己就能独立完成的，通常需要企业有关人员的共同参与，包括与企业决策者讨论、向有关专家进行咨询，组织焦点小组座谈以及对二手资料进行分析等（见图 2-3）。

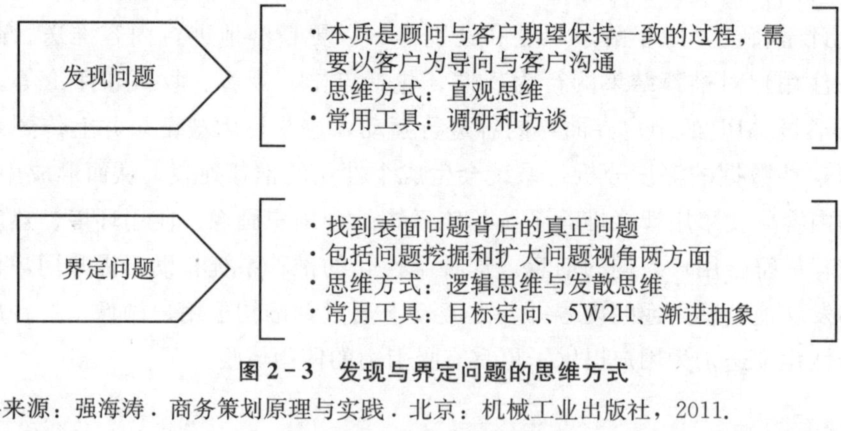

图 2-3　发现与界定问题的思维方式

资料来源：强海涛．商务策划原理与实践．北京：机械工业出版社，2011.

界定问题的研究主要是识别问题，即对市场状况、市场特点、市场需求的规模等进行描述。如图 2-4 所示，市场潜力测量、市场占有率测量、市场特性研究、市场趋势研究、销售分析调研、营销故障调研和市场预测等都属于这类研究。美国市场营销协会针对 599 家公司开展的市场调研表明，市场潜力测量、市场占有率测量、市场特性研究和销售分析调研的采用率高达 90%以上。

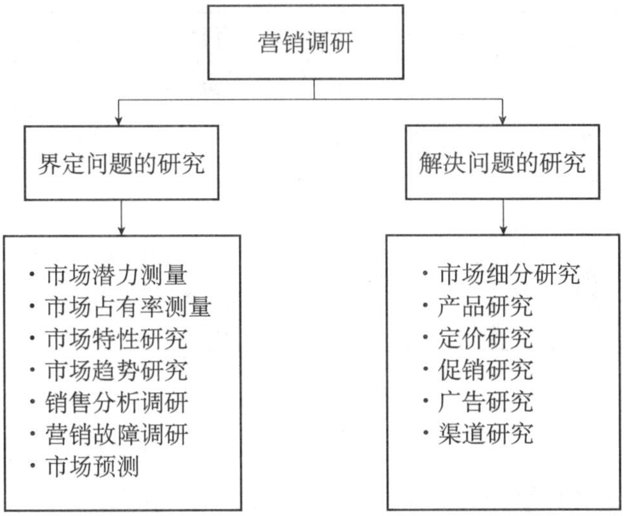

图 2-4　界定问题的研究与解决问题的研究

解决问题的研究旨在找出已有问题的解决方法，通常用来指导企业营销决策者选择更好、更可行的行动方案。

界定问题不是最终目标，营销策划的最终目标是解决问题，因此，界定问题包含设定营销目标与确定策划主题。通常情况下，企业常用年度销售额作为年度营销目标。在确定年度目标时，力求做到目标明确，为人所理解和接受。考虑的主要因素有企业的战略目标、市场机会和企业资源等。营销目标确定之后，就要确定策划主题，策划主题直接影响到营销目标的实现或项目能否在竞争中取胜，小到广告主题，大到贯穿整个年度项目及活动的主题。因此在实施策划之前进行市场调研非常关键，通过调研信息把营销者与消费者、公众联系起来，利用这些信息来辨别和界定营销机会和问题。所以，调研问题是信息导向的，要确定需要什么样的信息，以及如何有效和高效地获取这些信息。从形式上讲，调研问题的界定包括准确地确定研究目的和研究目标，通常研究目标又表述成若干具体目标。调研问题一定要具体明确，范围既不能太宽也不能太窄。

二、制订调研计划

营销调研策划的第二步是制定一个收集所需信息的最有效的计划表（见表 2-10），这是关于资料收集、样本选择、资料分析、调研预算及时间进度安排等方面的计划方案，是研究过程中非常重要的指导性文件。营销管理者需要做好该调研计划的成本预算。

表 2-10　营销调研计划表

调研目的	为何要做此调研、需要了解什么、调研结果有何用途
调研方法	文案调查法、访问法、观察法、实验法等
调研地区	受访者居住区、居住范围
调研对象、样本	对象的选定（资格、姓名、条件）、样本数量、样本选取

续表

调研时间、地点	所需时间、开始日期、完成日期、在外调查时间、调研会开始时间与结束时间
调研项目	访问项目、问卷项目（附问卷表）、分类项目
分析方法	描述分析、推理分析、差别分析、联合分析、聚类分析、预测分析
提交调研报告	报告书的形式、份数、内容、中间报告、最终报告
调研进度表	策划、实施、统计、分析、提交报告书
调研费用	各项开支数目、总开支额
调研人员	策划人员、调研人员、负责人姓名、资历

（一）资料来源

1. 一手资料和二手资料

制订调研计划，需要根据调研目的、目标将需要的资料列出来，以确定资料的种类和来源。资料通常分为一手资料和二手资料两类，前者为根据调研目的直接收集的资料，后者为现有的企业内部和外部资料（见图2－5）。

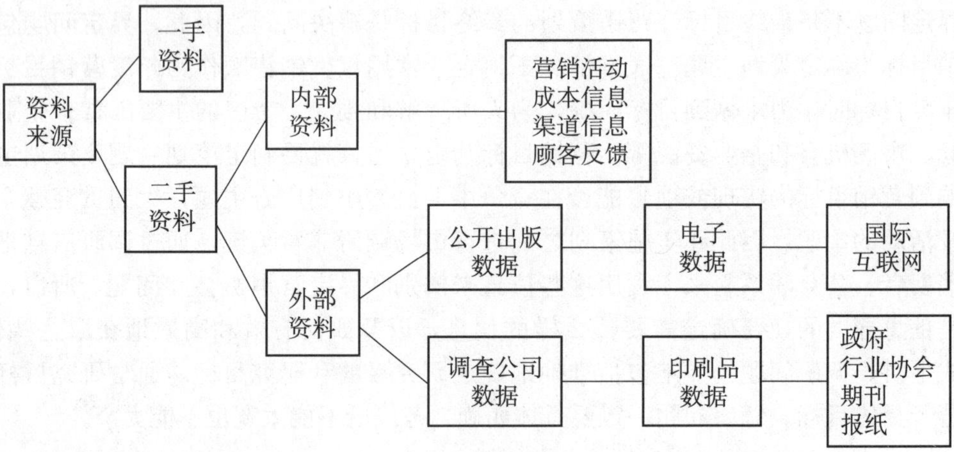

图2－5 资料收集的一般来源

2. 二手资料的收集

二手资料有节约成本和时间的优点，一般应尽可能首先加以利用。但是二手资料也存在相关性和时效性差等缺点，在大多数情形下无法完全满足研究的需要，这时研究人员就要收集一手资料。

二手资料收集的简明步骤如下：

（1）确定研究主题和信息资料主题及相关内容。

（2）列出关键词、指标名称、资料名称或拥有资料的机构。

（3）通过企业内外的图书情报系统和数据库系统检索、搜寻并获取信息。

（4）对获得的资料进行编辑、汇总、评价，以供分析研究使用。

（5）遇到信息源、搜索、评价等问题时，请教相关专家。

（二）调研方法

一手资料的收集有多种方法，主要有文案调查法、访问法、观察法、实验法和定性研究法。本章第 2 节已做详细介绍，此处不再赘述。

（三）调研工具

确定了资料收集的类型和方法后，就要着手准备资料收集的各种工具。采用访问法收集资料时，问卷的设计是一项非常重要的工作。使用其他方法也要准备相应的工具，比如常见的问卷、调查表。

（四）抽样方案

抽样方案通常包括以下内容：

1. 确定样本容量

样本容量是样本中所包含的个体数量。样本容量很重要，影响到样本测量的精度，但是它并不能保证结果的准确与无偏。如何选择一个样本（使用的抽样技术、抽样框）将会对样本容量产生影响。

一般地，样本容量采用公式计算得出：

$$n = \frac{Z^2\,\sigma^2}{E^2}$$

式中，Z 表示标准误差的置信水平；σ 表示总体标准差；E 表示可接受的抽样误差范围（允许误差）。

确定样本容量要考虑调研的本质和目标是什么，还要考虑基于调研结果所做决定的重要性如何。与结论性研究相比，探索性研究的样本容量可能相对较小。结论性研究的目的通常是得出总体特征的精确测量值，因此样本容量必须足够大才能保证结果的准确。

另外，定性调研（比如小组座谈、个人深度访谈等）的样本容量一般比较小，无法根据公式进行计算。通常根据专家经验制定一些规则，来确定样本量。当然，在调研访问的过程中，可以根据收集到的信息及时判断是否足以解决调研问题，从而灵活调整样本容量的大小。

2. 样本选择方法

样本选择方法主要有两大类，分别是概率抽样和非概率抽样。具体内容如表 2 - 11 所示：

表 2 - 11　常见的样本选择方法

概率抽样	简单随机抽样	总体的每个成员都有已知或均等的机会被抽中。比如将总体编号，任选其中几个号码
	等距抽样	经常代替简单随机抽样，它是先将总体样本按一定顺序排列，然后按一定间隔来抽取样本
	分层随机抽样	将总体分成不重叠的组（如年龄组），在每个组内随机抽样
	分群随机抽样	将总体分成不重叠的组（如街区组），随机抽取若干组进行调查

续表

非概率抽样	随意抽样	调查员选择总体中最易接触的成员来获取信息
	估计抽样	调查员按自己的估计选择总体中可能提供准确信息的成员（如要了解中高收入人群的消费习惯，可以选择高档小区的居民）
	定额抽样	按若干分类标准确定每类规模，然后按比例在每类中选择特定数量的成员进行调查（如男士10位，女士10位）

（五）时间进度与调研经费

在制订调研计划阶段，调研人员应对调研所需的时间及费用加以估计。时间是指完成整个调研计划所需的时间，调研经费则包括调研人员的薪金、差旅费、顾问咨询费、访问费、计算机上机费和材料费等各种费用。

三、现场调查与收集资料

调研的第一个关键点就是了解消费者的故事，通常使用现场观察和小组座谈会等方式；洞察消费者生活或工作中遇到的问题，因为一个问题可以产生各种场景故事，故事里有活生生的人物、时间、地点、感受、情绪，等等。

大多数调研之所以无效，是因为调研人员不是去了解消费者生活中的琐事，而是直接去问："您喜欢什么颜色？""您对我们的服务满意吗？""您相信保健品吗？""您觉得这几句口号哪一句您更喜欢？""您为什么购买这个产品呢？"

永远不要让消费者替你做决策，永远不要让消费者帮你做总结，消费者怎么可能知道哪一句口号更有效呢？消费者为什么购买是决策者自己要总结的，了解消费者故事的关键就在于让消费者回忆曾经发生的场景和故事。史玉柱在推出脑白金之初，走街串巷，跟老头老太太聊天，发现老年人有养生的需求，但是自己又舍不得花钱买保健品，所以脑白金提出了"礼品"的定位。

资料收集工作通常由公司调查部门或外部市场调查公司完成。一个典型的调查项目往往需要在几个城市收集资料，甚至涉及国外资料的收集，需要多家调查公司同时开展现场调查工作。为保证所有的现场调查人员按照统一的方式工作，需要就每一项工作进行详细的说明。现场调查是最不容易控制和最容易产生误差的环节，因此对现场调查中的每一个细节都应进行严格的控制，调研人员必须严格执行规定的程序。

执行现场调查的人员主要有访问员、督导员和调查部门的主管，在实施现场调查前上述人员要接受不同层面的培训，对访问员和督导员的培训尤其重要。培训分一般技能技巧的培训和项目培训。为了控制误差和防止访问员作弊，在人员访问结束后，督导员通常会根据计划按一定比例对受访者进行回访，以便确认是否真正进行了调查以及调查是否按规定程序进行。

四、分析资料与解释结果

资料收集完成后，下一步就是进行资料分析和解释。资料分析工作包括资料的编辑、编码、列表分析和其他统计分析等，分析的目的就是解释所收集的大量数据并得出结论和提供建议。

五、提交研究报告

资料分析与解释工作完成之后，调研人员还必须准备研究报告，并与管理层沟通结论和建议。研究报告是整个过程的关键环节，一方面报告必须呈现研究结论和营销建议；另一方面调研人员必须令管理层或研究报告的使用者相信，依据科学方法所收集的数据、得出的结论是客观和可信的。

营销调研策划是营销策划的前提与基础。调查研究是做好各项工作的基础。2023 年 3 月，中共中央办公厅印发《关于在全党大兴调查研究的工作方案》指出："党中央决定，在全党大兴调查研究，作为在全党开展的主题教育的重要内容，推动全面建设社会主义现代化国家开好局起好步。"所有的工作中应当将调查研究贯穿始终。"一切从实际出发，实事求是"，是人类正确认识世界和改造世界的根本方法论。中国有 14 亿人口，市场空间巨大，如何有效挖掘顾客的不同需求，满足不同区域目标市场的需求，是营销策划调研要深入研究的内容，根据不同区域、不同群体的不同需求，有的放矢。党的十八大以来，以习近平同志为核心的党中央高度重视调查研究工作。中央政治局出台的八项规定把"改进调查研究"摆在第一位。习近平总书记亲自开展调查研究，并在全党号召大兴调查研究之风。

调查研究方法需要与时俱进。学习、掌握和运用现代科学技术的调研方法，如问卷调查、统计调查、抽样调查、专家调查、眼动仪实验、神经语言学、搜索引擎、Python 爬虫网络技术等，及时把现代信息技术引入调研领域，提高调研的效率和科学性。

案例分析

乐高的"起死回生"

乐高是世界上最知名的玩具品牌之一。小巧的彩色积木催生了无数的套装、小雕像视频游戏，甚至是电影和主题公园。乐高玩具建立在一个非常简单的概念之上：每块积木都能与其他积木组合在一起，从而创造出无穷无尽的建筑、机器人、汽车以及其他用户能想到的组合。乐高采用设计思维进行产品创新，每次发布新产品都会通过创造性利用彩色砖块的方式保持新鲜感。2017 年，乐高成为世界最大的玩具制造商。

乐高诞生于1932年丹麦比隆的一家小商店。木匠奥莱·柯克·克里斯蒂安森（Ole Kirk Christiansen）与他的儿子高德弗雷德（Godtfred）共同销售木制玩具、梯子和熨衣板。两年后，两人将公司命名为LEGO。这个名字是丹麦语“leg godt”的缩写，意为“玩得好”。在接下来的几年，乐高扩大其产品线，制作木制鸭子、衣架和简单的木砖等产品。直到1947年乐高购买了一台注塑机，才开始大规模生产塑料玩具，这就是现代乐高小块积木的前身。1957年，乐高创造了能够相互锁定的塑料砖，第二年引入了螺柱和管子的耦合机制，这成为后来所有乐高玩具的基础。乐高积木在客户中大受欢迎，公司在20世纪60年代初开始在全球范围内扩张。1964年，乐高开始销售套装，其中包括建造特定模型的组件和说明书。此后不久，乐高打造了取材自电影和书籍的主题套装，如《哈利·波特》《星球大战》《侏罗纪公园》系列，成为世界上最抢手的玩具。

由于人口出生率下降，乐高的增长和扩张在20世纪末有所放缓。孩子们也对不能提供即时满足的玩具不那么感兴趣了。同时，乐高对酒店业不熟悉，导致公司在世界各地开设的许多主题公园未能实现盈利。为了吸引更多客户，乐高开始生产越来越复杂和独特的套装，但其销售额没有增长。乐高积木的复杂性也加大了生产难度，并使库存更难管理。主要的零售商有很大一部分库存没有售出，甚至在节假日也是如此。1998年，乐高第一次遭遇亏损，2003年，公司已处于破产边缘。

2004年，加入乐高仅三年的约恩·克努德斯托普（Jorgen Knudstorp）被提拔为首席执行官，公司局面开始扭转。约恩通过改进业务流程、削减成本、管理现金流，稳定了公司的发展。为了恢复乐高玩具的知名度，约恩非常注重创新、市场和消费者研究。他认为为了重新建立顾客与乐高玩具之间的情感联系，乐高必须深入了解每个顾客的愿望和行为。

乐高将决策建立在广泛调研的基础上。这一转变降低了生产的复杂性，促进了新产品的成功。2011年，公司推出了乐高朋友系列，努力吸引更多女孩爱上该品牌。公司通过市场调查了解到，女孩更喜欢用乐高套装进行角色扮演，而男孩更喜欢刺激的叙事和背景故事，如《幻影忍者》（Ninjago）和《气功传奇》（Legends of Chima）所讲述的故事。女孩和男孩都喜欢用乐高积木进行建造。乐高朋友系列提供了更多的套装和场景，如商场、果汁店和创意实验室，女孩可以用她们的小玩偶来进行角色扮演。该系列在中国、德国和美国等市场上大受欢迎。

乐高还建立了未来实验室。这是一个神秘的研究开发团队，负责创造乐高有史以来最具创新性和最成功的玩具系列。未来实验室的团队由工业设计师、程序员、营销者，甚至建筑大师组成。他们通过头脑风暴来产生现代化的作品。在每年进行的为期一周的巴塞罗那实地考察中，未来实验室团队广泛开展头脑风暴利用现有的积木、动画软件和专业水平的数码相机设计乐高原型。其中成功的原型会被进一步探讨，而那些最可行的想法将会在丹麦被投入生产。未来实验室创造的乐高玩具系列包括乐高机器人——一个与麻省理工学院合作创建的机器人平台、乐高融合——一个增强现实的应用程序，以及乐高建筑——世界上最有名的建筑模型系列。

2017年，乐高超过竞争对手美泰公司（Mattel），成为世界上最大的玩具制造商。虽然乐高自2003年的历史最低点以来取得了巨大的财务成功，但研究表明孩子们花在实体玩具上的时间越来越少。在一个日益数字化的时代，乐高必须继续研究其客户并尝试创新产品线，以保持在玩具行业的领先地位。

资料来源：科特勒，凯勒，切尔内夫．营销管理：第16版．北京：中信出版社，2022.

讨论题

1. 在本案例中，乐高是如何开展市场调研的？

2. 在数字化时代，乐高需要开展哪些研究？

重点名词

营销调研　营销调研的类型　营销调研策划
营销调研方法策划　营销调研策划的步骤

思考题

1. 什么是营销调研？什么是营销调研策划？

2. 营销调研策划的主要内容与方法有哪些？

3. 请阐述营销调研策划的步骤。

4. 选择学校周边的一家商店进行走访了解，分析以下问题：

（1）这家商店目前存在的主要问题是什么？

（2）什么类型的调研方法最适合收集这家商店的信息？

（3）需要收集这家商店哪些方面的信息？

5. 如何保证营销调研策划的初衷与后续执行结果保持一致？如果产生较大偏差，该怎么办？

拓展练习

一、目的与目标

1. 了解营销调研的内容，掌握营销调研的方法。

2. 掌握营销调研策划的步骤与内容，能够根据营销策划的要求设计调研内容。

二、内容与要求

1. 资料准备：收集营销调研策划案例，分析该案例的策划要点。

2. 具体任务：根据本章对营销调研策划的学习，分组讨论营销调研策划的方案。

3. 任务要求：以本地领先企业为例，试对其产品重新定位进行调研，撰写一份营销调研策划案。

三、组织与实施

1. 将班级同学分成5～6人一组的小组，实行组长负责制，全体组员共同完成课堂任务。

2. 各小组进行分工，完成资料的收集、汇总与分析。

3. 经过小组讨论后，完成实训报告，提交 PPT 文档，注明分工及各自的贡献。

4. 各小组选派成员对报告进行讲解，并回答其他组成员的提问。

5. 授课老师对各组的汇报进行点评及评分，提出意见及改进建议。

拓展阅读

一、阅读案例

1. 文卫红．五菱汽车——成就中国汽车下乡第一“神车”的神秘力量．销售与市场（管理版），2019（12）：80－83.

2. 赵正．良品铺子上市 休闲零食市场格局生变？．商学院，2020（Z1）：33－35.

3. 刘润．挖掘机经济学：跳动吧，字节．（2022－05－10）．https：//www.shangyexinzhi.com/article/4832047.html.

4. 曹惺璧．从客户需求出发，知易行难！．趋势商业评论，2022－10－26.

二、阅读书籍

1. 布朗，苏特，丘吉．营销调研基础：第8版．北京：中国人民大学出版社，2019.

2. 景奉杰，曾伏娥．市场营销调研．2版．北京：高等教育出版社，2010.

3. 路江涌．图解创新管理经典．北京：机械工业出版社，2018.

4. 王海峰．新媒体产品策划．北京：机械工业出版社，2022.

5. 彭兰．新媒体用户研究．北京：中国人民大学出版社，2020.

即测即评

扫描二维码可在线自测并查看答案。

第3章
营销策划的创意与方法

本章要点

- 了解创意的概念与核心。
- 掌握营销策划创意的概念与衡量标准。
- 掌握营销策划创意的来源。
- 掌握营销策划创意开发的过程和思维方法。

引导案例

史上最成功的营销策划案例："点石成金"

"钻石恒久远，一颗永流传！"是珠宝大王戴·比尔斯（De Beers）在1939年所用的广告词，将石头卖出比黄金还贵的价格。这看似是广告语的成功，其实是其背后营销思维的成功。那么，营销思维或者说营销秘诀是什么呢?

制造稀缺，创造价值

中国有句话叫作"物以稀为贵"，稀有的才是珍贵的。这几年冬虫夏草的价格暴涨，超过了黄金价格。原因不但是冬虫夏草有独特的功效，最主要的是其产量较低，别的地方很难生长。中国是世界上最大的产茶大国，但价格最高的还是龙井、大红袍，据说前几年大红袍老树的茶叶拍卖到一两30万元的价格，最主要的是很难买到。

劳斯莱斯汽车一直标榜的是手工制作，每年只生产几千辆，顶级配置的一辆车卖几千万元一点也不奇怪，因为稀少和独特。

赋予文化，会讲故事

营销界有句话："会卖的卖文化，不会卖的拼价格。"卖文化最主要的是学会讲故事，不会讲故事就做不好营销。张瑞敏砸冰箱，成就了世界名牌"海尔"；牛根生讲故事，让蒙牛跑出了火箭的速度；俞敏洪的励志故事，让新东方独占民营教育的鳌头。汇源老总朱新礼的创业史，让汇源创出了新品类、做出了大市场；哈根达斯被赋予爱情和关怀的内涵，变得既有价值，又有品味，还有温情。

最大的营销"谎言"，最成功的营销案例

钻石本来是一种矿产资源，硬度很高，钻石矿大多分布在澳大利亚、非洲、美洲等地，产量较少。随着精明商人的介入，这种矿产被加工打造成戒指，并赋予其勇敢、权力、地位和尊贵的象征，价值一飞升天。现在，钻石已不神秘，人们更多地把它看成爱情和忠贞的象征，成为婚恋的必备品。一块石头有那么重要吗？答案是重要。其实重要的不是石头本身，而是文化，石头不是石头了，是爱情，是检验爱情的试金石。

钻石就是一种硬度很高的石头罢了，却让人竞相选购。你说这是不是世界上最大的营销“谎言”，也是最成功的营销策划案例？

启示：营销需要想象力，需要洞察顾客的心理。对于非必需品，通常是精神价值大于物质价值，激活消费欲望是关键，精准的定位是营销创意的出发点。

第1节　营销策划创意概述

一、创意的内涵

营销策划是一种创新行为，贯穿整个营销策划过程，创意成功与否是营销策划能否成功的关键所在。在日常生活中，我们经常会听到“有没有好的创意很重要”或“塑造好这个产品形象，要好好进行创意”之类的话。那么，什么是创意？你能准确把握创意的核心吗？

（一）创意的概念

创意在英语中以 creative、creativity、idea 等表示，是创作、创制的意思。创意是对传统的叛逆，是打破常规的哲学，是大智大勇的同义词，是智能的拓展。广告大师奥格威认为“好的点子”就是创意。他认为要吸引消费者的注意力，让消费者来买你的产品，必须要有好的点子。从本质上说，创意就是具有新颖性和创造性的想法，而且能够创造出更大的效益，包括物质效益和精神效益。

一个好的创意包含众多新奇的想法、好的点子或主意，但这些还不是真正意义上的创意，只是创造性思维的成果。真正意义上的创意应当是一种创造新事物、新形象的思维方式和行为，应当是一个进行创造性思维的过程。

（二）创意的核心

如果理解不全面或不到位，创意活动必定是盲目的或不科学的。只有将创意看作进行创造性的思维而不是一个个静止的已有的思维成果，创意的“创”的作用才能真正得到发挥，才可能有更多的新奇想法、好的点子或主意。

创造性思维是创意的核心。通俗地讲，创意的过程就是想出好点子的过程。正如广告大师詹姆斯·韦伯·扬所言，创意是一种结合了商品、消费者以及人性的种种事项。他认为真正的创意应将眼光放在人性方面，从商品、消费者以及人性的组合去拓展思路。

（三）创意的产生

创意其实是人脑中意识活动的结果。人脑不会凭空产生创意，只有在获得外界信息的前提下，对信息进行整理、加工、组合，激发出暗示、灵感、突发念头等层次的联想，并将其酝酿成可能实现的构想乃至结构的层次，再予以整理、琢磨出来的，才是创意。

二、营销策划创意的内涵

（一）营销策划创意的概念

营销策划创意就是在市场调研的前提下，以市场策略为依据，经过独特的心智训练后，有意识地运用新的组合方法组合旧要素的过程。不断寻找各种事物间存在的一般和不一般的关系，然后把这些关系重新组合、搭配，从而产生奇妙的创意。

（二）营销策划创意的衡量标准

对于策划人员来说，获得有价值的、优秀的创意是其不懈的追求。营销策划活动既是一种创意活动，又是一种求异活动，只有独树一帜，才能引起公众的关注。然而，怎样的营销策划创意才是有价值的、优秀的？该如何衡量呢？一般情况下，可以从三个方面入手。

1. 独创性

独创性是衡量创意是否具有价值的首要标准。缺乏独创性的创意是没有个性的，是缺乏活力和生命力的。对已有策划思路的机械模仿或拼凑，不能称为创意。

2. 影响力

影响力是指创意影响大众的广度和深度。优秀的创意总是能以极强的震撼力与感染力来吸引大众，并激发其无限的遐想。否则，创意方案再奇特、再巧妙，如果曲高和寡，发挥不了影响力，这样的创意也就没有任何意义。

3. 持续性

持续性也是衡量创意的一个重要指标。有的策划者提出一个策划方案花了很长时间，却只实施了短短几天，这样的创意投入产出比低，难以达到预期效果。

（三）营销策划创意构想

一个好的营销策划创意是从联想开始的，通过联想的万花筒，会有千千万万个创意涌现出来。我们常称这种联想为创意暗示或灵感、模糊的印象、灵光一闪等。

当然，一个营销策划案并不是只能容纳一个营销创意，而是可以同时容纳几个策划创意。此外，针对一个策划主题，往往不能只做一个策划案，要尽可能多做几个。

有了创意灵感，就要试着设定营销策划主题。策划主题设定后，要考虑的是以什么样的创意来构成策划，又该如何想出核心的创意。这时就要设法搜集创意的线索，将创意线索汇集到实际策划案中成为可能实现的创意。

能够提出营销策划的创意构想，对营销策划者来说非常重要。

三、营销策划创意的来源

在营销实践中，创意是企业竞争中比拼的焦点，也是难点。爱因斯坦认为：创意就是想象力。想象力比知识更重要，因为知识只是定义了我们普遍理解的，而想象力使我们发现和创造。对多数人来说，营销策划创意是高不可攀的智力比拼，神秘又玄妙。它看似在天边，其实就在眼前。只要把握了规律，你也能提出精妙的创意。创意产生于创造性的思维，正如某企业家所言，"创意就在现场，它需要观察消费的整个过程"。

怎样才能发现营销策划创意的源泉？科学家发现，人有左脑和右脑，需求就会有感性和理性，感性和理性之间又有一些冲突：左脑追求价格，右脑追求价值；左脑追求健康，右脑追求快感；左脑追求实用，右脑追求艺术；左脑的理性思维往往会带来更多的限制和分析，右脑的感性思维往往会带来更多的欲望和冲动，克制的理性需求和冲动的感性需求之间有无限的需要和欲望（见图 3-1）。

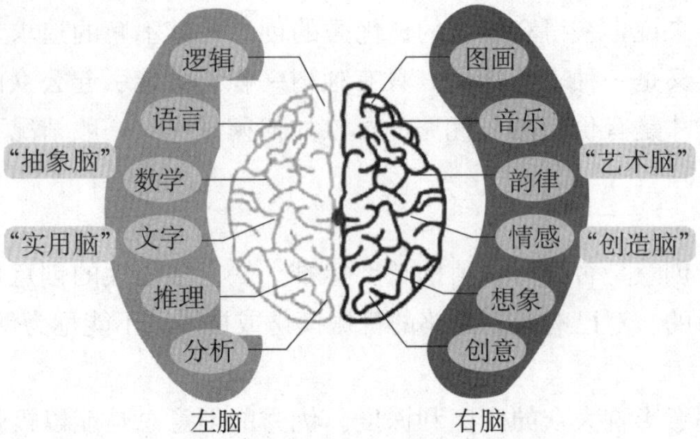

图 3-1 左脑和右脑思维示意图

美国著名未来学家、趋势专家丹尼尔·平克在《全新思维——决胜未来的 6 大能力》中指出，人类社会已经步入"右脑时代"，在这个时代，知识不再是力量。未来属于那些拥有与众不同思维的人，只有具备六大全新思维能力（设计感、娱乐感、意义感、故事力、交响力、共情力，即"三感三力"），才能决胜未来。

（一）创新思维是营销策划创意的根本来源

创新思维实际上是有创见的思维，即通过思维不仅能揭示事物的本质，还能在此基础上提出新的设想、建设性的意见。创新思维与一般思维相比，其特点是思维方向的求异性、思维结构的灵活性、思维进程的飞跃性、思维效果的整体性、思维表达的新颖性等。这就要求我们遇到问题时能多角度、多侧面、多层次、多结构地去思考，去寻找答案，既不受现有知识的限制，也不受传统方法的束缚，思维路线是开放性、跳跃性、扩散性的。

（二）日常生活是营销策划创意的主要源泉

营销活动是企业与广大消费者的互动，能否吸引消费者并产生共鸣，就看产品的卖点设计是否贴近生活，能否抓住顾客的心。生活是丰富多彩的，它能为创意提供大量有价值的素材，而且能引发我们创意的灵感，很多优秀的创意都源于对生活深入细致的观察和对生活中生动事例的借鉴和发展。

（三）善于积累是营销策划创意的重要方法

“机遇只垂青有准备的头脑”，创意的产生也是这样。如果我们平常没有知识、经验的广泛积累，那么要有好的创意几乎是不可能的。灵感的获得也许只是一瞬间的事，然而在灵感到来之前却需要有大量的思考和准备过程来铺垫。因此，好的创意源于积累。

（四）敢于幻想是营销策划创意的重要途径

幻想是人类特有的一种思维能力。想象力的发挥能使我们突破各种思维定式以及条件、环境的阻隔，使我们的创新思维得到最大限度的发挥。很多看似不可能的事情，正是由于大胆合理的想象才成为现实。当然，幻想有可能会被人误解，甚至遭人嘲笑。因此，进行营销创意时，一要尊重现实生活，二要敢于面对误解和嘲讽。

第2节　营销策划创意开发

一、营销策划创意开发的过程

创意是营销策划的灵魂，大部分独创性的思考是无法具体表达的。它受直觉控制，借助潜意识的启发，不断进行创作的实验。詹姆斯·韦伯·扬在《产生创意的方法》中提到：“创意应该具有类似冒险故事里的神秘特质，就像在南海中骤然出现的魔岛一般。”好的创作需要灵感。勤劳的工作、开放的心胸与不受限制的好奇心都是产生灵感的必要条件。

营销策划创意开发的基本过程可以分为营销策划创意产生阶段、形成阶段和完善阶段。营销策划创意开发的详细步骤见图3-2。

（一）营销策划创意产生阶段

在这一阶段要找到企业、产品、服务等与某些事物（特别是目标受众的需要）的交汇点，即它们之间的联系。例如，消费者对汽车的需求是省油、驾驶方便，大众汽车公司生产的甲壳虫汽车车身轻、体积小，符合消费者的需求，其广告创意就从表现“小”着手。

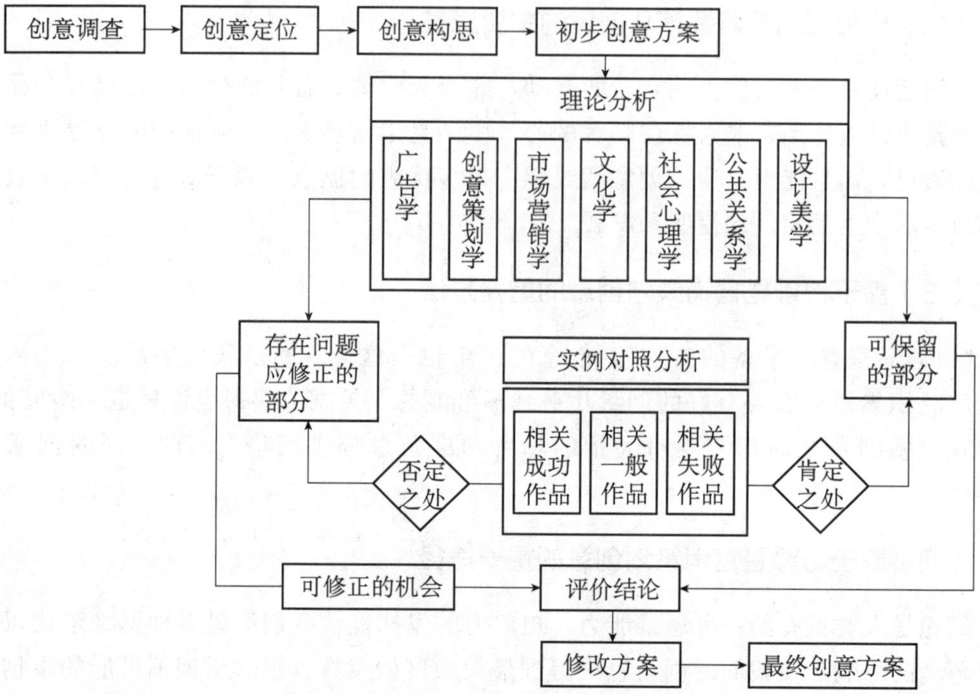

图 3-2　营销策划创意开发的详细步骤

资料来源：何修猛．现代广告学．8版．上海：复旦大学出版社，2016.

（二）营销策划创意形成阶段

这一阶段是在找到产品（服务）与消费者需求交汇点的基础上形成一个基本的构思。比如，甲壳虫汽车是以小见长，因此其广告创意就是提醒消费者“想想小的好处”。

（三）营销策划创意完善阶段

这一阶段是在形成基本构思的基础上对创意进一步发展和完善，即确定具体的表达方式、完善细节和内容。比如，甲壳虫汽车的广告就是通过画面大量的留白来衬托其身形小巧，再配上描述优点的文字，不仅吸引了消费者的注意，也传递了充分的信息。

二、营销策划创意开发的思维方法

（一）头脑风暴法

头脑风暴法（brain storming，BS）有利于充分发挥个人的想象力和创造力，可弥补个人思维的局限性，是一种非常有效的创意开发方法。

头脑风暴法是一种群体思维策划法，它的实质是通过头脑风暴这样一种特殊的形式，利用一些特殊的方法，使人们突破逻辑思维的限制，使潜意识中那些富有创意的组合流露出来。这种方法的特色之一就是营造一种融洽轻松的气氛，让参会人员畅所欲言。这种形式可以产生一种思维共振、知识互补、相互激发、扩大思维领域的效果。这种活动一般要有5～10人参加。采用头脑风暴法有如下五个注意事项：

1. 选好主持人

主持人必须对营销策划的内容有较全面的了解，而且有组织会议的经验，善于控制会议的节奏与气氛。主持人要熟悉并掌握头脑风暴法的要点和操作要素。

2. 禁止批评和评论

会议期间，要尽量让每一个人的思想自由遨翔，不加任何限制，而且提倡天马行空、多提想法。要特别注意的是，与会者对于任何设想不做评论，绝对不能对别人的想法加以批评、否定和攻击。

3. 轻松活跃的会议气氛

会议期间，设法使会议气氛保持轻松，紧张情绪会影响想象力的发挥。主持人一般在会议开始的5～10分钟内营造一种自由交换意见的气氛，并鼓励与会者踊跃发言。会议要创造民主的环境，不以多数人的意见阻碍个人新观点的产生，激发个人追求更多更好的创意。

4. 提出与记录创意

由专人将每一位与会者提出的创意记录下来，每位与会者需要将自己与他人的创意记录在卡片上，边记录边联想会激发出更多的创意。与会人员，不论是该领域的专家、员工，还是其他领域的学者、从业者，一律平等；各种设想，不论优劣，即便是最荒诞的设想，记录人员也要认真、完整地记录下来。

5. 整理并分析创意

最后，策划者要将收集起来的创意进行分类整理，从中选出优秀的创意。具体过程包括：对提出的所有设想编制名称一览表；用通用术语说明每个设想的要点；找出重复和互为补充的设想，并在此基础上形成综合设想；提出对设想进行评价的准则；分组编制设想一览表等。

（二）形象思维法与逻辑思维法

形象思维就是用直观形象和表象解决问题的思维。形象思维总是与感受、体验联系在一起，是儿童和艺术家最擅长的思维方式，也是营销创意中最常用的思维方式。创意者根据现实生活中的各种现象加以选择、分析和综合，进行艺术塑造。其特点是生动、具体和实感。

逻辑思维与形象思维不同，它是人脑的一种理性活动。人们把感性认识阶段获得的对于事物认识的信息材料抽象成概念，运用概念进行判断，并按一定逻辑关系进行推理，从而产生新的认识的过程就是逻辑思维。逻辑思维具有规范、严密、确定和可重复的特点，也叫抽象思维。营销策划中需要依赖抽象思维创意，突破层层屏障，打破常规，寻求启迪。比如海王药业公司的心脏病药银杏叶片的“篮球篇”广告，广告词为“三十岁的人，六十岁的心脏；六十岁的人，三十岁的心脏”，并形象地用瘪气的篮球与充满气的篮球来表示，和产品功效联系得十分巧妙，很好地传递了“健康成就未来”的理念。总之，营销创意只有借助各种思维方式才能产生更多的创意（见图3-3）。

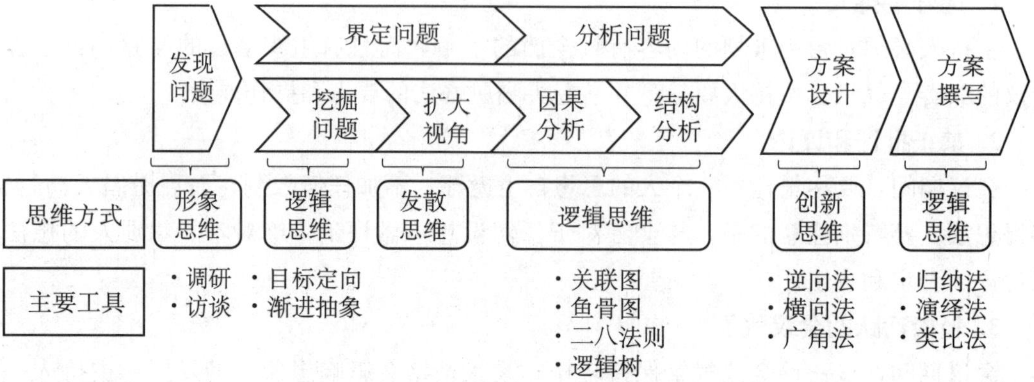

图3-3 策划思维模式图

资料来源：强海涛．商务策划原理与实践．北京：机械工业出版社，2011.

（三）六顶思考帽法

六顶思考帽法是英国学者爱德华·德·博诺博士开发的，是目前最流行、最有效的平行思维法。它在全世界50多个国家的政界、企业界和教育界得到了推广和应用。它以六顶颜色不同的帽子作比喻，把思维分成六个不同的方面，从思维的不同侧面进行思考，从而扮演不同的思维角色，改变长期的思维定式（见表3-1）。

表3-1 六顶思考帽法

序号	帽子颜色	特征
1	白帽	代表信息，是一种中立的思考态度
2	红帽	代表情感，是一种直觉和预感的判断
3	黑帽	代表冷静、反思，是理性判断的思维方式
4	黄帽	代表乐观、价值和利益，是对一个问题或想法给予正面、积极的回应
5	绿帽	代表创造性的思维方式，指新的想法和看待事物的新方式
6	蓝帽	代表对思考过程的控制，一般由领导者和决策者扮演

六顶思考帽代表了思维的六个角色，是有规则的思维游戏，能开阔思路，允许想法更丰富、更综合。

（四）鱼骨图解法

鱼骨图解法由日本东京大学的石川馨教授首创。这种结构化的技巧类似于鱼骨的形状，故得名“鱼骨图解法”。它原本是全面质量管理中一种专门用于分析质量问题产生原因的方法，目前是进行因果分析时常用的一种技巧，以寻找所有可能导致某一问题的原因。

以某消费品制造商为例，对其在市场营销中出现的问题进行分析。鱼头代表需要解决的问题，即该制造商生产的产品的市场份额减小。根据现场调查，造成该制造商市场份额减小的原因可以概括为五类，包括人员、渠道、广告、竞争与其他方面。每一类又包括若干可能的因素，如缺乏品牌意识、营销人员数量少、选购不便等。将五类原因及其相关因素分别以鱼骨分布态势展开，形成鱼骨图（见图 3－4）。下一步的工作就是找出使产品市场份额减小的主要原因。根据现场调查的数据，计算出每种原因或相关因素在产生问题过程中所占的比重，以百分数表示。然后对所占比重较大的因素进行重点分析。

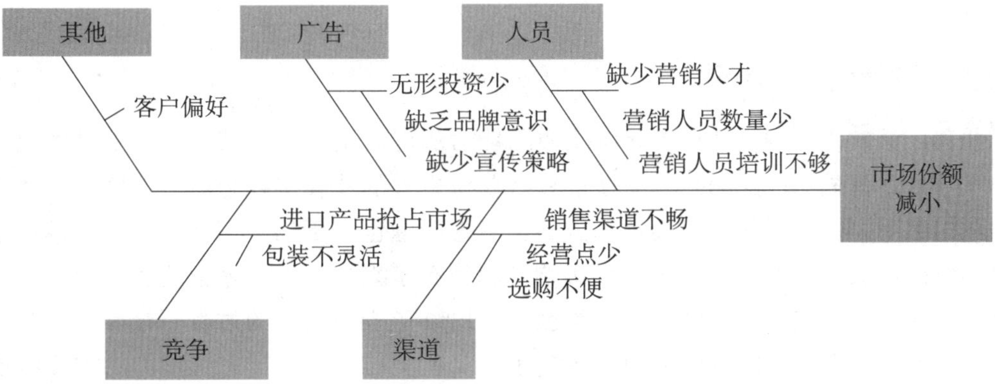

图 3－4　鱼骨图

（五）5W2H 法

5W2H 法是一种检查或反省创意的经典方法。What：做什么，用于确定策划的目的，如提升销量还是巩固市场地位。Who：谁，策划的对象和主体是企业年度营销目标还是品牌形象。Where：在哪里，明确策划的实施场所。When：什么时候，确认策划的实施日程。Why：为什么，确定策划实施内容的正确性。How：如何，确认策划的整个过程。How much：确认策划需要投入多少经费。5W2H 法是撰写、检查营销策划书的有效方法。

除了上述方法，营销策划还有许多其他方法可供选择，如决策树法、联想法、类比法、NM 法、形态描述法等。

三、营销创意思维的培养

创意给人的感觉往往是“瞬间的、可遇不可求的”，但若对创意有一定的了解，掌握了营销创意的基本方法，形成了营销创意思维习惯，营销创意还是有迹可循的。

（一）体验和深入生活

现实生活是创意的最终来源。创意者要想提高自己的思维素质与水平，首先必须从日常生活中的点滴做起，学会观察体验丰富多彩的生活。通过对现实生活的仔细观察和深刻体验，创意者的观察能力与感悟能力会得到提高，创意者的思想会得到丰富与完善，想象力得到扩展。同时，不断地观察和体验生活，也有利于创意者摆脱线性、单一的思考问题的模式与习惯，学习和掌握多角度认识问题、分析问题的技巧与方法。

要深入观察和体验生活，创意者可以通过“五看法”来实现，即一看卖场、二看广告、三看标识、四看包装、五看标签。在对卖场、广告、标识、包装、标签等进行了细致的观察和分析之后，创意者才能较为全面有效地了解市场信息和把握市场走势，在此基础上构思出来的创意方案才会更加贴近消费者的实际需求，满足消费者的欲望。

（二）培养广泛的兴趣

培养广泛的兴趣对于创意者思维素质与能力的提高也有很大帮助。这主要体现在如下几个方面：首先，广泛的兴趣能使创意者获得更多的社会实践与生活体验。在体验与实践的过程中，创意者的思想会更加成熟，考虑问题也会更加全面。其次，兴趣对于创造性思维的形成与拓展也有着重要的影响。因为有了兴趣，人们才会关注问题，才会进行思考、探索与发现，而这些正是人类创造性思维形成与发生的过程。最后，兴趣的培养也有利于提高创意者的审美能力与欣赏水平。审美能力是人类思维能力的重要组成部分，也是创意过程中创意者不可或缺的能力，正是有了它，才会产生大量既具创造性又具美感魅力的创意方案。

（三）储备与积累知识

知识的储备与积累对于创意者理性思维的形成与发展是极为重要的。在策划创意过程中，逻辑判断与推理是创意者最常用的思维方法。如果没有一定的理论知识做基础，对复杂的问题想要做出合乎理性与逻辑的判断是不可能的。因此，在日常生活中，创意者要注意加强对知识的广泛涉猎和积累，不仅要学习与策划、创意相关的知识，还要对其他领域的知识有所了解，只有在平时做好了知识的储备和积累，创意时才能游刃有余。

对于营销策划人员来说，营销学知识是需要掌握的核心知识，其次是管理学、经济学知识，此外还要具备一定的社会学、心理学和美学知识。有了这样的知识结构，策划人员才能更好地进行策划与创意活动。

（四）磨炼意志力与品格

意志力与品格的磨炼对于创意者思维能力与素质的发展也有重要的影响。面对问题，创意者只有勤于思考、善于钻研、敏于质疑，他们的创造性思维才能不断得到开发与完善：面对困难和挫折，创意者只有知难而进、勇于探索、不畏挫折与失败，他们的意志力才能不断得到磨炼。因此，创意者在培养创意思维的过程中必须加强个人意志力与品格等的磨炼。

创意是创新和创造的起点，创意是独特的思考方式和创造性想法，它为创新提供必要的原始素材，是营销策划的灵魂，创意的好坏决定了营销策划成功与否。爱因斯坦认为：创意就是想象力。想象力比知识重要，知识定义了普遍我们熟悉和了解的，而想象力使我们发现和创造。营销创意来源于对生活的观察、思考和想象力，营销人员充满想象力的创意并非仅仅是头脑意识的产物，其根源在于对物质世界的洞察，物质世界为创意提供了素材。做好营销策划需要结合中国国情，坚持“四个自信”，充分发挥营销想象力，遵循“创新、协调、绿色、开放、共享”五大新发展理念。新发展理念符合我国国情，顺应时代要求，对破解发展难题、增强发展动力、厚植发展优势具有重大指导意义。

创新是一个民族进步的灵魂，党的十八大提出实施创新驱动发展战略，这是党中央在新的发展阶段确立的立足全局、面向全球、聚焦关键、带动整体的国家重大发展战略。创新驱动成为引领发展的第一动力，科技创新与制度创新、管理创新、商业模式创新、业态创新和文化创新相结合，推动发展方式向依靠持续的知识积累、技术进步和劳动力素质提升转变，促进经济向形态更高级、分工更精细、结构更合理的阶段演进。营销策划本身就是一种创新行为，将创新贯穿营销策划的全过程，可以实现营销的创意、创新和创造。

案例分析

霸王茶姬：一杯东方现代茶的品牌故事

起风之源，云南的初鸣

2017年6月，云南昆明的五一路开设了一家别具一格的茶饮店——霸王茶姬。创始人张俊杰怀揣着对茶的热爱和对梦想的执着，踏上了创业之路。他避开水果茶的热门赛道，专注于原叶鲜奶茶的研发与创新，提出“健康、新鲜、高品质”的品牌形象，希望为消费者带来一种全新的茶饮体验。

在不到七年的时间里，霸王茶姬从云南起步，逐渐扩散至全国，门店数量激增，全球门店突破4 500家，其中海外门店突破100家。这一成就离不开张俊杰的坚韧和智慧，也离不开品牌对市场的精准把握和对消费者的深刻洞察。

川滇布局，新一线城市的茶香

霸王茶姬的门店布局并非随意而为，而是经过精心规划和策略性选择。从云南起家，向四川拓展，最终将门店布局重点放在浙江、江苏等经济发达的新一线城市。这种布局策略不仅避开了与一线茶饮品牌的正面竞争，也成功吸引了二线城市的大量消费者并占领了市场空间，为品牌的发展奠定了坚实基础。

根据有关监测数据，霸王茶姬在一线城市门店占比仅7.91%，超一半门店开在了新一线及二线城市，一定程度上避免了与喜茶、奈雪等对手的正面交锋。截至2023年底，霸王茶姬在浙江拥有最多的门店，达到320家，其次是江苏的301家，再是云南的289家。这种分布格局不仅展示了品牌的实力，也反映了消费者对霸王茶姬的认可和支持。

匠心独运，产品创新的魅力

在竞争激烈的茶饮市场中，霸王茶姬凭借独特的产品定位和创新策略脱颖而出。它选择“原叶鲜奶茶”作为主打产品，健康化是其产品内核之一，通过精选茶叶和新鲜水果的完美结合，坚持用“原叶茶＋鲜奶”，并先一步推动了中国现制茶饮的“三零添加”，包括零添加人工香精、牛乳零奶精、整杯零反式脂肪酸，还公布了营养成分、热量值以及营养分级，将整杯茶近乎“透明化”呈现给消费者，为消费者带来了前所未有的口感体验。这种差异化定位不仅让霸王茶姬在市场中脱颖而出，也为品牌注入了独特的文化内涵。

霸王茶姬的产品线涵盖原叶鲜奶茶、云顶茶、果茶、纯茶四大类，单品约40个。其中，使用鲜果的产品占比约35％，但霸王茶姬并不追求过度使用鲜果，而是更注重茶叶的品质和口感。这种主打原叶鲜奶茶的产品策略让霸王茶姬更容易实现标准化和品质控制，赢得了消费者的信赖和喜爱。

营销突围，引爆市场热潮

霸王茶姬善于运用社交媒体平台进行营销，通过有趣的内容和互动活动吸引用户关注和参与。无论是线上有奖转发、话题挑战还是线下新品试饮、限时优惠等活动，都让消费者在享受茶饮的同时感受到了品牌的温度和魅力。其中，“产品身份证”的推出更是将产品的营养信息透明化，打破了喝奶茶会发胖的固化认知。通过“热量可视化”和“成分参数化”互动，霸王茶姬成功吸引了大量健康意识较强的消费者，也进一步提升了品牌形象和口碑。

霸王茶姬打造了“伯牙绝弦”这一超级爆品。通过一系列营销活动如“一亿＋杯免单”等，霸王茶姬成功吸引了大量消费者的关注和购买。数据显示，“伯牙绝弦”这一单品占据了品牌销售额的60％～70％，成为霸王茶姬的代名词。

未来征途，挑战与机遇并存

尽管霸王茶姬已经取得了令人瞩目的成绩，但未来的道路依然充满挑战。随着市场竞争的加剧和消费者需求的变化，霸王茶姬需要不断创新和改进，以保持竞争优势。从产品研发到营销策略，从服务体验到内部管理，霸王茶姬都需要不断提升自身实力，以应对市场的变化和挑战。

资料来源：根据网络资料编写。

讨论题

1. 在本案例中，霸王茶姬的营销策划创意来源于哪里？
2. 你认为本案例中营销策划创意成功的关键点是什么？
3. 试用营销策划创意的衡量标准分析霸王茶姬品牌的产品定位。

重点名词

创意　　营销策划创意　　营销创意开发

头脑风暴法　　　　　　鱼骨图解法

思考题

1. 创意是什么？
2. 营销策划创意是什么？如何衡量营销创意？
3. 营销策划创意的主要来源有哪些？
4. 营销策划创意开发的思维方法有哪些？
5. 如何培养营销策划创意思维？

拓展练习

一、目的与目标

1. 熟悉营销策划创意的知识与方法，掌握头脑风暴法、5W2H等方法。

2. 了解经典营销策划创意案例和本地企业的营销策划创意案例在企业实践中的作用及解决问题的价值。

二、内容与要求

1. 资料准备：收集整理10大经典营销策划创意案例，分类归纳并总结核心要点。

2. 具体任务：根据本章对营销策划的创意与方法的学习，分组进行营销策划创意训练。

3. 任务要求：收集本地企业的创意案例，开展模拟营销策划创意的练习。

三、组织与实施

1. 将班级同学分成5～6人一组的小组，实行组长负责制，全体组员共同完成课堂任务。

2. 各小组进行分工，完成资料的收集、汇总与分析。

3. 经过小组讨论后，完成实训报告，提交PPT文档，注明分工及各自的贡献。

4. 各小组选派成员对报告进行讲解，并回答其他组成员的提问。

5. 授课老师对各组的汇报进行点评及评分，提出意见及改进建议。

拓展阅读

一、阅读案例

1. 叶明桂．出圈．北京：中信出版社，2023.

2. 刘彤．瑜伽界的“爱马仕”——Jululemon. 品牌实验室（微信公众号），2024-05-03.

3. 丁杨思颖，戴诗瑶．希音（SHEIN）案例分析．中渤经济CNBO（微信公众号），2022-08-15.

二、阅读书籍

1. 冯兆，陈睿，黄玉洁，等．新媒体内容创意与营销．北京：清华大学出版社，2022.

2. 小马宋．那些让文案绝望的文案．北京：北京联合出版公司，2015.

3. 霍普金斯．顶尖文案．北京：北京理工大学出版社，2020.

即测即评

扫描二维码可在线自测并查看答案。

第4章
营销战略策划

本章要点

- 了解企业战略的内容和分析框架。
- 掌握营销战略与企业战略的关系。
- 掌握营销战略策划的流程。
- 掌握企业营销竞争战略策划。

引导案例

美国西南航空公司的竞争战略

美国西南航空公司（Southwest Airlines）是全球第一家低成本航空公司，它从成立第二年起就实现了连续45年盈利的业绩，这在全球航空公司中绝无仅有。

美国西南航空公司经过深入分析，选择了低成本市场，规避了激烈的竞争。它采用了点对点的短途直飞，实现了高频、灵活飞行，创造了新的运营模式，避免了与大公司的正面冲突。公司的低成本战略贯穿整个运营过程，成功优化了价值链，降低了运营成本。

单一机型的选择

美国西南航空公司选择波音737机型，降低了油耗、购置、维修和培训成本。波音737是一种省油的飞机，可以节省燃料费用。而且，只使用一种机型可以统一飞机的配置、维护和操作，减少不必要的开支。此外，相关的员工只需要接受一次培训，既节省了培训费用，又提高了员工的熟练度。

专注于短程航线运输和高效的周转率

美国西南航空公司专注于短程点对点航线，可以提高周转率，避免延误和枢纽调控。短程航线符合公司的初衷——使飞机成为空中巴士。短途飞行可以减少天气、机场拥堵等因素导致的航班延误，也可以避免中心枢纽的复杂调度，提高飞机的利用率。同时，短程航线也有着庞大的客户需求。

低廉的配餐和行李运输成本

美国西南航空公司不提供正餐，只提供花生米和饮料，减少配餐成本，收费托运行李，节省客舱空间和重量。在短途飞行中，公司不提供正餐服务，而是仅为旅客提供简单的零食和饮料。这样做不仅大大降低了配餐成本，还减少了客舱空间、运输重量和乘务员数量。另外，公司对超出限额的托运行李收取费用，也可以减轻飞机的负担，并增加收入。

座舱设置

美国西南航空公司只有一种客舱，无商务舱、头等舱之分，简化座舱布置，不提供娱乐设备，增加座位数量。公司的飞机座舱都是同一档次的，没有商务舱、经济舱、头等舱的区别。这样做可以简化座舱的设计和管理，也可以避免给乘客造成不公平的感觉。公司不提供任何娱乐设备，而是将更多的空间用于安放座位。座位的设置很巧妙，利用倾斜角和排距的合理设计，使座位尽量紧凑又不影响乘客的舒适度。

“员工第一、顾客第二”的管理理念

员工第一、顾客第二的管理理念可以激发员工的责任感和热情，提高服务质量。这种管理理念与传统的“顾客就是上帝”的说法似乎存在着矛盾，但它体现了美国西南航空公司在战略上的不同之处——让员工成为公司运营的主人，在服务中掌握主动权。这种方式的巧妙之处在于，它通过一种理念的转变自然地把企业管理的责任感加到每一位员工的身上，并将企业的管理理念自上而下灌输到每一个层级。公司相信，对员工的足够重视终将带来员工对公司的感恩回馈，他们将以更大的热情投入到工作中，把更好的服务带给顾客。

别具一格的服务风格

美国西南航空公司有别具一格的服务风格，使用可重复利用的登机卡，举办有趣的活动，关怀老客户。公司在服务形式方面独具特色，使用的登机牌是可以多次利用的塑料登机卡，这样既环保又方便。在并不冗长的航程中，客舱服务人员还会准备许多有趣的活动来调动乘客的情绪，并在特殊的节日里为乘客准备礼物，还有专门提供给老客户的别出心裁的生日贺卡，使本就不长的旅程轻松度过。

资料来源：罗欣，李丹阳．美国西南航空公司价值链应用分析．全国流通经济，2020（30）：43-45.

启示：美国西南航空公司的成功是营销战略的成功，它定位于支线航空业务，避免与大型航空公司正面冲突，选择了差异化的营销战略，针对目标群体的需求，采取一系列降成本措施，打造快乐的服务文化，实现了企业的可持续发展。

第1节　企业战略与营销战略概述

一、企业战略的内涵

营销战略是企业战略的核心内容，是组织的一项职能。菲利普·科特勒教授认为：营销战略是业务单位期望实现它的各种营销目标的营销逻辑。因此，要做好营销战略策划，首先需要了解现代企业战略的内涵。

（一）企业战略的内容

1. 企业使命和目标

企业的使命和目标又称为企业的经营方向，是指在较长的一段时期内企业将从事何种活动，为哪些用户和市场服务。它涉及企业的经营范围以及在整个社会分工中的地位，并把本企业和其他类型的企业区分开来。公司使命必须转化成各个管理层次和部门的具体目标。最常见的目标有盈利、销售增长、市场份额扩大、风险分散以及创新等。为了便于实现，组织目标应具备层次化、数量化、现实性和协调性等条件。

2. 企业业务组合战略

企业战略必须明确建立、扩大、维持、收缩和淘汰哪些业务。规划公司业务组合的一个有用步骤是识别和区分公司的战略业务单位，并对所有战略业务单位的盈利潜力进行评价。一般来说，战略业务单位应满足以下条件：它是一项业务或几项相关业务的集合；它有一个明确的任务；它有自己的竞争对手；它有一个专门负责的经理；它由一个或多个计划单位和职能单位组成；它能够从战略计划中获得利益；它能够独立于其他业务单位自主地制订计划。至于战略业务单位的评价方法，比较著名的有波士顿咨询公司的成长-份额矩阵，以及通用电气公司的多因素业务经营组合矩阵。

3. 新业务战略

一个公司不仅要管理好现有的业务，而且要考虑通过发展新业务实现公司的成长，有三种成长战略可供公司选择（见图 4-1）。

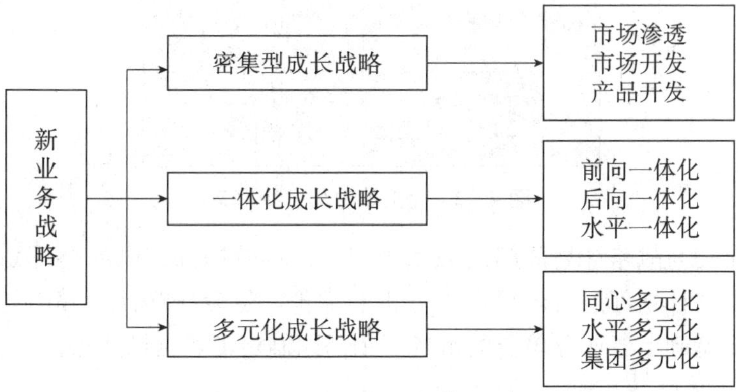

图 4-1　新业务战略

一是密集型成长战略，即在公司现有的业务领域寻找发展机会。有三种途径可以实现密集型成长，包括市场渗透（设法在现有市场上扩大现有产品的市场份额）、市场开发（为公司现有产品寻找新市场）以及产品开发（开发新产品）。

二是一体化成长战略，即建立或并购与目前业务有关的业务。包括纵向一体化（又可以分为前向一体化和后向一体化）及水平一体化。其中，前向一体化就是通过兼并和收购若干处于生产经营环节下游的企业来实现公司的扩张和成长，如制造企业收购批发商和零售商。后向一体化则是通过收购一个或若干供应商以增加盈利或加强控制，如汽车公司对零部件制造商的兼并与收购。水平一体化就是对竞争对手的兼并与收购。

三是多元化成长战略，即寻找与公司目前业务范围无关的富有吸引力的新业务。多元化成长战略包括同心多元化（开发与公司现有产品线的技术或营销有协同关系的新产品）、水平多元化（研究开发能满足现有顾客需要的新产品），以及集团多元化（开发与公司现有技术、产品和市场都毫无关系的新业务）。

（二）企业战略的分析框架

从企业战略的不同层次或类型来看，一个企业的战略存在三个层次（见图 4－2）：

一是企业总部级。企业最高层负责制订整个企业的战略计划，即企业总体战略，它决定整个企业的战略方向，并决定相应的资源分配战略和新增业务战略。

二是业务单位级。一个企业内部通常会有若干业务单位，分别从事不同的业务。各个业务单位要在企业总体战略的指导下制订自己的战略计划，即业务单位战略，以保证本单位的经营活动能够始终指向企业总体战略规定的目标。

三是产品级。在较大的企业里，一个业务单位往往拥有若干条产品线、产品系列及品牌、项目，每一种产品都要分别制订市场营销计划，即操作战略，实施市场营销管理。市场营销活动及其规划必须在战略计划的框架内进行。

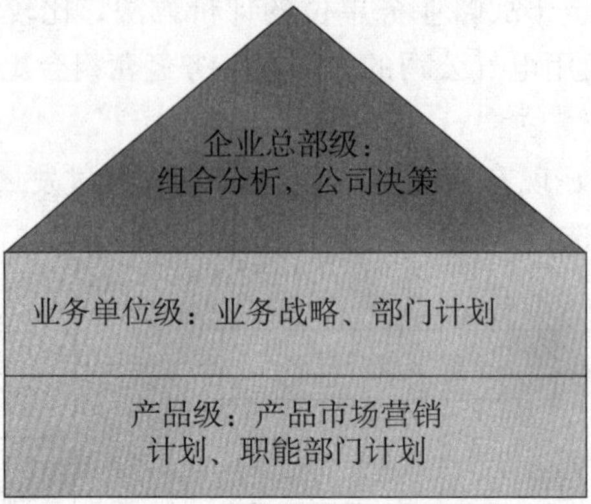

图 4－2　企业战略的分析框架

市场营销部门与战略计划部门的关系密切。市场营销部门向战略计划部门提供信息和意见，以便战略计划部门对环境做出分析和评价，然后战略计划部门与各业务单位商谈目标，在这个基础上各业务单位的市场营销部门制定市场营销战略。

（三）企业战略的特征

企业战略是企业设立远景目标，并对实现目标的轨迹进行的总体性、指导性谋划，一般为 3～5 年。虽然战略有很多种，但基本属性是相同的，具有指导性、全局性、长远性、竞争性、系统性、风险性六大主要特征。

二、企业营销战略的内涵

（一）企业营销战略的概念

企业营销战略是指企业根据总体的战略规划在对外部因素和企业内部资源进行综合

评估的基础上，对企业发展的目标市场、营销策略、产品机构等进行规划和控制。科学合理的企业营销战略是营销管理思想的综合体现，是企业营销决策的基础，它可以提高企业资源的利用效率，促进企业科学、长远发展。因此，制定正确的企业营销战略是研究和做出正确营销决策的出发点。

（二）企业营销战略的制定

在制定营销战略的过程中，企业营销部门应该对市场环境的发展、企业的发展水平和企业的整体发展目标进行全面调查，然后根据分析结果进行全面、科学的分析，最终制定出营销战略方案。确定营销战略方案，必须符合企业的经济发展条件，打破传统的营销模式，实施营销战略创新；符合企业产品的特点，在充分利用经济资源以及人力资源的基础上，保证产品顺利销售；促进产品的销售，提高企业的竞争力，不断增强企业综合实力；应包括危机应对措施，以确保在营销过程中遇到公关危机时通过有效的补救措施减少企业的损失。

（三）企业营销战略的特征

企业营销战略主要是适应环境和企业市场的变化，从战略的高度研究营销问题，规划整体的营销活动，因此具有以下五个特点：一是以创造客户为制定战略的目的；二是立足于充分的市场调研；三是战胜竞争对手的营销策略组合；四是注重监督防控，持续改进；五是坚持以结果为导向。

三、企业营销战略与企业战略的关系

（一）传统关系

传统观念认为，企业营销战略只是企业战略的一部分，大多数的营销战略都是根据企业总体战略来制定的，也就是说，先有企业的整体战略才有营销战略。很多企业都是先由最高领导层描绘出企业的宏伟蓝图，再让各职能部门的管理者制定各自的战略计划。各层级的战略制定是自上而下的，制定营销目标和营销战略时要以战略计划为指引。成功的企业在战略上各有优势，而失败的企业却是相似的，它们都从根本上失去了顾客基础或市场基础。

（二）现代关系

随着营销战略在企业实现目标的过程中起到越来越大的作用，企业营销战略逐步摆脱了企业总体战略的制约，倾向于以目标市场和顾客为导向。成本领先战略、差异化战略、集中化战略成为企业战略取胜的不二法宝。战略制定方向从以前的自上而下变成了自下而上，形成了新型的逆向关系。

市场竞争的实践证明，战略应当根植于对实际营销战术的深刻理解，也就是说，“战术支配战略，战略推动战术”。战略方向上的失误会导致企业走向失败。比如，柯达多年来一直把 X 光底片卖给医院实验室的技术人员，很晚才注意到购买决策已转移到行政人员的手中。营销导向理论告诉我们，现代营销具备一种统括职能，起到一种导向作用。企业要根据营销的需要来确定其职能部门和分配经营资源，并要求其他职能部门服从营销，服务于营销，在此基础上确定企业总体发展方向和制定企业战略。

随着企业营销战略不断完善，它为企业总体战略成功发挥的作用不可替代。世界500强企业中，在企业战略上取胜的华为、IBM、海尔、宝洁、沃尔玛等都在营销战略上取得了巨大的成功。

第2节　营销战略策划的流程

营销战略策划是指企业在对所处营销环境进行调研分析的基础上，制定企业及各业务单位对应的营销目标以及实现这一目标所应采取行动的一系列规划。一般而言，营销战略策划的流程为：分析营销环境、进行SWOT分析、确定营销战略目标、制定营销战略。

一、分析营销环境

（一）营销环境的概念与特征

1. 营销环境的概念

营销环境是指企业营销活动中有潜在关系的内部和外部因素的集合，包括内部环境和外部环境。营销管理人员应认识和适应它们，并在此基础上加以利用。营销环境既可能促进也可能限制企业的营销活动，因此企业营销战略既要适应外部环境及其变化趋势，又要与内部条件所提供的资源能力相匹配，以保证营销策略的科学性、可行性和时效性。从这个意义上说，营销环境是企业营销活动的出发点、依据和最基本的制约条件。营销管理者在制定营销战略时，必须分析和了解这些环境因素，弄清楚它们给企业营销带来的优势、劣势、机会与威胁。

2. 营销环境的特征

营销环境作为企业外在的不以营销人员的意志为转移的因素对企业营销活动影响巨大。企业总是在特定的社会经济等环境下生存、发展，因此正确认知营销环境的特征非常重要。营销环境往往具有客观性、差异性、相关性、动态性、不可控性、可影响性的特征。

（二）了解行业的关键成功因素

霍弗和申德尔1977年在《战略表达：分析概念》中首先提出关键成功因素。关键成功因素是指企业在特定市场中获取利润必须拥有的技能和资源。简单地说，就是在一个行业中，任何企业要取得成功就必须具备的基本条件，它们可能是一种价格优势、一种资本结构或是一种消费组合等。不同的行业有不同的关键成功因素（见表4-1）。比如在医药行业中，产品开发就是关键成功因素之一。即使在同一行业中，各个企业的关键成功因素也不尽相同。另外，在不同的行业生命周期阶段，行业驱动因素和竞争环境的变化也会使关键成功因素发生变化。行业（产品）生命周期各阶段中的关键成功因素见表4-2。

表4-1 部分行业关键成功因素一览表

行业	关键成功因素
铀、石油	原材料资源
船舶制造、炼钢	生产设施
航空、高保真音响	设计能力
纯碱、半导体	生产技术
百货商场、零部件	产品范围、花色品种
大规模集成电路	工程设计、技术能力
电梯、汽车	销售能力、售后服务
啤酒、家电	销售网络

表4-2 行业（产品）生命周期各阶段中的关键成功因素

阶段	导入期	成长期	成熟期	衰退期
关键成功因素	销售、消费者的信任、市场份额	对市场需求的敏感度、推销产品品质	市场效率、产品功能及新产品开发	回收投资、缩减生产的能力

进行行业分析时，确定哪些是该行业的关键成功因素非常重要。一般来说，对以下三个问题的明确回答有助于确认行业的关键成功因素：

（1）消费者在同类产品的各个品牌之间做出选择的依据是什么？

（2）行业中的卖方要想在竞争中取得成功需要哪些资源与能力？

（3）行业中的卖方要想获得持久的竞争优势必须采取哪些措施？

（三）宏观环境分析

PEST分析模型是一种关于企业营销外部环境的分析方法，通过对政治/法律（political/law）、经济（economic）、社会（social）、技术（technological）等四个方面进行分析，为企业制定营销战略提供参考（见图4-3）。

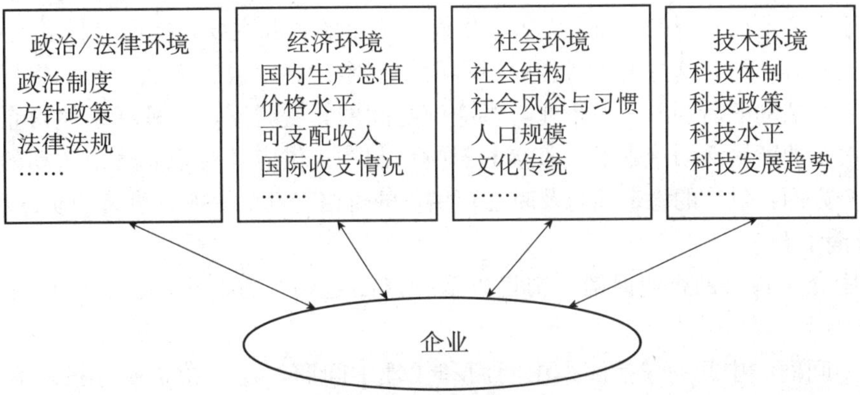

图4-3 宏观环境分析

P表示政治/法律环境，是指那些制约和影响企业的政治要素和法律系统及其运行状态。政治环境包括国家的政治制度、权力机构、方针政策、政治团体和政治形势等因素。法律环境包括国家制定的法律、法规、法令以及国家的执法机构等因素。政治/法律因素是保障企业生产经营活动的基本条件。

E表示经济环境，是指经济政策与发展等可能对企业经营战略产生影响的因素。企业必须根据当前经济发展状况对经营战略做相应的调整。

S表示社会环境，是指企业所处的社会结构、社会风俗和习惯、信仰和价值观念、行为规范、生活方式、文化传统、人口规模与地理分布等因素的形成和变动。这些因素关系到企业确定投资方向、产品改进与革新等重大经营决策问题。

T表示技术环境，是指企业所处环境中的科技要素及与该要素直接相关的各种社会现象的集合，包括国家科技体制、科技政策、科技水平和科技发展趋势等。技术环境影响到企业能否及时调整战略决策以获得新的竞争优势。

（四）微观环境分析

微观环境是与企业联系密切、直接影响营销活动的各种外部力量。与宏观环境相比，微观环境因素能够更直接地给企业提供有用的信息，也更容易被企业识别。微观环境包括供应商、营销中介、消费者、竞争者和公众（见图4-4）。

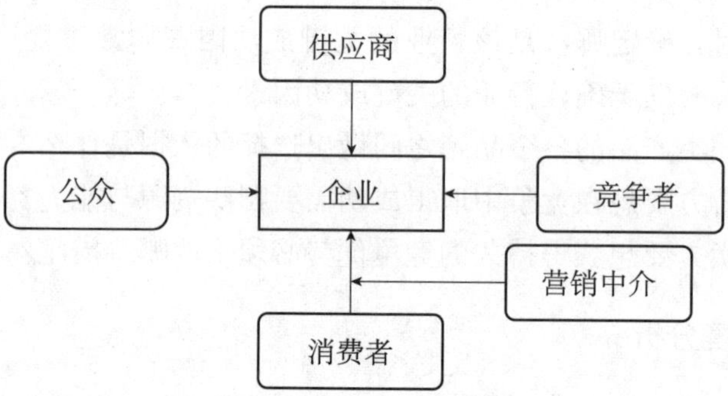

图4-4　企业的微观环境

1. 供应商

供应商是影响企业营销的微观环境的重要因素之一，是指向企业及其竞争者提供生产产品和供给服务所需资源的企业或个人。供应商提供的资源主要包括原材料、设备、能源、劳务、资金等等，没有这些资源，企业根本无法正常运转，也就无法给市场提供商品。因此，社会生产活动的需要形成了企业与供应商之间的紧密联系，这种联系使得企业的所有供货单位对企业营销活动造成了最直接的影响和制约。供应商对企业营销活动的影响主要表现在三个方面：供货的稳定性与及时性；供货的价格变动的影响；供货的质量水平。

2. 营销中介

营销中介是指协助企业促销、销售以及把产品送到买方的机构。营销中介主要包括以下几类：

（1）中间商。中间商包括商人中间商和代理中间商，是协助企业寻找顾客或直接与顾客交易的商业性企业。

（2）实体分配公司。实体分配公司主要是指协助厂商储存并运送货物至目的地的仓储物流公司。

（3）营销服务机构。营销服务机构主要是指为厂商提供营销服务的各种机构，如营销研究公司、广告公司、传播公司等。

（4）财务中介机构。财务中介机构是指协助厂商融资或分担货物购销、储运等风险的机构，如银行、保险公司等。

3. 消费者

企业的一切营销活动都是以满足消费者的需要为中心的，因此，消费者是企业最重要的微观环境因素，消费者的数目、规模、资信状况、经济实力对企业的影响较大。

4. 竞争者

企业在目标市场开展营销活动的过程中，不可避免地会遇到竞争对手的挑战。企业要想在市场竞争中取胜，就必须比竞争者更有效地满足消费者的需要，因此，企业所要做的并非仅仅迎合目标顾客的需要，而是要通过有效的产品定位，使企业产品与竞争者产品在顾客心中形成明显差异，从而取得竞争优势。

5. 公众

公众是对一个组织实现其目标的能力有实际或潜在影响的群体，它会提高或弱化一个企业实现其目标的能力。企业公关部门负责公共关系的建设，应该通过收集涉及企业的公众意见和态度，发布和交流信息，树立企业信誉，及时处理好与公众的关系。企业所面临的公众主要有六类：政府公众、媒介公众、金融公众、群众团体、社区公众、一般公众。

二、进行SWOT分析

（一）SWOT分析法的概念

SWOT分析（见表4-3）是一种综合考虑企业内部条件和外部环境的各种因素而选择最佳营销战略的方法。该方法对企业的优势、劣势、机会、威胁进行全面的考虑与评估。其中，S是指企业内部的优势（strength），W是指企业内部的劣势（weakness），O是指企业外部环境的机会（opportunity），T是指企业外部环境的威胁（threat）。优势与劣势是对企业内在的强项与弱项进行分析，而机会与威胁是分析企业的外在环境可能产生的影响。

表4-3 SWOT分析

	优势：S 优势描述	劣势：W 劣势描述
机会：O 机会描述	SO战略：成长型 发挥优势，利用机会	WO战略：巩固/增长型 利用机会，克服劣势
威胁：T 威胁描述	ST战略：多元化型 利用优势，回避威胁	WT战略：收缩型 减少劣势，回避威胁

从营销策划的角度讲，SWOT分析可以帮助营销策划者系统地思考企业的优势、劣势、机会和威胁，确认企业内部营销资源与外部营销环境相适应的程度与状态。事实上，

SWOT分析是对企业内外部环境分析要点的归纳总结，有助于营销策划者实现对企业内外部环境分析的条理化，它使营销管理者面对的不再是一堆杂乱无章的事实与数据，而是可以降低营销决策不确定性的营销信息。

（二）SWOT分析法的步骤

企业进行SWOT分析主要有四步：第一，收集企业内部和外部环境的资料，包括宏观信息、行业信息和微观信息；第二，对收集的信息进行分类整理与分析，梳理出哪些是行业机会与威胁，哪些是企业优势与劣势；第三，确定企业业务所处的市场位置，判断企业的业务具有优势还是劣势，在SWOT分析矩阵中处于什么位置；第四，拟定营销战略，企业根据具体情况制定相应的营销战略和策划方案，决定企业是否对某项业务进行投资以及如何改进产品组合和促销组合。

三、确定营销战略目标

确定营销战略目标时，企业要对当年的市场形势进行分析和判断，以适应内外环境变化，再针对各项目的实际情况，制定出切实可行的开发销售策略和年度目标，最后汇总为企业的年度销售目标，切忌目标过高或过低。在制定目标的过程中，要将定量分析和定性分析相结合，以历史销售数据和市场容量测算为基础，以市场状态为主要调整依据，对数据进行分析，考虑宏观经济调整因素、政策法规调整因素，在一定区间内对规划进行适度调整，确保预测反映市场消费需求，不断提高把握市场的能力。确定营销战略目标应考虑的主要因素如图4－5所示。

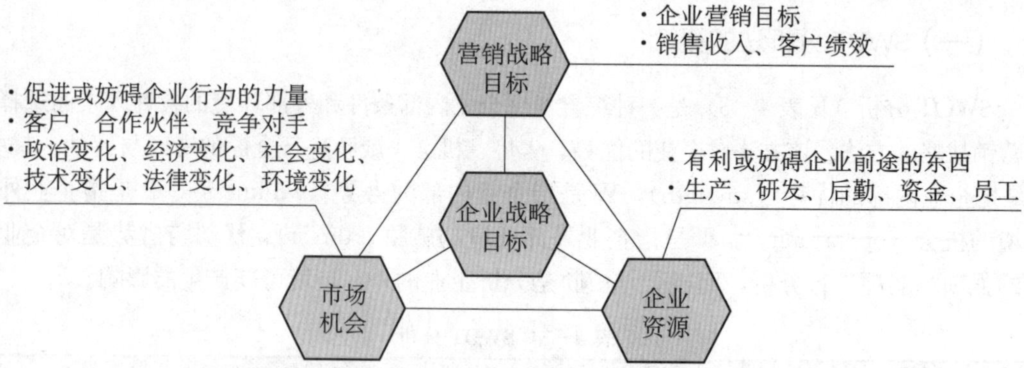

图4－5 确定营销战略目标应考虑的主要因素

资料来源：杨明刚．营销策划创意与案例解读．上海：上海人民出版社，2008.

（一）制定好的业绩指标

制定好的业绩指标是确定营销战略目标的前提，具体来说需要确定目标值和挑战值。目标通常要有一定的挑战性，跳一跳才够得到。确定业绩指标，就要对近几年的主要经营指标包括销售额、营收、净利润、净资产收益率等进行分析，目的是平衡好未来三年的业绩数据，与市场景气度合拍共振，保持逐年增长。除去市场的自然增长，企业的增长只有高于行业的平均增长，才能保持企业的健康发展。

（二）消费市场容量调查

了解市场总体规模及趋势，有效掌握消费者的真实需求和消费行为，对营销战略的制定与实施非常关键。依据市场统计调查，要对当前需求变化做出基本判断，认真研究消费者的区域特征、重点区域、分布状态，及时对未来的发展战略做出调整，推测在未来一段时间内是否需进一步平衡品牌结构，要提高抵御市场风险的能力，分析消费结构将主要依靠哪些市场拉动，判断结构提升是否仍有空间。要切实掌握消费者的消费特点、消费行为、消费倾向、消费需求变化及其发展趋势，及时调整营销战略。

（三）兼顾其他目标

制定销售目标时，要兼顾其他目标，一定要实现“销售目标—战略目标—现金流—计划预算”的闭合，使目标切实可行。有些企业把目标定得过高，即使强制执行和作为考核指标也完成不了，意义不大。有些企业则把目标定得过低，结果八九个月就能完成全年目标，也没多大意义。

四、制定营销战略

（一）营销战略选择方向

在完成环境因素分析、SWOT 分析和确定营销战略目标后，企业营销管理者就可以制定出多套备选营销战略方案，即根据企业的内外部资源和机会确定发展战略的走向（见图 4－6）。

相对竞争对手的短期增值预期 ＼ 相对竞争对手的长期增值预期	低	高
高	短跑运动员 制定并实现增长方案	世界冠军 维持和实现长期预期，利用强大业绩（如售股融资）进行合并或并购
低	状态不佳的运动员 改善核心业务的业绩，执行重大的体制改革计划	马拉松长跑运动员 维持和实现长期增长预期，改善核心业务的业绩

图 4－6　营销战略选择

（二）营销战略选择原则

1. 与企业发展战略相匹配

制定营销战略时，优先考虑与企业的发展战略和竞争战略相一致的战略。企业发展战略指明了整个企业的发展方向、发展目标和行动计划，是企业所有业务单位和职能部门的行动指南。竞争战略确定了某个业务单位在某一市场的竞争目标和获取竞争优势的方式。营销战略则通过各业务单位与企业的发展战略相衔接，是企业发展战略的重要组成部分。因此，它必须有助于发展战略和竞争战略的实施。如果一个业务在发展战略中被确定为企业的未来之星，营销部门或营销管理者就应重视这个业务的营销方案。因此，在制定营销战略时，要根据相关业务在企业发展战略中的定位选择战略思路。

营销视角 战略营销策划的内容及相关方法

著名营销学者马尔科姆·麦克唐纳提出了战略营销策划的内容及相关方法，如表4-4所示。

表4-4 战略营销策划的内容及相关方法

	战略营销策划的内容	市场营销理论 (结构、框架、模型)
第1阶段 目标设定	任务说明 财务摘要	
第2阶段 形式审查	市场概况 →市场结构 →市场趋势 →关键细分市场 →缺口分析	营销审计 市场调查 市场分割研究 缺口分析 产品生命周期分析 创新扩散 安索夫矩阵 预测 市场调查
	机会/威胁：(按产品)(按细分市场)(总体)	问题管理
	优势/劣势：(按产品)(按细分市场)(总体) 需要解决的问题：(按产品)(按细分市场)(总体)	关键因素矩阵 市场调查 细分分割研究
	组合摘要	BCG矩阵 指导性政策矩阵 (定向曲线法)
	预设	负面风险评估
第3阶段 战略制定	营销目标：(按产品)(按区域)(总体) →战略重点 →产品组合 →产品开发 →产品删除 →市场扩张 →目标客户群	波特矩阵 安索夫矩阵 BCG矩阵 指导性政策矩阵 (定向曲线法) 缺口分析

续表

	战略营销策划的内容	市场营销理论 （结构、框架、模型）
	营销战略 {（4P）（定位/品牌） → 产品 → 价格 → 促销 → 渠道	市场分割研究 市场研究 弹性反应
第4阶段 资源分配和监督	资源要求	预测 预算编制
	测量与评估	

资料来源：麦克唐纳．营销策划：理念 · 步骤 · 方法．北京：中国铁道出版社，2016.

2. 发挥企业的核心竞争力

根据企业的核心能力，明确企业营销方案中必须发挥的优势，利用积极因素克服弱点。一个企业的核心能力是其竞争优势形成的重要基础，不会随着发展和应用而消失。以企业核心能力为基础建立的竞争优势具有非完全可模仿、非完全可替代和非完全可交换的特点，因此是可持续的。在制定营销战略方案时，要优先考虑利用那些基于企业核心能力的优势要素。例如，在一个企业中，如果技术的自主研发是核心能力，那么营销管理者应该优先考虑与技术自主化程度高这一优势要素相匹配的结果，如获得政府更多的支持、加快技术商业化和开发新产品等。

3. 将相容的营销方案进行综合匹配

将各种相容的匹配加以组合，系统分析、综合考虑，得出多种不同的营销方案。在SWOT 矩阵的各种匹配结果中，一些匹配是相容的。营销管理者可以将相容的匹配组合在一起，多出空间用于考虑与匹配结果不相容的东西，优选出一套发展战略方案。

4. 评估各套发展战略，优中选优

从符合战略目标的程度、核心能力的发挥程度、资源的利用程度、与其他业务的协同效率、可操作性和风险大小等方面，对各套营销发展战略进行评估，优中选优。根据评估结果，对各套发展战略提出建议，并说明依据，做出改进。

第 3 节　营销竞争战略策划

一、营销竞争战略策划概述

营销竞争战略策划是企业在市场竞争中为保持自身实力和发展地位进行的基于长期考虑、具有长远意义的总体性营销谋略。营销竞争战略策划主要涉及在所选领域内的有效竞争，以及在战略上拟定竞争的基本思路、基本手段和基本方法。根据企业所拥有的资源和市场机会，营销竞争战略策划通常从两个方面开展：一是客户导向，需要进行创新与研发；二是竞争者导向，主要是发挥优势，消除劣势，发现差别竞争优势（见图 4-7）。

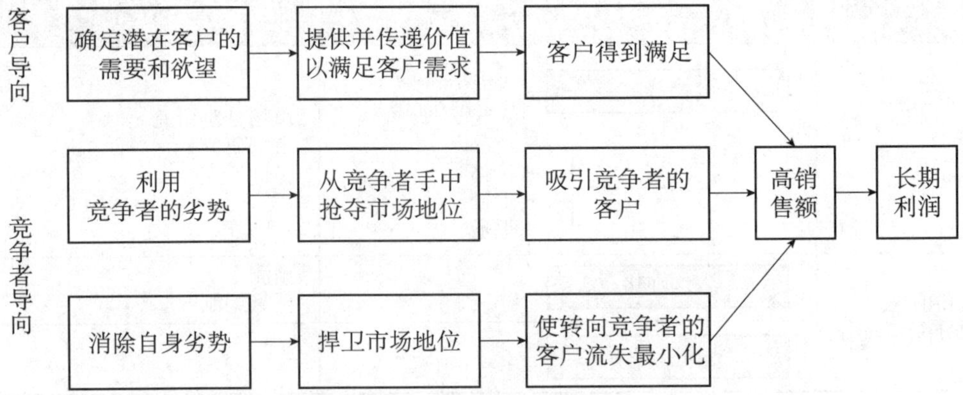

图 4-7　客户导向与竞争者导向

资料来源：布拉德利．战略营销．北京：华夏出版社，2005.

市场经济是竞争性的，做营销竞争战略策划一般从分析竞争者开始，大体包括如图 4-8 所示的几个方面。

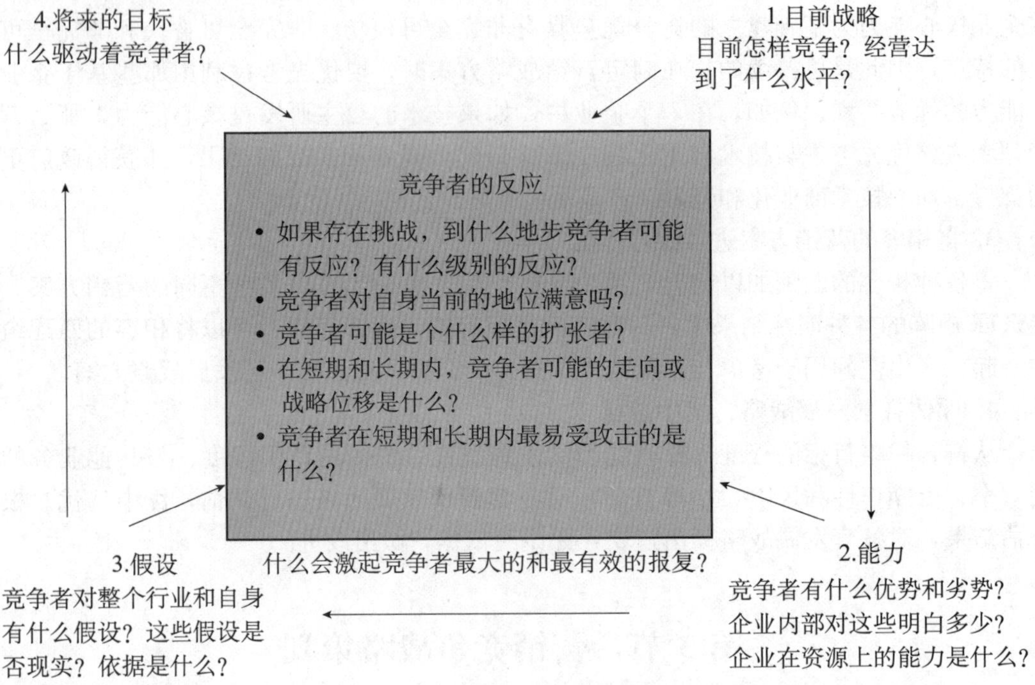

图 4-8　确定竞争者反应的分析框架

进行营销竞争战略策划，主要步骤如下：

（一）确定竞争者

企业的竞争者一般是指提供相同或同级产品和服务，并有相似的目标顾客和产品价格的企业。事实上，企业需要从行业、市场两个方面去探讨，只有处于同一战略群组的企业才是真正的竞争对手，它们通常采用相同或相似的技术，生产相同或相似的产品，提供相同或相似的服务，采用竞争性的定价方法，因而它们之间的竞争要比与战略群组外的企业的竞争更加直接、激烈。

（二）收集竞争者资料

企业需要收集竞争者过去几年的资料，包括财务指标、产品分析、竞争优势来源、对公司影响重大的活动、国际化经营的规模和范围、明显的战略、优势和劣势、企业经营哲学、人力资源政策、关键成功因素等，尽可能掌握对手的经营动向及其可能对本公司产生的影响。有些信息收集起来比较困难。一般而言，公司可以通过二手资料、个人经历、传闻来弄清楚竞争者的强弱，也可以通过顾客价值分析来了解这方面的信息。

（三）确定竞争者的反应模式

一般情况下，企业需要利用竞争者的市场份额、顾客心理份额两个变量进行分析。此时，企业要了解竞争者的目标、战略、强弱，分析其可能的竞争行动，及其对公司的产品营销、市场定位及兼并收购等战略的反应，也就是确定竞争者的反应模式。此外，要注意竞争者的经营哲学、内部文化、指导思想也会影响其反应模式。

（四）确认竞争者的目标

每个竞争者都有一个目标组合，其中每个目标的重要性不同，企业要分析竞争者在市场里找寻什么、竞争者行为的驱动力是什么。此外还必须考虑竞争者在利润目标以外的目标，以及竞争对手的目标组合，并注意竞争者用于攻击不同产品（市场细分区域）的目标。

（五）确定竞争者的战略

公司战略与其他公司的战略越相似，公司之间的竞争越激烈。在多数行业中，竞争者可以分成几个追求不同战略的群体。战略性群体即在某一行业采取相同或相似战略的一群公司，确认竞争者的战略有利于做出正确的应对策略。

（六）确定公司的竞争战略

通过对竞争者的分析，结合企业自身的资源禀赋和竞争优势，可制定出相应的竞争策略。例如，面对青岛啤酒的进攻，燕京啤酒通过进行 SWOT 分析，针对广西市场制定了全生态竞争战略，构建了广西市场的竞争优势。

二、一般竞争战略策划

一般竞争战略是指企业在明确自己竞争对手的前提下，在市场竞争中直接与之较量所采用的那些应用较广、具有基础地位的战略。它是企业与竞争者争夺市场并赖以生存的基本工具，这种战略的特点是针锋相对、直接抗衡，主要表现为实力和资源的激烈竞争。一般竞争战略分为三种类型：成本领先战略、差异化战略和集中化战略。下面简要介绍这三种战略的策划。

（一）成本领先战略策划

成本领先战略是指企业在产量规模、经济效益差别不大的前提下，通过努力降低成本来取得竞争优势。企业实现成本领先的途径有两条：一是对经营过程进行成本控制；二是创新科学技术，使用先进设备提高生产率。要降低经营成本，企业必须提高经营管理水平，提高设备利用率与产品合格率，降低企业库存。

（二）差异化战略策划

差异化战略是指企业在生产经营过程中，为使企业产品或服务与竞争者的产品或服务有明显的区别，形成与众不同的独特个性而采取的战略。差异化战略策划的目的就在于创造和演绎企业及产品的个性化特色，它以企业内部条件为重心，重点强调依赖企业现有的资源水平，创造全行业和消费者都认为独具特色的产品和服务以及企业形象，建立消费者对产品或服务的忠诚与信任。这种差异化可以使购买者无法相互比较，信赖某一产品，对价格不太敏感，同时还能弱化供应商的议价能力，给产品带来额外的利益，让企业在市场竞争中确立优势地位。差异化战略策划可以使企业获得高于同行业平均水平的利润。

（三）集中化战略策划

集中化战略是指企业通过设计一整套行动来生产产品或提供服务，以满足某一特定竞争性细分市场的需求，比竞争者更好地服务目标细分市场的购买者，在这个范围的目标市场中取得领先地位。集中成本领先战略，即企业在所处的目标细分市场中寻求低成本的优势，比业内其他竞争者更有效率地服务于某一特定细分市场，且服务于该市场的成本比竞争者的成本低。集中差异化战略，即企业在目标市场中寻求独特的差异化，更好地满足特定客户的个性化需求，同时获得较高的利润。

集中化战略策划既有成本领先战略对低成本的考虑，也有以差异化占领市场的思量，它不谋求在全行业领域中达成战略目标，而是寻求在比较狭窄的市场上占据优势地位。

三、市场竞争地位战略策划

（一）市场防御策划

市场防御策划是指在面临市场挑战的情况下，围绕保有市场份额而采取一系列的防御战略。在竞争中采取防御战略的大多是市场领先者。市场防御一般有六种方式：先发制人、反击防御、阵地防御、侧翼防御、运动防御、收缩防御。

1. 先发制人

当竞争者的市场占有率达到某一危险水平时，企业就对它发动攻击，或者对市场上的所有竞争者全面攻击，使得对手人人自危。这是一种进攻性的防御，主动出击，先发制人，在对手进行攻击前就挫败它，从而保持自己的领先地位。

2. 反击防御

反击防御是指企业在竞争者发动进攻时，不单单进行防御，而是选择迎击对方的正面进攻，迂回攻击对方的侧翼，或者发动钳式包抄进攻，切断竞争者的主要经营领域等战略。例如，当美国西北航空公司最有利的航线之一明尼阿波利斯至亚特兰大航线受到另一家航空公司降价和促销的冲击时，西北航空公司采取的报复手段是将该航线的票价降低，由于这条航线是对方的主要收入来源，对方不得不停止进攻。

3. 阵地防御

阵地防御是指在现有市场周围建立防线，防止竞争对手的入侵。典型做法就是采用较大的分销覆盖面，并在全行业尽可能采用低价策略，这是一种静态消极的防御，企业将多数资源用于保卫现有产品是相当危险的。例如，福特为其 T 型车“近视症”付出了沉重的代价，从年盈利 10 亿美元的顶峰跌到破产的边缘。可口可乐公司虽然已经发展到年产量占全球软饮料半数左右的规模，但仍然积极从事多元化经营，如打入酒类市场，兼并水果饮料公司，从事海水淡化设备制造工业。

4. 侧翼防御

侧翼防御是指市场领先者除保卫自己的市场之外，还应建立某些辅助性的市场作为防御阵地，或在必要时作为反攻基地，特别要注意保卫自己较弱的侧翼，防止对手乘虚而入。20 世纪 70 年代美国的汽车公司就是因为没有注意侧翼防御，遭到日本小型汽车的进攻，失去了大片阵地。

5. 运动防御

运动防御要求市场领先者不但要积极防守现有市场，还要通过市场拓宽和市场多元化来扩展可以作为未来防御和进攻中心的新市场，从而使企业在战略上有更多的回旋余地。市场扩展可通过两种方式实现：市场扩大化和市场多元化。

(1) 市场扩大化：企业将注意力从目前的产品转移到有关该产品的基本需要上，并全面研究与开发有关该项需要的科学技术。如把“石油”公司转变为“能源”公司，意味着市场范围从石油扩展到煤炭、核能、水利和化学等其他工业。

(2) 市场多元化：企业向彼此不相关的其他行业扩展，实行多元化经营。例如，美国雷诺和菲利普莫里斯等烟草公司认识到社会对吸烟的限制日益加强，纷纷转入酒类、软饮料和冷冻食品等行业，实行多元化经营。

6. 收缩防御

收缩防御是指市场领先者因业务范围太广，为了集中力量于优势的业务而放弃某些薄弱的市场，收缩战线。例如，可口可乐在 20 世纪 80 年代放弃了电影娱乐业和房地产业，全力应对当时饮料行业的竞争，这使得公司一直经营良好，在行业中始终保持着龙头地位。

（二）市场进攻策划

确定了挑战对象之后，市场挑战者就可以选择竞争战略了。竞争战略具体分为以下五种：

1. 正面进攻

正面进攻是集中力量向对手的主要阵地发起进攻，而不是攻击其弱点，其成败取决于双方力量的对比。使用这种战略时，挑战者必须在产品、广告、价格等主要方面超过对手，这样才有成功的可能性。比如作为我国微波炉行业后起之秀的格兰仕之所以能打败先行者蚬华，就是因为格兰仕大幅降低生产成本，在此基础上降价，市场份额迅速扩大。

2. 侧面进攻

侧面进攻是集中力量攻击竞争对手较为薄弱的业务范围，可以分为两种情况：一是地理性侧面进攻，即在全国或全世界寻找竞争对手力量薄弱的地区，发动进攻；二是进行细分性侧面进攻，就是寻找竞争对手尚未占领的细分市场，迅速填补空缺。例如七喜汽水迎战可口可乐时，采用的是一种排他性侧面进攻，它将自己定位于非可乐，避免与可口可乐正面交锋，进而占据另一个市场，取得了胜利。

3. 包围进攻

包围进攻是一种全方位进攻战略，当市场挑战者对于竞争者而言具有资源优势，并确信围堵计划足以打垮对手时，可以采用这种战略。此时可以提供比竞争者多的产品，深入竞争对手的领域，使其不得不同时保卫多个业务领域。比如美国埃克森公司试图用10年时间，采取包围战术垄断办公自动化业务，同时击败IBM，为此它收购了大量公司，生产各种产品。由于公司庞杂，产品创意不足，加之高管频繁更换，该公司遭受对手反击，销售额大幅下滑。

4. 迂回进攻

迂回进攻是指避开竞争者的现有市场，通过实现产品多元化、市场多元化和开发新技术和新产品来进行间接进攻。

5. 游击进攻

游击进攻是指对不同的领域或竞争者进行间歇性的小型打击，其目的在于瓦解竞争者的士气，逐步提高自己的市场地位。其优势在于灵活机动，竞争者很难防范。这种方式适用于小规模企业。市场挑战者发动间歇性的小型攻击去骚扰竞争者，并希望建立长期稳定的市场，在游击进攻时常常选择削价、挖掘竞争者高管、密集的促销活动以及“打不赢就走”等手段。

（三）市场跟随策划

市场跟随者在大多数情况下更愿意采用市场跟随者战略，即以竞争者先前的定位战略或经营模式为立足点，力求占领部分市场。这些企业必须懂得如何在稳定自己的目标市场、保持现有顾客的基础上创造独有优势，争取新的消费者，给自己的目标市场带来某些特有利益；还必须尽力降低成本并提供较高质量的产品和服务，提防市场挑战者的攻击。市场跟随策划分为以下三类：

1. 紧密跟随

紧密跟随指企业在各个细分市场和营销组合方面尽可能效仿市场领先者。此时跟随者类似挑战者，但只要它不从根本上危及领先者的地位，就不会发生直接冲突。例如，

《华尔街日报》是美国发行量与广告量最大的商业报纸，拥有最好的作者与编辑，而且集工商报道和财经消息于一身。《商业时报》就以工商业专业报纸的身份跟随《华尔街日报》，获得了发展。

2. 距离跟随

集中精力去开拓适合本企业的市场，才可能占据更大优势，赢得丰厚利润，甚至超过市场领先者。例如，美国霍恩实业公司在以斯蒂尔凯斯公司为首的美国办公家具市场中只排第四位，但它在中档办公家具市场的年盈利高居榜首，所占市场份额超过20%。

3. 选择跟随

企业若在目标市场、产品创新、价格水平和分销渠道等方面都追随市场领先者，但与市场领先者保持一定差异，市场领先者就不会注意到模仿者，模仿者也不进攻市场领先者。某些跟随者能主动分析市场，有效地研究和开发，看重盈利而非市场份额，即便市场份额不及市场领先者，资本净值报酬却超过了行业平均水平，甚至超过市场领先者。

示　例

达利：孜孜不倦的市场跟随者

达利食品集团诞生于历史文化名城、东亚文化之都泉州。自1989年创办至今，历经三十多年飞速发展，达利食品集团已成长为位列中国民营企业500强的综合性现代化食品企业集团。2022年，达利食品集团实现营收199.57亿元，净利29.9亿元，达利园、豆本豆等七大核心品牌销售均超10亿元。作为中国食品行业的领军企业，达利食品集团是国内为数不多的横跨休闲食品、家庭消费和即饮饮料三大板块的龙头企业。

20世纪90年代，好丽友的“派”进入中国市场，瞄准一二线城市，给吃惯了硬质饼干的中国人带来了一种全新的体验。好丽友尽管产品不错，但价格太高。达利食品集团创始人许世辉做了市场调研，发现消费者喜欢好丽友的蛋黄派，但其价格超过很多老百姓能承受的范围，这让许世辉看到了商机。

经过两年研发，2002年，许世辉推出达利蛋黄派。以低于好丽友三分之一的价格、强力的广告推广，让“派”迅速飞入了寻常百姓家，成为达利食品集团当之无愧的拳头产品。

2003年，达利食品集团又把目光放在了流行产品薯片上。和“派”的行业格局相似，薯片市场被品客、乐事等少数几个跨国品牌占据，产品都定价过高。达利食品集团趁机推出可比克薯片，把市场占有率最大的品客薯片作为头号劲敌，定位年轻人市场，邀请明星代言，并采用分渠道定制产品的策略，用桶装薯片打进一线市场，用性价比更高的充气包装填补二、三线市场，获得了飞速发展。

2004—2013年，公司以同样的套路推出新品牌新产品：2013年对标亿滋国际，推出烘焙饼干好吃点；2007年，凉茶市场中王老吉与加多宝打得火热，公司趁势推出和其正凉茶；2013年功能性饮料大肆流行，东鹏特饮火了，公司马上推出跟东鹏极度相似的乐虎。

达利食品集团从来不是市场的拓荒者，而是习惯作为跟随者挑战行业老大，瞄准时机弯道超车。达利选择在黄金时期进入市场，省去了市场培养的过程，针对目标企业的痛点去设计产品，保证了成功率。在保证产品品质的情况下，用对标品牌一半的价格，实现产品从“贵族化”向“平民化”的过渡，“做大蛋糕”，主攻下沉市场，催生消费者的购买欲，形成规模效应。

资料来源：https：//www. daligroup. com/Ab _ index _ gci _ 2. html.

（四）市场补缺策划

市场补缺者多数情况下会探寻大企业忽视或者不感兴趣的细分市场，并全力满足这些特殊市场的顾客，为其提供产品和服务，以求占据安全有利的市场地位，这就是补缺者的营销竞争战略。补缺者的三项任务是创造补缺市场、扩大补缺市场、保护补缺市场，其开展策划的关键在于以下三点：

1. 定制专门化

针对某个市场提供产品或服务。

2. 服务专门化

一种是为顾客提供特定、专业的服务，发挥独创性；另一种则是为产业链的某一部分提供服务。

3. 顾客规模专业化

为某些特定群体提供产品或服务，服务对象往往是小公司、小客户或者特定地域群体。

营销战略策划需要系统思考。马克思主义唯物辩证法的基本观点指出，事物是联系的，联系着的事物又是变化发展的。以唯物辩证法为指导，注重从战略高度整体把握市场各要素之间的内在联系，马克思主义的哲学方法论为营销战略策划提供了方法论基础。党的二十大报告指出：“继续推进实践基础上的理论创新，首先要把握好新时代中国特色社会主义思想的世界观和方法论，坚持好、运用好贯穿其中的立场观点方法。”“六个坚持”的世界观和方法论，即必须坚持人民至上、必须坚持自信自立、必须坚持守正创新、必须坚持问题导向、必须坚持系统观念、必须坚持胸怀天下，为企业营销战略策划指明了方向。

企业总是在特定的社会经济和其他外界环境条件下生存、发展的，因此正确认知营销环境的特征非常重要。企业营销战略策划需要紧跟国家政策，把自身战略规划融入国家的战略规划中，这样才能把自身利益与国家利益相结合，让国家发展的红利惠及自身。中国企业的战略空间首先是由国家创造的，然后才是企业谋取的。从整体上和战略上，中国企业营销是国家战略引领下的营销，是基于国家发展战略的营销，既要适应外部环境及其变化趋势，又要与内部的资源能力相匹配，还要“不忘初心，牢记使命”。企业制定总体战略规划要明确三个终极问题，即使命（存在的目的）、愿景（去哪里）、价值观（如何去，遵循并提倡什么样的行为准则），只有通过产品和服务的创新为客户创造价值，才能保证企业健康持续发展。

案例分析

云南白药跨界日化的四大营销战略之变

云南白药牙膏的成功，是一次行业跨界的成功，更是在产品和品牌推广上不断创新的结果。从战略定位到产品营销和传播路径的系统构建，全方位推动了云南白药的行业跨界，成就了一个民族药企跨界日化的成功案例。

战略之变——品类引领转向品牌引领

云南白药牙膏在上市之初是以“品类带产品”，核心战略是告诉消费者云南白药牙膏到底是一支什么样的牙膏。凯纳咨询首先深入研究云南白药牙膏的核心功能，以功能为突破口，确定了“非传统牙膏”的新品类战略定位，精准提炼了“云南白药国家保密配方成分”和解决口腔问题的核心诉求。云南白药牙膏有了一定的销量基础后，转而进行品牌的打造，以“品牌带产品”，给产品注入更多情感关怀因素，比如“让健康的口腔享受生活的快乐”“好口腔，吃出幸福感”。

产品之变——构建强力产品群矩阵

在传播上以更接地气、更亲民的品牌定位把云南白药牙膏打造成一款“更符合国人饮食习惯的牙膏”，并强化新产品的开发和产品组合矩阵的构建，从早期开发推广的金口健牙膏，到云南白药益优清新牙膏、抗敏感牙膏和针对吸烟人士推出的更高端的烟后护口品朗健，形成了具有高度人群互补性和组合性的“云南白药高端牙膏家族”。其中定位为“生物清新牙膏”、主打“口腔益生菌”的云南白药益优清新牙膏和 2018 年重磅推出的益生菌儿童牙膏已经成为云南白药牙膏产品矩阵中的明星产品。

形象之变——邀请知名人士代言

2016 年开始，云南白药牙膏邀请中国新生代影视演员代言，在稳固中老年客户群体的同时，逐渐将传播注意力转向广大城市年轻客户群体，这把云南白药牙膏推向一个新的品牌高度。

传播之变——网络时代的益温暖沟通

云南白药牙膏不仅强化了对传统电视媒体的利用，也注重对网络媒介的利用，通过网络传播锁定年轻一代的中国消费者是云南白药牙膏今后品牌传播的一个核心策略。以互联网为媒介，与用户建立黏性互动，不断扩大消费群体，持续推进着云南白药大健康、年轻化的品牌战略。

资料来源：凯纳咨询：云南白药牙膏 600 亿突破（下）：如何铸就下一个“黄金十年”.（2022 - 09 - 26）. https：//zhuanlan. zhihu. com/p/568200451.

讨论题

1. 云南白药牙膏取得成功的因素有哪些？
2. 云南白药牙膏是如何定位的？成功点在哪里？
3. 云南白药牙膏营销策划的要点有哪些？

重点名词

企业战略　　营销战略　　营销战略策划

PEST 分析法　　SWOT 分析

思考题

1. 简述企业战略与营销战略的关系。
2. 如何开展竞争对手分析？客户导向与竞争者导向的区别是什么？
3. 什么是行业的关键成功因素？
4. 描述营销战略策划的流程。
5. 描述营销战略策划的内容及类型。

拓展练习

一、目的与目标

1. 了解企业战略与营销战略的关系，掌握营销战略策划的内容与流程。

2. 掌握营销战略策划的分析方法及其在企业实践中的运用。

二、内容与要求

1. 资料准备：收集整理 2～3 份营销战略策划案例，分类归纳并总结核心要点。查阅最近 2～3 年的资料，对营销战略策划案例进行分析。

2. 具体任务：通过对营销战略策划的学习，分组进行营销战略策划的训练。

3. 任务要求：收集本地企业的营销战略策划案例，开展模拟营销战略策划的练习。

三、组织与实施

1. 将班级同学分成 5～6 人一组的小组，实行组长负责制，全体组员共同完成课堂任务。

2. 各小组进行分工，完成资料的收集、汇总与分析。

3. 经过小组讨论后，完成实训报告，提交 PPT 文档，注明分工及各自的贡献。

4. 各小组选派成员对报告进行讲解，并回答其他组成员的提问。

5. 授课老师对各组的汇报进行点评及评分，提出意见及改进建议。

拓展阅读

一、阅读案例

1. 谢佩洪，魏农建，于克信．云南白药集团多元化扩张迷局．中欧案例库，2016.

2. 刘玥．2024，如何构建企业的 AI 营销战略？.（2024-01-12）.https：//baijiahao.baidu.com/s?id=1787889968032742337&wfr=spider&for=pc.

二、阅读书籍

1. 路长全．先胜后战：营销战略篇．北京：机械工业出版社，2018.

2. 李飞．逻辑营销 9 堂课．北京：机械工业出版社，2021.

即测即评

扫描二维码可在线自测并查看答案。

第5章
品牌策划

本章要点

- 了解品牌策划的基础。
- 掌握品牌创建策划的概念和流程。
- 了解品牌定位策划的过程和方法。
- 掌握品牌架构策划的内容。
- 掌握品牌延伸的策略。

引导案例

农夫山泉的品牌之路

1996年，钟睒睒创办了农夫山泉。1997年，农夫山泉的第一座工厂开始运营，同时提出了“农夫山泉有点甜”这一家喻户晓的口号。接下来的几年，农夫山泉相继在浙江千岛湖、吉林长白山矿泉水保护区和湖北丹江口等国家一级水资源保护区建成了现代化的饮用水工厂。2003年9月，农夫山泉的瓶装饮用天然水被国家质检总局（现国家市场监督管理总局）评为“中国名牌产品”。2006年10月，农夫山泉被国家工商行政管理总局商标局（现国家知识产权局商标局）认定为驰名商标。根据观研天下2021年的数据，我国瓶装水市场以天然水和纯净水为主，六个品牌的市场占有率达八成。其中，农夫山泉的市场占有率达到26.5%，位居第一；其次是华润怡宝，市场占有率为21.3%；然后是康师傅，市场占有率为10.1%；接着是娃哈哈、百岁山、冰露，市场占有率分别为9.9%、7.4%、5.3%。截至2023年最后一个交易日的收盘，农夫山泉的总市值达到了5 078亿港元。

农夫山泉坚持在水源地建厂，并在每一瓶饮用水上清晰标注水源地，这进一步强化了品牌联想。其广告语“我们不生产水，我们只是大自然的搬运工”同样广为人知。根据弗若斯特沙利文报告，从2012年到2021年，农夫山泉连续十年稳居中国包装饮用水市场占有率第一的位置。

农夫山泉的品牌联想以水源地建厂和标注水源地为核心，强调品牌的自然和纯净属性。这种联结使消费者与农夫山泉的品牌形象产生了深刻的联系，他们认同农夫山泉是“大自然的搬运工”，将纯净的天然水源直接带给消费者。这种联想不仅赋予了农夫山泉品牌独特的个性，而且增强了消费者对品牌的信任感。

农夫山泉在品牌联想的打造过程中取得了巨大成功。其清晰的品牌定位语、多种传播形式以及对自然和健康的坚持，不仅在消费者心中树立起了独特的品牌形象，还为企业带来了巨大的商业成功。农夫山泉通过建立品牌联想，成功地将自己与自然、纯净、健康的形象联系在一起。这种联想不仅在消费者中产生了共鸣，也为农夫山泉赢得了市场领导地位。

现在，品牌的意义已经远远超出了外在的标识符号，更多地体现在企业愿景与消费者感知之间的统一。一个成功的品牌打造过程不仅需要设计恰当的名称和标识，而且需要建立强有力的品牌联想。企业建立品牌联想的第一步就是要有清晰的品牌定位语，并通过多种传播形式来传播品牌定位语。

资料来源：郑毓煌．科学营销．北京：中信出版社，2023.

启示：在瓶装水市场的白热化竞争中，农夫山泉通过洞察消费心理，占领消费者心智，进行了天然水品类的营销创新。从品牌创立开始，农夫山泉不断呵护品牌建设，树立自然、纯净、健康的品牌形象，注入品牌价值主张，塑造了差异化的竞争优势。

第 1 节　品牌策划概述

一、品牌策划的含义与特征

（一）品牌策划的含义

品牌策划是营销策划的一种类型，指策划者利用品牌实现一定的营销目标，借助适当的科学和艺术方法对品牌相关事宜进行决策、计划以及构思、设计、制作策划方案的过程。品牌策划的目的是使本品牌在消费者脑海中形成区别于竞争者品牌的一种个性化的区隔，并使消费者与本品牌之间建立一种关系，从而在市场上树立起自己独特的品牌形象，增强对消费者的吸引力。

品牌策划的本质就是发现梦想，为品牌拥有者提供创意、思路、方法和对策，促进企业品牌、产品品牌和服务品牌在消费者心中形成个性化的区隔，建立品牌形象的认知，最终让品牌深入到消费者的心中，让消费者认知品牌、了解品牌、信任品牌，最终忠诚于品牌。

（二）品牌策划的特征

1. 前瞻性

品牌策划必须具有前瞻性，包括：在品牌调研阶段，既要满足当前品牌决策的需要，也要预测未来的变化趋势及可能出现的结果；在品牌规划阶段，既要了解消费者的价值观、审美观，力争获得他们的认同，也要充分考虑品牌的扩张力，为以后的品牌延伸预留必要的空间；在品牌形象塑造阶段，既要着眼于未来发展，也要重视品牌标识系统、品牌规划体系等的完整性；在品牌传播阶段，既要把握市场状况做到有的放矢，也要在公共关系、广告、促销、推广等方面进行整合传播。

2. 系统性

品牌策划包括对各种市场信息的收集、对目标顾客心理需求的把握、对品牌形象的设计、对传播方式的选择等工作，是一个集收集、分析、控制、反馈、决策等于一体的综合性系统工程。面对这样一个复杂的系统工程，如果不进行科学的策划，很难推进具体的活动，也不可能实现预期的目标。

3. 独特性

品牌策划的独特性要求追求新意、独创。首先，品牌需要通过标志等一系列的物质载体来表现自己。通过整体规划和专门设计获得的品牌符号具有极强的个性和视觉冲击力，能够使其区别于其他品牌。例如可口可乐的红色流动感字体、麦当劳的金色拱门标识等，都给消费者带来强烈的视觉冲击。其次，品牌的名称、术语、标识、设计及其组成的集合是品牌主体所独有的，经过了法律程序的认定，享有品牌的专有权，其他组织或个人不能仿冒和伪造。

二、品牌策划的基础

（一）品牌的含义

品牌（brand）一词来源于古挪威文字“brandr”，中文意思是“烙印”。当时的游牧部落在马背上打上烙印，上面写着“不许动，它是我的”，用以区分不同部落之间的财产，这就是最初的品牌标志和口号。有价值的品牌是指消费者和产品之间的全部体验。它不仅包括物质的体验，还包括精神的体验。

品牌的概念随着实践中品牌的发展而不断丰富。品牌向消费者传递一种生活方式，赋予产品一种象征性的意义，最终改变人们的生活态度以及生活观点。

菲利普·科特勒认为：品牌就是一个名称、名词、符号或设计，或是上述的总和，其目的是要使自己的产品或服务有别于其他竞争者。从消费者角度而言，品牌是一种心理上、情绪上的认同。一个品牌能表达出六层意思：

（1）属性。一个品牌首先给人带来特定的属性。例如，梅赛德斯-奔驰代表昂贵、制造优良、工艺精湛、耐用、高声誉。沃尔沃汽车最典型的属性则是安全、做工精良。

（2）利益。属性需要转换成功能和情感利益。例如，属性“耐用”可以转化为功能利益：“我可以几年不买车了。”属性“昂贵”可以转换成情感利益：“这车令别人羡慕我。”

（3）价值。品牌还体现了制造商的某些价值感。如梅赛德斯-奔驰体现了高性能、安全和威信。

（4）文化。品牌可能象征了一定的文化。如梅赛德斯-奔驰代表着德国文化：有组织、有效率、高品质。

（5）个性。品牌代表了一定的个性。如梅赛德斯-奔驰可以使人想起一位老板（人），一头狮子（动物），或一座宫殿（标的物）。

(6) 使用者。品牌还体现了购买或使用这种产品的是哪一种消费者。如梅赛德斯-奔驰是成功人士的选择，表明他们对品质是有追求的。

品牌由品牌名称、品牌认知、品牌联想、品牌标志、品牌色彩、品牌包装以及商标等要素组成。它是产品的一部分，是制造商为其产品规划的商业名称，基本功能是将制造商的产品与竞争企业的同类产品区别开来。

根据品牌的概念可将品牌分为功能性、形象性、体验性三种类型。

功能性品牌，顾名思义，即该品牌强调解决外部产生的消费性需求。如飘柔洗发水强调双效合一，洗发润发一次完成。功能性的产品因为注重产品所能提供的功能，形象概念的形成过程是由下而上的。

形象性品牌，即强调社会地位与自我形象的联结。如劳力士手表、蒂芙尼珠宝。不同类别的产品，其品牌概念的形成过程不一样。形象性品牌与功能性品牌相反，它较难将产品的特质和产品进行联结，其形象的形成过程是由上而下的。

体验性品牌，其需求来自产品所能提供给消费者的感官上的愉悦、多样性或是认知上的刺激。

这样的分类法通常指的是品牌，而非产品。理论上，任何一种品牌都能被定位成三种类型之一，而且和感性消费及理性消费的概念相一致。功能性品牌产品属于理性消费产品，而形象性和体验性品牌产品属于感性消费产品。

示 例

周大福传承系列的品牌故事

“周大福传承”是周大福珠宝集团旗下主力品牌周大福新推出的产品品牌。自2017年正式向中国市场推出文创黄金产品以来，“周大福传承”的市场业绩表现实现了惊人的“三级跳”，销售额扶摇直上，开创了中国黄金文化创意产品品牌的先河。

2017年9月9日，“周大福传承”首次在哈尔滨红博会展购物中心发布系列新品，正式开启了“周大福传承”的篇章。2018年“周大福传承”产品品牌发布会在苏州博物馆举行，“国玉·传承”系列面世，2019年“故宫·传承”“如来敦煌·传承”“韩美林艺术·传承”系列诞生，获得了中国消费者的青睐，引领了中国黄金文创产品品牌消费潮流，实现180亿元年营收——单品占传统工艺黄金细分市场25%以上的份额——创造了黄金饰品业界的倍数增长。

拥有90多年历史沉淀的周大福珠宝集团用“真诚·永恒”的企业价值观引领公司，从“周大福”单一品牌运营走出了珠宝细分市场的成功道路，构建了黄金珠宝行业全产业链纵向一体化发展的生态系统，成为“中国最具价值的珠宝品牌”。

资料来源：根据相关资料整理。

(二) 品牌的特征与功能

1. 品牌的特征

(1) 品牌的表象性。品牌本身没有物质实体。品牌自身是无形的，不具有独立的物质实体，不占有空间，它必须通过直接载体如文字、图案、符号、色彩等表现出来。间接载体有产品质量、产品服务、知名度、美誉度和市场占有率等。

（2）品牌的专有性。经过法律程序的认定，品牌拥有者享有品牌的专有权，其他企业或个人不能仿冒、伪造等。

（3）品牌的价值性。品牌是企业的无形资产，具有市场扩张力，能使拥有者获取持续的经济效益，有助于企业在生产经营和服务中持续发挥其资产作用。

（4）品牌发展的不确定性。品牌的潜在价值可能很大，也可能很小，即有时可使产品获得很高的附加值，有时则未能保持产品质量更好、性能更新、成本更低，使企业原有的品牌迅速贬值。

（5）品牌明显的专用性。排他的专用性有时通过企业自身保密和反不正当竞争法来维护（如专有技术、经营秘密），有时则以适当公开其内容为代价以取得广泛而普遍的法律保护（如专利权），有时借助法律保护及长期生产经营服务中的信誉获得社会的公认（如商标、品牌认知等）。

2. 品牌的功能

（1）识别功能。品牌可减少消费者在选购商品时所花费的时间和精力。消费者会对品牌产生一种整体感觉，这就是品牌认知。当消费者购买具有某种使用价值的商品时，面对琳琅满目的商品，他们的购买行为首先表现为选择、比较。品牌在消费者心目中是产品的标志，它代表着产品的品质与特色。同时，品牌是企业的代号。品牌在消费者的心目中代表着企业的经营特色、质量管理要求等，从而在一定程度上迎合了消费者的兴趣偏好，节省了消费者购买商品时所花费的精力。

（2）消费者权益功能。品牌具有专用性特征，其商标经注册后受到法律保护，禁止他人使用。如果产品质量有问题，消费者就可以根据品牌溯本求源，追究品牌经营者的责任，依法向其索赔，以保护自己的正当权益。

（3）促销功能。品牌的促销功能主要表现在两方面：一是品牌是产品的品质标志，消费者常常按照品牌选择产品，因此品牌有利于引起消费者的注意，满足他们的需求，实现扩大产品销售的目的。二是消费者往往依照品牌选择产品，这就促使生产经营者更加关心品牌的声誉，不断开发新产品，加强质量管理，树立良好的企业形象，使品牌经营走上良性循环之路。

（4）增值功能。品牌是一种无形资产，它本身可以作为商品买卖。品牌资产是一种超越商品有形实体的价值部分，世界十大著名品牌的价值都接近天文数字。它与品牌名称、品牌标识物、品牌知名度、品牌忠诚度相联系，能够给企业带来收益。

（三）品牌的作用

1. 对消费者而言

首先，品牌是一种经验。在物质生活极为丰富的今天，同类产品多达数百种甚至上千种，消费者无法逐一去了解，只能凭借过去的经验或别人的经验加以选择。因为消费者相信，如果在一棵果树上摘下的一颗果子是甜的，那么这棵树上其余的果子也都是甜的。这就是品牌的“果子效应”。其次，品牌是一种保证。对于品牌和非品牌的产品，消费者更愿意选择品牌产品。品牌给消费者以信心和保证。最后，品牌是个性的展现和身份的象征。

2. 对竞争者而言

品牌是一种制约。在某些领域，市场强势品牌业已形成，留给后来者的市场机会非常少。而在没有形成强势品牌的领域，竞争者可能有许多市场机会，受到的制约相对较小，有时不需要克服重重困难便可取得成功。

3. 对品牌自身而言

品牌是一种契约。不过这种契约不是写在纸上的，而是存在于消费者的心中。品牌向顾客承诺：我是优秀的，我是值得信赖的，选择我就选择了放心。而一旦它违背了自己的承诺，它在消费者心中的形象将大打折扣。

第 2 节　品牌创建策划

一、品牌创建策划概述

创立品牌是企业的一种竞争策略，目的是防止竞争对手的产品取代自己的产品。创立品牌不仅是保护产品的关键，而且是促使企业发展、积累品牌资产的重要途径。品牌是与消费者密切相关的一系列有形和无形要素的复杂组合。品牌创建策划也是一种有规可循的系统过程。

品牌创建策划涉及企业要不要给产品建立一个品牌的问题，如何确定品牌所有者、如何选择品牌名称、如何确定品牌战略以及如何对品牌重新定位等，这个过程就是品牌化决策（见图 5－1），也是品牌创建策划的前提。

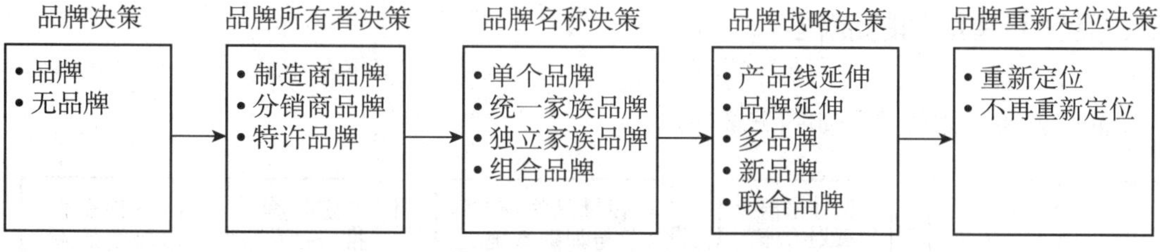

图 5－1　品牌化决策流程

在现代市场竞争中，企业都建立自己的品牌和商标来积累品牌资产，获得竞争优势，这虽然会使企业增加成本费用，但也可以使企业得到以下好处：（1）便于管理订货；（2）有助于企业细分市场；（3）有助于树立良好的企业形象；（4）有利于吸引更多的品牌忠诚者；（5）注册商标可使企业的产品特色受到法律保护，防止别人模仿、抄袭。

国内外也有企业不使用品牌产品。所谓不使用品牌产品是指无品牌、包装简易且价格便宜的普通产品。企业推出不使用品牌产品的主要目的是节省包装、广告费用等，降低价格，扩大销售。不使用品牌的一般情形是：（1）未经加工、和同类产品无区别的原料产品；（2）不会因生产商不同而形成不同特色的产品；（3）消费者已经习惯不使用品牌的产品；（4）某些生产比较简单、选择性不大的小商品。

营销视角 国潮品牌，一种融合了中国传统文化和创新设计的品牌形式

近年来，一种新的文化风潮、时尚潮流、流行趋势正在变成年轻人的文化新宠，传统文化和审美复苏，这便是中国的潮流——国潮。随着消费结构和观念的不断变化以及泛娱乐行业的崛起，中国品牌以传统文化为语言，以复古为表达方式，通过挖掘和洞察年轻一代消费者的需求，主动求变、多领域跨界合作，不断推出新时代的优质创意产品。市场日益发展和国潮热崛起使中国消费者对中国品牌的信心不断提升，不再盲目崇拜外国品牌。

国潮品牌是一种融合了中国传统文化和创新设计的品牌形式。它们将中国传统文化与现代时尚、艺术、科技等元素相结合，表达了对中国文化的自信和对传统文化的传承与创新。

国潮品牌的兴起与中国的文化自信密切相关。随着中国经济的崛起和国际影响力的增强，人们对中国文化的关注度也逐渐提高。国潮品牌以独特的设计风格和中国元素的运用，向世界展示了中国传统文化的无限魅力。这些品牌凭借别致的设计和优质的产品质量，引领了时尚潮流，赢得了国内外消费者的喜爱。

国潮品牌的发展也是对中国传统文化的传承与创新。它们不是简单地借用传统元素，而是通过对传统文化的解构和提炼，将其融入现代设计中。这种创新为中国传统文化注入了新的生命力，使其更具时代感和现代性。

因此，国潮品牌既是对中国传统文化自信的体现，也是中国元素与现代设计相结合的产物。它们以鲜明的个性和创新的设计风格展现了中国文化的魅力，塑造了中国品牌的国际形象。

二、品牌创建策划的流程

品牌创建策划的流程如图5-2所示。

图5-2 品牌创建策划的流程

（一）品牌调研与市场分析

企业的任何一项营销活动都以市场分析为基础，品牌创建策划也不例外。市场分析包括对企业宏观环境如政治和法律环境、人口环境、经济环境、自然环境、技术环境和文化环境等的分析，也包括对企业微观环境如中间商、顾客和竞争者的分析。

品牌的推出要以市场调研为基础，只有调研结果出来之后才能给品牌提供更加准确的定位和切实可行的操作方式。市场调研是重中之重，但出现问题最多的地方也是这里，最后可能导致整个策划案的失败。所以市场分析出错，品牌的策划推广就会满盘皆输。

品牌调研是指品牌策划者对企业的品牌现状进行了解，或者对企业准备策划的品牌相关内容进行资料收集。对已有品牌，主要是了解知名度、美誉度、忠诚度等，明确企业预期的状况及品牌实际所处的状态，另外还需了解企业内部员工对品牌的认知程度和理解程度。而对于企业计划创立的品牌，应了解企业声誉、品牌产品或服务的质量性能、在行业中的地位、目标受众对品牌的关注度、对目标受众的品牌意识影响最大的因素，等等。

（二）设计品牌策划方案

通过品牌调研与市场分析掌握了大量的情报资料，确定了所要策划的品牌系统中存在的优势与问题及影响因素之后，下一步就是设计品牌策划方案。

品牌策划方案的设计要把握策划的四个特性：（1）全局性。企业的策划要从大局出发，以回报社会为己任。（2）长远性。每一次策划除了要做好本次工作外，还必须给下次操作预留空间，即实施可持续发展战略。（3）阶段性。策划除了明确目标外，还必须设计好具体实施程序和执行步骤，否则，可能令参与者手足无措。（4）一致性。品牌策划的主题要保持一致性，但并非要一成不变，应在保持大方向一致的前提下创造性地开展策划活动。

品牌策划方案包括以下主要内容：（1）根据品牌调研与市场分析得到的与外部市场需求、顾客、竞争对手和营销环境变化有关的各种背景材料，以及企业内部的资源、技术和能力分析、企业面临的机会与威胁及优势与劣势。（2）拟定品牌策划的目标（一般分为财务目标和营销目标），目标是制定下一步具体策略和行动方案的基础，所有目标都应以定量的形式表达，并具有可行性、一致性，能够分层次加以说明。（3）行动方案。策划内容要转化为具体的行动，就要说明具体做什么、什么时间做、谁参与做、预计花费多少等。（4）预算方案，即根据行动方案编制的预算，包括实行策划行动的所有支出。该预算要通过委托方的审查批准，一旦批准，该预算便成为安排所有策划活动的基础。（5）控制方法，在策划方案中还应关注策划内容执行过程中可能遇到的风险，并选择相应的控制方法，以便更顺利、更好地实现目标。

（三）设计品牌定位与识别系统

品牌定位就是依据品牌策划的目标为品牌确立适当的位置。品牌定位要突出品牌个性，并且必须是消费者能切身感受到的，还要以产品的优点为基础，能凸显企业品牌。

品牌定位和市场定位密切相关，品牌定位是市场定位的核心，是市场定位的扩展和延伸，是实现市场定位的手段，因而品牌定位的过程也就是市场定位的过程，其核心是通过细分市场选择目标市场，从而确定品牌定位。成功的品牌都会以一种始终如一的方式将品牌的功能与消费者的心理需求联系起来，通过这种方式将品牌定位信息准确地传递给消费者。因此，适当的品牌定位是品牌成功的首要条件。

对品牌定位后就要对品牌进行具体的设计。依据策划方案，在综合考虑企业现状、竞争对手、社会公众等各种因素后设计品牌。广义的品牌设计的主要内容包括战略设计、产品设计、形象设计等。狭义的品牌设计主要是品牌名称、标志、标准色、包装装潢等方面的设计。后一种概念不符合现代营销学对品牌的理解，而前者更全面地涵盖了品牌设计内容，与品牌策划中的品牌设计更符合。品牌设计是艺术和商业的高度结合，应该明确、醒目，富有个性、便于宣传，能充分体现产品特质，还要与目标市场的消费者心理和社会文化环境协调一致，并符合国家法律的规定。

（四）制定品牌推广策略

品牌推广实际上是品牌策划后的具体行动过程，它对品牌策划的质量有直接的影响。品牌推广指综合运用广告、公关、媒介、名人、营销人员、品牌质量等多种要素，结合目标市场进行综合推广传播，以树立品牌形象。当前国内的大部分企业把品牌的推广集中在广告策划、促销策划、公关活动策划上，有些企业甚至把品牌策划简单地等同于广告策划，用广告“吹”出一个品牌来。这些都是极其片面的做法，广告是营销链中的一个环节，是辅助销售和传播品牌的一种战术，而不是全部。品牌塑造是一个系统、持续和长期的过程，最终需要企业文化的支撑，品牌的背后是企业文化。

（五）评估品牌策划效果

品牌策划效果的评估与品牌调研这两个阶段的工作有相同之处，都要利用市场调研收集资料、获取信息，并且这两个阶段的工作首尾相接。品牌策划效果评估的主要内容是品牌策划工作是否按时、保质完成，是否达到预期的效果，工作中存在哪些问题，是否需要对品牌进行二次策划，是否开展二期工作。

三、品牌定位策划

（一）品牌定位的含义与实质

品牌定位的目的是让顾客接受和认可品牌的个性、文化和理念等，占据顾客的心智，从而提高品牌忠诚度和美誉度。正如美国布伦斯威克公司总裁彼得·拉森所言，“不管这个产品在特征和属性上是平淡无奇还是与众不同，只要有一个策略合理和先发制人的定位，而且该定位协调地体现在营销组合的所有元素中，品牌就能变得独特和重要。最终，正是定位的效力使这个品牌比类似的其他品牌出众，而且带来了消费者最重要的回报——品牌忠诚”。例如，金盾（Kin Don）服饰以优质的品质、精湛的工艺深得消费者的信赖，在面料选择、工艺设计上都有独特的风格。金盾品牌的口号是“成功男人的标志”，这与男性追求事业成功的价值观一致，从而在目标顾客心中产生金盾就是成功男人的标志的印象。

品牌定位是从品牌的内容和形式层面出发，让品牌在目标消费者心中有一个独特的、有价值的位置。它是品牌建设的基础，是品牌经营的前提，是关系到品牌战略成功与否的重要因素。因此，品牌定位必须与市场定位中的产品定位、企业定位、竞争定位保持统一。品牌定位包含产品定位、目标顾客、竞争对手、企业资源、传播媒介等要素，品牌定位本身是一个行为过程。

品牌定位的核心可归纳为"一个中心、两个基本点"，即以打造品牌为中心，以竞争导向和消费者心智为基本点。竞争导向是企业营销战略的根本要求，消费者心智则是定位以及品牌的着力点。

营销视角　打造顶级品牌：定位与策略

品牌定位的六个元素是消费者需求、益处、目标消费群体、原因、竞争性框架和品牌特征。定位运用的基本方法以这六个元素为基础，进行如下逻辑思考：

品牌定位说明（示例）

对于有好动孩子和爱好运动丈夫的家庭主妇来说，她们想让衣服和家人展示最好

（目标消费群体——消费者需求）

的状态，汰渍是衣物清洁护理用品的品牌。可清洁和护理织物，对人是安全的。

（品牌）（竞争性框架）（益处）

原因是(a) 强效的去污剂（如油脂去除剂）有独特配方，有独特的织物保护剂（如护色剂）等等；(b) 获得权威认可。品牌特征是强有力、传统、可信赖、权威、有效。

（原因）（品牌特征）

资料来源：车尔尼亚夫斯基，马洛尼．打造顶级品牌：定位与策略. 上海：上海人民出版社，2001.

（二）品牌定位策划的过程

品牌定位策划的过程分为四个步骤，即检测品牌现状、确定品牌象征意义、开发品牌定位平台和提炼品牌定位报告。

1. 检测品牌现状

对企业和品牌的现状有一个清楚的认识是做好品牌策划的关键。在这个阶段要回答三个问题：企业面临哪些机遇和挑战？企业品牌当前的定位、品牌原来的定位是什么以及品牌定位之间是如何演化的？针对竞争者的品牌定位和潜在顾客的利益要求，企业品牌能够做什么？

策划人员对企业品牌的现状进行研究，还需要对企业和品牌有清晰的认识，包括对当前品牌和客户进行回顾。关键问题是：谁是当前的目标客户群？这些客户的个人资料是怎样的？他们购买的原因是什么？购买模式如何？用户模式是怎样的？要回答这些问

题，策划人员需采取调研手段，系统地设计方案，全面收集和分析资料，报告有关研究结果。还要考虑：是否对所有的产品都实施同一品牌战略？是否对同一个品牌下的不同产品实施不同的战略？应查明企业的品牌是细分市场上的行业领先者，还是行业中的次级品牌。

2. 确定品牌象征意义

这个步骤需要了解消费者对当前企业品牌的看法，这是品牌开展定位策划工作的一个出发点。策划人员需要获取各种数据，包括确认企业在市场和行业机会中的关键增长区域；纵观市场竞争格局，审视品牌定位；衡量当前的品牌资产；识别哪些是品牌资产增长的商业机会。一个明确的目标应包括以下三点：其一，了解当前消费者的消费观念以及消费者对品牌有着怎样的需求。其二，确认在不流失现有客户的前提下，企业品牌能做多大的改变来引导消费者。其三，确认如何对品牌进行定位，以便吸引新用户并最终让他们成为忠诚的购买者。

在品牌定位的过程中，策划人员可就品牌的一些关键问题直接向消费者和用户提问，提问的内容包括：为什么选择该企业的品牌？让消费者做出购买决策的关键因素是什么？此外，还要设法了解消费者的购买原因，查明他们的需求层次，看看企业的品牌能满足哪些需求、适合哪种场合，同时要展示企业的品牌资产。

3. 开发品牌定位平台

这一步骤的主要任务是找到品牌的增长空间，即如何能够扩展、延伸品牌。目的是利用所有的营销调查结果，包括品牌、行业及消费者信息，对品牌内容及品牌意义进行定位或重新定位。这么做的关键理由在于：确定成功有效的品牌定位或重新定位战略将有助于留住现有客户以及获得新客户。策划人员进行品牌定位或重新定位，必须牢记一点，即品牌希望给消费者留下怎样的印象。

最终成果包括对关键的品牌定位平台形成明晰而简洁的共识，从而确立品牌定位战略，重点在于留住现有客户以及获得新用户，了解消费者对品牌定位的态度。因此，策划人员要提出这样一些问题：企业希望拥有怎样的品牌？该品牌将为消费者带来哪些利益？如何推动品牌产品的购买力？要设计两个关键内容：一是确定品牌愿景，包括对品牌当前所处发展阶段的研究，以及对品牌今后应该如何发展进行思考，同时制定短期和长期品牌发展计划。二是延伸品牌。要以品牌发展方向为目标，审视消费者对品牌的看法。开发了品牌定位平台之后，必须对其进行测试，验证它是否适用于消费群体及主要客户，从而最终完善品牌定位平台。

4. 提炼品牌定位报告

在这一步骤中，策划人员提交品牌定位策划方案或报告，以便将品牌定位的相关信息传递给企业的决策层。策划人员可以创建一本品牌识别手册。品牌识别手册讲述了该品牌定位的理由，以及当前的行业竞争趋势和消费者态度。目的是将所有的市场研究和调查结果，包括品牌定位的理由等，明晰而简洁地传递给后续的品牌建设部门、品牌支持团队和机构等。

（三）品牌定位策划的方法

进行品牌定位策划时，可以从企业内涵、产品本身、竞争品牌和消费者四个方面来思考，具体定位方法如表5－1所示。

表5－1　常见品牌定位方法

方法	含义	案例
类别定位	依据产品的类别建立起特定品牌联想	非可乐 ——七喜
比附定位	以竞争品牌为参照，依附竞争者定位	为民族争气，向伊利学习 ——蒙牛
档次定位	不同的品牌被消费者分为不同的档次	撼动世界的豪华新定义 ——奥迪
消费群体定位	以产品与某类消费者的生活形态和生活方式的关联为诉求	百事新一代的选择 ——百事可乐
比较定位	通过与竞争对手的客观比较来确定自己的定位	为了千千万万不宜使用阿司匹林的人，请大家选用泰诺 ——泰诺
功能性定位	将品牌与一定环境、场合下产品的使用情况联系起来或强调产品功效	怕上火喝王老吉 ——王老吉
品质定位	以产品优良的或独特的品质为诉求内容	掌握核心科技 ——格力
抢先定位	发现顾客心智中有一个富有价值的位置无人占据并第一个全力去占据它	开创中国肉类品牌 ——双汇
情感定位	将人类情感中的爱情、关怀、牵挂、思念、温暖、怀旧等融入品牌	改写命运 ——SK-Ⅱ
企业理念定位	企业把自己具有鲜明特色的经营理念和企业精神作为品牌的定位诉求	因您而变 ——招商银行
文化定位	将文化内涵融入品牌，形成文化上的品牌识别	中国人的福酒 ——金六福
生活方式定位	将品牌形象和生活方式联系在一起，将品牌形象人性化	奋斗，成就男人 ——劲霸男装
历史定位	以产品悠久的历史建立品牌识别	您能品味的历史，450年，国窖1573 ——泸州老窖

四、品牌识别要素策划

品牌构建的五大关联方分别是产品、传播、有形识别要素、无形识别要素和创新（如图5－3所示）。

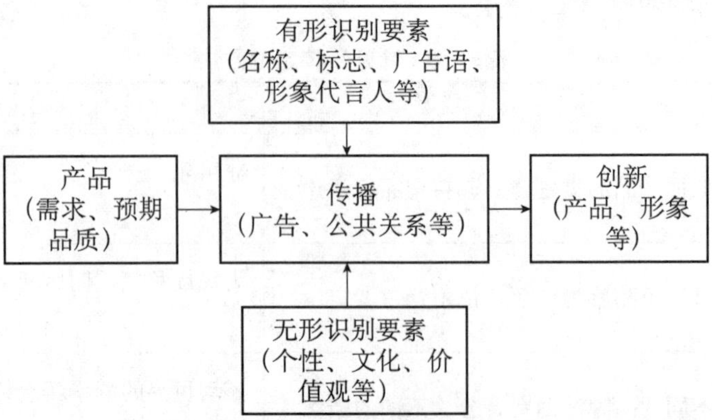

图5-3　品牌构建模型

企业在构建品牌时，首先要完善产品的质量，然后在此基础上进行品牌命名、标志和包装设计等有形要素的策划，最后也是最重要的步骤是根据企业的宗旨、产品的特点和目标消费者的需求确定适当的品牌个性、文化和价值观，并进行传播。

（一）品牌有形识别要素策划

品牌的有形识别要素是指用以标记和区分品牌的名称、标志等有形的事物。从品牌发挥识别作用的情况以及一些著名品牌成功的历史看，主要的品牌有形识别要素包括名称、标志（含专用色彩）、广告语（含广告乐曲）、包装、形象代言人等。品牌增值的源泉之一是消费者心智中形成的关于这些载体的综合印象。

1. 品牌名称策划

品牌名称是品牌要素中可以用语言朗读的部分。如汽车品牌中的梅赛德斯-奔驰、宝马、红旗，食品品牌中的可口可乐、佳得乐、老干妈，家电品牌中的惠而浦、海尔等。品牌名称能产生“一眼望穿”的效应，最大限度地提高公众的直接联想力，让消费者在短短几秒钟内就知道品牌的含义，是成功品牌的基本特征。

（1）品牌名称策划的基本原则。

首先，品牌名称不能逾越法律规范。例如，《中华人民共和国商标法》第八条规定：任何能够将自然人、法人或者其他组织的商品与他人的商品区别开的标志，包括文字、图形、字母、数字、三维标志、颜色组合和声音等，以及上述要素的组合，均可以作为商标申请注册。同时指出了多类禁止用作商标的文字、图形。其次，品牌名称策划需要对历史、文化、风俗、习惯、民族心理及现代意识有全面的把握。例如，北京全聚德烤鸭、天津狗不理包子等中国传统美食的品牌名称涉及历史传承问题，不能因为处于现代社会而随意改动。相反，为适应年轻消费者的教育背景并兼顾国际市场的需要，作为现代科技产品的手机则可用英文字母组合如OPPO、vivo等命名。品牌名称应容易发音（如格力、恒大等），与产品有明显的关联性（如梅赛德斯-奔驰、宝马等），并且易于记忆（如好孩子、可口可乐等）。

弗兰克·德拉诺在《命名强力品牌》一书中给出了检验品牌名称的五个思考技巧：1）它是不是“新鲜出炉”的？2）它是否具有煽动性？3）它是否朗朗上口？4）它是否

简单？5）它是否值得信任？

（2）品牌名称策划的方法。

1）以企业名称或其英文缩写作为品牌的名称，如华为、海尔（由“liebherr”的中文音译名“利勃海尔”简化而来）、IBM（International Business Machines Corporation，国际商业机器公司）等。

2）用形象美好的动物、花卉名称命名，可以引起人们对商品的注意与好感，并获得某种象征意义，如宝马、雪莲等。

3）根据人名、地名命名。这种名称或以人和产地的信誉吸引消费者，或以历史、传说人物形象引起人们对商品的想象，如张小泉、全聚德等。

4）根据商品制作工艺和商品主要成分命名，以使消费者对其质量产生信赖，如西瓜霜、二锅头、片仔癀等。

5）以具有感情色彩的吉祥词或褒义词命名，以引起人们对商品的好感，如美的使人想到美好、舒适，吉利来给人带来祥和的感觉。

6）以杜撰的词语命名。指以别出心裁、无特定含义的词语打破商品名称表意的惯例，达到引人注目的效果，如格力、长城哈弗等。

2. 品牌标志策划

品牌标志指品牌要素中可以被辨识、易于记忆但不能用言语称谓的部分，包括符号、图案或明显的色彩或字体。

品牌标志与品牌名称都是构成完整品牌概念的基本有形要素。品牌标志自身能够创造品牌认知、品牌联想和消费者的品牌偏好，进而影响品牌体现的质量与顾客的品牌忠诚度。因此，在进行品牌标志策划时，除了最基本的平面设计和创意要求外，还必须考虑营销因素和消费者的认知、情感等。例如，在色彩的运用上，不同的色彩有不同的含义，给人带来不同的联想，适用于不同的产品和行业。如高科技类主要用深蓝色，环境、医药类多用绿色。美国五角星设计公司的标识设计师迈克尔·贝鲁特认为：“当人们第一次接触识别标记时，应该能够马上产生丰富的联想。”

3. 广告语策划

广告语指用来传递有关品牌的描述性或说服性信息的短语。在信息爆炸的背景下，好的广告语不仅能准确传递品牌的积极信息，给消费者留下深刻印象，还能让其自觉传播。例如，M&M's 巧克力的“只溶在口，不溶在手”，李宁公司的“一切皆有可能”都是消费者耳熟能详的广告语，为品牌的成功发挥了重要作用。

广告乐曲不仅表现了商品的特征，而且成为商品的象征音符。英特尔处理器“噔噔噔噔”四声音符，节奏紧凑而轻快，突出产品特征，在人们的听觉记忆中留下深刻的印象。恰当、独特的广告乐曲还能加深消费者对品牌的印象和认识。

4. 包装策划

包装指产品的容器或包裹物。包装的主要作用是方便产品的运输和保护、标明品牌、便于在家中储存、有助于传递描述性和说服性的消费信息等。包装不可或缺，并成为品牌信息的有效载体。例如，喜力啤酒恒久不变的绿色包装、可口可乐的红色易拉罐和百事可乐的蓝色易拉罐都已成为其品牌有形识别要素的一个重要组成部分。

5. 形象代言人的选择

所谓品牌形象代言人，是指基于品牌战略而由企业聘请或塑造的，能让人们通过对其知名度、职业、形象、个性、品行的联想，对品牌产生美好印象的人。品牌形象代言人发挥作用的机理是情感移植。品牌形象代言人的作用主要是引起品牌形象联想、体现品牌个性、建立品牌识别、增加品牌权益。

（二）品牌无形识别要素策划

1. 品牌个性策划

现代心理学把个性定义为一个人的整体精神面貌，即一个人在一定社会条件下形成的具有一定倾向、比较稳定的心理特征的总和。

品牌个性就是建立在品牌的情感诉求之上，并以之为媒介，通过广告和其他视觉形象将其情感诉求表达出来的性格特征。例如，英国著名品牌维珍就以强烈个性来充分体现它生机勃勃的创新意识。美国市场营销专家戴维·阿克曾评述说："维珍可以被想象成这样一个人，他游离于规则之外，富有幽默感，有时有些出格，他敢于挑战权威，能力过人，自我要求很高，事情也办得漂亮。"

2. 品牌文化策划

品牌的魅力来自品牌文化。品牌文化指通过赋予品牌深刻而丰富的文化内涵建立鲜明的品牌定位，并充分利用各种强有力的内外部传播途径，令消费者对品牌在精神上高度认同，产生品牌信仰，最终形成强烈的品牌忠诚。

拥有品牌忠诚就可以赢得稳定的市场，大大提高企业的竞争力，为品牌战略的成功实施提供强有力的保障。品牌文化一般来自两个方面：一是企业在长期的经营管理、营销传播中积聚的优势；二是借助社会资源提升企业和产品的地位。企业产品一旦形成品牌就具有了一定的文化力，这时候，产品不仅仅是单纯的物质，还是由企业和消费者共同创造的生活方式。

对消费者而言，价值观是具有内在吸引力的一种信念，这种信念可能会影响他们是否购买某一品牌。随着消费市场的成熟，品牌价值观发展成为买卖双方关系的基石。例如，"真诚到永远"的品牌诉求反映了海尔集团以诚为本的价值观，也与大众期望建设诚信社会的目标一致。

五、品牌架构策划

品牌架构是一个企业不同产品品牌的组合，它具体规定了品牌的作用、各品牌之间的关系及其在品牌体系中扮演的不同角色。在单一产品的格局下，营销传播活动都是围绕增加同一个品牌的资产进行的，产品种类增加后就面临着很多难题：新产品究竟沿用原有品牌还是采用一个新品牌？若采用新品牌，那么如何协调与原有品牌之间的关系？如何协调企业品牌与各产品品牌之间的关系？品牌架构策划就是要解决这些问题。

(一)品牌架构的含义

品牌架构指的是一个企业需要多少个品牌，以及各品牌之间的关系。品牌架构贯穿在企业的整个市场策略之中。品牌是一种无形资产，若没有被有效利用，就不可能继续增值。事实上，很多企业的品牌战略并没有有效地利用品牌资产，不当地利用品牌资产可能会造成品牌危机。

合理的品牌架构有助于寻找共性以产生协同作用，有序地管理多个品牌，减少品牌识别的损害，快速有效地做出调整，更加合理地在各品牌中分配资源。图5-4展示了海尔家电的品牌架构。

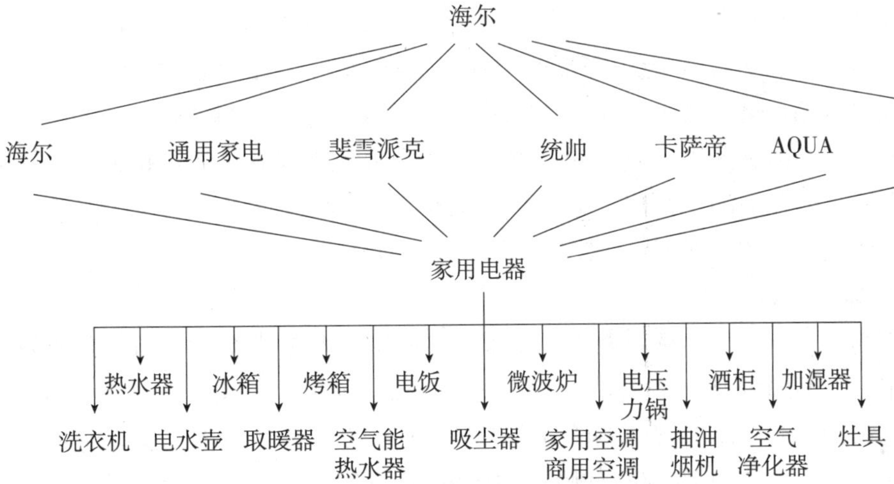

图5-4 海尔家电系列的品牌架构

(二)品牌架构策划

品牌架构策划的目的在于建立有效的、强大的品牌，创建品牌资产，有利于品牌延伸，进行战略整合，为未来的发展提供指导。通常，品牌架构主要用于界定业务范围和业务重点，让消费者清晰地认知品牌，进行有效的品牌延伸和品牌区隔，扩大品牌资产，防范品牌的风险。一般的品牌架构主要有统一品牌架构、主副品牌架构、分类品牌架构、多品牌架构、复合品牌架构和本土化品牌架构。

1. 统一品牌架构策划

统一品牌架构又称单一品牌架构，是指企业开发的所有产品无论是在已有市场铺货还是进入新市场均采用一个品牌。例如，海信集团的所有产品在国内外都使用“海信”(Hisense)，日本佳能公司生产的照相机、传真机、复印机等产品都统一用“佳能”(Canon)，韩国三星电子公司生产的家电和电子产品等都使用“三星”(Samsung)。英国的维珍也是统一品牌架构的典型，它作为主品牌覆盖了很多经营领域。这种品牌架构的优点是有利于以主品牌为核心的不同产品在市场上进行扩张，有利于培养客户的忠诚度，有利于在消费者心目中建立统一的品牌形象和企业形象。缺点是容易造成一荣俱荣、一损俱损；忽视产品的个性传播，降低品牌的影响力。

2. 主副品牌架构策划

主副品牌架构又称双品牌架构，是指企业以一个主品牌涵盖企业的系列产品，同时针对不同产品设立副品牌，以副品牌来突出不同产品的价值定位和个体形象，满足不同的消费者。比如美的空调系列副品牌曾使用星座来命名不同的产品。这种架构的好处就是通过主品牌的影响力来推广新产品，利用副品牌来体现产品品牌的差异性。坏处是只要副品牌产品出现问题，就会给主品牌产品带来负面影响。所以在进行主副品牌架构策划时，要避免过度使用带来的风险。

3. 分类品牌架构策划

分类品牌架构也叫独立品牌架构，即各大类产品单独使用不同的品牌名称，这些品牌之间是相互独立、互不关联的，每个品牌都在某个目标市场展示自己的核心影响力。当企业生产或销售许多不同类型的产品时，如果统一使用一个品牌名称，就容易互相混淆，造成混乱。例如，全球最大的奢侈品集团LVMH采用的就是独立品牌架构，其业务涉及五大领域：葡萄酒和烈酒、时装和皮革制品、香水和化妆品、钟表和珠宝以及精品零售。路易威登、迪奥、酩悦香槟、纪梵希、芬迪、娇兰等都是LVMH旗下品牌，企业品牌与产品品牌完全分离，保证了每个品牌的纯正个性。

4. 多品牌架构策划

多品牌策划是企业实行多品牌策略的结果。多品牌策略是指企业在同一个产品品类中有意识使用多个品牌的品牌战略，目的在于深度细分市场，充分满足多种品类需求。多品牌策略可帮助企业产品占领更多的分销商货架，有助于建立侧翼品牌以防止竞争对手通过价格战等冲击自己的主品牌。例如，宝洁公司仅洗发水就有飘柔、潘婷、海飞丝、伊卡璐、沙宣等品牌。

5. 复合品牌架构策划

复合品牌架构是指企业名称与个别品牌名称并用，即企业不同的产品分别使用不同的品牌名称，但在各产品的品牌名称前面冠以企业名称。例如，上汽通用五菱公司旗下的微型车分为五菱宏光、五菱荣光、五菱之光等几种，都采用复合品牌。企业采用复合品牌的主要好处是可以使新产品享有企业的良好信誉，而且不同的产品使用不同的品牌名称可以彰显其独特的个性。

6. 本土化品牌架构策划

本土化品牌架构是指企业开拓新的区域市场或国际市场时，为了适应当地营商环境（如商标被抢注、现有品牌不适合当地文化等），不得已更改品牌名称的行为。例如，在品牌被很多国家抢注后，同仁堂要进军海外市场就必须另起新名；可口可乐在进入中国市场时，起了一个非常中国化的名字“可口可乐”，和原英文商标同时使用。“可口可乐”这一中文译名音、形、义俱佳，为可口可乐开拓中国市场发挥了巨大作用。可口可乐在中国的广告语是“挡不住的感觉”（can't beat the feeling），在日本则改为“我感受可乐”（I feel cola），在意大利改为“独一无二的感受”（unique sensation），在智利改为“生活的感觉”（the feeling of life），广告信息始终反映当地文化。

第 3 节　品牌延伸策划

一、品牌延伸策划概述

（一）品牌延伸的含义

品牌延伸是指企业用现有品牌名称推出其他品类的新产品，也包括通过增加变形产品或同一产品领域的新产品来延伸品牌。可以考虑进行品牌延伸的情形有：(1) 品牌有较高的知名度和声誉；(2) 品牌内涵适用于新的领域；(3) 专业知识和专业技术具有可转移性；(4) 品牌的新产品和老产品在一起十分匹配；(5) 存在扩展的市场空间。通常有两种延伸方式：一是纵向延伸，企业先推出某个品牌，成功后再推出更新过的该品牌产品；二是横向延伸，企业把成功的品牌用于新开发的不同产品。

值得注意的是，品牌延伸策略是一把双刃剑。一方面，它利用了品牌资产，发挥品牌的延伸力，可以帮助公司更容易地进入新的产品品类，公司可利用这一策略来提高品牌价值和影响力。另一方面，若利用已成功的品牌开发并投放市场的新产品不尽如人意，消费者不认可，会影响该品牌的市场信誉。品牌延伸并非只简单借用表面上已经存在的品牌名称，而是对整个品牌资产的策略性使用。作为中国白酒第一品牌的茅台酒将品牌延伸到红酒、啤酒领域，并没有达到预期。法国著名时装品牌皮尔·卡丹在我国由于其过度延伸而严重衰退。

（二）品牌延伸策划的策略

1. 单一品牌延伸策略（一牌多品）

顾名思义，单一品牌延伸策略就是在新产品上完全使用原有品牌，不做任何变动。例如，海尔、索尼、飞利浦、TCL 等选择这种品牌延伸策略，形成了强大的宣传优势，减少了广告费用，为新产品快速打开市场提供了条件。实施单一品牌延伸策略的情况通常有两种：一是在原产品基础上开发相关产品，例如，生产方便面的企业继续生产其他口味的方便面或者其他种类的食品；二是生产的新产品与原产品关联不大。

(1) 相关产品的单一品牌延伸。实施单一品牌延伸的相关产品通常属于一个产品大类，是原有产品的改良产品或换代产品，而绝不是与原有产品看上去差别不大的产品。强生的婴幼儿产品种类繁多，如婴儿纸尿裤、婴儿沐浴露、婴儿洗发水、婴儿润肤露、婴儿爽身粉，都围绕着婴幼儿日常沐浴、护肤的需要而设计制造，不同的产品提供不同的服务。品牌延伸的产品不存在档次高低的差异。

(2) 不相关产品的单一品牌延伸。品牌延伸要建立在原有品牌强大的品牌资产的基础上。不论是生产相关产品还是进入不相关的行业，拥有一个内涵丰富、形象鲜明的品牌对于品牌延伸都是非常有帮助的。尤其是想要进入不同行业的企业，如果品牌内涵单一，专业特色非常明显，品牌联想狭窄，实施品牌延伸策略就很可能受到限制。

在不同行业进行品牌延伸需要富有特色的市场推广和广告宣传。在进行跨行业的品牌延伸时，由于新产品与原有产品差别较大，企业很可能无法利用原有产品已经形成的消费者基础，不得不开发新的目标市场。在这种情况下，为了发挥品牌延伸的优势，除了尽量寻找新产品与原有产品和市场之间的合理关联外，还要利用原有的品牌资产开发品牌内涵，将品牌所倡导的精神和理念作为广告宣传和市场推广的背景和依据，通过各种市场营销方法将品牌合理地延伸到其他行业。

2. 主副品牌延伸策略

主副品牌延伸是指企业拥有多种产品，在所有产品有统一品牌的同时，根据每种产品的不同特征冠以各自的名称。

主副品牌延伸的意义如下：

（1）避免单一品牌延伸可能造成的产品定位混乱。品牌在设立之初就有明确定位，例如，凯迪拉克、劳斯莱斯就是高档车的代表，象征着地位和身份；而沃尔玛的品牌形象就是“天天低价”，给消费者带来切实的实惠，以价格取胜。

（2）副品牌作为对新产品特点的诠释，有利于消费者识别。企业开发产品时，研发人员为了方便称呼，通常会按产品的某些技术参数用数字或字母对产品进行编号。消费者据此可以很容易地了解产品的一些基本信息。

（3）副品牌可以分享主品牌的品牌资源。主品牌可以利用副品牌使产品定位更加清晰，让消费者更加容易区分产品之间的差异；同时，副品牌也可以借助主品牌的品牌意识和品牌形象推广产品，以吸引消费者。例如，海尔冰箱“小王子”体积小、轻巧，“大王子”容量大、功能全，“帅王子”则外形比较出众、时尚。通过副品牌的这些特点，消费者就可以很容易地记住不同的产品。又如美的空调，“美的冷静星”的制冷能力强；“美的超静星”具有安静、无噪声的特点；“美的智灵星”体现一个“智”，可智能控制，操作更简便，更符合人体工学；“美的健康星”突出健康，产品的设计更注重环保，将产品对人体和环境的危害减到最小。通过这种品牌延伸可以更好地突出新产品的特点，让消费者一目了然，印象也更深刻。

3. 多品牌延伸策略

多品牌战略的风险很大，但是运用得好便能发挥能攻善守的优势。随着消费需求的多元化，一个消费群体分成不同偏好的几个群体，单一品牌策略往往不能迎合偏好的多元化，且容易造成品牌个性不鲜明及品牌形象混乱，而多品牌策略正好可以解决这些问题。多品牌策略就是企业不同产品使用不同的品牌，借此将品质差异较大的各种产品严格区分开来，以便于顾客识别、选购。一个品牌只适合一种产品、一个市场定位，最大限度地显示品牌的差异化与个性。多品牌策略强调品牌的特色，并使这些特色伴随品牌深深地植入消费者的记忆中。宝洁公司实施的是典型的多品牌策略，它在中国市场推出的美容护肤品牌近10个，占到全国美容护肤主要品牌的1/3。目前美容护肤品、洗涤用品行业普遍采用多品牌延伸策略。如上海家化推出了“露美庄臣”“清妃”“白领丽人”“雅霜”等品牌，分别占领不同的细分市场。

二、品牌再造策划

（一）品牌再造的原因

品牌的成长是有生命周期的，一般包括品牌的初创期、成长期和延伸期。品牌一旦建立，只要进行有效的经营管理，一般是不会进入衰退期的。然而由于品牌是有生命周期的，在其成长与发展中会受到市场各种因素的影响，需要不断呵护，赋予其活力，预防其老化。进行品牌再造的主要原因有：

1. 喜新厌旧的消费心理是品牌老化的主因

根据马斯洛的需求层次理论，当人的低层次需求基本得到满足以后，它的激励作用就会降低，会被其他高层次需求取代。

人的这种心理现象反映到品牌需求上也是一样。随着生活水平和认知水平的提升，人们的消费品位越来越高，不但追求功能性需求，还追求精神性需求。当消费者从某个品牌所获得的需求被满足后，若品牌不能把握潮流变化，及时注入新的元素，带给消费者更多的新鲜感，就会给人以“落伍、过时、不符合潮流”的印象，使消费者逐渐丧失兴趣，进而被淡忘。

2. 科技进步是品牌老化的催化剂

21 世纪是知识经济时代，科技进步加快了产品更新换代的速度，更好、更新的产品如雨后春笋般不断涌现。企业在市场竞争中面临着消费者越来越大的选择余地和日益挑剔的目光。如果一个品牌在产品研发上因循守旧、缺乏创新，或推出了新产品以后便企图“一招鲜，吃遍天”，就很容易被淘汰。

有关统计资料显示，品牌夭折大多是产品没跟上时代步伐所致。例如，诺基亚手机被苹果手机替代；数码技术的迅速发展导致柯达胶卷退出了市场；人工智能的发展重新定义了许多品牌的未来。

3. 市场竞争激烈加速新品牌不断涌现

市场竞争的白热化也催生了新品牌的不断涌现，由于竞争者的品牌定位与本企业接近，本企业市场份额不断下降，或者消费者偏好发生转移形成新的偏好顾客群。新品牌的层出不穷给消费者带来的选择余地更大，使老品牌面对的竞争压力更大。“长江后浪推前浪”，老品牌如果不能及时注入新鲜元素，就很可能被后起之秀替代。

4. 品牌管理缺失加快品牌老化

许多企业的管理者对品牌管理的认识不深刻，以为品牌就是名牌，在品牌的打造阶段轰轰烈烈，一掷千金，一旦品牌建立了知名度，便疏于管理。由于品牌缺少精心的管理和维护，好不容易树立的良好形象随着时间的推移会慢慢褪去光环。经久不衰的品牌不多。

（二）品牌重新定位

品牌再造策划就是对品牌进行重新定位，其目的是摆脱经营困境，使品牌获得新的增长与活力。品牌重新定位不是对原有定位的简单重复，而是在对市场进行充分调研分析与评估的基础上重新激发品牌的活力。一般来说，进行品牌再造有以下几种情况：企业进行战略扩张之际、产品生命周期发生变化、目标市场萎缩、出现新的竞争者蚕食市场、品牌原有定位错误、无法实现既定目标等。进行品牌重新定位需从以下几方面入手。

1. 了解品牌重新定位的原因

品牌重新定位一般是企业本身与外部环境共同作用的结果，大致有四个方面的原因：

（1）原品牌定位不当。产品投放市场后如果消费者反应冷淡，销售情况与预测差距较大，企业就应该及时进行市场分析与品牌诊断。如果不是产品的原因而是原品牌定位不当所致，就应该尽快进行品牌重新定位。

（2）原品牌定位影响企业新市场的开拓。随着经营的持续，企业可能需要开拓新的市场，这时已固化的原品牌定位可能会阻碍企业开拓新市场；或者由于市场环境的变化，企业虽然获得了新机会，但原品牌定位与市场环境不相适应，因此企业需要调整或改变原品牌定位。例如，黄酒是一款传统产品，长期以来主要的消费群体是中老年人。古越龙山为吸引年轻一代消费者，一改原来停留在工艺等物化层面和传统文化上的品牌诉求，将品牌定位为“进取的人生、优雅的人生——品味生活真情趣”。

（3）原品牌定位削弱了品牌竞争力。在激烈的市场竞争中，企业可能会丧失原有的优势，而基于这些优势建立的品牌定位会削弱竞争力。此外，竞争对手也可能针对原品牌定位的缺陷来构建其品牌的优势，比如更好地与消费者沟通等。在这种情况下，企业就应对品牌进行重新定位。例如，美国莲花软件公司的 Lotus 1-2-3 试算表在 DOS 时期深受个人电脑使用者的喜爱，但随后遭遇微软公司 Excel 的攻击，企业面临绝境。后来莲花软件公司将软件重新定位为“群组软件”，用来解决联网电脑上的同步运算问题。此举不但使莲花软件公司重获生机，还赢得了 IBM 的青睐，被其以 35 亿美元收购。

（4）消费者需求或偏好发生变化。虽然品牌原有定位无误，但是随着时代的变迁，消费者的观念发生了改变，如由重视产品功能转向重视品牌形象。当消费者的偏好发生变化，转而喜欢竞争对手的产品时，就应该进行重新定位。宝洁公司刚进入我国时，其旗下品牌飘柔最早的定位是“二合一，带给人们方便”以及“具有使头发柔顺的独特功效”。后来，宝洁在调查中发现，消费者最迫切需要的是通过秀发建立自信，于是从 2000 年起飘柔就以“自信”为诉求对品牌进行了重新定位。

2. 做好进行品牌重新定位的决策

企业在制定品牌重新定位策略时，要全面考虑两方面的因素：一方面，要全面考虑把自己的品牌从一个市场转移到另一个市场的成本费用。一般来讲，重新定位距离越远，成本费用就越高。另一方面，还要考虑品牌基于新的定位能获得多少收入。

此外，品牌重新定位面临着决策挑战，从品牌资产管理角度看，进行品牌重新定位必须注意新定位与原定位的连续性，以顺利继承原定位所积累的品牌资产，还必须在一定程度上保持品牌形象的统一，以利于顾客快速接受新定位。对可能存在的困难和风险应尽量考虑到，主要有：

其一，企业内部难以达成共识。进行品牌重新定位首先需要在企业内部达成共识，并由全体人员共担风险来实施。进行品牌重新定位必须适当扬弃，企业员工若没有意识到品牌重新定位的必要性，就会阻碍相关策略的执行。

其二，品牌新定位未获得消费者的认同。特别是当原来的品牌定位取得成功后，消费者已经喜欢它、习惯它，他们可能不接受甚至反感新的定位。

其三，品牌新定位可能全部或部分丧失原有的稳定市场。品牌重新定位失误，可能导致完全或部分失去原有的市场，加速品牌的衰退。

3. 实施品牌重新定位

随着企业的发展、科学技术的进步、社会经济水平的提高，营销环境发生了变化，消费者行为也已改变，企业对过去的品牌定位进行修正，以使企业拥有比过去更强的适应性和竞争力。一般而言，品牌重新定位有五个基本步骤（如表5-2）。重新定位一个品牌需要改变目标市场，或改变品牌的价值取向。为了改变价值取向，可以改变产品的价值主张（产品、技术、质量、消费者购买和使用时的总体感受）。图5-5为我们提供了一个思考框架。例如，市场研究人员根据对消费者的研究，发现“预防上火”是消费者购买王老吉的真实动机，于是王老吉突破传统的药用“去火”定位，重新定位为预防上火的饮料，其独特的价值在于喝王老吉能预防上火，让消费者尽情地享受煎炸香辣美食、烧烤等等。

表5-2 品牌重新定位五步骤

步骤	内容
1. 确定品牌需要重新定位的原因	品牌进行重新定位有多方面的原因，企业应重新认识市场，从产品的销售现状、行业的竞争状况、消费者的消费观念变化、企业的发展目标入手来分析市场，弄清楚是什么原因使得企业对品牌进行重新定位
2. 调查分析与形势评估	确定了重新定位的必要性以后，必须对品牌目前的状况进行形势评估，评估的依据来源于对消费者的调查，调查内容主要包括消费者对品牌的认知和评价、消费者选择产品时的影响要素及其序列、消费者对品牌产品的心理价位、消费者认知产品的渠道及其重要性排序、消费者对同类产品的认知和评价等，并根据调查的结果对现有形势做出总体评估
3. 细分市场，锁定目标消费群体	细分市场有各种不同的细分方法和细分标准，但不管什么品牌，都会有它的目标消费群体，因而企业应根据消费者特点将市场划分为不同类型的消费群体，每个消费群体即为一个细分市场。重新定位的品牌应该针对哪个细分市场？企业应根据调查数据以及产品的特点和优势锁定目标消费群体
4. 分析目标消费群体，制定定位策略	企业确定目标消费群体以后，还必须对目标消费群体进一步分析，对目标消费群体的生活方式、价值观、消费观念、审美观念进行广泛的定性调查，以确定新的定位策略。新的定位策略最好制定几个不同的方案，对每个方案都进行测试，根据目标消费者的反应来确定最佳方案
5. 传播新的定位	企业定位策略确定以后，要制定新的营销方案，将品牌信息传递给消费者，并不断强化，使它深入人心，最终完全取代原有定位。企业制定营销方案应以新的品牌定位为核心，防止新定位与传播脱节甚至背离。在目前的市场环境下，企业最好实施整合营销传播，让消费者通过更多的渠道接触品牌的相关信息，以强化对品牌的认知

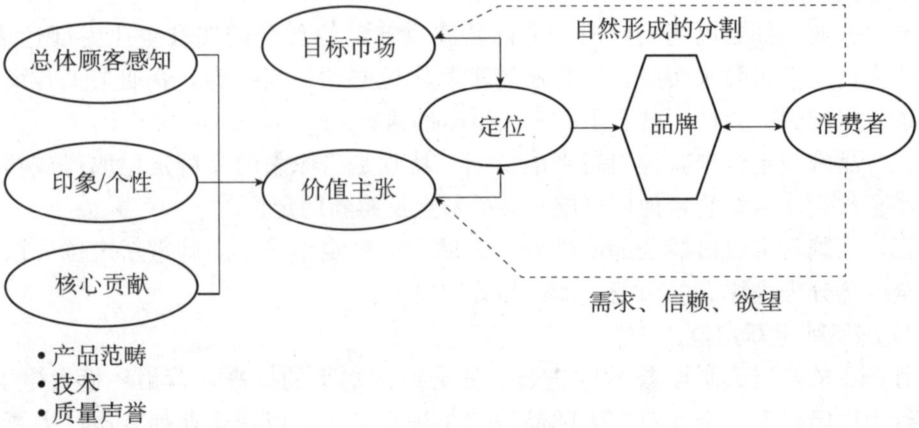

图 5－5　品牌定位框架

品牌是企业精神、文化的内在传承，是价值观念、意识形态的载体。品牌策划好了，将成为企业竞争长久存在的软实力。因此，品牌策划的精神、价值观必须把握好方向，中国企业品牌不仅是企业文化的体现，也是中国文化和国家形象的象征物，塑造品牌需从内容、精神层面体现和深化内涵。一个国家的经济实力体现在拥有多少全球性品牌。21 世纪初，中国成为全球第二的制造业大国。然而中国出口的商品中，90%以上是贴牌产品。通过自主创新，从贴牌到创牌，中国品牌砥砺前行。2014 年 5 月 10 日，习近平总书记提出“三个转变”的重要论述，即推动中国制造向中国创造转变、中国速度向中国质量转变、中国产品向中国品牌转变。2016 年 6 月发布的《国务院办公厅关于发挥品牌引领作用推动供需结构升级的意见》提出设立“中国品牌日”，从 2017 年起，将每年 5 月 10 日设立为“中国品牌日”。

中国品牌想要在世界获得成功，除了科技创新、技术等必要因素，最根本的是要把握与彰显我们国家的精神与文化品质，坚持文化自信，这才是中国自主品牌走向全球成功的基因。一个国家或民族的优秀文化与精神融入到成功的产品中，就会获得全球消费者的青睐，近几年国潮品牌的兴起体现了中国元素在品牌策划中的成功，中国元素在各个领域已有广泛影响，许多进入中国的国际品牌也纷纷采用中国元素来吸引中国的消费者。我们看到不少中国领先品牌成功运用中国元素，在全球市场上建立了差异化定位优势，既借用了国家资产，又对提升国家资产产生积极影响，两者相互影响、相得益彰。

案例分析

大疆：中国无人机品牌的全球征服

深圳市大疆创新科技有限公司（以下简称“大疆”）成立于 2006 年。自成立以来，大疆从无人机系统拓展至多元化产品体系，在无人机、手持影像系统等领域成为全球领先品牌，以一流的技术产品重新定义“中国智造”的内涵。大疆在全球多地设有办公室，业务遍及100多个国家与地区，目前在全球民用无人机市场拥有超过70%的市场份额，处于绝对的领先地位。

大疆一开始就以高端品牌形象进军海外市场，专注于海外发达国家市场，目前海外营收主要来自北美和欧洲，占总营收的80%以上。

大疆的海外品牌建设主要依靠创新型产品和强大的口碑效应。从2013年推出畅销产品“精灵”（Phantom）开始，大疆每年推出新产品，并在技术上实现显著的突破，例如“精灵2”、“精灵3”、“悟”（Inspire）系列、“御”（Mavic）小型折叠式无人机以及“口袋灵眸”（Osmo）手持云台相机等。这些新产品不仅创新了产品品类，而且通过长期的研发投入成为无人机市场的技术领导者，并建立了强大的竞争壁垒。到2017年，大疆的全球专利申请量已达7 500件，超过一半的员工从事研发和工程技术工作，这使得大疆成为一家高科技创新型企业。因此，推动大疆品牌建设的核心力量就是基于高端科技创新而形成的强大产品力。

大疆通过种子用户和意见领袖形成了强大的口碑效应。最初，大疆面向海外无人机爱好者、航模论坛用户和关注航拍技术的影视人员等种子用户提供产品的免费试用，积累口碑并获取有价值的用户反馈，不断改进产品性能和用户体验。随着“精灵”的成功推出，大疆开始与好莱坞和硅谷接触，让影视和科技行业的意见领袖试用产品，从而吸引了一批影视明星和科技名流成为首批粉丝，通过他们的影响力迅速扩大了知名度。大疆的产品还参与了许多美剧的航拍，例如《摩登家庭》《神盾局特工》《国土安全》等，这进一步提升了品牌影响力。

除了口碑效应和社交媒体的运用，大疆还通过多种方式扩大了海外市场的知名度和影响力。例如，大疆在各大国际消费电子展上设有展台，展示其最新产品和技术，并吸引了大量关注。此外，大疆赞助了一些重要的赛事和活动，如世界无人机大赛、纽约时装周等，以此进一步扩大品牌影响力和知名度。在海外市场拓展方面，大疆也非常灵活，根据不同的市场需求和消费者习惯，推出了多个定制化的产品和解决方案，如针对农业、测绘、航拍等行业的专业无人机，以及针对旅游、摄影、娱乐等领域的消费级无人机产品，以满足不同市场的需求。

在全球化渠道上，大疆采取以官网为基础，多家国内和海外主要电商平台齐头并进的方式，如包括亚马逊和易趣网在内的跨境电商渠道。更重要的是，大疆从来都把自己定位为一家面向全球的企业。它摒弃了传统加工制造型企业惯用的“指挥和控制式”管理方法和封闭的保护型运作模式，大力引入外籍高管，构建了一支高水平的国际化管理团队。而且，在组织架构上，大疆按照全球化企业的做法，根据每个地区的核心能力设立相应的海外机构，例如，物流在香港、相机研发在东京、软件开发在硅谷、创意在洛杉矶、公共事务和政府关系在纽约等，实现了企业核心职能的全球化布局。

从用户的角度来看，大疆提供的六星价值组合以创新性、时尚设计、速度和极致性价比为核心特征。虽然大疆定位高端，但产品对所有价格区间进行了全覆盖，极致性价比仍然是它的核心竞争力之一。例如，大疆第一款畅销产品“精灵”不但简单易用、性能出众，而且价格便宜，只有600多美元。因此，在没有任何市场投入的情况下，它迅速成为一款全球畅销的产品。当然，大疆成功的另一个核心因素是无人机的主要受众是年轻人。他们喜爱简单易用、性价比高、时尚美观、高科技、令人振奋和快速推陈出新的产品。这恰恰是大疆的优势所在。大疆的劣势是品牌内涵不足。到目前为止，大疆仍然是一个产品品牌，缺乏超越品类性能的思想和精神价值。对于B端行业来说，这样的品牌内涵尚可以接受，但对于C端市场来说，局限于这个层次的品牌显然无法真正激发用户情感和品牌势能。因此，目前来看，大疆这个品牌仍然和无人机产品品牌紧密地绑定，并没有成为一个知名的大众品牌。大致来看，大疆的海外品牌建设可以总结为“高端创新”、“高端市场打入”和“意见领袖的牵引”。

资料来源：尹一丁．高势能品牌：打造品牌能量的12堂剑桥课．北京：中信出版社，2022.

讨论题

1. 大疆无人机品牌是如何定位的？
2. 大疆无人机的品牌策略是什么？
3. 大疆无人机出海战略的成功因素有哪些？

重点名词

品牌	品牌策划	品牌架构
品牌定位	品牌延伸	国潮品牌

思考题

1. 消费者为什么会重视品牌？品牌策划的流程是什么？
2. 品牌有形要素与无形要素策划的重点各是什么？
3. 如何进行品牌定位策划？
4. 品牌延伸策划的内容有哪些？
5. 品牌架构策划的内容有哪些？

拓展练习

一、目的

1. 了解品牌策划的理论知识与方法，掌握相关知识在品牌策划中的应用。
2. 了解我国乘用车品牌的竞争概况，熟悉品牌策划在市场实践中的应用。

二、要求

1. 资料准备：通过网络、报刊等媒介预先了解我国乘用车市场品牌竞争的基本情况。

2. 具体任务：通过对品牌策划内容的学习，分组进行品牌策划的训练。

3. 任务要求：以汽车品牌为研究对象，结合市场营销、品牌管理、广告学等相关课程的理论知识完成实训任务。

三、内容

1. 了解3～5个品牌乘用车的基本情况。

2. 了解WEY品牌概念的提出、产品规划与定位、品牌策略等（见拓展阅读）。

3. 认识与分析主要品牌与WEY品牌的市场营销情况及广告策略。

四、组织与实施

1. 将班级同学分成5～6人一组的小组，实行组长负责制，全体组员协作完成课程实训任务。

2. 确定所选品牌后，各小组进行分工，完成资料的收集、汇总与分析。

3. 作业提交格式：注明“学号＋姓名”，以Word形式提交电子版及配套A4纸质版，注明分工及各自的贡献。

4. 各小组选派成员对报告进行讲解，并回答其他组成员的提问。

5. 授课老师对各组的汇报进行点评及评分，提出意见及改进建议。

拓展阅读

一、阅读案例

1. 刘俊晶．汽车首富魏建军为自己代言：WEY品牌能否冲击豪华阵营成功？．经济观察报，2017－06－16.

2. 杨攀．长城汽车：WEY的逻辑．销售与市场（管理版），2017（7）：78－81.

3. 颜卉，刘予．数字化环境下奢侈品牌的“全渠道营销”解决方案：以蒂芙尼（Tiffany & Co.）为例．清华管理评论，2019（4）：108－113.

4. 谢佩洪，朱一．海尔集团的品牌国际化升级路径．清华管理评论，2018（12）：52－60.

二、阅读书籍

1. 凯勒．战略品牌管理：第4版．北京：中国人民大学出版社，2014.

2. 梁东，连漪．品牌管理．北京：高等教育出版社，2012.

3. 何佳讯．战略品牌管理：企业与顾客协同战略．北京：中国人民大学出版社，2021.

4. 程宇宁．品牌策划与管理．4版．北京：中国人民大学出版社，2021.

5. 张蔚鸽．品牌管理：创建、发展与IP化．北京：中国人民大学出版社，2023.

即测即评

扫描二维码可在线自测并查看答案。

第6章
产品与服务策划

本章要点

- 了解产品与服务策划的内容与流程。
- 掌握新产品开发的策划内容。
- 掌握产品组合的策划内容。
- 掌握服务产品的策划内容。

引导案例

五菱宏光 MINI 产品潮改

上汽通用五菱的产品覆盖面非常广，从 2002 年 11 月 18 日正式挂牌成立以来，公司不断推出新产品以满足不同客户的不同需求。小轿车、微车、SUV、新能源汽车、MPV，产品品类众多。宏光 MINI 是五菱汽车顺应新能源汽车发展趋势，针对城市代步市场推出的一款纯电动微型车。以亲民价格刷新整车厂底线的五菱，每卖出一部宏光 MINIEV，利润微薄。过去 6 个月，公司一直试图寻找新的盈利点。落脚点之一，是“潮创改装”方向的产品迭代。2022 年，五菱汽车宣布推出新车宏光 MINIEV GAMEBOY，售价 5.58 万元起，相较上一代价格接近翻倍。尽管它在外观、内饰、性能等方面做出了一些升级，市场还是感受到了五菱的压力：试图把车卖得更贵一点。

就在新车上市之际，五菱汽车将一个基于原厂个性化定制的服务平台 LINGLAB 同步推向市场。由此，在宏光 MINIEV GAMEBOY 所定义的“潮改”特色之外，五菱汽车有意培育一条新产业链。随着宏光 MINI 在微型电动车市场持续畅销，改装业务的确能够产生附加价值。在淘宝等电商平台，围绕宏光 MINI 的改装路径，用户可以买到不局限于车贴、内饰摆件等的装饰配件。推出 LINGLAB 之后，五菱汽车有意为车主提供购买潮创套件，升级进化“装备”的官方渠道。如果改装力度增大，宏光 MINI 系列车型的价值有望超过销量本身。宏光 MINIEV GAMEBOY 是企业在汽车个性化领域的尝试和探索，公司借此开创潮创购车新模式，新车提供多元化潮创接口以及创作基金。

回顾前几次升级迭代，宏光 MINI 系列精准看向年轻人，重点引导“潮创改装”是必然之举。更为关键的是，架构相对简单的宏光 MINI 系列在微型电动车市场爆火之后，市场上出现了更多竞争对手，起售价 2.98 万元的长安奔奔、2.99 万元的奇瑞 QQ 冰淇淋都是"跟风之作"。宏光 MINI 系列引领代步车的市场，2021 年度国产汽车品牌排名第一，拯救了整个微型车市场，被市场称赞为："国产神车"。

资料来源：覃毅．五菱向上挣扎．21 世纪商业评论，2022（7）：28－30.

启示：宏光 MINI 产品的策划找准目标市场定位，看准年轻人，结合中国市场的情况，以亲民价格刷新整车代步车的销售纪录，引导"潮创改装"，开创了汽车个性化领域的尝试与探索，实现"人们需要什么，我就制造什么"的价值主张。

第 1 节　产品策划概述

任何卓越的公司必须依赖一系列好的产品及其组合来实现其战略目标，产品及其组合是营销策略的基础及核心。因此，产品与服务策划是营销策划的重要内容之一。

示例　华为手机产品组合有效策划

一、整体产品的概念及分类

（一）产品

产品是指为留意、获取、使用或消费以满足某种欲望和需要而提供给市场的一切东西。市场营销中对产品的理解不再只是指有形物品，其内涵已从有形物品扩大到服务、人员、渠道、组织和观念等整体产品；产品的外延也从核心产品向期望产品、延伸产品和潜在产品拓展。产品策划就是不断挖掘产品的价值，创造性地满足顾客的需求（见图 6－1）。

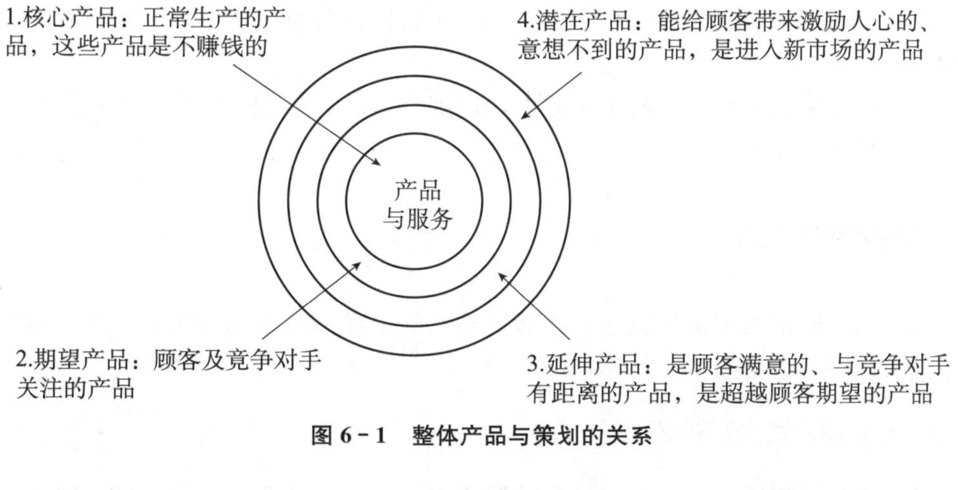

图 6－1　整体产品与策划的关系

（二）产品分类

按使用产品的消费者类型，可以将产品和服务分为消费品和工业品两大类。

1. 消费品

消费品是指由最终消费者购买并用于个人消费的产品，包括日用品、选购品、特殊品和非渴求品四类（见表6-1）。

表6-1 消费品分类及营销特征

类型	购买行为特征	举例	营销特征
日用品	频繁购买，很少计划，很少比较或花精力挑选，低参与度	牙膏、快餐、饮料等	低价、广泛销售、位置便利、制造商做大量广告及推广
选购品	较低频率购买，做较多计划，花很多精力，比较各类品牌的价格、质量和样式	服装、家具、电器等	较高价、特定区域销售、独家销售、做广告、制造商或零售商促销
特殊品	强烈的品牌偏好和忠诚，特别花精力，很少比较品牌，对价格的敏感度低	高品质的相机、高档家具、古董、名牌箱包、名表等	高价、在较少的几个营销点、有选择的销售、无法充分性促销
非渴求品	几乎不了解产品或了解但几乎不感兴趣	人寿保险等	举办活动或做广告

2. 工业品

工业品是指那些为进一步用于行业生产而购买的产品，包括材料和零部件、资本项目、物资和服务三类。

二、产品策划的概念

产品策划是指为企业开发或选择战略性主导产品并建立具有优良体验的产品系统的整体规划。产品策划包括产品营销策划和新产品研发策划。

产品营销策划主要是谋划如何更好地把产品营销出去，找到能够吸引消费者注意力的独特利益点，向消费者传递一种主张、一种忠告或一种承诺，并在这个过程中塑造产品形象。

新产品研发策划主要是针对市场需求，以细分市场为基础，形成一个产品开发的整体思路，以扩展企业新的增长点。

三、产品策划的目的

产品策划是营销策划最为复杂、最具战略性的工作。从营销角度看，产品策划主要是为了达成以下五个目的：

（一）主导公司产品选择

产品策划的首要任务是选择与开发能够代表公司形象并带来销量的明星产品。一个企业的成功往往是以其主导产品的成功为契机的。比如苹果因为iPhone、长城汽车因为H6、桂林三金药业因为西瓜霜而大获成功。这些明星产品是通过洞察消费者的需求开发出来的。

（二）制定产品系统

公司成功的产品并不只是其使用功能的简单表达，而是产品整体概念上的一套体验系统。消费者通过亲身体验，直接感受新的产品，熟悉产品性能，了解产品功能，学习使用方法，产生购买欲望，带来良好的口碑。除了优良的产品品质外，还要有便于消费者进行体验的一系列设计，如海尔的高水平售后服务，iPhone 最早使用的简捷化的界面和金属面板，星巴克休闲的氛围等，这些都属于产品体验系统，也是产品策划时研究的重点。

（三）制定产品组合体系

产品策划还要研究如何实现最有效的市场覆盖，成为最有市场竞争力的战略组织，满足产品持续成长的需要等，这些都必须探讨最佳的产品组合策略。靠单一产品打天下是无法持久的，而每一种产品在市场上的战略战术也是不一样的。

（四）制定新产品商业化策略

公司要推出新产品，必须研究新产品与现有产品之间的关系，研究新产品上市对现有产品的影响，新产品对公司竞争力提升的作用等问题，再结合公司产品的市场生命周期状态来制定公司新产品的商业化策略。

（五）打造产品包装策略

产品的包装特别是销售包装是产品策划时研究的重要内容，有卖点的包装与产品的定位、货架上的视觉感受有直接关系，是公司视觉形象识别的重要组成部分。

四、产品策划的基础

在进行产品策划时，公司必须理解与产品购买及使用有关的全部顾客体验。围绕核心产品的顾客体验从形式上分为五个方面：产品质量、产品特色、产品设计、品牌名称以及产品包装。

（一）产品质量

产品质量是指产品满足规定需要和潜在需要的特征和特性的总和。从产品策划的角度看，产品质量是产品市场定位的主要工具之一，以顾客为导向的质量标准已经成为有力的公司战略，通过连贯一致地满足顾客对产品质量的需要和偏好来创造顾客满意和价值。

（二）产品特色

产品特色包括产品的特征及风格，它是增加顾客价值的有效手段，也是与竞争产品进行市场区隔的重要手段。企业通过对特定顾客的研究，评估每一项产品特征对顾客的价值以及相应的成本，导致产品价值成本比提升的特征就可以加入产品设计。风格是给消费者带来直接感受的特征，产品的外观、质地、包装等都是风格的体现。

（三）产品设计

企业通过产品设计提升产品的性能，给消费者带来引人注目、令人愉悦的感受。

（四）品牌名称

品牌名称可以帮助消费者识别他们信赖的产品，能够成为提升消费者消费心理价值的有效工具，因此，品牌名称所代表的质量水平与服务承诺、易读易认易记性、注册商标保护等成为重要的策划内容。

（五）产品包装

市场竞争越来越激烈，商店货架上商品琳琅满目，产品包装越来越多地承担着从吸引人们的注意到描述产品，再到促进现场销售的职能，好的包装是影响消费者快速识别并购买企业产品与服务的极为重要的因素。包装包括产品的内包装、外包装、运输包装、标签等，是产品策划的重要内容。

比如，华为手机经过产品质量、产品特色、产品设计、品牌名称以及产品包装这五个方面的精心组合策划，形成了它的核心利益。

五、产品策划的内容

产品策划的内容主要包括确定产品属性、建立产品品牌、设计并确定产品包装及标签、明确产品支持性服务系统等。

（一）确定产品属性

产品策划首先需要规定其所能提供的利益，而这些利益是通过产品质量、产品特色和产品设计三大属性提供给消费者的，产品属性是顾客价值的主要来源。

1. 分析产品质量

分析产品质量包括对产品的耐用性、可靠性、精密度、使用及修理的难易程度以及其他有价值属性的分析研究。产品策划人员必须选择一个质量级别以支持目标市场的产品定位，同时要参考竞争产品的质量级别。一方面，一味追求最高性能质量标准既是不必要的，也不一定是目标市场消费者愿意支付的。另一方面，产品质量还指高水平的质量一致性，即产品符合质量标准，没有产品缺陷，保持目标性能质量标准的前后一致性。这种高标准的一致性能够与消费者期望的质量相吻合，实现物有所值。

产品质量的保持有赖于公司的全面质量管理活动，而当代全面质量管理的核心理念是不断改进每一个生产阶段中的产品质量和工艺水平，提供符合质量标准的高度一致的产品，从而提高消费者的满意度和感知价值。当今，产品质量已经成为企业竞争取胜的关键要素。

2. 找准产品特色

一种产品可以具有多种不同的特色，特色是本企业产品与竞争对手产品相区隔的竞争性工具，抢先推出有用且有价值的特色产品是最有效的竞争方法之一，如 OPPO 手机以拍照为特色快速建立起竞争优势。通过调研、消费者体验测评，找到消费者喜爱的产品特色并加以强化进而形成创意是定义产品特色的有效方法。

3. 明晰产品设计

良好的产品设计是增加顾客价值的基本方法。美的家用电器的艺术化外观设计提升了其产品的顾客价值，成为其产品畅销的有力武器；苹果公司独特的产品设计也是其产品深受全世界消费者欢迎的关键之一。产品设计首先要注重产品式样的独特性，这是吸引消费者的重要手段。好的产品设计不仅能够改善产品的外观，还能够提高产品的实用性能，为企业在目标市场上创造强有力的竞争优势。

（二）建立产品品牌

建立品牌能够增加产品的价值，能够帮助消费者找到他们喜爱的产品，也能够为他们提供必需的产品质量保障。如今越来越多的厂家通过多品牌策略来对细分市场进行渗透，保持其产品特色和竞争优势。以往没有太大差异的农产品现在也大量引入品牌以提升顾客价值，获得更大的市场份额。

建立产品品牌的主要工作包括产品名称选择、确定品牌发起人及制定合适的品牌战略。具体内容可以参考第 5 章。

（三）设计并确定产品包装及标签

产品包装是指为产品设计包裹物的行为。包装包括盛放产品的基本容器（如盛放牙膏的软管）、陈列包装（如牙膏外的纸筒）、保存与运输包装（装运牙膏的纸箱）。标签是印刷在包装上的有关产品内容规格的说明和图案，用于产品的识别与使用提醒。

产品包装除了具有原始的保护与运输作用外，如今还成为重要的产品营销工具，包括在货架上吸引消费者的注意、描述产品等。好的包装能够让消费者快速识别企业品牌。在激烈的竞争环境中，包装成为厂家影响购买者的最后机会，恰似一则卖场广告。革新的包装能使企业获得竞争优势。蓝月亮能够在竞争激烈的洗涤用品市场占据一席之地，很大程度上与其较早推出新包装有关系。

（四）明确产品支持性服务系统

顾客服务是产品的一个重要组成部分，也是顾客消费过程中体验感受的重要一环，越来越多的厂家将产品服务作为取得竞争优势的有效手段。在产品策划中，首先要评估产品服务对顾客的价值及成本，从而确定既让顾客满意又能为公司创造利润的服务内容。在当今互联网时代，通过网络及其他现代化技术提供以前没有的支持性服务已经成为常态。大量的外卖餐饮店通过美团等平台提供订餐服务，使用支付宝、微信等方式提供便利的支付服务。

对于提供服务产品的企业，更要针对产品的特点进行专业的规划。服务一般具有在购买前看不见摸不着的无形性，服务不能与服务提供者相分离，服务不能贮存以供售后销售或使用，服务质量具有因服务人员、时间、地点和服务方式不同而不同等特点。因此，在服务产品的策划活动中要充分研究服务的利润链，通过服务差异管理、服务质量管理及服务生产力管理获得高满意度的服务产品。

第2节　新产品开发与上市推广策划

在科学技术快速发展的今天，产品的生命周期越来越短，当一个产品进入衰退期后就要尽快考虑推出新产品来弥补市场空缺，以免消费者因其他类似产品而转移兴趣。老产品推出一段时间后，因价格透明或价格穿底，渠道利润低，渠道推荐该产品的积极性就会大打折扣，影响市场的进一步推广，这时推出新产品就要重塑价格体系，给渠道增加预期利润。新产品策划是为了完善产品线，满足不同消费群体对品牌的需求，最大限度地抢占市场份额。

一、新产品的概念及类型

（一）新产品的概念

新产品是指与老产品相比，具有新的功能、新的特征、新的结构和新的用途，能满足顾客新需求的产品。新产品是一个广泛的、动态的、相对的概念，它一般是相对老产品而言的，因时因地而异。

（二）新产品的类型

根据新产品对公司和市场的新颖程度，可以将新产品分为六种类型（见图6-2）。全新产品指根据对市场和消费者需求的研究，研发出全新的产品。新产品线产品是公司针对已有市场推出的新产品，如根据不同消费群体开发的产品或为同一群体提供的更多选择的产品等。现有产品线增加的新产品指公司根据市场竞争的需要，在已有产品线上增补新的产品（包括规格不一、功能利益点不同或口味不同的产品）。现有产品的改良与更新指提供改进性能或有较大可体验价值的产品。重新定位的产品指以新的市场或细分市场为目标推出的新产品。降低成本的产品指为了获得竞争优势，以较低的成本提供同样性能的新产品。

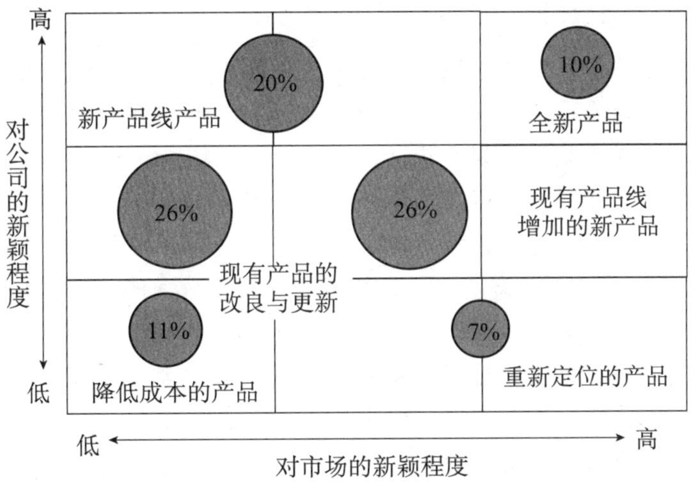

图 6－2　新产品的类型

二、新产品开发策划流程

为了提高新产品开发的成功率，必须建立科学的新产品开发管理程序。不同行业的生产条件和产品项目不同，管理程序也有所差异。新产品开发策划的一般流程如下：

（一）创意产生

新产品开发过程的第一个阶段是寻找产品创意。所谓创意，就是开发新产品的设想。公司新产品的创意大多来源于顾客、科学家、竞争者、雇员、经销商和最高管理层。因此，一个公司要源源不断地获得新产品创意，必须不断进行头脑风暴，对顾客、经销商、用户等进行系统的需求调研并允许技术人员自由探索，更广泛地研究竞争者的产品创意，收集相关公司与行业的信息，形成强大的创意数据库。

（二）创意筛选

创意筛选是运用一系列评价标准，对各种创意进行比较判断，从中找出最有希望成功的创意的一种“过滤”工程。进行创意筛选的主要目的是权衡各个创新项目的费用、潜在效益与风险，选出符合公司发展目标和长远利益，并与公司的资源相协调的产品创意，放弃可行性较小的产品创意。在筛选阶段，公司必须避免误舍和误用两种错误。误舍是指一家公司错过了某一有缺点但能改进的好创意，其结果就是公司失去了一个极有潜力的利润增长点。误用是指公司容许一个错误的创意投入开发和商品化阶段，其结果是公司投入的开发费用无法收回从而造成财务损失。因此，创意筛选就是要尽可能早地发现和放弃错误的创意。在筛选过程中要从目标市场、竞争状况以及粗略推测的市场规模、产品价格、开发时间和开发成本、制造成本、报酬率等方面对创意进行评估与取舍，最终判断每一个创意的优劣。

营销视角 创意悖论与创意污染

创意和信息导致的符号污染与环境污染对社会的危害是一样的。当今世界充满创意。在创新方面，我们不需要追求数量，而需要追求质量。我们可以用两个隐喻——创意悖论与创意污染——来描述此时此刻的状况。

创意悖论是指我们开发的创意越多，产生的价值就越小。这有三个原因。首先，我们面临的选择越多，就越难进行选择，即所谓的选择悖论。其次，在开发创意的过程中，参与的人越多，所受的挫折就越多。这是因为并非所有的创意都能够贯彻落实。最后，我们开发的创意越多，就越容易沉迷于渐进式创新。

人工智能的新算法和数据分析不能帮助我们进行筛选并找到新的东西。这些算法给我们提供的信息基于以往的选择方案，即我们过去的状况而不是未来的状况。

如果我们仍然运用精益开发过程来开发过多的创意，也就是在执行过程中先构建创意模型，然后进行市场测试，认为“失败是成功之母，不断试错，很快就会成功”，那么没有进行筛选就进入市场的所谓的创新会泛滥成灾，从而形成创意污染。

资料来源：罗伯托·维甘提．创意悖论与创意污染．IT经理世界，2018（20）：58.

（三）产品概念的发展和测试

经过甄别保留下来的产品创意还要进一步发展成为产品概念。首先应当明确产品创意、产品概念和产品形象之间的区别。所谓产品创意，是指企业从自身角度考虑能够向市场提供的可能产品的构想。所谓产品概念，是指企业从消费者的角度对这种创意所做的详尽的描述。产品形象则是消费者对某种现实产品或潜在产品所形成的特定印象。企业必须根据消费者在上述几个方面的要求把产品创意发展为产品概念。确定最佳产品概念，进行产品和品牌的市场定位后，就应当对产品概念进行试验。所谓产品概念测试，就是用文字、图画描述或者实物将产品概念展示于一群目标顾客面前，观察他们的反应。一个产品构思能够转化为若干产品概念。每一个产品概念都要进行定位，以了解同类产品的竞争情况，选择最佳的产品概念。选择的依据是未来市场的潜在容量、投资收益率、销售成长率、生产能力以及对公司设备、资源的充分利用等。

（四）营销战略发展

公司确定了产品概念方案后，必须制订把这种产品引入市场的初步营销战略计划。初拟的营销战略计划包括三个方面：（1）描述目标市场的规模、结构、消费者的购买行为、产品的市场定位以及短期（三个月）的销量、市场占有率、利润率预期等；（2）描述产品的预期价格、分配渠道和第一年的营销预算；（3）描述较长期的销售额和投资收益率，以及不同时期的市场营销组合等。这种初拟的营销战略计划要在今后的各阶段不断完善。

（五）商业分析

在这一阶段，公司必须复核销量、成本和利润预算，以确定它们是否满足公司的目标。如果满足，那么产品概念就可进入产品开发阶段。随着新信息的增加，商业分析也可做进一步的修订和扩充，包括两个具体的步骤：预测销售额，测算成本与利润。预测新产品的销售额可参照市场上类似的产品销售历史，并考虑各种竞争因素，分析新产品的市场地位与市场占有率。在预测新产品销售额的基础上，还要采用量本利分析等有效方法进行成本与利润的测算，进一步判定营业风险。

（六）新产品的开发

本阶段主要是将经过商业分析的新产品概念交送研究开发部门和技术部门，以试制成实体产品模型及样品，同时进行品牌的包装研制和设计。应当强调，新产品开发必须使模型及样品具有产品概念所规定的所有特征。在此之前，新产品仅是一种语言与符号描述，其评价成本是比较小的。但在本阶段，研制过程中可能要投入大量的资金。研制的过程可能持续数日，也可能长达几个月甚至几年。

（七）市场试销

通过市场试销，可以了解消费者和经销商对处理、使用和再购买产品会产生什么样的反应。市场试销的规模既受投资成本和风险的影响，也会受时间压力和研究成本的影响。在市场试销中，公司要对以下问题做出决策：试销的地区范围、试销时间、试销中所要获得的资料、试销所需的费用支出、试销的营销策略以及试销成功后应该采取的战略行动。

（八）商品化

这一阶段又称为商业性投放，即在新产品测试成功后，将新产品批量生产以全面推向市场的过程。新产品投放市场初期往往利润很小，甚至亏损，因此，公司应对产品投放市场的时机、区域、目前市场的选择和最初的营销组合等做出慎重的决策。

1. 何时推出新产品

企业高层管理者要决定在什么时间将新产品投放市场最适宜。例如，如果某种新产品是用来替代老产品的，就应等到老产品的存货被处理掉时再将新产品投放市场，以免冲击老产品的销售，造成损失；如果某种新产品的市场需求有严格的季节性，就应在销售季节来临时将这种新产品投放市场；如果新产品还存在可改进之处，就不必仓促上市，应等到完善之后再投放市场。

2. 何地推出新产品

企业高层管理者要决定在什么地方推出新产品最适宜。一般情况下，企业先在主要地区的市场推出，以占有市场，取得立足点，然后扩大到其他地区。因此，企业特别是中小企业要制订市场投放计划，找出最有吸引力的市场投放区域。在选择这一市场时要考察以下几个方面：市场潜力；企业在该地区的声誉；投放成本；该区调查资料的质量高低；对其他地区的影响力以及竞争渗透能力。此外，竞争状况也十分重要，它同样可以影响新产品商业化的成功。

3. 向谁推出新产品

企业高层管理者要把新产品的分销和促销目标定位于最优秀的顾客群。企业高层管理者可以根据市场试销的结果发现最优秀的顾客群。对新上市消费品来讲，最优秀的顾客群一般应具备以下特征：他们是早期采用者；他们是大量使用者；他们是观念倡导者或舆论领袖，能为该产品做正面宣传，接近这一市场的费用低廉。当然，具备所有特征的顾客为数很少，企业应根据这些标准对不同的顾客群打分，从而找出最优秀的顾客群。

4. 如何推出新产品

企业管理部门要制定新产品投放市场的营销战略。首先要给各项营销活动分配预算，然后规定各项活动的先后顺序，从而有计划地开展营销管理。

三、新产品推广方案策划

（一）新产品卖点策划

产品卖点是能够吸引消费者眼球的独特利益点，也是广告诉求点和独特销售主张。产品卖点应强调产品应当向消费者传播的主张、忠告和承诺，告诉消费者购买产品会得到什么样的利益；而这种主张是竞争对手无法提出或未曾提出的，应该独具特色；这种主张应该以消费者为核心，易于理解和传播，具有极大的吸引力。一般产品卖点的提炼应从产品概念、消费感受、情感营销、社会形象、产品品质与特色、附加服务、产品及消费文化等方面着手。

（二）新产品价格策略

新产品进入市场时，由于前期的市场投入（包括研发、广告、促销费用等）较高，定价往往较高。企业要根据产品的定位对产品进行定价，而定价的恰当与否直接对后期的推广起着至关重要的作用。最初定价太低，将导致市场支持力度不足，产品无法进入渠道，后期的推广无法进行；而定价太高，不大力促销就难以打动消费者。

（三）新产品渠道设计

在产品推广期，渠道设计是一项极为关键的工作，一般采用循序渐进的方式逐步展开。一开始就大规模进行渠道布局，会带来投入过多、管理工作量过大的问题，一旦失误会造成重大损失。在渠道模式成熟后再进行大规模的渠道投放才是明智的。比如，肯德基在进入中国的前17年才发展到1 000家店，而之后的6年又开设了2 000家店。可见，标准连锁店的复制速度在前期非常缓慢。因此，企业在选择新产品的切入渠道时，要考虑好切入的方式。加盟连锁店如果复制速度过快，可能出现管理问题，产品质量和形象都会受到影响，产品很快会进入衰退期。加多宝虽然只是一个单品，但其注重产品渠道的多元化，在渠道操作上做得非常出色。在渠道的分配上，加多宝首先将餐饮渠道作为单独的渠道去做，然后将超市渠道也作为单独的渠道去做，依此类推，不断将渠道进行细分，让人们感觉加多宝无处不在。加多宝的这种渠道操作有效地拉长了产品的生命周期。

（四）新产品促销规划

新产品如果是跟随产品，要想有市场竞争力，就必须在价格上取胜，所定价格应该比原创竞品的价格低。也可以利用比原创企业强大的渠道和网络快速切入。当然跟随产品也要有独特的市场定位，这样才能快速进入市场并保持足够的市场竞争力。

第 3 节　产品组合策划

一、产品线的市场覆盖策划

任何企业都不可能靠一种产品打天下。为了获得更多的市场份额，更好地满足消费者的需求，在竞争中占据更有利的地位，实现企业持续发展，企业会有几条产品线，每条产品线上有一系列不同规格的产品，以保证产品有效覆盖不同的顾客群，实现尽可能高的市场占有率。比如，蒙牛乳业在单一的产品领域内推出了常温液态奶、低温鲜奶、奶粉、奶酪、冰激凌、奶制品原料等产品线，总共有数百个产品，完成了从低端市场到高端市场的全市场占领，成为中国奶业领军者。因此，产品的组合策略关系到企业发展战略、竞争战略，十分重要。

示例　特斯拉的产品组合策略

进行产品组合策划时，要在市场细分的基础上，根据公司现有产品的状况，研究公司拟进入的目标市场，探讨推出的每一款产品的市场定位，从而实现最有效的市场覆盖。

（一）产品系列延伸

产品系列延伸是在同一品牌名称下的既定产品类别中引进加项，如新风格、新形式、新颜色、新增配料或新包装尺寸等。例如，桶装方便面加量不加价；瓶装水除标准的500mL、1.25L 瓶装，增加 350mL 的小包装以及 5L 的桶包装等。通过产品系列的扩展，可以推销新产品以满足消费者各种状况下的需求。这是一种低成本的新产品推出方式，可以丰富产品品种，提高市场占有率。但要注意，过度的产品扩展有时会给消费者带来选择困难。

产品系列可以向上延伸，也可以向下延伸，还可以同时朝两个方向延伸，以增加产品系列的数量。一些企业采取了向上延伸的方式。如华为手机从千元以下的机型起步，通过向上延伸战略，成功地在高端机市场占据一席之地。在汽车行业，一些国际品牌如宝马、奔驰等近年来开始向市场下游延伸，推出了中低端车型。

（二）产品线的现代化与特色化

现代社会科技迅猛发展，产品开发也是日新月异，产品的现代化成为一种不可改变的大趋势，产品线也有必要进行现代化改造。产品大类现代化策略首先面临这样的问题：是逐步实现技术的改造，还是以更快的速度用全新设备更换原有产品大类？逐步现代化可以节省资金，但缺点是竞争者很快就会察觉，并有充足的时间重新设计它们的产品大类；快速现代化策略虽然在短期内耗费较多资金，同时存在比较大的市场风险，但在竞争中可以出其不意，给竞争者以强力打击。

产品线经理可以在产品线中选择一个或少数几个产品品种进行特色化。有时，需要对产品线上的低档产品型号进行特色化，使之充当“打开销路的廉价品”。有时，产品线上一端销售情况良好，另一端却有问题，此时可以改进销售欠佳的产品。

二、产品间的市场角色策略策划

在当今竞争激烈的市场环境中，营销活动必须有的放矢，根据公司战略战术对产品的市场功能进行策划。就像一场篮球赛，队员的分工不同，只有相互配合才能取胜。同样，在市场竞争环境中，只有赋予不同产品明确的市场角色，并使之相互配合，才能获得竞争优势。一般而言，根据产品的市场角色，可以将其分为市场引爆产品、市场主销产品、市场防御产品、市场辅助产品四种类别。

三、产品生命周期组合策划

产品生命周期(PLC）是一个产品从投入市场开始，经历成长、成熟到衰退，最终退出市场的整个过程。产品生命周期各阶段的特点决定了常用的营销策略（见表6－2）。

表6－2　产品生命周期各阶段的特点、目标和营销策略

项目		导入期	成长期	成熟期	衰退期
特点	销售	销量少，批量小	销量迅速上升	销量高峰	销量下降
	成本	高	中等	低	低
	盈利情况	亏损	利润上升	高利润	利润下降
	顾客	创新者	早期采用者	中间多数人	落伍者
	竞争者	极少	数量增多	数量稳定	数量减少
营销目标		建立产品知名度，促进试用	市场份额最大化	市场份额最大化，同时保卫市场份额	减少支出，榨取利润
营销策略	产品	提供基本产品	提供延伸产品、服务和担保	品牌和样式多样化	逐步淘汰产品
	价格	采用成本加成法	采用市场渗透价格法	抗衡或击败竞争者的价格	降低价格

续表

项目		导入期	成长期	成熟期	衰退期
营销策略	分销	选择性分销	密集分销	更加密集的分销	淘汰无利分销点
	广告	在早期采用者和经销商中建立知名度	在大众市场中建立知名度和兴趣	强调品牌的差异和利益	降到保持坚定忠诚者所需水平
	促销	大力促销以吸引试用	适当减少促销，充分利用大量的消费者需求	增加对品牌转换的鼓励	降到最低水平

（一）导入期产品的常用策略

在导入期，由于产品刚进入市场，产品也尚未最终定型，消费者对产品不熟悉且鲜有人购买，因而销量缓慢增长，为提高市场的认知度、建立销售渠道而需要大量的导入费用，尚无法带来利润回报。这也是新产品的扩散期，是公司为保持长期市场地位必须不断进行市场投放的一个阶段。长期没有新产品投放的企业是缺少生命力的，其市场地位将很快被市场竞争者取代。产品导入期常用的营销策略如图 6－3 所示。

价格 \ 促销	高	低
高	高价高促销（快速撇脂）	高价低促销（缓慢撇脂）
低	低价高促销（快速渗透）	低价低促销（缓慢渗透）

图 6－3　产品导入期的营销策略

（二）成长期产品的常用策略

产品进入成长期后，市场对产品的认知度提升，对产品的功能逐步接受，市场销量快速增长，企业也开始获得相应的利润回报。处于成长期的产品是企业未来主要的利润增长点，因此，开发并保持一定数量的优质成长期产品是公司营销战略中非常重要的工作。

策划成长期产品的主要思路有以下四种：（1）改善产品品质，如增加新的功能，改变产品款式，开发新的型号，开发新的用途等。对产品进行改进，可以提高产品的竞争力，满足顾客更广泛的需求，吸引更多的顾客。（2）寻找新的需求未被满足的细分市场，根据需求组织生产，迅速进入这一市场。（3）改变广告宣传的重心，从介绍产品转向建立产品形象，树立产品品牌，维系老客户，吸引新客户。（4）适时降价，以激发那些对价格比较敏感的消费者产生购买动机，采取购买行动。

（三）成熟期产品的常用策略

对于成熟期的产品，宜采取主动出击的策略，使其成熟期延长，或使产品生命周期出现再循环。为此可以采用以下三种策略：

1. 市场调整

这种策略不是要调整产品本身，而是要发现产品的新用途、寻求新的用户或改变推销方式等，以提高产品销量。

2. 产品调整

这种策略是通过对产品进行调整来满足顾客的不同需要，从而吸引不同需求的顾客。整体产品概念的任何一个层次的调整都可以视为产品再推出。

3. 营销组合调整

这种策略指通过对产品、价格、渠道、促销四个营销组合因素加以综合调整，刺激销量的回升。常用的方法包括降价、提高促销水平、扩展分销渠道和提高服务质量等。

（四）衰退期产品的常用策略

面对衰退期的产品，公司需要认真研究分析，决定采用什么策略，在什么时间退出市场。通常可以使用以下几种策略：

1. 继续策略

继续采用过去的策略，仍按照原来的细分市场，使用相同的分销渠道、定价和促销方式，直到这种产品完全退出市场。

2. 集中策略

把公司能力和资源集中在最有利的细分市场和分销渠道上，从中获利。这样有利于缩短产品退出市场的时间，又能为公司创造更多的利润。

3. 收缩策略

抛弃无希望的顾客群体，大幅度降低促销水平，尽量减少促销费用，以增加目前的利润。这样可能导致产品在市场上的衰退加剧，但也能从忠实于这种产品的顾客那里获取利润。

4. 放弃策略

对于衰退比较快的产品，应该当机立断，放弃经营。可以采用放弃的形式，如把产品完全转移出去或立即停止生产；也可采用逐步放弃的方式，将资源逐步转向其他产品。

企业的产品生命周期组合策略必须适时淘汰衰退期产品，延长成熟期产品的寿命，加快培育成长期产品，同时要不断研发新的产品，保证产品体系的完整性。

第4节　服务产品策划

一、服务产品的特征

服务产品是顾客通过相关设施和服务载体所得到的显性收益和隐性收益的组合，也是企业为满足顾客需要，在与顾客的接触中企业的活动及活动结果的体现。与有形的实物产品相比，服务产品具有以下三个特征：

（一）无形性、不可触知性

与有形的实物产品相比，服务产品的许多元素是看不见、摸不着的，顾客在享受服务后，往往并没有获得服务的物质所有权，只是获得了服务体验或消费经历。服务的这种无形性使它不像有形产品那样容易描述和定义，也无法储存，无法用专利来保护，也难以标准化，从而带来了服务管理的独特性。大多数服务产品在提供时需要借助有形的载体（辅助物品）来传递。因此，我们说的服务有形化就是要借助这些有形的载体将服务规范化、固定化和程序化。

（二）生产与消费的不可分性

服务产品不能像实物产品那样可以将产品的生产与产品的使用相分离，服务产品的生产过程与消费过程往往是同一的，二者难以割裂开来，有的服务产品不仅需要顾客在服务生产现场，而且需要顾客直接参与到服务的生产过程中去。这种生产与消费的不可分性，使得对服务质量的控制不能像有形产品那样事先把关，服务能力的设计必须考虑到顾客的波动性，服务质量的评价也更多地倾向于顾客的满意程度。

（三）不同质性

服务提供者与顾客交互作用，不同的人产生不同的效果。在服务提供者方面，通过训练可以提高服务的规范性，但无法做到完全一致；在顾客的消费过程中，不同顾客因知识、经验、个性、情绪等不同对服务的感受是极为主观的，是不一致的，最终导致服务结果的不同。

营销视角 设计服务记忆点，构建用户体验的“关键时刻”

在服务产品策划中，用户体验的重要性不言而喻，好的体验能带来复购和分享，不好的体验会直接流失客户，每个用户都希望自己能得到最好的服务体验，每个品牌也都希望自己能提供最好的服务体验。诺贝尔奖得主、心理学家丹尼尔·卡尼曼发现体验记忆由峰值与终值这两个因素决定，也就是峰终定律。如果在一段体验中的高峰和结尾都是愉悦的，那么对整个过程的感受就是愉悦的。反之，可能就会否定整个体验过程。也就是说，除了高峰与结尾，过程中好与不好的其他体验对记忆影响很微弱。比如，你对一个人好了99次，最后1次没有那么好，基本上前99次的好可以算泡汤了一大半。你对一个人坏了99次，最后1次突然变好了，前99次不好的影响基本可以抵消一大半，这就是终值的影响力。我们玩过山车，玩的过程不过就几分钟，这几分钟也不是一直惊险刺激，但最高峰的那几秒的刺激感却被念念不忘，这就是峰值的影响力。在实际应用中，不少企业将服务产品设计得很有特色。

案例一：亚朵酒店的“关键时刻”三部曲。第一，初见时刻，奉茶：客人旅途疲惫进入酒店时，亚朵工作人员会双手将一杯70℃的温茶送给客人；第二，峰值时刻，属地早餐产品：根据不同地域，亚朵会设计有当地特色的早点；第三，终值时刻，“暖心水”：每个亚朵酒店都有一个小的保温箱，里面的水都是40℃左右，客人离店时，酒店会送给客人“暖心水”，让人感觉极度舒适。

案例二：宜家的“关键时刻”，留下服务记忆点。宜家的用户体验算不上完美，即使只买一包纸巾也要把整个商场走一圈，餐厅排队、收银台排队、地形复杂、人工服务少……但是，宜家把“关键时刻”做得非常到位，所以它的整体体验是被肯定的——峰值时刻：物美价廉的产品；终值时刻：1元冰淇淋甜筒。客人离开宜家的时候，能吃上一个1元的冰淇淋甜筒，无论是价格还是味道，都让人心生愉悦。对企业来说，做好峰值和终值，构建出服务记忆点，相当于给服务赋予了卖点。当服务成为卖点的时候，每一次服务都不是在花钱，而是在创收。

峰终定律及其应用研究的启示：即使企业提供100项服务，用户也未必能都记住100项，往往记住的是“服务很好”“整体还不错”……所以要找到峰值、终值匹配的“关键时刻”，形成服务记忆点，让用户记住，从而复购、分享。例如，海底捞的火锅有多好吃，见仁见智，但过生日、擦鞋、美甲、离开时赠送的小零食等等这些热情周到的服务的的确确走进了用户的心里。因此企业在设计与改善顾客体验的时候，要有意识地营造一些记忆点，而不是单纯提供标准化服务。比起较为平均的、全流程式的顾客体验管理，将有限资源投入顾客的峰值和终值体验管理，可以实现更高的服务效能，从而整体上优化顾客体验。

二、服务产品的策划要点

服务产品的策划以用户体验为中心，提供用户与服务提供者双方满意的服务设计，它是一个由抽象概念到具体设计方案的转化过程。一个完整的服务产品策划包括完整的服务理念、服务要素组合、服务系统与流程三个方面的内容。

（一）服务理念

服务理念是企业为客户提供服务的价值描述，是顾客利益的概念性体现，是企业服务追求的目标。企业要通过系统的调研来精准地找到服务的顾客利益点，解决顾客的痛点、难题，同时凸显企业服务产品的特性，形成个性化服务。

（二）服务要素组合

以服务为主导的服务产品是一种要素组合，一般称为服务包。它包括显性服务、隐性服务、辅助设施、支持物品等四个方面的内容。显性服务包括服务的灵活性、一贯性、可获得性和综合性等；隐性服务包括服务气氛、等候时间、能否满足客户的自我成就感、尊贵感等；辅助设施包括设施的内部装修、设备、建筑物、设施设备布局等；支持物品主要包括服务的标准化和一贯化、品质达标、品种齐全、客户隐私性与安全性保障等。

（三）服务系统与流程

服务系统与流程是对服务产品的总体规划与安排，包括服务产品特点的确定、服务要素组合的确定、提供服务的流程、服务的改善性设计等。服务产品特点的确定，涉及从服务的可获得性、方便性、个性化程度、产品价格、产品品质、组织声誉、产品安全性、速度、产品范围等方面提升服务的竞争力；服务要素组合的确定，涉及利用显性服务、隐性服务、辅助设施、支持物品四个要素明确让顾客得到什么；提供服务的流程，主要涉及服务流程类型的选择、流程技术的运用、服务设施的布局设计、服务行为设计、服务地点选择、服务容量规划等；服务的改善性设计，主要涉及服务质量保证设计、承诺服务设计、补救性服务设计、个性化服务设计、增值服务设计等。

党二十大报告明确提出，“我们坚持把实现人民对美好生活的向往作为现代化建设的出发点和落脚点”。要坚持以习近平新时代中国特色社会主义思想为指导，树立“四个自信”，从中国的国情出发，深入了解中国文化，用好中国元素。当前中国市场的需求已经发生重大变化，从过去的产品短缺变成了今天的消费升级，人民对美好生活的追求就是营销策划的核心。产品策划是营销策划的核心工作之一，是其他各项策划工作的前提。产品策划需要以满足顾客需求为出发点，创造需求，并持续满足需求。营销的核心就是要为顾客创造价值，营销策划的整个过程如果远离了顾客，没有掌握顾客需求，没有满足顾客需求，就意味着策划失败。

中国经济高质量发展对营销高质量发展提出时代要求，产品策划需要认真贯彻落实新时代的新发展理念，通过对市场深入的调研与分析，洞察消费者的需求，做出高质量的产品策划方案，体现人们对美好生活的向往。服务企业的高质量发展推动经济的高质量发展，只有不断挖掘顾客需求，满足与创造顾客需求，重视质量、不断创新，才能得到市场认可，才能长期健康发展。

案例分析

百年可口可乐，迈向全品类饮料公司

可口可乐期望在战略转型中成为一个更灵活敏捷的全品类饮料公司。早在2016年可口可乐就提出要成为一家全品类饮料公司。2017年5月，詹姆斯·昆西（James Quincey）正式接任CEO，成为可口可乐新的掌舵人，并正式提出了全品类战略。彼时，可口可乐正经历五年来净营收最大幅度下跌的“寒冬”。2012年后，可口可乐的净营收就一路下滑，从2012年的480亿美元直跌到354亿美元，税后净利润更是创下新低，仅12.83亿美元，跌幅达到81%。虽然可口可乐仍被消费者视为最受欢迎的“肥宅快乐水”，但现实告诉可口可乐是时候走出舒适区了。

此后，可口可乐着眼“全品类饮料公司”这一长期目标，不断强化经典产品的竞争力。其核心产品类别——碳酸饮料也在不断升级优化。为迎合消费者的低糖需求，

可口可乐推出了多种减糖方案，包括对可乐、雪碧等碳酸饮料提供了标准甜度、减糖和零糖配方，如可乐有标准可乐、零度可乐和健怡可乐。2017年起，可口可乐在中国市场推广200mL迷你罐包装，2018年推出了增加膳食纤维的“可口可乐纤维＋”“雪碧纤维＋”等新产品，通过小包装和产品创新弱化和改变了碳酸饮料含糖量高、不健康的固有印象。

2021年，可口可乐在中国市场推出了可加热饮用的“可口可乐生姜＋”汽水。在中国，“姜汁可乐”几乎是一种家喻户晓的可乐DIY饮用方式，可口可乐洞察到中国消费者对热饮和姜汁驱寒功效的特色需求，使得该款可加热汽水在口味和饮用方式上贴近中国消费者的偏好和习惯，容易引起消费者的共鸣和好感。

从全球范围来看，健康理念正在渗透进人们的生活，越来越多的消费者追求健康态、多元化的饮料消费。可口可乐全面加速布局有机茶饮料、乳制品、矿泉水、咖啡、果汁等产品领域，成为在北美颇有市场的能量饮料Monster的股东，又接连斥巨资收购了咖世家（Costa Coffee）和运动饮料BodyArmor。

在全品类饮料战略的推动下，可口可乐在中国加速产品和品类创新。2021年，可口可乐为中国消费者在低温奶、植物基饮料、低度酒等品类上提供诸多新选择。比如，可口可乐与蒙牛的合资企业推出了低温奶“鲜菲乐”，其全资子公司粗粮王推出了植物基饮料“植白说”燕麦乳谷物饮料。可口可乐进军含酒精饮料市场，在中国市场相继推出含酒精饮料“托帕客”苏打气泡酒、“柠檬道”（Lemon-Dou）日式柠檬气泡酒等产品，吸引了年轻消费者的关注。

与此同时，可口可乐也在审慎地调整产品组合，剔除一些性能较差、市场表现不佳的产品，其中包括Life可乐、樱桃味健怡可乐、ZICO椰子水等。这表明可口可乐未来聚焦于核心品类和快速增长的市场。

资料来源：符国群，费显政．市场营销学．北京：清华大学出版社，2023.

讨论题

1. 可口可乐为什么要进行全品类饮料拓展？
2. 可口可乐全品类拓展的特点是什么？
3. 可口可乐公司战略与产品组合战略的关系是什么？

重点名词

产品整体概念	产品策划	新产品开发策划
产品组合策划	服务产品策划	峰终定律

思考题

1. 什么是产品策划？产品策划的目的是什么？
2. 新产品开发策划的流程是什么？如何进行新产品上市策划？
3. 运用搜索工具查阅华为、百度和格力三家公司的产品组合，描述并分析其产品组合的广度、长度、深度与关联性。

4. 找出三种最近上市成功的新产品，说明其产品特征与上市成功的关联性。

5. 举例探讨产品生命周期各阶段的策划要点及营销策略。

拓展练习

一、目的与目标

1. 了解产品与服务策划应具备的理论知识与方法。

2. 熟悉产品与服务策划的内容与流程。

3. 掌握新产品开发策划的流程。

二、内容与要求

1. 资料准备：收集整理2～3份产品与服务策划的案例，分类归纳并总结核心点。

2. 具体任务：通过对产品与服务策划内容的学习，分组进行产品与服务策划训练。

3. 任务要求：收集本地企业的产品与服务策划案例，开展模拟营销策划的练习。

三、组织与实施

1. 将班级同学分成5～6人一组的小组，实行组长负责制，全体组员共同完成课堂任务。

2. 各小组进行分工，完成资料的收集、汇总与分析。

3. 经过小组讨论后，完成实训报告，提交PPT文档，注明分工及各自的贡献。

4. 各小组选派成员对报告进行讲解，并回答其他组成员的提问。

5. 授课老师对各组的汇报进行点评及评分，提出意见及改进建议。

拓展阅读

一、阅读案例

1. 宋学宝，曹珊珊．小罐茶：传统茶行业的变革者．清华管理评论，2019（5）：113-122.

2. 赵朝阳，曾斯韵，孟昱坤．企业库存管理优化模式分析：以优衣库为例．天津商务职业学院学报，2021，9（5）：66-72，79.

3. 郭家荣，何瑛．Costco商业模式创新及其价值创造分析．财务与会计，2021（10）：34-37.

二、阅读书籍

1. 张晓岚．营销诡道：成长型企业市场销售谋略实录．北京：电子工业出版社，2017.

2. 周辉．产品研发管理：构建世界一流的产品研发管理体系．2版．北京：电子工业出版社，2020.

3. 李鑫．To B产品经理入门：产品策划和商业运营手册．北京：电子工业出版社，2021.

4. 莱曼，温纳．产品管理：第4版．北京：北京大学出版社，2006.

即测即评

扫描二维码可在线自测并查看答案。

第7章
价格策划

本章要点

- 了解价格和价格策划的概念。
- 掌握价格策划的内容。
- 掌握价格策划的方法。
- 掌握价格调整策划的关键点。

引导案例

蜜雪冰城“高质平价”策略

蜜雪冰城是一家以新鲜冰淇淋和茶饮为主的连锁店，致力于打造中国新鲜冰淇淋、茶饮品牌。蜜雪冰城是国内率先突破万家门店的茶饮品牌，同时，在海外拥有70多家门店。与喜茶、奈雪的茶等茶饮品牌不同，蜜雪冰城采取密集开店的策略，主攻三、四线城市，除了传统商业街等客流量大的地方，蜜雪冰城的很多分店都选择开在大学城附近。

2020年8月11日，蜜雪冰城开始实行“青藤计划”，宣布以10万元起的年薪面向全球招聘储备干部，为未来海外项目的负责人和总部的高级管理人员储备新鲜力量。扩店和招人同时进行，蜜雪冰城如何能站得住脚跟呢？

蜜雪冰城通过密集开店，让消费者走在大街小巷都能看见它的身影，除此之外，它致力于将新鲜、健康和低价格、高品质融合，为消费者提供更新鲜、性价比更高的产品。

2005年，一款叫作“彩虹帽”的冰淇淋火爆郑州。蜜雪冰城的创始人张红超在品尝之后，立即决定把这款冰淇淋做出来并推向国际市场。经过半个多月的研究，他在蜜雪冰城做出了第一款新鲜冰淇淋。2006年春，蜜雪冰城新鲜冰淇淋开卖，一元一支，立即火爆市场。这款一元一支的冰淇淋提升了蜜雪冰城的品牌知名度，让更多消费者了解到这个品牌，同时不断提升用户黏性，带动店里其他产品的销售量，赚取了更多的利润。

多年来，蜜雪冰城始终坚持“高质平价”定价准则，这让我们不禁思考，蜜雪冰城为什么能够一直坚持“高品质性价比”呢？

这是因为蜜雪冰城在源头上努力，用低成本支撑低定价。首先，与茶农洽谈合作，以超量、稳定的采购为谈判筹码，低价拿到货源。其次，蜜雪冰城有自己的仓储物流和工厂，不用经过经销商和代理商。最后，蜜雪冰城采用密集开店策略，降低管理成本，提升效率。

蜜雪冰城拥有自己的品牌符号，是一个手拿着冰淇淋的小雪人，名叫“雪王”。首先，在奶茶的包装和店铺的广告牌上，随处可见“雪王”的标志。其次，“雪王”被印在了门店卷闸门上，这样做是为了在门店没有开门的时候，消费者也能够看见它的身影。与此同时，蜜雪冰城还开发了很多关于“雪王”的周边产品，譬如微信表情包、水杯和手机支架，在生活场景中不断向用户强化“雪王”的形象。最后，蜜雪冰城花费大量资金举办了冰淇淋音乐节，音乐节使用的标志就是“雪王”，现场布置也使用了大量带有“雪王”元素的装饰。

资料来源：余来文，朱文兴，苏泽尉，等．数字品牌：新商业、新媒体与新口碑．北京：企业管理出版社，2020.

启示：蜜雪冰城的“高质平价”策略赢得了市场，通过营销价值链的分析，有效控制了成本，采用密集开店的策略，可以降低管理成本，提升效率，实现规模效应。

第1节　价格策划概述

一、价格的概念

价格是营销4P组合中唯一创造收益的因素，其他因素都意味着支出。价格是营销组合中最灵活的因素之一。产品特征和销售渠道不同，价格会很快发生变化。企业能否正确制定与实施有效的价格策略关系到企业营销的成败及其经济效益。

了解价格的构成是价格策划的基础。价格是价值的货币表现，通俗地讲是指顾客为了得到单位产品或服务而必须支付的货币数量。

一般说来，价格是由产品价值决定的，价格是产品价值的货币表现，价值越高，价格往往也越高，反之亦然。但由于企业和消费者的立场不同，在主观上对价格的确定有不同的表现，而市场的最终价格又必须被双方同时接受，因此，市场上的价格是由顾客感受的产品价值、成本和竞争者价格决定的（见图7-1）。

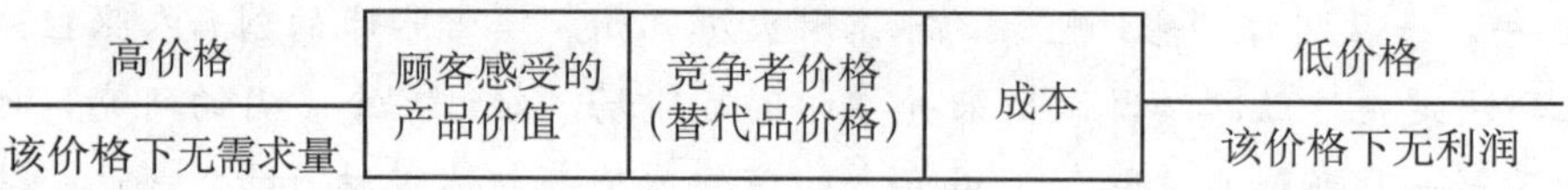

图7-1　价格的构成

二、价格的影响因素

企业的定价决策既受到企业内部因素的影响，也受到企业外部因素的影响。内部因素包括企业营销目标、营销组合策略、成本和组织决策。外部因素包括市场需求、竞争因素以及其他环境因素。影响企业定价决策的内外部因素如图7-2所示。

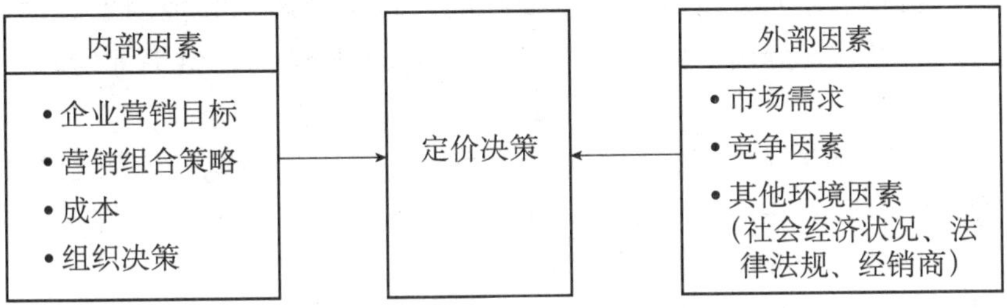

图7-2　影响定价决策的内外部因素

（一）影响定价决策的内部因素

1. 企业营销目标

企业营销目标是影响定价的一个首要因素。不同企业的营销目标或同一企业不同时间的营销目标是多种多样的，但归纳起来有以下几类：生存目标、投资收益率目标、市场占有率目标、质量领先目标、竞争优势目标等。常见的企业营销目标及可行的定价方案如表7-1所示。

表7-1　常见的企业营销目标及可行的定价方案

企业营销目标	采取的定价方案	为什么要采取这些方案
实现投资回收	把价格定在能带来必需利润的水平上	组织可以确定一个必须达到的投资回收额，停止生产无法达到回收额的产品
利润最大化	控制成本，调节价格以求得最大的利润	所有组织都想获得最高利润；某些产品在特定销售上已接近这个目标
加快资金流通	调整价格和折扣以刺激购买和及时付款	组织可能会遇到严重的资金流通问题却无力解决
组织生存	调整价格，使组织在商业萧条和顾客上门前维持生计	缓解经济风暴的压力，或者只是为了生存
保持市场占有率	确保该价格能将销量维持在与竞争对手相应的位置	具有优势地位的企业要保持自己的优势地位
刺激销售增长	调整价格和折扣以刺激现有顾客大量购买及吸引新顾客	组织需要更大的顾客群来保证自身的发展
迎接挑战	将价格定在与其他竞争对手一致的水平上，跟紧它们的打折活动	很多组织为避免价格战而采取其他非价格竞争形式
避免竞争	把价格定在阻止该市场出现其他竞争对手的水平上	拥有当地垄断经营权的组织可能会选择低价，使得没有其他竞争对手进入这一市场

资料来源：ZIKMUND W G，D'AMICO M. Effective marketing. 3rd ed. South Western，Division of Thomson Learning：2001.

2. 营销组合策略

价格是企业用以达成营销目标的营销组合因素之一，各个营销组合因素之间相互联系、相互制约，当其中任何一个因素发生变化时，常常会影响其他因素。因此，在制定价格时必须与产品设计、分销和促销协调一致，形成有影响力的营销计划。

3. 成本

由图7-1可知，某产品的最高价取决于市场的需求，最低价取决于产品的成本费用。从长远看，任何产品的销售价格都必须高于其成本费用，只有这样，企业才能维持生存。因此，企业在制定价格时必须估算成本。

4. 组织决策

管理部门必须决定组织内部谁来决定价格。公司定价的方式有多种。在小公司里，定价是由公司领导而不是市场部或销售部来负责。在大公司里，定价工作一般是由生产经理或生产线经理来负责。在工业市场上，推销员被获准在一定范围内和客户议价。尽管如此，高层领导常设立定价目标和策略，审批下级提出的定价方法。在工业领域（如航空、铁路、石油行业），定价是一个关键因素，公司常有一个定价部门负责制定价格或协助其他部门制定价格。这个部门要向市场营销部或公司总部汇报。其他对定价工作有影响的人包括销售经理、生产经理、财务经理和会计。

示　例

价格策略的威力——爱彼迎诞生记

爱彼迎（Airbnb）是全球最大的共享民宿平台。与传统酒店相比，共享民宿在价格上有极大的优势。2007年秋，住在旧金山的布莱恩·切斯基（Brian Chesky）和乔·格比亚（Joe Gebbia）因为房租问题一筹莫展。他们俩都是美国罗得岛设计学院的毕业生，但都处于失业状态。当时有个设计师大会在旧金山举行，非常火爆，当地所有的酒店都预订满了。约瑟夫·格比亚从中发现商机，给布莱恩·切斯基写了一封邮件陈述他的创业想法："我们可以在客厅放几张充气床垫，然后将床位租出去，为前来参会的设计师提供一个落脚之地，并向他们提供无线网络和早餐等服务。"他俩一拍即合，迅速行动起来，把三张充气床摆在房间里，并建立了一个简单的网站，给他们的床位打广告，居然在周末成功招到了三个租客，每人向他们支付了80美元的房租。他们将这项出租服务称为"充气床和早餐"（air bed and breakfast），而这就是爱彼迎品牌名称的来源。

格比亚和切斯基看到了民宿在线短租的前景，并拉了工程师朋友内森·布莱查奇克（Nathan Blecharczyk）入伙一起创业。通过提供低价的民宿，经过十余年的发展，爱彼迎已经拥有400多万名房东，接待了来自世界各地的超8亿人次用户。2020年12月，爱彼迎在美国纳斯达克证券交易所成功上市。截至2022年10月12日，爱彼迎的市值高达718亿美元，比全球最大的酒店集团万豪的市值（460亿美元）还高。

资料来源：郑毓煌．科学营销．北京：中信出版社，2023.

（二）影响定价决策的外部因素

1. 市场需求

市场需求是影响定价的一个重要因素。不同商品的需求特点不同，消费者对价格的反应不同。研究市场需求应关注需求价格弹性问题。需求价格弹性是指因价格变动而引起需求发生相应变动的比率，反映需求变动对价格变动的敏感程度。需求价格弹性与商品需要程度成反比，生活必需品的需求程度高于一般商品，因而价格变化对其需求数量的影响小；反之，一般商品需求量与价格的相关程度则较大。需求价格弹性与商品替代性成正比。如果一种商品替代性强，其价格上涨会引起消费需求向其他替代商品转移，反之亦然。这种需求转移强化了价格变动对该商品需求量的影响。如果一种商品难以被替代，消费者就只能提高对价格变动的承受能力，使需求量对价格的敏感程度下降。

2. 竞争因素

竞争因素对定价的影响主要表现为竞争价格对产品价格水平的约束。可以这样说，在竞争激烈的市场上，价格的最低限度受成本约束，最高限度受需求约束，介于二者之间的价格水平的确定则以竞争价格为依据。图7－3显示了竞争三角定价策略。

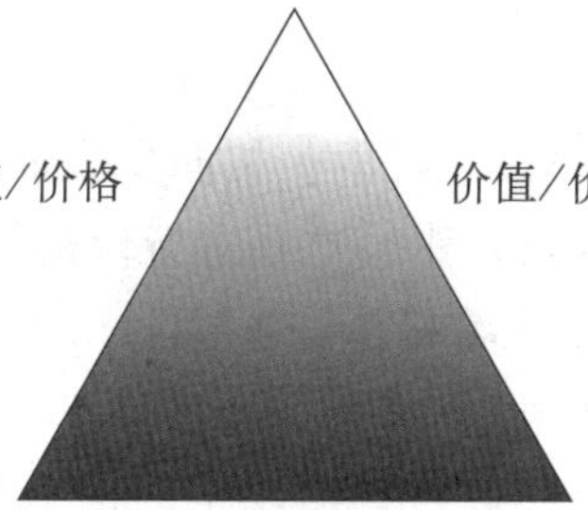

图7－3　竞争三角定价策略

同类产品的竞争最直接地表现为价格竞争。在竞争激烈的市场上，企业都会认真分析竞争对手的价格策略，密切关注其价格动向并及时做出反应。价格竞争只是同类产品竞争的一个方面。实际上，同类产品竞争体现在产品的开发、研制直至销售的全过程，包含以产品为核心的价格、渠道及促销的全面竞争。价格竞争的实质是通过价格调整改变产品的质量价格比或效用价格比，促使消费者对商品重新做出评价。

市场竞争的激烈程度称为市场结构。市场结构对企业定价方法是有影响的（见表7－2）。

表7－2　市场结构类型与企业定价方法

	完全竞争	完全垄断	垄断竞争	寡头垄断
竞争者数量	很多	没有直接的竞争者	较多	较少
进入难易度	容易	政府管制	有点难	困难
竞争对手提供产品的相似性	相似	没有与之竞争的产品或服务	不同	可能相似也可能不同
单个公司的价格控制力	无	相当大	有一定控制力	有较大控制力

续表

	完全竞争	完全垄断	垄断竞争	寡头垄断
单个公司的需求曲线	完全弹性	可能有弹性也可能无弹性	比较有弹性	拐点下无弹性，拐点上有弹性
定价方法	均衡价格	利润最大化	价格与非价格竞争	协议价格

3. 其他环境因素

公司在制定价格时还要考虑其他一些外部环境因素。首先是社会经济状况，如通货膨胀、经济繁荣与否、利率变化等因素。其次是国家出台的有关物价的法律法规，如《中华人民共和国价格法》和《中华人民共和国反不正当竞争法》等是企业定价的重要依据。最后是对经销商有利的定价策略，应保证足够的利润空间以赢得经销商的支持。高质量产品的市场定位意味着较高的价格，用来补偿较高的成本。

三、价格策划的概念

在复杂的市场环境中，企业应以怎样的价格向市场推出产品和服务？以怎样的价格条件获取生产经营所必需的生产经营要素？这是进行价格策划应思考的基本问题。

价格策划就是企业利用价格因素来争取进入目标市场，进而渗透甚至占领目标市场，实现营销目标的策略规划。价格策划包括定价策划和调价策划。

进行价格策划之前，企业要明确营销活动中的价格并不仅简单依靠定价方法与技巧确定，要将企业整体的定价工作作为一个系统。价格策划工作要以市场和整个企业为背景，将企业内部的定价工作作为一个整体，注意各个部分之间的协调，从而把握策划的整体性和系统性。

示　例

特斯拉的浮动价格策略

特斯拉的浮动价格策略在汽车公司中显得独一无二，主要是因为马斯克摒弃了两个行业传统。首先，他绕开了特许经销商模式，特斯拉直接决定客户支付的最终价格；其次，他打破了在每个车型年度开始时定价然后基本保持不变的行业惯例。

特斯拉经常改变价格，一年内会改变好几次。在特斯拉生产 Model S 和 Model X 的早期（2012—2016 年），公司将提供新功能或性能升级作为年中更改价格的合理化解释。例如，将基本车型的电池续航能力提高几十公里，然后涨价；通过软件禁用某些功能来给其中一个车型打折。

然而，当 Model 3 在 2018 年大规模生产时，特斯拉的价格浮动更大。定价甚至有过一周一变，而用来作为改变价格正当理由的产品变化则时有时无。

一开始，这在客户中并不受欢迎。然而随着时间的推移，客户似乎习惯了，并逐渐开始接受。这让特斯拉获得了更多灵活性，可以通过降价来促进需求，或者通过提高价格将增加的成本转嫁给客户来应对零部件短缺问题。

资料来源：张鸥．商业揭秘：特斯拉的定价秘密．（2023－01－05）．https：//chejiahao.m.autohome.com.cn/info/12083323.

四、价格策划的分析要点

通常，有效的价格策划需要重点分析四点，分别是价格环境、公司战略目标、战略分目标和价格策略，由此形成价格和价格政策（见图 7－4）。

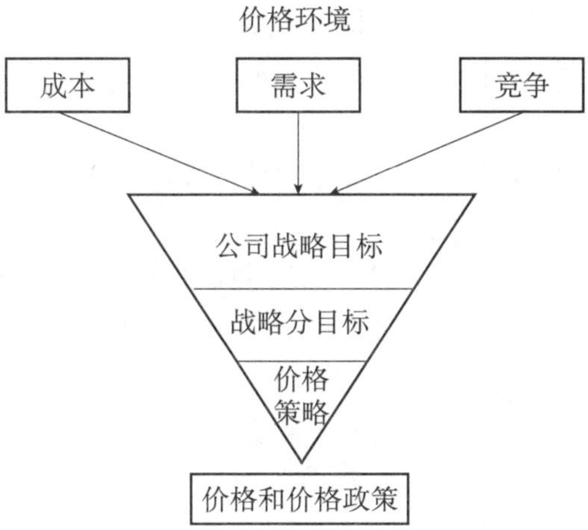

图 7－4　价格策划的分析要点

如图 7－4 所示，进行价格策划首先需要分析价格环境，全面分析公司的成本、市场的需求及竞争如何影响产品的价格环境。其次，需要考虑公司战略目标。再次，需要确定战略分目标，这个目标应具体明确，且要规定实现目标的期限。最后，需要确定价格策略。比如，格兰仕微波炉利用规模优势实现了低成本，从而形成经营上的安全性。格兰仕营销总裁曾描述，当产销规模达到 150 万台，保本点规模在 250 万台；当规模达到 1 200 万台，则以 800 万台为保本定价点。随着规模的不断扩大，格兰仕微波炉的边际效益持续递减，然而，由于制造成本和销售价格的双重下降，其在市场上形成了强大的成本壁垒，在市场上营销的安全系数便会增大。

五、价格策划的内容

价格策划的主要内容包括确定定价目标、选择定价策略、选择定价方法和价格调整的发起与应对。

（一）确定定价目标

定价目标是整个价格策划的灵魂。一方面，它要服务于产品营销目标和企业经营战略；另一方面，它还是定价方法和定价策略的依据。定价目标主要包括：生存、当前利润最大化、市场份额最大化、市场获利（撇脂）最大化和产品-质量领导地位等。

（二）选择定价策略

1. 产品生命周期定价策略

产品生命周期主要分为导入期、成长期、成熟期和衰退期四个阶段。应根据产品所处生命周期的不同阶段选择不同的定价策略。

（1）导入期：要么定价较低，抢占市场份额；要么定价较高，彰显价值（如品牌价值）。

（2）成长期：关注竞争者动向，具有竞争力的定价会获得更大的市场份额。

（3）成熟期：关注产品市场地位，稳定价格，并考虑提高价格。

（4）衰退期：产品即将退市，降低价格以回收资金；产品迭代升级，提高价格。

2. 心理定价策略

在产品定价策略的实际应用中，心理定价策略主要有声望定价策略、尾数定价策略、整数定价策略、招徕定价策略。

（1）声望定价策略。企业利用消费者仰慕名牌商品或名店声望的心理来制定商品价格的一种定价策略，此类消费者通常对价格的敏感度很低。

（2）尾数定价策略。在产品定价策划方案中利用顾客对数字认知的心理，以零头数结尾的一种定价策略，常常以一些偶数或吉利数结尾，给人以低价的感觉。

（3）整数定价策略。在定价策划方案中使商品的价格以整数结尾的定价策略，常常以偶数，特别是以零结尾，给人以高档名贵的感觉。

（4）招徕定价策略。利用部分顾客求廉的心理，特意将几种商品的价格定得较低（甚至是成本价）以吸引顾客的一种定价策略，目的是用少数不盈利的商品吸引客流量，促进其他盈利性商品的销售。

3. 产品组合定价策略

当企业生产的系列产品存在需求和成本的内在关联性时，为了充分发挥这种内在关联性的积极效应，可采用产品组合定价策略（见表7-3）。

表7-3　产品组合定价策略

定价策略	描述
产品线定价	对同一产品线内的不同产品差别定价
备选产品定价	对与主体产品同时卖出的备选品或附件定价
附属产品定价	对必须与主体产品一起使用的产品定价
副产品定价	对低价值的副产品定价以抵消处理成本
产品束定价	对共同出售的产品组合定价

资料来源：科特勒，阿姆斯特朗．市场营销原理：第9版．北京：清华大学出版社，2003.

4. 免费定价策略

免费定价策略在市场营销中主要用于促销产品，这种策略一般是短期和临时性的。具体地说，免费定价策略就是将企业的产品和服务以零价格的形式提供给顾客使用，满足顾客的需求。免费定价策略有四种形式，即产品和服务完全免费，产品和服务实行限制免费，产品和服务实行部分免费，产品和服务实行捆绑式免费（即购买某产品或者服务时赠送其他产品和服务）。

5. 折扣定价策略

这是一种在交易过程中把一部分利润转让给购买者，以此争取更多顾客的价格策略。

（1）现金折扣。也称付款期限折扣，即对现款交易或按期付款的顾客给予价格折扣。买方如果在卖方规定的付款期之前若干天内付款，卖方就给予一定的折扣，目的是鼓励买方提前付款，以尽快收回货款，加速资金周转。如许多企业规定提前 10 天付款者，给予 2%的折扣；提前 20 天付款者，给予 3%的折扣。

（2）数量折扣。它是指卖方为了鼓励买方大量购买或集中购买其产品，根据购买者购买的数量给予一定的折扣。

（3）业务折扣。也称功能性折扣，即厂商根据各类中间商在营销中的职能给予不同的价格折扣。如给予批发商的折扣较大，给予零售商的折扣较小，使批发商乐于大批进货，并有可能开展批转业务。使用业务折扣的目的在于刺激各类中间商充分发挥各自组织营销活动的能力。

6. 差别定价策略

这是指相同的产品以不同的价格出售的策略，目的是通过形成数个局部市场以扩大销售，增加利润。差别定价策略常见的形式有：

（1）地理差别价格。企业以不同的价格策略在不同地区营销同一种产品，以形成同一产品在不同空间的横向价格策略组合。存在差价不仅是因为运输和中转费用的差别，而且是因为不同地区的市场有不同的偏好和习惯、不同的需求曲线和需求弹性。明显的例子就是沿海与内地的差别价格，国内市场与国外市场的差别价格。大城市著名酒店中对饮料的需求呈现的强度高于小城镇的街边饮食店，即使是同种饮料，前者的价格要明显高于后者。

（2）时间差别价格。对相同的产品，按需求的时间不同而制定不同的价格。这一策略只能在对时间需求的紧迫性差别很大时采用。例如，旺季的产品在淡季低价出售等。采用此种策略能鼓励中间商和消费者增加购货量，减少企业仓储费用和加速资金周转。

（3）用途差别价格。根据产品的不同用途制定有差别的价格。实行这种策略的目的是通过增加产品的新用途来开拓市场。例如，粮食用于制作食品和用于制作饲料的价格不同；食用盐加入适当混合物后成为海味盐、调味盐、牲畜用盐、工业用盐等，以不同的价格出售；具有纪念意义的产品往往比使用价值相同的同类产品的价格高。

（4）质量差别价格。高质量的产品包含着较多的社会必要劳动量，应该实行优质优价。当然价格差要使消费者接受并非一件简单的事情。在现实的营销中，只有使产品为广大消费者所认可，成为消费者偏爱的名牌产品，才能产生质量差价。因此，质量差别价格策略必须依靠其他营销因素的配合才能实现。对于尚未建立起声誉的高质量产品，不要急于和竞争者拉开差价，而应努力创立优质产品的品牌形象；对于已经知名的优质产品，则可以较大的差价提高产品身价，吸引喜爱名牌产品的消费者。

（三）选择定价方法

企业的定价方法是为了实现其定价目标而采用的具体方法。通常考虑成本费用、市场需求和竞争状况三方面的因素，归纳起来有三种类型：成本导向、需求导向、竞争导向（具体内容在下一节介绍）。

示例 拼多多低价竞争之战

（四）价格调整的发起与应对

企业需要随着外部环境因素和企业内部条件的变化以及产品生命周期的演变，遵循客观事实，适时调整产品价格，实现企业营销目标。

第2节 价格策划的流程与方法

一、价格策划的流程

通常，价格策划的流程为：选择定价目标、估计市场需求、测算成本、分析竞争者、选择定价方法、确定销售价格。

（一）选择定价目标

选择定价目标是整个价格策划流程的第一步，它为产品的价格确定了基调。比如，以提高市场占有率为定价目标就意味着价格必须比较低，以追求产品的质量领先为定价目标就必须把价格定得比较高。企业确定定价目标时必须做到具体情况具体分析。比如，当企业的技术水平还不高时，就不应立即以争取产品质量领先为定价目标；当低价有可能引发一场价格战而自己的实力又不够强时，就不宜以提高市场占有率为定价目标。

（二）估计市场需求

所谓定价，就是确定价格的具体数值。进行价格策划首先要确定价格的上下限、购买者的接受程度、企业的承受程度和国家政策的允许程度，这些构成了企业定价的“二限”与“三度”。因此，要制定合适的价格，就必须对市场需求做出正确的估计，以便进一步确定购买者的接受程度。

一般来说，市场需求的大小随价格而变。因此，估计市场需求，是指估计某种商品在不同价格水平下的需求量，或者说，估计需求量与价格之间的函数关系。在此基础上进一步分析价格的上限，也就是不管价格制定得多高也能被购买者接受，或者说能使企业获得最大利润。

（三）测算成本

测算成本是为了确定产品价格的下限。与估计市场需求相比，测算成本比较容易，结果也较准确，因为测算成本只需企业内部的资料。

（四）分析竞争者

当企业推出的产品与市场上竞争者的产品类似时，了解一下竞争者的产品价格是十分必要的。例如，假设某企业通过估算其产品的市场需求和生产成本，初步确定产品的售价为每个9元，但若竞争者生产的同类产品的售价为每个10元，则应考虑也将产品的售价定为10元。否则，过低的价格会造成利润流失，还有可能引发价格战。当然，若企业的定价目标是提高市场占有率，并且一旦发生价格战也有实力应对，则每个产品9元的价格也是合适的。

（五）选择定价方法

定价方法与定价目标是密切相关的，但定价方法更为具体。定价方法确定后，产品的价格就基本确定了。

（六）确定销售价格

销售价格是面向顾客的价格。在确定了产品的销售价格后，有时需使用一些定价策略和技巧来使产品的价格更有吸引力。

二、价格策划的方法

（一）成本导向定价法

成本导向定价法是一种常见的定价策划方法，以产品成本作为定价基础，主要有成本加成定价法、目标利润定价法和可变成本定价法。成本导向定价法的一般流程是：生产产品、核算成本、制定价格、传播价值、销售商品。

1. 成本加成定价法

成本加成定价法是在某具体产品大类中的所有产品成本上加一个固定的百分比，这个百分比是以销售价格为基础计算的。方法是首先确定单位变动成本，再加上平均分摊的固定成本组成单位完全成本，在此基础上加上一定的加成率（毛利率）形成销售价格。计算公式为：

$$成本加成率=\frac{售价-进价}{进货成本}\times100\%$$

$$产品售价=单位完全成本\times(1+成本加成率)$$

成本加成定价法具有计算简单、简便易行的优点，在正常情况下，按此方法定价可使企业获取预期盈利。缺点是忽视了市场竞争和供求状况的影响，缺乏灵活性，难以适应市场竞争的变化。

2. 目标利润定价法

目标利润定价法是在既定的固定成本、单位变动成本和价格条件下，确定能够保证企业收支平衡的产量，收入平衡点也称损益平衡（或盈亏分界）点，即图7-5中点E。

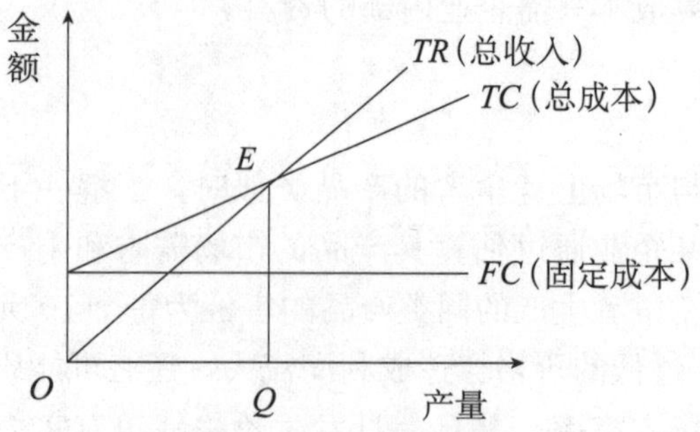

图 7-5　盈亏平衡图

目标利润定价法侧重于总成本费用的补偿，这一点对于经营多条产品线和多种产品的企业极为重要。因为一种产品盈利伴随其他产品亏损的现象时有发生，经销某种产品时所获取的高盈利与企业总盈利的增加并无必然联系，因此，定价应从保本入手而不是单纯考虑某种产品的盈利状况。在某种产品预期销量难以实现时，可相应提高其他产品的产量或价格，在整体上实现企业产品结构及产量的优化组合。

3. 可变成本定价法

可变成本定价法又称为目标贡献定价法，以单位变动成本为定价基本依据，加入单位产品贡献，形成产品售价，即：

$$价格=单位可变成本+单位产品贡献额$$

可变成本定价法的关键在于贡献的确定。其步骤如下：

（1）确定一定时期内企业目标贡献。

$$年目标贡献=年预计固定成本费用+年目标盈利额$$

（2）确定单位限制因素贡献量。

$$单位限制因素贡献量=\frac{年目标贡献}{限制因素单位总量}$$

其中，限制因素指企业所有产品在营销过程中必须经过的关键环节，如劳动时数、资金占用等，也可根据企业产品的特性加以确定。各种限制因素单位加总即为限制因素单位总量。

（3）根据各种产品营销时间的长短及难易程度等指标，确定各种产品在营销过程中对各种限制因素的占用数量（或比例）。

（4）形成价格。

$$价格=\begin{matrix}单位可变\\成本费用\end{matrix}+\begin{matrix}单位限制\\因素贡献量\end{matrix}\times\begin{matrix}单位产品所含\\限制因素数量\end{matrix}$$

可变成本定价法有以下优点：

1）易于在各种产品之间合理分摊固定成本费用。限制因素占用多，其价格所包含的贡献量就大，表明该种产品固定成本的分摊额较大。

2）有利于企业选择和接受市场价格。在竞争作用下，市场价格可能接近甚至低于企业的平均成本，只要这一价格高于平均变动成本，企业就可接受，从而大大提高了企业的竞争力。

3）根据各种产品贡献的大小安排企业的产品线，易于实现最佳产品组合。

（二）需求导向定价法

需求导向定价法是以顾客对产品的需求和可能支付的价格水平为依据来制定产品价格的定价策划方法。需求导向定价法主要包括理解价值定价法、零售价格定价法和差别定价法。需求导向定价法的一般流程是：测定理解价值、确定需求价格、估计销量、核算产品成本、生产产品、销售商品。

1. 理解价值定价法

这种定价策划方法认为，消费者对产品的性能、质量、服务、品牌、包装和价格等都有一定的认识和评价。当产品价格水平与消费者对产品价值的理解水平大体一致时，消费者就会接受这个价格，反之，消费者就不会接受这个价格，产品就卖不出去。

2. 零售价格定价法

策划人员根据消费者的购买能力确定产品的零售价格，以此为基础推定销售成本和生产成本，从而决定出厂价格。这种定价方法不是重点考虑成本，而是重点考虑需求状况。

3. 差别定价法

差别定价法是指同一产品对不同的细分市场采取不同的价格，是差异化营销策略在价格制定中的体现，是一种较为灵活的定价方法。实行差别定价法必须具备以下三个条件：企业对价格有一定的控制能力；产品有两个或两个以上被分割的市场；不同市场的价格弹性不同。

（三）竞争导向定价法

竞争导向定价法就是以市场上主要竞争对手的同类产品的价格为定价依据，并根据竞争态势的变化来调整价格的定价策划方法。常见的竞争导向定价法主要有随行就市定价法、竞争价格定价法和投标定价法。竞争导向定价法的一般流程是：生产产品、参照竞争产品价格、制定价格、传播价值、销售商品。

1. 随行就市定价法

随行就市定价法是指本企业产品与同行业竞争产品的平均价格（即现行市场价格水平）保持一致，这是一种最简单、最常见的方法。这样做易被顾客接受，能与竞争产品“和平共处”，也能带来合理、适度的利润。这种方法主要适用于差异性小的产品。

2. 竞争价格定价法

竞争价格定价法与随行就市定价法相反，是一种主动竞争的定价方法。一般为实力雄厚或产品独具特色的企业所采用。这种定价法的关键在于知己知彼，勤于分析，随时调整。

3. 投标定价法

投标定价法适用于投标交易方式（大型成套设备订货、承包公共事业工程等）。投标定价应预测竞争对手的报价，估算本企业的成本与预期利润，然后提出自己的报价。投标定价的目的是中标合同，每个企业都要争取使自己的报价低于竞争对手的报价，但报价低总有一个限度，这就是困难所在。因此，定价时既要考虑实现企业的利润目标，也要结合竞争状况考虑中标概率。

第3节　价格调整策划

企业为产品制定了价格后，并不是一劳永逸的。随着营销环境的变化，企业还必须对现行价格适当调整。价格调整策划主要包括：发动降价、发动提价和应对竞争者的价格变化。

一、发动降价

（一）发动降价的原因

企业发动降价的原因有多种，主要集中在以下方面：

（1）企业产能过剩，需将资金迅速回笼。

（2）企业渴望以更低的成本抢占市场。

（3）获得市场份额，提高市场话语权。

（4）受政治、法律、经济环境变化的影响不得不降价。

（二）发动降价后可能产生的负面效果

一般来说，发动降价会为企业带来好处，但也可能有一些负面效果，比如：

（1）顾客要求更大的价格优惠，并使得销售者接受这一要求。

（2）顾客可能会认为产品的质量差。

（3）低价策略能够赢得市场份额却得不到顾客忠诚，顾客可能会转向价格更低的产品。

（4）竞争者可能以更低的价格做出回应，从而引发价格战。

二、发动提价

（一）发动提价的原因

企业发动提价的原因有多种，主要集中在以下两个方面：一是成本上涨。如果成本的提高和收益不匹配，就会压低产品利润率，从而引发新一轮的涨价。公司提价的幅度一般会超过成本增长的幅度。二是需求过度。当企业产品供应无法满足所有的顾客时就会提高价格、限量供应或者二者兼用。

（二）发动提价可能产生的负面效果

虽然有时涨价会向顾客传递正面的信息，例如产品畅销、价值很高，但通常消费者都不喜欢涨价。涨价时，企业应该避免给人留下“投机”的印象。比如可口可乐将自动售卖机的产品随气温的升高而涨价，亚马逊根据购买时段的不同而调整价格，这些营销方式都成了头版新闻，受到公众的批评。总之，企业提供的产品或服务越相似，消费者就越容易认为涨价不合理。

三、应对竞争者的价格变化

面对竞争者的价格变化，企业应当考虑到产品在生命周期中所处的阶段、它在产品组合中的重要性、竞争者的意图和可能的持续时间、市场的价格和质量敏感度、成本随着规模变化的情况以及企业的其他投资机会，然后进行应对。

企业的应对策略通常取决于产品是同质的还是异质的。在同质产品市场上，如果竞争者降价，企业应该想办法强化、提升其附加产品的价值。如果找不到其他方法，企业可能就需要降价。即使竞争者提高价格，其他企业也不一定跟随，可以灵活应对。在异质产品市场上，企业有较大的余地应对竞争者的价格变化，如保持原有价格水平，采取提高产品质量和服务水平、增加产品服务项目、扩大产品差异等措施来争夺市场竞争的主动权。

企业对产品的定价始终应遵循马克思主义政治经济学中的价值规律，确定符合产品价值的合理价格，不搞违背价值规律和市场规律的低价竞争，维护市场公平竞争的良好环境。坚持人民至上，务实创新。“商道即人道；要学会经商，先学会做人。”价格策划要充分体现诚信营销策划。“人无信不立。”重信义，是中华民族传统美德，也是商业道德的基本准则。北京同仁堂有句祖训“修合无人见，存心有天知”，意为做事不可违背良心，不得见利忘义。古人讲：“与天下同利者，天下持之；擅天下之利者，天下谋之。”在价格策划中要坚持商业道德与伦理，利用大数据辅助定价，不搞价格欺诈，不人为制造信息不对称。在企业的各种营销活动中，要始终对广大消费者负责，不能损害其利益，赢得消费者就赢得了市场。

价格是营销4P组合中唯一创造收益的因素，其他因素都意味着支出。了解价格的构成是价格策划的基础，根据产品特征和销售渠道不同，价格会有不同的变化。马克思主义认识论表明，实事求是，一切从实际出发，结合市场竞争的因素制定价格策略，有利于企业生存与发展。价格策划过程中定价方法有多种组合，影响定价的因素较多，只有尊重市场规律，洞察消费心理，运用交易成本原理，科学地进行价格策划，才能实现企业与消费者的双赢。

案例分析

“双十一”购物节的价格歧视策略

“价格歧视”可以理解成相同的东西卖给不同人的价格不一样，就是想尽办法把东西多卖多赚钱。零售行业想实现“从富人手里多赚钱，从穷人手里少赚钱但要卖得更多”的终极目的，首先要解决的最大困难就是区分谁是富人、谁是穷人，然后才能区别定价，赚取更多利润。

开始几年的“双十一”确实可以省到钱。当时市场也相对简单，“双十一”只是强调以价换量，就是销量会暴增，商家虽然降了一点价，但引来了更多流量，最终还是获取了更多利润。但之后几年的“双十一”套路就变了。我们可以发现这几年的“双十一”规则越来越复杂，流程设计越来越烦琐，需要花大量的时间来研究和对比才能弄懂，这就用到了价格歧视原理。比如，买一款β耳机，平常的市场价稳定在5 000元，“双十一”来了，A类消费者的预算小于等于4 500元，他们从十月份就开始抢“双十一”购物红包和津贴，并且收集各种代金券，而且这段时间里为了完成平台红包的要求，疯狂拉好友，在群里发链接求大家点击或注册，等到“双十一”那天，点进标着原价5 000元的β耳机页面，利用自己的研究成果、代金券、津贴满减和引流奖励，以4 500元买下。B类消费者的预算为4 500～5 000元，比如是4 800元，虽然想买β耳机，但是没有提前一个月就开始计算，只想趁“双十一”的节点便宜点，于是他花了1小时对比和研究各大平台“双十一”购物规则，以4 800元的价格买下了这款平常5 000元的β耳机。C类消费者的预算在6 000元以上，根本不在乎这样的优惠活动，也不会为此付出时间和精力，想买耳机的时候就直接搜索。第一个结果是推广竞价排名，5 000元的β耳机卖6 000元，他点进去没多想就下单了。D类消费者没有预算这个概念，只不过已经有了很多耳机，就缺个β耳机集齐一系列耳机，他或许都不知道有“双十一”购物节这个活动，直接经朋友介绍从零售商手中以15 000元买下。

由此看来，A类消费者愿意用自己大量的时间去研究平台规则，制订计划、拉人攒积分、抢红包、换津贴等，他愿意用大量时间去做这件事的原因就是他自己的时间价值比较低，经济水平也不高，愿意提前花一个月的时间去省这点钱。由此可以看出，A类消费者对价格敏感度非常高，如果没有“双十一”购物节，他们以4 500元预算大概率是不会买5 000元的β耳机的，那商家就永远赚不到A类消费者的钱。但是，经过“双十一”活动的筛选，商家通过排位赛以精力和时间价值为尺度定位到了这些经济水平比较低的群体，虽然对他们少赚了500元，但是也把他们的钱赚了，完成了以价换量。

同理，B类消费者预算稍微高一点，而商家也能利用“双十一”购物节这个排位赛精确区分A类和B类。虽然都是预算不多的群体，但根据他们研究优惠条款付出时间和精力的不同，商家还是从B类消费者那里精准地多赚了300元，实现了利益最大化。而C类和D类消费者，他们虽然没参与“双十一”活动，但没参与和不关心这个行为本身就已经帮商家给他们定了位，商家不给他们优惠券，他们也会买，甚至还会出高价买。至此，商家实现了“两头赚钱”。

资料来源：朱德熠．“双十一”购物节背后的经济学原理研究．经济研究导刊，2021（26）：104－106.

讨论题

1. 本案例中，“双十一”是如何利用消费者的时间成本进行价格策划的？

2. “双十一”购物节定价策略的本质是什么？
3. 从社会营销角度分析“双十一”购物节的利弊。

重点名词

价格　　价格策划　　价格策划的流程
价格策划的内容　　价格调整策划

思考题

1. 价格的影响因素有哪些？
2. 如何进行有效的价格策划？
3. 价格策划的内容包括哪些？
4. 价格策划的流程与方法有哪些？
5. 如何进行价格调整策划？

拓展练习

一、目的与目标

1. 了解价格策划的理论知识，熟悉价格策划的内容与流程。
2. 掌握价格策划的方法，及其在企业实践中的运用。

二、内容与要求

1. 资料准备：收集整理 2～3 份价格策划案例，分类归纳并总结核心要点。查阅最近 2～3 年的资料，对案例的价格策划进行归纳与分析。
2. 具体任务：通过对价格策划内容的学习，分组进行价格策划训练。
3. 任务要求：收集本地企业的价格策划案例，开展模拟价格策划的练习。

三、组织与实施

1. 将班级同学分成 5～6 人一组的小组，实行组长负责制，全体组员共同完成课堂任务。
2. 各小组进行分工，完成资料的收集、汇总与分析。
3. 经过小组讨论后，完成实训报告，提交 PPT 文档，注明分工及各自的贡献。
4. 各小组选派成员对报告进行讲解，并回答其他组成员的提问。
5. 授课老师对各组的汇报进行点评及评分，提出意见及改进建议。

拓展阅读

一、阅读案例

1. 王春红，陈杨．双边市场视角下社交电商平台定价策略研究：基于拼多多的案例分析．价格理论与实践，2023（9）：182－186，210.

2. 姚宏，关媛元，高英．跨国企业的转让定价策略：基于价值链的案例研究．管理案例研究与评论，2020，13（2）：232－245.

二、阅读书籍

1. 安德森．免费：商业的未来．北京：中信出版社，2015.

2. 西蒙，安．定价制胜：科学定价助力净利润倍增．北京：机械工业出版社，2022.

3. 纳格，查莱，陈兆丰．定价战略与战术：通向利润增长之路：第5版．北京：华夏出版社，2019.

即测即评

扫描二维码可在线自测并查看答案。

第8章
分销渠道策划

本章要点

- 了解分销渠道策划的流程。
- 掌握分销渠道长度、宽度、广度的类型。
- 掌握分销渠道结构设计的影响因素。
- 掌握松散型分销渠道模式的特征及优缺点。
- 掌握垂直型分销渠道模式的类型及优缺点。

引导案例

“三只松鼠”数字化零售商转型

三只松鼠创立于2012年，总部位于安徽芜湖，主营产品覆盖坚果果干、面包糕点、谷物制品、肉食卤味、方便速食等全品类休闲零食。面对数字经济，三只松鼠通过构建以数字化驱动的线上旗舰店为主，以松鼠投食店和联盟小店为翼，以社交平台、新分销、松鼠小镇为侧的“一主两翼三侧”立体化零售格局，实现了从线上电商品牌向数字化零售商的转型。

三只松鼠从四个方面入手推进数字化零售商转型进程。一是打造高效的数字化信息系统平台。公司自主研发建立了完善的数据信息系统平台，通过合作渠道“零售通”收集和分析产品销售及消费者大数据；通过大数据运算分析进行客户群细分和客户关系管理以及数字供应链管理，从原料到工厂到物流到零售再到消费者全部实现数字化。二是线上旗舰店向专业化直播体系转型。三只松鼠自2019年开始就对直播引流和转化进行尝试；2021年4月，公司斥资建设高质量直播中心，实现从天猫旗舰店单平台到多终端的布局。三是线下布局松鼠投食店和联盟小店为实体店。在线下布局方面，公司主要开设投食店和松鼠小店。投食店属于直营店、体验店。松鼠小店是以独特的IP联盟、经营联盟、关系联盟等形式开创的新型联盟经营模式。四是构建多元实体经营体系。公司最初的线上渠道是与第三方平台合作，之后自营手机APP平台，并与阿里巴巴零售通合作。此外，公司重力打造了松鼠小镇。

资料来源：王小平，刘佳，韦巍巍．数字经济时代新实体零售业成长的微观机制研究：基于“良品铺子”和“三只松鼠”双案例分析．价格理论与实践，2022（4）：57-61.

启示：在数字经济时代，分销渠道策划需要关注全渠道数字化、消费者动态数字化和供应链数字化等数字化营销新趋势。在数字化转型发展过程中，三只松鼠针对数字化营销新趋势，通过多方合作和多模式创新，构建了“一主两翼三侧”新实体零售体系，取得了较好绩效。

第1节　分销渠道策划概述

一、分销渠道的概念、功能和流程

企业所拥有的渠道资源已经成为参与市场竞争、获取竞争优势的关键资源。在市场竞争中，企业若能有效管理渠道成员和协调渠道成员利益，就能构筑竞争壁垒，实现产品的流通，获取竞争优势。分销渠道承担着将所要销售的产品准确、快捷、方便、经济地送达消费者手中的职能。价格策略与促销策略在很大程度上要依靠企业的分销渠道模式实现。

（一）分销渠道的概念

分销渠道是指某种货物和劳务从生产者向消费者移动时取得这种货物和劳务的所有权或帮助转移其所有权的所有企业和个人。它主要包括商人中间商、代理中间商以及处于渠道起点和终点的生产者与消费者。

（二）分销渠道的功能

制造商通过分销渠道将商品转移到消费者手里。在这个过程中，分销渠道需要承担一系列重要功能（见表8-1）。

表8-1　分销渠道的功能

渠道的功能	渠道的作业
信息收集与传播	收集和传播有关潜在顾客、现有顾客、竞争对手和其他参与者的营销调研信息
实体占有与转移	从制造商到最终顾客的连续的储运工作与转移工作
所有权转移	产品物权通过渠道成员从制造商最终转移到消费者
分担风险	渠道成员分担各种经营风险
付款（回款）	通过银行和其他金融机构向生产者承付销售账款
订货	渠道成员向制造商进行有购买意图的反向沟通行为
促销	通过渠道成员传播有关产品的富有说服力的沟通材料，吸引更多的顾客购买
谈判	相互协商以达成有关产品的价格和其他条件的最终协议
融资	渠道成员通过汇集和分散资金来负担渠道工作所需费用
服务	售前、售中、售后服务及管理咨询服务

（三）分销渠道的流程

分销渠道的流程主要由实物流、所有权流、付款流、信息流及促销流等构成（见图 8－1）。

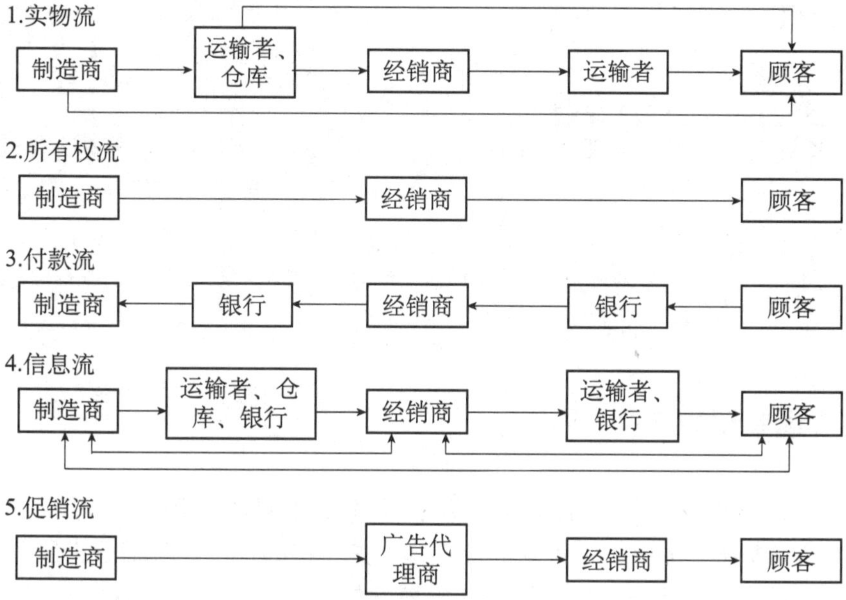

图 8－1 分销渠道的流程

实物流是指实体原料及成品从制造商转移到最终顾客的过程；所有权流是指货物所有权从一个营销机构到另一个营销机构直至顾客手中的转移过程；付款流是指货款在各营销中间机构之间的流动过程；信息流是指在营销渠道中，各营销中间机构相互传递信息的过程；促销流是指一单位运用广告、人员推销、公共关系、促销等活动对另一单位施加影响的过程。

示 例

数字化时代，伊利集团走向了“人找人”的零售模式

伊利集团新零售从原来“人找货”“货找人”向“人找人”转变。对于线下零售而言，消费者进入一家店铺首先看到的是货品，是“货找人”。对于线上零售而言，消费者需要看评论，需要问客服，是“人找货”。场景时代，消费者进入直播间首先看到的是人，是“人找人”。伊利集团可以充分利用自媒体直播等场景化要素全方位实时展示产品，并且与主播实时交互，随时形成场景化的消费体验。随着物联网、5G 技术和区块链技术在乳品新零售中的应用，未来消费者的消费期望将被立体化感知和预测，一切将变得更为可视化。伊利集团过去是“生产带动消费”，现在则是“消费驱动生产”，整个生产环节被逆向重构，这使得传统狭长的供应链向数智和扁平的方向发展。伊利集团新零售的人、货、场适配路径体现为以下几个方面：

（1）人找货模式。乳品通过线下固定渠道流通至终端门店，消费者只能在给定的商品中选择和购买。在此模式下，缺乏用户画像与需求感知能力，基于门店主观预测订货，周期长、批量大，供应链库存有牛鞭效应，商品以“陈列＋销售”为主。

（2）货找人模式。基于数据挖掘，对用户特定时空的消费期望进行刻画，以丰富和灵活的场景引导和吸引用户购买。在此模式下，用户属性特征较为丰富，逐渐形成独特的用户画像，商品以“陈列＋销售＋用户体验＋O2O订单”为主。

（3）人找人模式。需要品牌商更加了解用户，描绘立体化的用户画像，了解用户的消费期望被现状满足的程度。通过购买、交易、反馈的线上闭环实现用户数据的收集，迭代用户画像，并实现对用户感知基础上的用户分层、用户需求分层，进而满足用户的消费期望并不断优化场景与服务。

资料来源：王福，庞蕊，高化，等．场景如何重构新零售商业模式适配性：伊利集团案例研究．南开管理评论，2021，24（4）：39－52.

二、分销渠道策划的流程

对每个企业来说，分销渠道结构与组织模式不尽相同，但合适的分销渠道是提升公司销售力的重要基础。分销渠道策划的流程基本是相似的，主要包括分析服务产出水平、确定分销渠道目标、设计分销渠道结构、规划分销渠道组织模式、评估与确定渠道方案等，如图8－2所示。

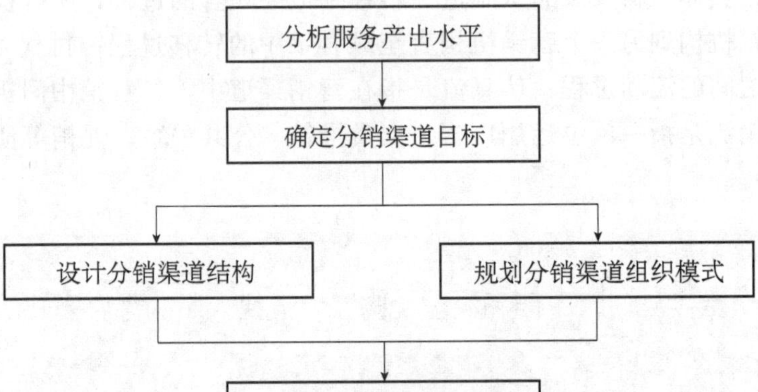

图8－2　分销渠道策划的流程

（一）分析服务产出水平

了解公司所选择的目标市场中消费者购买什么商品、在什么地方购买、为何购买、何时购买和如何购买是设计分销渠道的第一步。营销人员必须了解目标顾客需要的服务产出水平，即人们在购买一个产品时期望的服务类型和水平。分销渠道可以提供的服务水平包括批量大小、等候时间、便利性、产品品种和服务支持等。

批量大小是渠道在购买过程中提供给典型顾客的单位数量。

等候时间是指顾客收到产品的平均等待时间。顾客一般喜欢快速交货的渠道，快速服务需要较高的服务产出水平。

便利性是渠道为顾客购买产品所提供的方便程度。

产品品种是渠道提供的商品花色品种的丰富度。

服务支持是渠道提供的附加服务（信贷、交货、安装、修理）。服务支持越强，渠道提供的服务工作就越多。

（二）确定分销渠道目标

有效的渠道策划工作要决定实现什么目标、进入哪些市场。渠道目标决定了公司的渠道类型。图 8－3 表明了企业确定分销渠道目标的导向和典型目标。目标包括预期要达到的顾客服务水平和中间机构应该发挥的功能等。

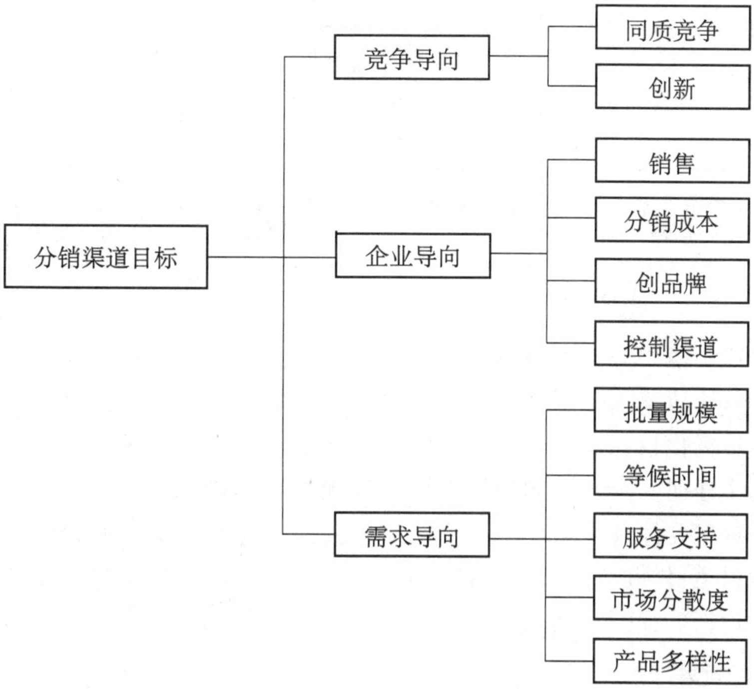

图 8－3 分销渠道目标

1. 分销渠道目标

分销渠道目标的设定不仅要考虑到目标顾客服务产出水平的需求，同时要考虑到企业营销的总目标及其他目标。一般说来，分销渠道目标主要有以下几种：

（1）市场覆盖率和密度目标。只有提高市场覆盖率和分销密度，才能使顾客感到便利。企业为了实现这一目标，大多采用多家分销和密集分销的形式。

（2）分销成本最低化目标。设计分销渠道时，要考虑渠道的建设成本、维护成本、改进成本。

（3）渠道控制目标。渠道控制是指企业对渠道分销行为控制的程度。设计者在设计分销渠道时要考虑到企业对渠道的控制，因为企业需要控制中间商以促使其更努力地推销商品和提高服务质量，实现企业的整体经营目标。

（4）渠道灵活性目标。渠道灵活性是指渠道结构容易变化的程度。市场环境存在众多的不确定性，分销渠道应具有一定的灵活性，以适应市场的变化。

在确定渠道目标时，描述要清晰具体，有可操作性。例如，公司的药材将于本年度内覆盖全国17个药材市场，开发约30个一级经销商。

2. 分销目标协调

分销渠道目标与营销组合中其他领域（产品、价格和促销）的目标以及企业的整体目标与策略有可能相冲突。因此，在确定分销渠道目标时，要认真协调各类目标与策略的等级关系（见图8-4），避免出现相互冲突的情况。

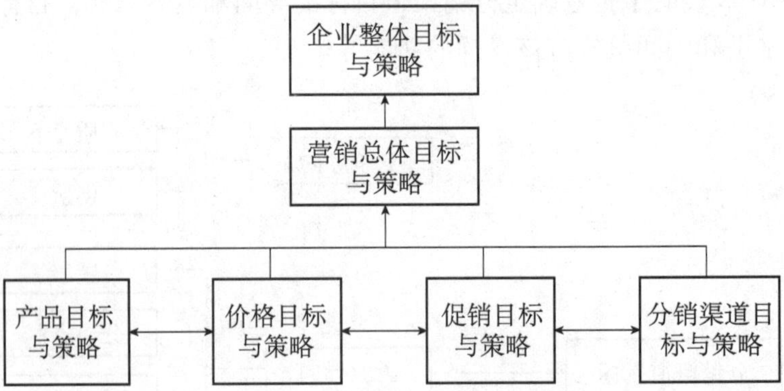

图8-4　企业中协调关系和目标间的等级关系

图中纵向箭头说明分销渠道目标要与更高层次的营销总体目标、企业整体目标相一致。如果企业整体战略是采用低成本来获取市场竞争优势，那么在确定分销渠道目标时选择分销成本最低化目标比较合适。图中的双向箭头说明营销组合的四类组成部分之间相互作用，其中任何一个领域的目标都应与其他领域相协调。例如，若产品目标强调高品质，价格目标就要体现出高成本和高品质，促销目标则要重点向目标客户展示高品质的诉求，分销渠道目标应当确保为各类市场网点及时、便捷地供货。可见分销渠道目标也要与产品、价格、促销目标相一致。

营销视角 | 理解展厅现象

消费者购物时总会货比三家，以期进行最优惠的交易或扩大他们的选择范围，而现在电子商务和移动电子商务（通过手机和平板电脑进行销售）带来了意想不到的新变化。展厅现象（showrooming）让消费者在实体店里亲身体验产品并收集信息，但为了获得更低的价格，消费者随后可能会在网上购买，或干脆在别的零售商那里购买——这是实体店最不愿看到的结果。

智能手机推动了展厅现象的产生。得益于移动设备，商店里的消费者从未拥有像现在这样的装备来决定买什么。一项研究表明，超过一半的美国手机用户，尤其是年轻用户，在购物时会用手机向朋友或家人征询购买建议，查看用户评价或寻找更低的价格。

零售商过去一直关心的是如何把消费者带进商店，但专家指出，现在它们反而需要关心如何把产品卖给那些带着别家商店的参考信息进门的顾客。例如，亚马逊的 Price Check 手机应用软件允许消费者在实体店内即时比较价格。移动用户可以使用的在线零售商对传统的实体连锁店造成了严重的竞争，因为消费者有了更广泛的选择、更低的价格（通常免税），以及 7×24 不闭店的便捷性。

为了正面应对展厅现象，百思买和塔吉特宣布实体店的价格与网上零售价格将长期保持一致。为了适应这一趋势，其他商店将实体店和网上商店紧密联系在一起。沃尔玛、梅西百货和百思买允许在店内提取和退换网上订单购买的商品。

许多零售商正在将店内体验变得更有信息含量且更有价值。盖尔斯（Guess）帕克森（PacSun）和 Aeropostale 等服装零售店都为店内销售人员配备了平板电脑，以便收集更有深度的产品信息与购物者分享。参与常客奖励计划的顾客也可以快速下载他们的购买记录、产品偏好和其他有用的背景信息。

所有这些举措的主要目的是抓住顾客。一项研究表明，在展厅现象下，70% 的展厅受众更有可能从有如下特征的零售店购买产品：精心设计的网站和应用程序，有力的多渠道支持，以及可通过二维码比较价格。对零售商来说，如果将销售从实体店转移到网上能够阻止顾客光顾别处，那么这样做对其更有利。

资料来源：科特勒，凯勒，切尔内夫．营销管理：第 16 版．北京：中信出版社，2022.

（三）设计分销渠道结构

设计分销渠道结构一般包括三方面的内容，即设计渠道长度、宽度与广度。在设计渠道结构时，要了解各类渠道结构的优缺点。在此基础上，还要考虑影响渠道结构设计的因素。影响渠道结构的因素有很多，概括起来主要有以下五类基本因素：

1. 市场因素

市场因素对分销渠道有着重要的影响。市场因素主要包括市场区域、市场规模、市场密度、市场行为。

2. 产品因素

产品因素是渠道结构设计中必须考虑的另一类重要因素，包括体积重量、单位价值、标准化程度、技术性、生命周期、耐用性等。

3. 企业因素

影响渠道设计的企业因素主要是财务能力和渠道管理能力。

4. 中间商因素

与渠道相关的中间商因素是可得性、成本、服务。

5. 环境因素

经济、社会文化、竞争、技术和法律等环境因素都会对渠道结构产生重要影响。

（四）规划分销渠道组织模式

分销渠道成员中的生产商、中间商、零售商在产品分销中的作用各不相同，各自的利益也不相同，但它们只有相互合作、密切配合，才能提高分销渠道效率。分销渠道成员之间相互联系及合作的形式称为渠道组织模式。各渠道成员在分销活动中的职能不同，也就形成了不同的分销渠道组织模式。分销渠道组织模式主要有松散型模式、垂直型模式、水平型模式等。

由于新兴批发机构和零售机构不断涌现，生产商需随竞争环境不断调整战略，因此分销渠道组织模式不可能一成不变，应根据环境的变化进行重新设计或改进。影响分销渠道组织模式设计的主要因素是企业因素和中间商因素。生产商自身的经济实力、品牌影响力等因素决定了其分销渠道组织模式的选择。中间商的数量、能力和发展也影响着分销渠道组织模式的变化。

（五）评估与确定渠道方案

评估与确定渠道方案是指对分销渠道结构及组织模式的备选方案进行可行性分析，做出适用与否的评价，找出最优的渠道方案。这就需要从经济性、可控性和适应性三个方面来评估。

1. 经济性标准

分销渠道是为实现产品价值而存在的，因此，对不同渠道方案的评价应该把经济性标准放在首位。经济性标准主要比较不同渠道方案的销量、成本和利润。首先，生产商要比较自己的销售人员销售与中间商销售谁的销量大；其次，要评估不同渠道方案的成本；最后，比较不同渠道方案的销量和成本，这样就能找到利润最优的方案。

2. 可控性标准

中间商是产权独立的经济实体，追求自身利润最大化。其目标与生产商目标不可能完全一致。中间商负责分销的产品少则几十种，多则成千上万种，其关注的是购买商品最多的顾客，而不是那些购买生产商产品的顾客。中间商的推销人员可能没有掌握众多产品的技术细节，难以有效地针对产品特性进行促销。所以使用中间商时要考虑控制问题。生产商如果不能对中间商进行有效的管理和控制，在利益目标不一致的情况下，渠道效率就会低下，无法有效地保护现有市场和开拓新市场。

对中间商的控制，主要是衡量分销成员之间的纵向、横向经济关系及分销机构成员的稳定性等具体因素。一般而言，利用中间商可控性小，企业直接销售可控性大；分销渠道长控制难度大，渠道短控制较容易；分销渠道宽控制难度大，渠道窄则控制较容易；单渠道控制难度小，多渠道不易控制。松散型模式渠道不稳定，公司型模式渠道稳定，管理型模式渠道成员相对独立又稳定，契约型模式渠道相对稳定。因此，企业必须根据自身因素及外部因素进行全面比较与权衡，最终选择最优方案。

3. 适应性标准

适应性是指分销渠道结构与组织适应环境变化进行调整的灵活性。在分销渠道组织中，渠道成员之间的合作关系常常以合约或承诺的形成固定下来，由于时间的限制，渠道会失去调整与改变的灵活性。例如，生产商发现给中间商独家销售的产品在互联网上销售很受欢迎，但是在经销合同期内自己无法增加新的分销渠道。因此，在迅速变化的商品市场上，生产商需要选择有高度适应性的渠道结构和组织形式。

第2节 分销渠道结构模式策划

分销渠道结构模式策划主要是对分销渠道的长度、宽度、广度结构系统进行设计。影响渠道结构设计的因素很多，设计者要根据企业内外部情况选择合适的分销渠道结构。

示 例

良品铺子：数字化助力渠道变革

良品铺子在发展初期采用直营模式扩充门店网络，建立线下渠道覆盖体系。然而，随着线上消费的兴起，良品铺子意识到仅靠传统线下门店作为销售渠道不足以支撑企业的快速发展和可持续发展。为此，良品铺子开始了持续的渠道变革。

良品铺子的渠道变革之路可以分为两个阶段：第一阶段是完善线下渠道模式，积极开展电商业务，并着手布局数字化基础能力建设；第二阶段是数字化赋能线上线下渠道融合，提升消费者的购买体验。

阶段1 开展电商业务

良品铺子敏锐地捕捉到电商平台将是未来休闲零食行业重要的销售渠道之一，于2010年设立一个独立于门店业务系统的电商业务团队，开始研究互联网环境下消费者和行业的变化。2012年，良品铺子正式进入主流电商平台开展线上业务。电商业务团队采取了利用线上线下价格差吸引消费者并通过流量打造爆款刺激购买的营销策略，抢占线上休闲零食消费的流量入口。良品铺子的电商业务除了通过天猫、京东的旗舰店直接向终端消费者进行销售的B2C模式外，还开展了向京东自营、天猫超市的线上经销供货的B2B模式。

阶段2 促进线上线下渠道融合

通过完善线下渠道业务模式和探索电商新渠道，良品铺子在业务能力的培养和数据的积累方面都有成效，也取得了不错的经营绩效。但是，线上线下两条业务线并行的模式暴露出了许多问题。为了公司的持续发展和强化竞争优势，良品铺子通过构建和提升数字化能力来进行渠道融合。

良品铺子布局更广泛的线上销售网络，着手打造“平台电商+社交电商+自营APP渠道”三位一体的全方位运营网络。平台电商方面，良品铺子在渠道变革的第一阶段已经拥有了淘宝、天猫、京东等电商平台的销售渠道，随着电商平台的发展，良品铺子借助用户规模效应扩大了品牌的网上用户群体。社交电商方面，良品铺子通过社交平台与消费者进行高频互动，加强与消费者的连接。自营APP渠道方面，2018年良品铺子推出了小程序和自营APP，在获得手机端流量与自有用户数据的同时，为会员提供基于门店多种场景的个性化服务，消费者可以通过APP直接在门店进行消费，这提高了会员的忠诚度。

同时，门店业务还将自营APP、小程序以及外卖纳入管理范围，围绕终端门店率先进行O2O融合，提升门店的数字化能力以及单店盈利能力。具体来说，良品铺子通过这些工具或平台将用户与终端门店进行连接，覆盖了外卖、会员、礼券等消费场景，通过社交平台的接入，实现了消费者由公众号获取内容、小程序指引到店、最终在门店完成购买的流量转化，这不仅给门店带来了新的用户，而且提高了顾客的重复购买率、口碑和品牌认知，提升了门店的坪效。

资料来源：胡左浩，孙倩敏．良品铺子：数字化助力渠道变革．清华管理评论，2020（9）：18-25.

一、分销渠道长度策划

（一）渠道长度的类型

渠道长度是指渠道层次的数量，即产品在分销过程中有多少层的中间商参与其销售过程。产品在分销中经过的环节越多，分销渠道就越长，反之越短。至于渠道长短的选择，主要取决于产品的特性、市场竞争因素和顾客需要的服务水平等。通常有零层渠道、一级渠道、二级渠道、三级渠道。零层渠道又称为直接分销渠道。短渠道与长渠道均有自身的优势，同样也都有各自的局限性（见表8-2），因此要综合考虑各种因素进行选择。

表8-2　短渠道与长渠道的优缺点

类型	优点	缺点
长渠道	市场覆盖面大； 每一级中间商高度专业化； 减轻企业和各级中间商的资金压力	企业对产品的控制相应减弱； 企业对渠道终端的控制相应减弱； 企业对中间商的协调工作量大
短渠道	每一级中间商的综合能力较强； 企业对产品和渠道的控制较强	市场覆盖面较小； 当市场区域较大时，要求企业有雄厚的资金实力以分散存货，并具备相当的运输能力

营销视角　全渠道整合如何影响顾客惠顾

随着移动互联网、社交媒体和基于地理位置的信息系统在商业环境中的应用，零售商开始致力于全渠道整合。全渠道整合可以改善顾客在不同渠道的购物体验，进而增强顾客的惠顾意愿。然而，线上和线下渠道之间整合不充分或者过度整合会加剧顾客对零售商道德问题的担忧。

实证研究表明：全渠道整合正向影响感知零售商道德，进而正向影响顾客惠顾；感知零售商道德在全渠道整合与顾客惠顾之间发挥着中介作用；跨渠道购买经验不仅负向调节感知零售商道德与顾客惠顾之间的关系，还进一步负向调节感知零售商道德在全渠道整合与顾客惠顾之间的中介效应。因此，零售商应重视渠道间的信息一致、交易衔接、关系整合所产生的渠道协同效应，从零售商道德的感知隐私、感知安全、感知非欺骗、感知可靠性、服务补救、共享价值和沟通开放性等维度出发提升自身道德水平，并基于顾客跨渠道购买经验细分顾客群体，提供差异化服务，进而促进顾客惠顾。

资料来源：李阳，李欢．全渠道整合如何影响顾客惠顾：基于零售商道德视角的实证研究．北京工商大学学报（社会科学版），2023，38（4）：35-46.

（二）渠道长度策划的策略与技巧

1. 根据市场因素策划渠道长度

（1）市场区域。市场区域是指市场的地理位置、规模，以及市场与制造商间的距离。制造商与市场之间的距离远，应选择长渠道，反之，应选择短渠道。

（2）市场规模。客户数量越多，市场规模也就越大。如果市场规模较大，比较适合较长的分销渠道；市场规模较小，则比较适合较短的分销渠道。

（3）市场密度。市场密度为每一单位区域内的顾客集中程度。市场密度越低，分销的难度就越大，因此应使用中间商去开拓市场；市场密度越高，制造商可以考虑设点直接销售。

2. 根据产品因素策划渠道长度

（1）体积与重量。体积大且分量重的产品，装卸和运输费用较高，此时应尽可能选择短的分销渠道，一般由生产商直接供货给用户。对于那些体积小且重量较轻的产品，应根据其他因素来考虑，以确定采用直接渠道还是间接渠道。

（2）易腐性。易腐烂、易变质、保质期短的产品，如新鲜食品，应尽快送到消费者手中，应采用较短的分销渠道。

（3）单位价值。产品的单位价值越低，如日常便利品，其分销费用也越低，可以通过较多的中间环节，则可考虑采用较长的分销渠道。对于那些单价较高的产品，应尽量减少流通的中间环节即采用较短的分销渠道，否则会增加分销成本，影响产品的销售。

（4）标准化程度。标准化程度高的产品，如量具、刃具、通用机械等，其用户比较分散，宜采用较长的分销渠道。非标准化的专用品或定制品，供需双方需就价格、品质、式样等方面直接协商，应该采用直接分销渠道及短分销渠道。

（5）技术性。高技术性的产品通常采用直接分销的方式，如大多数的工业品或消费品中的个人电脑。这类产品需要提供售后服务，适宜采取较短的分销渠道，尽量减少中间环节，这样才能保证向客户提供及时、准确的技术服务。

3. 根据企业因素策划渠道长度

（1）财务能力。企业资本越雄厚，对中间商的依赖性就越小。如果企业财务能力强，有足够的资金支付广告宣传、人员推销和产品运输等方面的费用，则可以考虑采用较短的分销渠道。而财务能力非常弱的企业应考虑选择较长的分销渠道，借助财力雄厚的中间商来进行产品分销。但是，并不是说企业财务能力强就一定要采用短分销渠道，还应综合考虑其他因素。

（2）渠道管理能力。一些企业在产品分销上缺乏经验，渠道管理能力又较弱，那么在渠道设计中必须包含中间商的服务，以便有效地完成分销工作。如果企业管理者具有较丰富的产品分销经验和较强的分销管理能力，则可以选择短分销渠道。

4. 根据中间商情况策划渠道长度

（1）可得性。在一些情况下，能否得到合适的中间商会影响到渠道结构。有时，中间商对某种产品的分销能力也会影响制造商对分销渠道的选择。

（2）成本。渠道中间商的成本也是制造商在选择中间商时应考虑的问题。如果制造商认为使用中间商的成本过高，在渠道结构中就应尽可能减少中间商。

（3）服务。中间商提供的服务往往与选择过程紧密相关。如果中间商分销经验丰富，有良好的信誉和口碑，制造商就可考虑选择长分销渠道，反之，则应选择短分销渠道。

二、分销渠道宽度策划

（一）渠道宽度的类型

分销渠道的宽度是根据渠道每一层级中同类中间商的数量来确定的。同一层级使用的中间商多，则为宽渠道，反之，则为窄渠道。渠道宽度结构主要有独家分销、选择性分销、密集性分销三种类型。独家分销是指企业在一定的市场范围内只选择一家某种类型的中间商销售本企业的产品。选择性分销是指企业在一定的市场范围内选择少数几个合适的中间商销售其产品。密集性分销是指企业尽可能通过大量的、符合最低信用标准的中间商销售其产品。这三种类型各有优缺点（见表8－3）。分销渠道宽度的设计主要受市场因素、产品因素等的影响。

表8－3　渠道宽度的类型及其优缺点

类型	优点	缺点
独家分销	企业与中间商关系密切； 企业对中间商控制力强； 竞争较小，市场覆盖面较小	缺乏竞争； 企业对中间商的依赖性较强
选择性分销	企业对中间商的控制力较强； 竞争较激烈； 市场覆盖面较大	中间商区域重叠的程度高； 渠道管理成本高
密集性分销	企业对中间商的制力较弱； 中间商竞争激烈； 市场覆盖面大； 分销越密集，销售的潜力越大	企业为中间商提供服务的能力有限； 在一定区域内，中间商之间的过度竞争不利于产品的销售

（二）渠道宽度策划的策略与技巧

1. 根据市场因素策划渠道宽度

（1）市场规模。市场规模大的产品，如食品、日用小商品、化妆品、卫生用品等，适合选用较宽的分销渠道。市场规模小的产品，通常市场容量小、专业性较强，如珠宝、金饰品等，可选择较窄的分销渠道。

（2）市场密度。市场密度低意味着目标顾客居住分散，涉及的空间范围广，制造商应采取较宽的渠道模式，提高分销速度，增加销量；市场密度高，则应选择较窄的渠道。

2. 根据产品因素策划渠道宽度

（1）体积与重量。产品越重、体积越大，分销成本就越高，如钢铁、建材，应尽可能选择窄的分销渠道。相反，化妆品、服装这些体积小、重量轻的产品则应选择较宽的分销渠道。

（2）单位价值。单位价值较大的产品比较适合选用较窄的分销渠道，单位价值较小产品应选择较宽的分销渠道。

（3）标准化程度。非标准化的产品宜选择较窄的分销渠道，标准化程度高的产品可采用较宽的渠道。

（4）技术性。技术性高的产品适合采用较窄的分销渠道，技术性低的产品宜采用较宽的渠道。

（5）产品生命周期。生命周期短的产品适合采用窄渠道，而生命周期长的产品可考虑选择宽的分销渠道。

（6）耐用性。产品的耐用性也会影响渠道的宽度。耐用品价值高，生命周期较长，如住房、汽车等，通常采用较窄的分销渠道。非耐用产品价值低，生命周期短，如牙刷、洗衣粉等日用品，适合采用较宽的分销渠道。

三、分销渠道广度策划

（一）渠道广度的类型

分销渠道的广度是指企业在产品的分销过程中采用几种不同类型的渠道，如对大客户采取直销方式，对小客户采取批发方式。一般来说，分销渠道广度主要有两种，即单渠道和多渠道。单渠道是指企业只采用一种渠道形式进行产品的分销。多渠道是指企业采用多种不同类型的渠道形式进行产品的分销。

多渠道又可分为集中型组合、选择型组合、混合型组合三种方式。集中型组合方式是指在单一产品市场组合多种分销渠道，这些渠道互相重叠、彼此竞争。选择型组合方式是指对产品市场进行细分，对不同的市场采用不同的分销渠道，这些渠道互相不重叠，彼此也不竞争。混合型组合方式是指综合运用集中型和选择型两种组合方式。通常选择型组合方式用于某种优先权市场，集中型组合方式用于较大规模的市场。

由于产品竞争的激烈性和市场环境的复杂性，单渠道的渠道结构已逐渐向多渠道发展。多渠道可以使企业的销售成本降低 20％～30％；更好地满足顾客需要，如使用专业推销员销售复杂的设备；提高产品交易量，不少企业销量的 70％～80％是由两三种渠道实现的。单渠道和多渠道各有优势，同时也有一些缺点（见表 8-4）。

表 8-4　渠道广度的类型及其优缺点

类型	优点	缺点
单渠道	渠道容易控制； 有利于渠道管理	市场覆盖面小； 渠道成本高
多渠道	市场覆盖面大； 渠道成本低； 容易提高产品交易量	两种以上渠道对应一个细分市场时，容易产生渠道冲突； 新渠道独立性较强，合作困难，不容易控制

（二）渠道广度策划的策略与技巧

1. 根据企业因素策划渠道广度

企业在初创期财力有限，渠道管理经验不足，可以先采用单一渠道；企业发展壮大后，可以增加渠道来分销产品。此外，在新产品上市阶段，针对某一细分市场的特殊产品，也可以考虑选择单一渠道分销产品。

2. 根据中间商情况策划渠道广度

中间商的可得性、成本、服务都会影响渠道的选择。如果中间商不足，也不成熟，那么企业选择多渠道策略可能比较困难，此时应选择比较少的渠道甚至是单渠道。

3. 根据市场行为策划渠道广度

市场行为指的是如何购买、何时购买、在何处购买、谁购买这四类行为。市场行为对分销渠道的广度设计有着重要的影响。消费者通过不同渠道购买产品的习惯要求企业采用不同的渠道去销售产品，如小米公司线上销售渠道和线下零售渠道并存，就是为了适应不同消费者购买手机的习惯。

随着信息技术的迅猛发展，直复营销在我国得以迅速发展。“直”即直接，“复”即回复。直复营销就是通过个性化的沟通媒介向目标顾客发布发盘信息，以寻求目标顾客的直接回复而实现销售的创新分销模式。在直复营销策划中，可以考虑选择的媒介主要有电话、直邮、目录、电视、短信、网络等。

示例　名创优品新零售渠道模式

第 3 节　分销渠道组织模式策划

分销渠道组织模式是指分销渠道成员之间相互联系与合作的形式和框架。按分销渠道成员相互联系与合作的紧密程度，分销渠道组织模式可以分为松散型分销渠道模式、垂直型分销渠道模式和水平型分销渠道模式。分销渠道模式策划是指系统考虑企业、中间商等因素，设计和选择企业分销渠道成员之间相互联系与合作的组织形式。

一、松散型分销渠道模式策划

（一）松散型分销渠道模式的特征

松散型分销渠道模式是指分销渠道由各个独立的成员组成，每个成员作为独立的企业实体追求自身的最大利益，共同承担分销功能的一种渠道模式。松散型模式虽然是一种传统的分销模式，但是在当今较发达的市场经济国家仍然存在，不过规模已趋缩小。

松散型分销渠道模式的主要特征有两个：一是渠道成员是由在产权和管理上都独立的企业构成，彼此之间缺乏信任；二是渠道中各成员之间的联系是通过谈判和讨价还价建立起来的，除交易关系外彼此之间不存在其他联系和约束，成员之间的关系是松散的。松散型分销渠道模式有不少缺点，但也有其优点（见表8-5）。

表8-5 松散型分销渠道模式的优缺点

优点	缺点
渠道成员有较强的独立性，进退灵活； 中间商的独立地位会使它们对产品进行挑剔和选择，这将促使企业不断创新，增强自身实力	渠道成员只注重短期效应，彼此之间没有长期市场战略； 渠道不稳定，增加交易成本； 由于没有明确的分工协作关系，广告、资金、经验、品牌、人员等渠道资源无法有效共享

（二）松散型分销渠道模式的策划要点

策划松散型分销渠道组织模式要根据企业规模、产品因素以及行业特征等进行。具体来说，比较适合选择松散型分销渠道模式的企业主要有四类：一是小型企业，小型企业资金实力有限，缺乏控制分销渠道的能力，产品类型与标准处于不稳定状态，不适合采取固定的分销模式。二是小规模生产企业，小规模生产的产品数量太少，不可能形成一个稳定的分销渠道系统，选择松散型分销渠道模式比较合适。三是农产品企业，由于农产品生产的分散性、季节性和不稳定性，农产品的分销往往采用较为松散的分销渠道模式。四是其他特定行业，如生产较为分散的日常用品、小商品行业常采用传统的松散型分销渠道模式。

二、垂直型分销渠道模式策划

垂直型分销渠道模式是由生产商、批发商和零售商形成的统一整体，每个渠道成员都把自己看作渠道系统中的一部分，关注整个系统的成功。垂直型分销渠道可由生产商控制，也可由批发商或零售商控制。这种分销模式有着高度集中的权力，能消除渠道冲突，渠道成员能够通过其规模、谈判实力和重复服务的减少获得效益。垂直型分销渠道模式主要有公司型、管理型和契约型三种。

（一）公司型分销模式策划

1. 公司型分销模式的特征

公司型分销模式是指一家公司拥有和控制若干工厂、批发机构、零售机构等，控制着分销的若干渠道乃至全部渠道，综合经营生产、批发、零售业务。公司型分销模式中渠道成员的联系是建立在产权统一基础上的相互分工和协作，它们统一按照公司的计划目标和管理要求完成整个系统的产品分销过程。公司型分销模式通常是通过企业投资设立新的分支机构，或兼并、合并等建立。公司型分销模式有优点，也有缺点（见表8-6）。

表8-6 公司型分销模式的优缺点

优点	缺点
渠道由单一企业控制和管理，有利于形成统一的品牌形象； 生产、销售是产权统一的整体，公司能够最大限度地接近终端顾客； 将市场交易成本内部化，降低分销成本	建立公司型分销渠道，投资成本高，财务压力大； 生产和销售统一在一个企业内部，管理成本高； 公司型分销模式一经形成，其分销形式就相对固定，适应市场环境的灵活性差

2. 公司型分销模式的策划要点

策划公司型分销模式，需要根据主体生产经营的产品性质、资本实力等因素来决定组织内部各环节的多寡及具体的联系形式。具体而言，企业可以通过以下三种方式来建立公司型分销模式。

（1）生产企业可以通过设立销售分公司、办事机构或兼并中间商建立工商一体化的销售网络。比如美国火石轮胎橡胶公司拥有橡胶种植园、轮胎制造厂、批发机构和零售机构。在我国曾经辉煌一时的三株公司就是依靠自建网络而取得巨大成功的，其分销渠道模式是“联络处+分公司+子公司+工作站”，但是也存在渠道成本过高等问题。

（2）大型批发商通过前向一体化战略，常常以投资入股方式控制中小型生产企业，逐步形成以批发商为主导的公司型分销模式。由于大型批发商在市场销售方面具有较强的营销能力，上游的中小型生产企业往往愿意接受它们的控制。

（3）大型零售企业如百货商店、连锁商店在经营规模不断扩大时，逐渐向批发乃至生产领域渗透，从而形成工商一体化的公司型分销模式。例如，美国西尔斯·罗巴克公司在全球拥有3 000多家零售商店，其中30%的商品是由该公司拥有和控制的工厂制造的。

示 例

蔚来——贴身服务创造体验

中国的造车新势力十分强调自身“互联网企业”的属性，重视产品的用户体验。作为造车新势力的重要代表，蔚来也不例外。

在营销服务体系的建设上，区别于大多数传统汽车企业的经销商代理模式，蔚来采取的是类似于特斯拉的“线下体验店+线上直营”模式。对蔚来产品感兴趣的消费者主要从蔚来官网或手机客户端等官方渠道获取相关产品的配置、服务、价格等方面的信息。在对产品信息有了一定了解之后，消费者可以到线下的体验店进行更深入的实体感受或预约试驾。决定购买之后，客户可以自由选择车辆配置、申请相应的金融服务，在线完成整个购买流程。传统的经销商体系中，车辆交付基本意味着生产厂商责任的终结，后续的服务则由经销商完成。但在蔚来的体系中，客户仍然可以从蔚来获得保养、微信、充换电、参加会员活动等一系列服务。通过“线下体验＋线上购买”的销售体系，蔚来拿掉了经销商这一中间环节，不但节约了相应的代理成本，还建立起和客户直接沟通的渠道，能够迅速获取客户和市场的反馈。

资料来源：李伟，祝运海．蔚来汽车：能否创造自己的“蔚来”时代？．清华管理评论，2022（Z1）：104-112.

（二）管理型分销模式策划

1. 管理型分销模式的特征

管理型分销模式是指由一个或少数几个规模大、实力强、具有品牌声望的大公司通过强有力的管理吸引众多分销商参与和合作，组织形成分销网络并协调、管理整个产品的分销过程。管理型分销模式有以下特点：

（1）在整个分销渠道系统中会有一个核心企业。担任渠道系统管理者的核心企业常常是名牌商品的制造商，如通用电气、宝洁、联合利华等。这些生产厂家凭借强大的实力、信誉和品牌知名度赢得中间商的合作与支持，中间商愿意接受核心企业的领导与管理。

（2）渠道成员之间的关系既相对独立又稳定。管理型模式介于松散型模式和公司型模式之间。一方面，分销渠道是由产权上相互独立的经营实体构成，所以渠道成员之间相对独立。另一方面，渠道成员愿意接受核心企业的统一管理来完成分销活动，它们之间存在着密切的联系。只要核心企业不发生大起大落的变化，就会保持相对稳定的成员关系。采用管理型分销模式的核心企业，既可以避免公司型分销模式构建渠道的巨额投资，又能保持渠道一定的灵活性。

（3）渠道成员的目标趋于协调。松散型分销模式中，渠道成员追求自身利益最大化，是分散且相互矛盾的个体。而管理型分销模式的效率评价不是以个别成员和短期收益为标准，而是以全体成员和长期收益为标准。

2. 管理型分销模式的策划要点

（1）要规划好核心企业在分销组织中的具体工作。管理型分销模式能否成功，关键在于核心企业，因此规划好核心企业在分销组织中的作用至关重要。核心企业通常制订统一的经营计划、库存计划、产品展示计划、人员销售计划、广告计划、促销计划，同时负责监督检查。因此，要根据实际情况规划好核心企业在分销组织中的工作，这样渠道成员在核心企业的管理下就能构成一个相对紧密、团结互助的高效分销系统。

（2）要分配好渠道成员的各自利益。管理型分销模式是效率较高的分销组织形式，核心企业、其他生产企业和中间商都能从中获得相应的利益（见表8-7）。管理型分销模式能有效率地运行，各渠道成员能参与其中接受核心企业的管理，根本原因是各成员能从中获利。因此，要根据互惠互利的原则，均衡地规划利益的分配。

表8-7　管理型分销模式中各方可获得的利益

核心企业和其他生产企业的利益	中间商的利益
能极大地提高产品的分销效率，降低分销成本； 渠道成员稳定，并可持续、稳定、有计划地进行各类促销活动； 有利于控制和掌握中间商的销售活动，极大地方便了生产调度和库存管理，提高了生产效率	与核心企业关系稳定，能及时获得充足的产品供给； 能获得生产商的质量保证以及各种服务； 渠道成员之间相互合作，减少了库存商品，提高了资金使用效率； 能学到核心企业的销售管理经验

示　例

永辉超市：从单渠道向全渠道转型

永辉超市起步于福建，壮大于重庆，是我国首批将生鲜农产品引进现代超市的流通企业之一，也是生鲜零售龙头企业，被誉为“民生超市、百姓永辉”。1998年，永辉超市首家门店——福州市火车站永辉超市成立；2001年，福州永辉超市有限公司成立；2022年，永辉超市年营业额超过900亿元，其中线上业务营收159.36亿元，占比17.7%，同比增长21.37%，日均单量51.8万单。截至2022年底，超市业务已经进入全国29个省市，超市业态门店1 033家。永辉超市以生鲜农产品为经营特色，促进生鲜农产品快速周转，实现吸引客流、大量引流的市场效应，已经发展成为以零售业为龙头，以现代物流为支撑，以现代农业和食品工业为两翼，以实业开发为基础的大型集团企业。永辉超市从单渠道向全渠道转型经历了四个发展阶段。

第一阶段　整合企业内部资源，提升渠道绩效的单渠道零售阶段（1998—2003年）

1998—2003年，永辉超市只通过一种渠道（实体门店）向顾客提供产品及服务。由于销售渠道单一，企业盈利门槛低、获客成本高，消费者渠道选择严重受限。随着市场环境的不断变化，消费者不再满足于从单一渠道进行消费，而是通过多种途径进行对比，进而做出科学合理的购买决策。但永辉超市的线下实体店经营模式存在着同质化严重、用户感知度低等问题，无法满足消费者成熟、理性的消费需求。因此在这一阶段，永辉超市一直在通过整合企业内部资源，尽量满足消费者的需求，并努力提升门店绩效。

第二阶段　整合渠道资源，提高渠道便利性的多渠道零售阶段（2004—2008年）

随着信息技术的发展，消费者获取商品信息的方式多样化，消费需求也变得多样化且复杂。永辉超市面临着线下实体模式的限制和挑战，因此需要进行渠道转型，重新构建渠道资源以提高便利性。在转型压力和外部资源的支持下，永辉超市通过自建并列渠道实现了多渠道快速发展。2004年，永辉超市以生鲜为主的多元化零售策略开始推进，门店扩张速度加快，建立了“生鲜＋超市”模式。随后，永辉超市积极整合内部资源，实现信息共享、流程整合和资源整合，同时采取多渠道组合策略，增设电话购物和电视购物等新渠道，提升了渠道便利性。

第三阶段 整合内外部资源，促进渠道差异化的跨渠道零售阶段（2009—2015年）

随着互联网和信息技术的快速发展，消费者可以通过多种渠道自由获取信息、比较产品、付款、取货和评价售后服务。然而，永辉超市面临着电商渠道和实体门店渠道之间产品和服务不一致、功能重叠和资源浪费等问题，因此需要进行渠道转型、整合资源，实现差异化经营。2009年，永辉超市开始快速扩张，每年平均新开45家门店。2010年，永辉超市成为全国性超市，并建立了永辉西部物流中心，以优化物流水平。2015年，永辉超市与京东在网上运营和物流配送方面合作，并入驻“京东到家”移动应用。在跨渠道转型初期，永辉超市重新配置资源，实现线下渠道与合作方的线上资源整合，提供便捷的购买流程。通过优化仓储和物流系统，永辉超市实现了存货价值的最大化和成本的最小化。同时，通过跨渠道整合，提高了渠道融合能力，实现了资源优势互补和跨渠道价值的提升。

第四阶段 聚集产业资源，实现渠道价值共创的全渠道零售阶段（2016年至今）

随着大数据、云计算、人工智能的发展，消费需求升级，消费者希望随时随地购物并参与产品的设计和生产。然而，市场环境变化导致永辉超市不同渠道之间的冲突和掠夺式销售频发。因此，永辉超市进行渠道转型，通过战略合作弥补线上渠道的不足，构建了包括云超、云创、云商、云金在内的价值链生态体系。

为打破渠道壁垒，永辉超市整合外部资源，与外部合作伙伴共同打造产业链平台，实现资源的平台化重构。同时，对内部资源进行有效整合，升级设备系统，优化流程，提升渠道管理人员和边界人员的网络交流能力，实现全渠道价值共创。在推进线下基础设施建设的同时，永辉超市搭建线上渠道，强化供应链优势，实现线上线下全渠道深度融合，构建“生鲜＋超市＋餐饮”的全渠道产业链，实现与利益相关者的共赢。

从2019年开始，除了快速扩张常规门店外，永辉超市还推出了创新型门店“超级物种”和“永辉生活”。其中，“超级物种”主打“生鲜餐饮＋高端商品超市”，为消费者提供线上线下一体化的新零售全渠道新体验。“永辉生活”以精致生鲜便利店的形式，结合“永辉生活”APP、微信公众号、微信小程序等线上平台，为消费者提供最快30分钟配送到家和365天×24小时的服务。永辉超市以构建全渠道产业链为基础，使消费者在全渠道产业链的任意环节都能获得无缝、一致的购物体验，满足了消费者随时、随地、随心的综合体验需求，实现了与产业利益相关者的互利共赢。

资料来源：李玉霞，庄贵军，卢亭宇．传统零售企业从单渠道转型为全渠道的路径和机理：基于永辉超市的纵向案例研究．北京工商大学学报（社会科学版），2021，36（1）：27-36；永辉超市股份有限公司2022年年度报告.

（三）契约型分销模式策划

1. 契约型分销模式的特征

契约型分销模式是指不同层次的独立生产企业和中间商之间通过法律契约来确定它们之间的分销权利与义务关系，以求获得更大的经济利益，从而形成一个独立的分销组织形式。它与公司型分销模式的区别是成员之间不形成产权关系，与管理型分销模式的区别是用契约来规范各方的行为，而不是用权力和实力。

在契约型分销组织中，通常有一个市场势力相对较强的主体。这个市场主体可以是实力雄厚、有品牌优势的生产企业，也可以是分销能力强的中间商，还可以是经营管理十分出色的零售企业。各类渠道成员围绕这一主体通过契约联系在一起，进行一体化经营，在分销上统一决策、统一行动，从而提高分销效率。一些小企业可以通过参与这种分销组织提高自己的市场竞争力。契约型分销模式相对其他分销组织模式而言，有其优点，也有其缺点（见表8-8）。

表8-8　契约型分销模式的优缺点

优点	缺点
在不改变各方产权关系的基础上通过契约形成稳定的合作关系，组建成本较低； 渠道成员充分利用自身优势参与合作，实现渠道资源较佳配置； 契约不涉及产权关系，调整起来相对容易，渠道有一定的灵活性	与公司型分销模式相比，难以控制，由于分销成员利益目标不一致，不遵守契约时，分销系统效益下降； 与管理型分销模式相比，灵活性稍差，契约有时间和其他条件的限制，当分销成员管理水平低下，完不成基本的成员义务时，无法及时调整

2. 契约型分销模式的形式

契约型分销模式近年来有较大的发展，在长期的商业实践中，涌现了多种形式的契约型渠道组织，主要有以下三种形式：

（1）批发商主导的自愿连锁组织。在实践中，许多批发商将独立的零售商组织起来，批发商不仅为零售商提供各种货物，还帮助零售商开展经营，并提供相应的管理支持、财务资助及联合广告宣传。这种分销网络往往集中在日常用品、五金配件、汽车零配件、家用器具等领域。

（2）零售商合作组织。这是一种由若干独立的零售商相互联合的商业实体组织。通过这一商业实体组织进行集中采购，共同开拓市场，共同进行广告策划，获得各独立零售商难以实现的规模经济。成员间最重要的合作是集中采购，这样可获得较大的价格折扣，所得利润按采购比例分配。

（3）特许经营组织。特许经营又称特许连锁，它是指特许商与加盟商之间通过协议授予加盟商使用特许商的品牌、商标、专利产品、技术以及经营模式的经营方式。特许经营组织按特许内容可分为商品商标型特许经营、经营模式特许经营；按授予特许权的方式可分为一般特许经营、委托特许经营、发展特许经营、复合特许经营、分配特许经营；按加盟者性质可分为制造商-批发商特许经营、制造商-零售商特许经营、批发商-零售商特许经营、服务特许经营。

参与特许经营的加盟商必须先付一笔首期特许权使用费，换得在一定区域内出售产品或服务的权利，并要遵守合同中关于经营活动的其他规定。这种模式最能体现出契约型关系模式的特点。对于特许商来说，利用特许经营快速分销产品和服务，可实现大规模的低成本扩张；对于加盟商而言，借助特许经营“扩印底版”，使用现成的商誉和品牌可在避免风险的同时分享规模经济的效益。

特许经营是发展最快、地位最重要的一种契约型分销模式，因此掌握特许经营策划的步骤是十分必要的。策划构建一个成功的特许经营体系，可以分为以下五步：

（1）特许经营准备工作。具体包括：进行可行性分析；组建项目组；制订特许经营工作计划。

（2）设计特许经营基本体系。这一步骤的工作主要有：导入特许经营理念；设计特许权；设计单店；设计总部；设计区域分部；设计特许经营整体管理体系。

（3）建立特许经营管理体系。这一步骤的主要工作有：建立样板店；完善单店手册并试运行；完成总部手册并试运行；建立总部及网络体系。

（4）设计和运营特许经营加盟推广体系。这一步骤的主要工作有：撰写加盟招募相关文件；设计和实施招募计划；培训加盟商。

（5）构建督导体系和全面质量管理体系。这一步骤的主要工作有：建立和运行督导体系；建立特许经营的全面质量管理体系，以保证分销体系中加盟商产品和服务的质量。

营销视角 | 传统零售与新零售及人货场零售模式

传统零售：零售仅作为产品/服务的交换场所，连接供需双方。传统零售的本质是商品交换的媒介，即向上游生产商或经销商采购产品/服务，向下游消费者销售产品/服务。

新零售：以创新技术和大数据为依托，“线上＋线下＋物流”深度融合，以消费者体验为中心的下一代零售变革。基于技术升级，打通线上与线下渠道，重构人、货、场而形成的零售模式。

新零售情境下，“人即顾客”成为零售活动的核心要素，生产商与零售商的经营活动均围绕“人”（顾客）展开。通过客群洞察，发掘、吸引、锁定目标顾客。企业能够对线上/线下、公域/私域等不同场景中顾客的日志数据（如访问、浏览、搜索、点击、加购等数据）、属性数据（如顾客的年龄、性别、会员信息以及地理位置等数据）、交易数据（如购买时段、到访门店、价格偏好、品牌偏好、客单价、复购率等数据）以及社交数据（如平台偏好、内容偏好、关系网络、活跃度等数据）进行采集、整合和分析。零售商则成为零售活动的服务者，渠道功能有所弱化。对消费者，零售商通过了解消费者需求，强化与消费者的互动，为消费者提供多样化产品与服务；对供应商，通过自身消费数据积累，为其提供消费者行为数据与营销、研发活动。

“货即产品”，包括服务和解决方案。企业产品的开发、制造、仓储、配送等不同环节的数字化程度和智能化程度均有所提升，从而带来效率提升与成本优化，不断满足顾客日益增长的品质需求与服务体验需求。

“场即场景”，包括产品销售与使用场景。企业通过物联网传感器、电子价签等交互式数字显示设备以及AR、VR等技术，实现了门店智能化。AI设备、移动设备与可穿戴设备的运用，有效提高了店员的顾客洞察能力与即时服务能力。根据他们的需求特点与渠道偏好，引导目标顾客在线上商城（如淘宝、京东等）、本地生活APP（如饿了么和美团等）、社交电商（如抖音等）下单购买，或是引导他们前往门店进行体验和购买。企业还可以根据顾客画像提供的目标顾客的属性特质、需求特点以及场景偏好，通过精准推送为不同的目标顾客提供与之相匹配的企业产品。

在数字化时代的人货场零售模式中，数字化驱动着企业进行客群洞察、产品吸引和场景吸引，实现人、货、场的匹配。

资料来源：胡左浩，洪瑞阳．人文货场：数字化时代的4C新营销模式．清华管理评论，2022（10）：6－16.

三、水平型分销渠道模式策划

（一）水平型分销渠道模式的形式

水平型分销渠道模式又称为共生型模式，是指处于同一层次的渠道成员为了取长补短、充分发挥资源的协同效应而形成的横向联合系统。这种联合可以是暂时性的，也可以是永久性的，还可以创立一个专门公司。水平型分销渠道模式主要有以下三种形式：

1. 制造商水平渠道模式

制造商水平渠道是指同一层次的生产企业共同组建和利用的分销渠道，或共同利用的服务及维修网等。例如，2002年海尔集团和三洋电机株式会社设立了一个新公司——三洋海尔株式会社。一方面，新公司利用三洋电机公司的销售网络向日本市场提供海尔集团的产品。另一方面，新公司利用海尔家电销售网在中国市场上销售三洋名牌产品。这一合作是中国厂家打入日本市场的一个成功范例。

2. 中间商水平渠道模式

中间商水平渠道模式是指同一层次的中间商共同组建和利用的渠道系统。这种模式的形式主要有连锁店中的特许连锁和自愿连锁、零售商合作组织等。

3. 促销联盟

促销联盟是两个以上的企业基于相互利益的考虑共同开展促销活动。参与促销联盟的企业可以是同行业的，也可以是不同行业的。例如，航空公司与旅行社、宾馆、购物超市进行联合促销，顾客只要进入联盟的任何一家企业消费，就可以享受促销优惠。

（二）水平型分销渠道模式的策划要点

水平型分销渠道模式能实现企业间优势互补，降低分销成本，共同分享市场。但是参与企业的利益目标并不一致，合作会有一定冲突和困难。因此，水平型分销渠道模式适用于实力相当且优势互补的企业。

示　例

屈臣氏的一场O+O零售变革

“今天，全球没有哪一个美妆市场如中国市场般竞争之激烈、充分。”许多进入中国市场的国际美妆品牌操盘手有着相同的感受。根据《中国化妆品店竞争力报告》，2020年，国内化妆品店渠道同店销售额下滑超20%，客流下滑30%。然而，2021年屈臣氏中国市场线上销售继续保持强劲的增长态势，达到94%，这源自从2018年开始的屈臣氏的零售变革，和消费者建立了长期的互动关系，进而促进了其销售增长。

在美妆行业，“新零售”概念已经提出好多年，但到底新零售是什么，行业并没有一个清晰的答案。而未来的零售模式，首先是通过消费服务升级重建消费者关系。屈臣氏洞察消费趋势，抓住消费服务升级，推行了O+O平台策略。

2018年，屈臣氏加速数字化转型，其后实行O+O平台策略，无缝结合线下及线上平台。与O2O营销策略单向地将顾客由一个平台带动到另一个，从而增加销售的本质不同，O+O是现今顾客同时融合线下及线上购物的生活模式。

线上，屈臣氏升级的方向是“便捷”。基于“90后”、Z世代在“懒宅经济”的刺激下偏爱微信小程序、电商等线上购物形式，屈臣氏打造了云店（屈臣氏小程序）、APP、社群、企业微信等多个触点，将服务从门店延伸到线上，全方位触及消费者。

在构建多元触点的同时，屈臣氏用年轻消费者更易接受的方式进行沟通，如推出虚拟偶像“屈晨曦”、云养宠物猫“屈奇”，不断提升小程序的二次元、萌系指数。以屈臣氏小程序为例，视觉设计体现出色彩丰富、高创意的潮流风格，更贴合当代年轻人的审美，便于打造更有活力、更年轻化、更潮流化的社交互动。

线下，屈臣氏将变革重点放在了“体验”上：一方面持续对原来的店铺进行改造升级，另一方面借助闪送、AR试妆、皮肤测试、免费化妆、SPA等服务，进一步优化消费者的购物体验。此外，不断推行“BA转型”也是屈臣氏提升门店体验的一个重要举措。

无论是线下或是线上，屈臣氏的一切创新都是基于对用户消费喜好最真实的洞察。在O+O平台策略下，屈臣氏的经营效率明显提升，O+O用户的消费额是纯线下用户的2.7倍，客单价不断提升。屈臣氏企业微信BA累计添加用户数超过4 000万人次，已添加企业微信的会员消费是同期未添加会员的2.1倍。

在O+O平台策略下，屈臣氏打破了消费者、零售渠道、美妆品牌三者之间传统的关系，在自我转型升级的同时，通过深度整合线下线上渠道并重构品牌和消费者关系，为美妆品牌和零售商探索出了一个发展新范式。

资料来源：重新审视屈臣氏：美妆零售“新风向”来了．（2022-06-16）．https：//baijiahao.baidu.com/s? id=1735781467056985168&wfr=spider&for=pc.

分销渠道策划是整个营销策划中的一项重要活动，渠道作为一种资源是可以进行管理的，对渠道资源的有效管理已经成为企业参与市场竞争、获取竞争优势的关键路径。在市场竞争中，企业若能有效管理渠道成员和协调渠道成员利益，开展价值共创，提高服务水平，就能构筑竞争壁垒，实现产品的流通，获取竞争优势。分销渠道承担着将所有销售的产品准确、快捷、方便、经济地送到消费者手中的职能。价格策略与促销策略在很大程度上要依靠企业的分销渠道模式实现。合适的分销渠道是提升企业市场竞争力的基础。

在数字化时代，云计算、大数据、物联网、人工智能等技术的发展，构筑了强有力的数字技术驱动力，企业能够对顾客在购买过程不同触点的数据进行采集、研判与应用，通过动态反馈实现全顾客生命周期的分销渠道管理，有效提升顾客体验，推动了企业以更高效和个性化的方式与消费者进行互动。在移动互联网时代，分销渠道类型多种多样，包括实体渠道、电子商务渠道和社交媒体渠道等。企业应根据产品特性、目标市场和消费者行为等因素选择合适的分销渠道。在选择分销渠道时，需要综合考虑渠道成本、渠道覆盖范围、渠道可控性以及消费者需求等多个因素。企业可以通过市场调研、渠道评估和合作伙伴选择等方式来确定最佳的分销渠道策略，开展线上线下渠道融合，提供最佳的服务水平，满足人们对美好生活的追求，以实现企业业绩的持续增长。

案例分析

安踏转型 DTC 模式

安踏是中国最大的体育用品集团，创立于1991年，2007年于香港上市，专门从事设计、生产、销售运动鞋服、配饰等运动装备。2020年安踏启动DTC（direct to customer，直接面向消费者）模式战略转型，从“批发型零售”向“直营型零售”转型。直营型零售启动的第一批11个省份约有3 500家安踏门店，其中约60%由安踏直营管理，40%由加盟商按照安踏运营标准管理。此前，安踏约有60个分销商，以3.9～4.1折向安踏提货，分销商再以4.6～4.8折转售给加盟商，终端零售折扣为7～7.3折。

安踏的DTC模式主要是针对专业运动品类的安踏品牌店进行大规模改变，主要有三种方式：(1) 直接关店，比如安踏在2020年初有11 197家安踏品牌店，到了年底只有9 922家。(2) 在11个省市开展混合营运模式（直营＋加盟商营运）。(3) 开大型精品店，使安踏品牌店进一步提升运营管理效率，快速将人、货、场运营标准统一至门店，实现管理能力的精细化。

安踏通过DTC模式，从消费者洞察、商品开发、企划、运营到营销各个环节形成闭环，一方面提升运营效率；另一方面使安踏品牌形象以及商品能够用最直接的方式呈现在消费者面前。目前，安踏通过DTC模式实现了直营在线下、社群在线上、会员在中间，数字化穿针引线，人、货、场紧紧联系在一起，持续形成正向反馈。在DTC模式的推动下，安踏重新审视消费人群的画像，把市场目标聚焦在最有消费潜力的“95后”年轻人群，走年轻化路线，从产品演绎、用户体验、内容互动、门店空间展示等方面进行了升级。

资料来源：王晓锋.DTC转型战略：直面消费者业务的顶层设计、架构与方法论.北京：机械工业出版社，2022.

讨论题

1. 结合案例分析安踏DTC模式的特征。
2. 结合案例分析安踏如何进行分销渠道变革。渠道变革成功的关键因素是什么？
3. 结合案例分析零售商数字化转型需要注意哪些关键环节。

重点名词

公司型分销模式	管理型分销模式	契约型分销模式
垂直型分销渠道模式	水平型分销渠道模式	全渠道模式
新零售	人货场零售模式	DTC模式

思考题

1. 如何根据目标顾客需求设定分销渠道目标？请举例说明。
2. 评估与确定渠道方案的标准有哪些？
3. 如何根据企业因素来设计分销渠道的结构？请举例说明。
4. 如何根据可控性标准评估与确定渠道方案？请举例说明。
5. 如何根据适应性标准评估与确定渠道方案？请举例说明。

拓展练习

一、目的与目标

1. 熟悉分销渠道策划应具备的理论知识与内容。
2. 掌握分销渠道策划的模式与内容。

二、内容与要求

1. 资料准备：收集整理2～3份分销渠道策划的案例，分类归纳并总结核心要点。
2. 具体任务：通过对分销渠道策划内容的学习，分组进行分销渠道策划训练。
3. 任务要求：收集本地企业的分销渠道策划案例，开展模拟分销渠道策划的练习。

三、组织与实施

1. 将班级同学分成5～6人一组的小组，实行组长负责制，全体组员共同完成课堂任务。
2. 各小组进行分工，完成资料的收集、汇总与分析。
3. 经过小组讨论后，完成实训报告，提交PPT文档，注明分工及各自的贡献。
4. 各小组选派成员对报告进行讲解，并回答其他组成员的提问。
5. 授课老师对各组的汇报进行点评及评分，提出意见及改进建议。

拓展阅读

一、阅读文献与案例

1. 胡雨菲，陈良华．产品质量差异与需求不确定双因素下的双渠道供应链分销策略选择．河海大学学报（哲学社会科学版），2022，24（5）：85－94，129－130.

2. 崔德乾．新渠道场景：品牌线上深度分销．销售与市场（管理版），2022（5）：63－65.

3. 王滔，颜波．复合型电商平台不同进驻模式组合下的在线渠道竞争策略选择分析．

管理工程学报，2024，38（2）：90－103.

4. 谢军．考虑顾客退货的电商平台线下渠道拓展研究．管理学报，2024，21（5）：739－749.

5. 李玉霞，庄贵军，卢亭宇．传统零售企业从单渠道转型为全渠道的路径和机理：基于永辉超市的纵向案例研究．北京工商大学学报（社会科学版），2021，36（1）：27－36.

6. 余泓．数字化转型对零售企业的绩效影响研究：以良品铺子为例．中国商论，2023（21）：100－104.

二、阅读书籍

1. 范小军．全渠道营销：后电商时代新常态．北京：清华大学出版社，2022.

2. 罗森布洛姆．营销渠道：管理的视野：第8版．北京：中国人民大学出版，2020.

3. 李先国，杨晶．渠道管理（数字教材版）．北京：中国人民大学出版社，2021.

4. 赵宏田．用户画像：全渠道画像方法与实践．北京：机械工业出版社，2023.

即测即评

扫描二维码可在线自测并查看答案。

第9章
广告策划

本章要点

- 了解广告策划的概念和类型。
- 掌握广告调查的概念和内容
- 掌握广告策划的内容与流程。
- 掌握广告定位的方法和广告创意的表现方法。

引导案例

方太生活洞见大会广告

2023 年 10 月 26 日方太举办了一场“循你而来：方太 2023 生活洞见大会”。发布会伊始，方太通过一支长视频广告与大众进行沟通。该广告策划取之于 49 416 万户家庭的灵感，用之于 49 416 万户家庭的生活，进而突出广告主题“不见油烟，只见炊烟”。

该广告通过极具代表性的生活面貌呈现具体家庭场景，以地域风貌、习俗、家庭关系完成了方太产品多维场景化打造。在广告里，无论是草原上、麦田里，还是山川间、市井中，观众都能看到方太产品的身影。其中，蒙古包里的牧民和开着房车自驾游的年轻人，这两个群体和他们的生活场景，在以前方太的广告片里从未出现过。该广告特别放大了这两个群体，意在说明，今天方太的产品不再局限于一个个静态的中国家庭厨房，它还能跟随人的流动和迁徙，适配不同家庭的生活方式和需求。

为了让消费者感知品牌形象更为立体和亲切，方太在随后发布会的内容策划思路上，采用了一种“类综艺”的编排形式来对其进行强化。“类综艺”就是在组织整场发布会的结构和内容时，把它们做成一个个类似于综艺节目、综艺片段的形式。在逻辑关系上，它们彼此之间环环相扣、互为串联。等到发布会结束，这些视频片段又可以变成一个个切片、一条条短视频，方便放到社交媒体上进行传播。

启示：广告创意是广告策划成功的关键环节。方太能跟随消费者偏好，不断尝试新的表达形式和新的表达内容，打造了区别于一般发布会的“类综艺”形式，完成了一次科技与温度并行的品牌传播之旅。

第1节　广告策划概述

一、广告策划的概念和类型

（一）广告策划的概念

广告策划这一战略思想是在20世纪60年代由英国广告专家斯坦利·波利坦提出的。美国最早进行广告策划，随后许多市场经济发达的国家都建立了以策划为主体、以创意为中心的广告计划管理体制。广告策划不仅是现代市场经济发展的必然产物，也是广告活动科学化、规范化的标志之一。

广告策划是指根据广告主的营销计划和广告目标，在市场调查的基础上，制订出一个与市场情况、产品状态、消费群体相适应的经济有效的广告计划方案，并加以评估、实施和检验，从而为广告主的整体经营提供良好服务的活动。

一个较完整的广告策划主要包括五方面的内容：市场调查的结果、广告的定位、广告创意与制作、广告媒介安排和广告效果测评。通过广告策划工作，可以使广告准确、独特、及时、有效地传播，以刺激需要、诱导消费、促进销售、开拓市场。

（二）广告策划的类型

广告策划一般有两种：一种是单一广告策划，它是对一个或几个广告的策划；另一种是整体广告策划，它具有较大的规模，是围绕同一目标对一系列不同的广告活动的策划。本章所讨论的广告策划主要是整体广告策划。

整体广告策划一般指对未来某一时期内企业广告活动的整体战略和策略所进行的运筹规划，是决定广告活动成败的关键措施。整体广告策划是广告业专业化水平不断提高、专业功能不断完善和广告代理制度发展完善的结果，是现代广告活动的必然发展趋势。

整体广告策划从市场调查开始，根据消费者的需求对企业产品的设计进行指导，协调企业组织以消费者的需求为中心的生产活动，并通过广告促销推销企业的产品。同时，根据消费者对产品的反应，组织信息反馈，为企业下一步的生产和产品开发提供进一步的信息服务和咨询。因此，整体广告策划是一个为企业生产和经营的各个阶段提供信息服务的过程。目前，整体广告策划已为多数大型企业和大的广告公司所采用。

二、广告策划的基础

广告策划的基础是广告调查。广告调查在广告策划中的作用主要有三个方面：其一，为广告策划提供科学依据；其二，为广告设计提供具体的资料；其三，为广告效果的测定提供重要参照。

（一）广告调查的概念

广告调查是指为做好广告策划而了解市场、消费者、产品、竞争者情况等开展的市场研究活动。

（二）广告调查的内容

1. 市场研究

市场研究的内容包括市场潜力调查、市场需求影响因素调查、市场竞争结构和变化趋势调查等方面。其中，市场潜力调查是对产品在目标市场上的销售前景的研究。市场需求影响因素调查涉及宏观、主观方面因素的研究。市场竞争结构和变化趋势调查则需要了解市场竞争状况、结构和变化趋势等信息。例如，假设 2019 年桂林接待旅游者8 000万人次，其中有多少人来自境外、多少人来自境内？有多少人会游览漓江？乘坐何种交通工具？这些都是桂林漓江风景区进行广告策划需要研究分析的内容。

2. 消费者研究

消费者研究主要是对消费群体通过认知、态度、动机、选择、决策、购买、使用等实现自身愿望和需要的研究。消费者研究是市场调研领域应用最多、消费品市场研究最基础和最主要的组成部分，包括消费者基本特征研究、消费者行为研究、消费者动机研究。这三个层面的消费者研究，可以为相关行业和企业提供市场细分、产品定位、品牌管理、定价策略、新品开发、渠道建设、广告投放、促销活动、销售预测等数据。

从广告策划的角度出发，消费者研究重点调查三方面内容：一是调查消费者的需求动机和购买特征；二是了解消费者的年龄、性别、收入、职业分布和家庭情况；三是研究消费者的需求特点和消费心理特征，以及生活方式、文化环境对消费者购买行为的影响，从而确定消费者的需求方向和心理偏好。

3. 产品研究

产品研究是市场供求关系研究的更深层次，包括五项内容：一是研究产品的生命周期，了解产品适应市场的时限；二是研究产品的特性与功能，了解产品适应市场的能力；三是研究产品市场适销性，了解产品是否适应市场需要；四是产品目标市场研究，主要根据产品的特性对产品定位、对目标消费对象进行研究；五是产品销售记录研究，通过研究产品的销售历史，了解和分析产品销售的区域分布、时间分布和消费群体分布等信息。

从广告策划出发，需要重点关注产品生产、产品外观、产品体系、产品类别、产品利益、产品配套和产品生命周期等相关信息。产品生产调查主要包括产品的生产历史、生产过程、生产设备、工艺和原材料的使用，目的在于掌握广告产品的工艺过程和质量情况。产品外观研究主要了解产品的外形特征、规格、花色、款式、质感、装潢等，与同类产品相比有何优点。产品体系研究主要了解广告产品在相关产品中所处的地位，以便对市场进行预测。产品类别研究主要了解产品属于生产资料或生活资料的哪种类型，以便制订广告计划。产品利益研究分析产品的突出功能和能带给消费者的特殊利益，这是确定广告宣传重点的依据。产品配套研究主要了解产品使用的生活环境，以便选择广告体裁。产品生命周期研究则主要了解产品处于生命周期的哪一阶段，从而制定相应的广告策略。

4. 竞争者研究

竞争者研究可以从行业视角、市场视角和竞争地位视角进行。广告策划应从不同的角度识别竞争对手，关注其市场竞争形势的变化，以更好地策划广告信息表现方式。竞争者研究的具体内容如表 9-1 所示。

表 9-1　竞争者研究

内容	举例
是否存在直接竞争？（大多数消费品都有明确的直接竞争者）	空调行业的格力与美的，汽车行业的通用与丰田，乳制品行业的蒙牛和伊利，等等
主要竞争对手是谁？占有多少市场份额？其生产规模和扩大销售的计划如何？	在中国乘用车市场上，吉利汽车就是一个不容忽视的竞争者，其产品计划、产能扩充计划等都对其他企业有影响
主要竞争产品成本的优势和不足、价格优势以及对市场的控制能力如何？	随着近年来我国自主品牌乘用车质量及品牌号召力的提升，进口汽车的市场动销力有所下降，价格也不断下调
除主要竞争对手外，其他竞争对手的情况如何？	在家用电器行业，美的的主要竞争对手一直是格力、海尔等，但近年来小米借助品牌与技术优势向市场推出电饭煲等家电产品，美的竞争对手的构成就发生了变化
是否存在间接竞争？	奶片就是液态奶的间接竞争者
目前市场上还存在什么空白？	在服装市场上，满足特殊需要的功能性服装就是一个空白

5. 市场环境研究

市场环境研究主要了解目标市场所在地的人口、政治、经济、社会风尚和文化习俗等。

三、广告策划的内容

广告策划的内容主要涉及广告调查、广告策略、广告预算和其他营销传播活动的配合等。

（一）广告调查

广告策划的基础是广告调查。广告调查的目的就是了解市场需求，对消费者、产品和竞争者进行研究，为开展广告策划提供信息支持。

（二）广告策略

广告策划的成功一半在于战略，一半在于战术。这个战术就是广告策略，即开展广告活动的具体方式方法。广告策略涉及广告信息策略、广告市场策略、广告媒介策略和广告实施策略等。研究广告策略主要考虑如下五个方面：

1. 明确广告目标

根据产品的销售战略，确定广告目标，决定做什么广告，达到什么目的。例如，在一个全新的产品准备上市时，消费者完全不了解，广告的主要目标就是告知消费者有关产品的信息。

2. 研究广告对象

根据产品研究和市场调查结果，确定产品的推销对象，决定谁是产品的消费者。例如，保健品广告的目标受众通常是老年人，化妆品广告的目标受众通常是女性，等等。

3. 决定产品利益诉求重点

根据产品的主要特点，确定对消费者的有利之处，决定广告诉求重点。例如，同样是汽车，沃尔沃的广告诉求重点多是安全性，宝马的广告诉求多是驾驶乐趣，奔驰则是彰显驾驶者的地位与身份。

4. 确定广告诉求方式

突出产品的主要特点和能使消费者得到好处的明显理由，确定诉求方式。例如，节庆期间广告多强调优惠。

5. 确定广告表现形式

根据产品的特性和与众不同的好处确定广告表现形式。例如，针对成熟女性消费者的化妆品和服饰的广告一般都通过精美的画面、靓丽的模特来展示效果。

（三）广告预算

广告预算指企业对计划期内投入广告活动的费用总额和使用分配的具体计划。广告预算是广告活动得以进行的物质保证，也是评估广告效果的依据。

确定广告预算要考虑的因素包括广告对未来销售的影响、广告投入与销售和利润的关系、市场范围大小、市场竞争状况等。

（四）其他营销传播活动的配合

在整体广告策划工作中，除了市场调查、广告战略和广告策略的制定之外，还必须与其他营销传播活动配合，比如与企业公共关系和促销活动配合。因此，企业的公共关系计划和促销活动计划也是整体广告策划的重要内容。其他营销传播活动对于广告主来说也是整体广告活动必不可少的重要组成部分，同样需要精心策划。

四、广告策划的流程

通常，广告策划的流程为：开展广告调查、确定广告目标、确定广告策略、制定广告方案、实施广告方案、评估广告效果。

（一）开展广告调查

广告调查是开展广告策划的基础。进行广告调查，首先要了解企业、消费者、产品、市场和竞争者的基本情况，在此基础上开展广告研究和分析，挖掘出企业的优势、产品的特性和营销记录，分析营销资料、竞争状况和企业或产品的市场竞争能力，找出存在的问题，并提出改进意见。其次，要对消费者需求状况、消费特征和消费动机等进行分析，找出消费者的需求热点和潜在需求，从而为企业进行产品改造和新产品开发提出咨询意见。最后，必须对产品市场环境进行详细的了解，研究环境因素对产品市场的影响，分析在产品销售中充分利用环境因素的有利方面突破市场封闭的可能性，为企业就产品的外观、色泽、造型、包装装潢、商标、图案等能唤起消费者情感联想的因素进行改进提出意见和建议。

（二）确定广告目标

完成广告调查之后，下一步的任务就是确定广告目标。广告是企业营销的手段之一，它必须服从企业营销目标。企业可以为了不同的具体目标开展广告活动，可以在不同时期、不同的情况下确定不同的广告目标。广告目标必须与企业营销目标、目标市场营销战略以及营销组合策略相适应。同时，确定广告目标之前还需要重点研究广告受众。在确定广告受众的时候，不仅要考虑目标市场的顾客，还要考虑影响目标顾客做出购买决策的人。

（三）确定广告策略

确定广告策略需要做好以下方面的工作。

1. 确定广告定位策略

在广告策划中，企业应准确把握广告定位。成功的广告定位策略能帮助企业在激烈的竞争中立于不败之地，能够拥有竞争者不具备的优势，赢得特定且稳定的消费者，确立产品在消费者心目中与众不同的位置。如何开展广告定位策划将在9.2节详细介绍。

2. 确定广告创意与诉求策略

确定广告创意与诉求策略实质上是确定广告信息表现内容和形式。广告创意与诉求不明确的广告不是成功的广告。确定广告创意与诉求策略时，要解决两个问题：其一，广告受众是谁；其二，向广告受众强调广告对象哪些方面的具体信息以及如何表现这方面的信息。如何开展广告创意与诉求策划将在9.2节详细介绍。

3. 确定广告媒体策略

确定广告媒体策略就是要根据广告目标的要求对广告活动期间要使用哪些媒体、这些媒体如何组合、广告内容如何与媒体配合等做出决策。确定广告媒体策略的关键是选择最有效的媒体，并且充分利用媒体实现广告的战略目标，把广告费用用在准备开展业务或者扩大销售的目标市场上。这个问题将在9.3节详细介绍。

4. 确定广告实施策略

确定广告实施策略就是要确定广告范围、具体实施时间、投放频率与方式等。确定广告范围就是要确定广告活动作用的地区大小，它对媒体选择、预算分配等都有直接的影响。确定广告具体实施时间也就是确定广告活动具体执行的起止时间，即确定广告活动的时间安排表。

5. 确定广告与营销的配合策略

确定广告与营销的配合策略具体包括确定广告市场策略、广告产品策略、广告竞争策略、广告促销策略等。

（四）制定广告方案

完成广告调查、确定广告目标并确定广告策略之后，应将广告策划的结果形成广告方案，以便进行广告创作与实施。制定广告方案时还需要与广告主充分沟通，争取获得其支持。完整的广告方案一般包括八个方面的内容：前言、市场分析、广告目标、广告对象、广告地区、广告策略、广告预算及分配、广告效果预测等。

（五）实施广告方案

广告方案经广告主同意后，即可正式进行广告设计，然后制作成广告作品，选择合适的广告媒体并依计划按期实施。实施广告方案需要进一步明确广告目标、广告实施时间和广告投放区域。

（六）评估广告效果

广告策划的最后一步是广告效果评估。广告效果是广告活动或广告作品对广告目标受众所产生的影响。如何开展广告效果评估策划将在9.4节详细介绍。

第2节 广告定位与创意策划

一、广告定位策划

（一）定位理论

1. 定位的概念

20世纪70年代，美国广告学家阿尔·里斯和杰克·特劳特首先提出“定位”这一概念。他们指出：“根据定位理论，人们心中都有缝隙或空位，这是各厂家竞逐填补的；假如这个位置是空的，要填补它很容易，但若这个位置被竞争者占了，要填补就很困难。在后面这种情况下，若想占据人们心中的那块角落，就必须进行重新定位。”定位理论是继独特销售主张和品牌形象之后对广告活动最具划时代意义的又一理论。

简而言之，定位就是确定商品在消费者心中的位置。定位理论实质上是最大限度地挖掘消费者的心理需求，寻求消费者心理的空隙。谁能挖掘到消费者的潜在需求，确定恰当的定位，谁就能在激烈的竞争中取胜。

2. 定位的基本内容

（1）定位要从一个产品开始。产品可能是一种商品、一项服务、一个机构，甚至是一个人（包括你自己）。但是，定位不是你要对产品做的事，而是你要对潜在客户做的事。换句话说，你要在潜在客户的头脑里给产品定位，确保产品在潜在客户头脑里占据一个真正有价值的地位。

（2）定位理论的核心是“一个中心两个基本点”：以“打造品牌”为中心，以“竞争导向”和“消费者心智”为基本点。

（3）定位的分类。定位理论在营销方面的应用分为企业定位、市场定位和产品定位三个方面。企业定位是根据社会经济和科学技术的发展以及本企业的优势，为企业确定未来的发展方向和战略；市场定位是根据需求的变化以及竞争状况，为企业确定良好的市场位置；产品定位是和市场定位密切配合的，根据各类消费者对产品特性的重视程度，将本企业产品定位在最佳位置上。

另外，从定位运用的方式来说，可分为首次定位和重新定位两种情况。首次定位是指新企业、新产品在刚刚进入市场时用定位理论作指导，选择最佳的位置；重新定位则是由于企业自身条件和市场环境的变化，老企业、老产品过去的定位已经不能适应新形势的要求，需要重新确定位置。

（二）广告定位

1. 广告定位的概念

广告定位指根据企业定位策略的需要，通过广告突出强调企业、产品、服务中符合消费者心理需要的某些特性，从而确立对企业有利的竞争位置，树立良好的企业形象和品牌形象。

广告定位是依附于企业或产品的定位而展开的，是企业或产品定位传播表达的最主要形式。例如宝洁号称“没有打不响的品牌”，就源自宝洁成功的市场细分理念。以洗发水为例，宝洁有飘柔、潘婷、海飞丝等品牌，每种品牌各具特色，占领各自的市场。海飞丝的卖点在于去头屑，“头屑去无踪，秀发更出众”；飘柔突出“飘逸柔顺”；潘婷则强调“营养头发，更健康更亮泽”。三种品牌的市场个性鲜明，消费群体需求划分明确。这种细分避开了公司同类商品间的竞争，强有力地占领了市场。

2. 广告定位的方法

常用的广告定位方法有实体定位和观念定位。

（1）实体定位。突出产品的个性特征或新价值，强调其与同类产品的差异。包括：1）品质定位。例如创维彩电强调“不闪的，就是健康的”。2）功效定位。例如海马汽车普力马的“五座加两座，工作加生活”。3）包装定位。例如药品的瓶装或盒装，月饼的包装越来越豪华。4）价格定位。例如海尔卡萨帝电冰箱的高价格。5）服务定位。例如“IBM就是服务”，海尔的“真诚到永远”。6）形象定位。例如劳力士的高端形象。

（2）观念定位。改变消费者的习惯心理，为产品确立一种新的价值观。包括：1）逆向定位。美国安飞士出租汽车公司强调“因为我们是老二，所以我们更努力！”2）是非定位。如七喜强调“非可乐”。

营销视角 | 广告创意与中华诗词的融合

广告创意与中华诗词在韵律、修辞、意境、语言层面的有机融合，能不断创造独具中华优秀传统文化基因的国风广告，赋能中国品牌发展，促进诗词文化传播。

数字技术为广告创意与中华诗词的融合提供了多元的创意呈现方式。首先，运用建模设计、动作捕捉、实时渲染等数字技术构建虚拟的诗词场景或人物，赋予广告真实感，实现品牌的形象化。例如，花西子以“欲把西湖比西子，淡妆浓抹总相宜”为形象灵感，运用数字技术打造超写实虚拟形象，展现了融合古典与时尚的东方美，促进品牌人格化建设。其次，新媒体时代受众的参与意识更加强烈，利用大数据、智能算法等数字技术可以锁定目标受众，激励可能感兴趣的受众自主创作或改写诗词，参与到广告创意过程中，增强受众对品牌的记忆和好感。最后，搭建新媒体传播矩阵，整合各媒体平台协同发力，利用智能定向等数字技术精准投放融合中华诗词的国风广告，提升广告对目标受众的触达。

资料来源：韩净，吴新颖．广告创意与中华诗词的融合路径探究．青年记者，2023（16）：71-73.

二、广告创意策划

（一）广告创意的概念

创意在英语中以 creative、creativity、idea 等表示，是创作、创制的意思，有时也可以用 production 表示。从本质上说，创意就是具有新颖性和创造性的想法，而且能够创造出更大的效益，包括物质效益和精神效益。

广告创意即广告构思，是广告创作的核心。广告创意就是广告人通过想象、组合和创造，对广告主题、内容和表现形式所进行的新颖的文化构思，以创造新的意念或系统，使广告对象的属性升华为公众所能感受到的具象。

（二）广告创意的过程

恰当的广告创意可以有效地让公众注意到广告的存在，并留下深刻的印象。广告创意的过程包括创意的产生、创意的评价和创意的完善三个部分（见图9-1）。

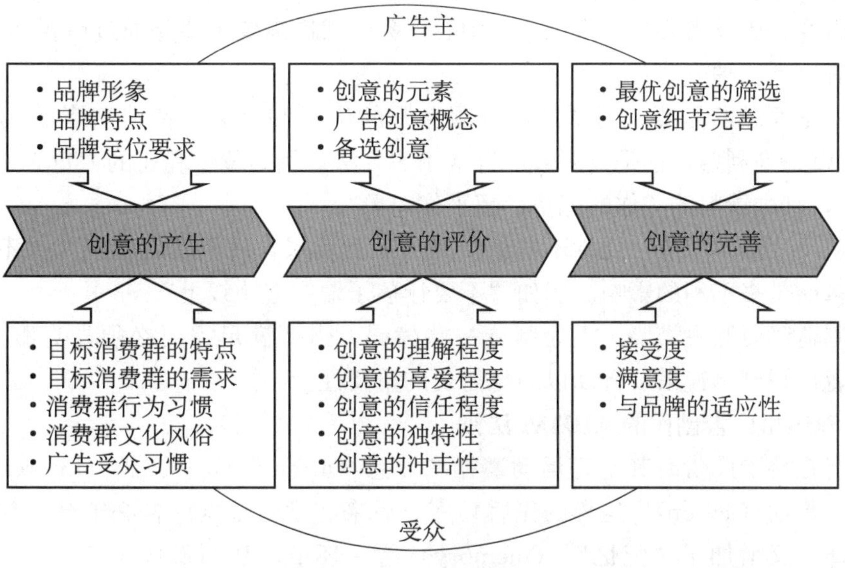

图9-1 广告创意的过程

（三）广告创意的要求

1. 广告创意的特点

（1）真实性与艺术夸张相统一。广告创意必须在保证真实性的基础之上运用艺术夸张的表现手法，但艺术夸张不能是对正确信息的扭曲，更不能误导广告受众。此外，对一些实质性问题，例如药品的疗效、食品的营养成分、纺织品的原料构成等关键技术数据不能进行夸张。

（2）艺术性与商业宣传相统一。广告是一门艺术，但它也是商业艺术，有很强的功利性和目的性。广告既要让你看，又要让你采取购买行动，二者密不可分。从功利性来看，广告是为营销服务的一种手段和工具，只不过是通过艺术形式表现而已；从目的性来看，广告体现的是广告主的意志和目的，而不是广告创意人员的艺术目的。

（3）各种表达方式与表现技巧相统一。广告创意追求的是商业宣传的效果，体现的是广告主的市场目的和意愿，因此，可以将各种表达方式和各种表现技巧运用在同一广告的创作之中，为达成广告目的服务。

2. 广告创意的要求

（1）广告创意要创新脱俗、符合逻辑。广告创意要让受众感觉到既在意料之外，又在情理之中。

（2）广告创意最忌雷同、模仿。广告创意是典型的创造性活动，需要不断创新，即使是对同一品牌的宣传，一个好的创意也不能永远不变。例如美国广告大师大卫·奥格威为哈撒韦衬衫设计的以一个戴一只眼罩的男士为主要形象的广告，使产品获得了极强的品牌个性，在默默无闻100多年后突然走红，这一创意被全球数十个厂家抄袭。

（四）广告创意的基本规律

1. 找准需要是广告创意的最基本规律

找准需要、激发需要是广告创意的中心任务。找准需要主要是通过广告调查来实现。激发需要有以下三种方法：

（1）从正面激发需要。列举产品（服务）的优点和好处，使消费者感到购买产品（服务）可以得到利益，这是大多数广告常用的方法。例如蒙牛乳业的“每天一斤奶，强壮中国人”，红牛饮料的“你的能量，超乎你想象”。

（2）从反面激发需要。列举不购买产品的不利后果，使消费者看到如果不及时购买产品会给自己带来不利的影响。例如“不要让孩子输在起跑线上”。

（3）制造障碍激发需要。人为制造一些障碍，强调满足需要必须先克服这种障碍，促使消费者认识到迅速采取行动以满足需要的重要性。

2. 合理运用广告创作的AIDMA法则

消费者在接受广告时其心理活动遵循“注意（attention）—兴趣（interest）—欲望（desire）—行动（action）”这样的先后顺序。后来有学者根据广告必须被记住才会产生效果的规律，又增加了“记忆”（memory）这一环节，从而形成了“注意—兴趣—欲望—记忆—行动”这一新的表述，即AIDMA法则。

AIDMA法则揭示了消费者接受广告宣传时心理活动顺序的规律。实效广告会对消费者的心理历程和消费决策产生影响力和诱导作用，也就是在“引起注意—产生兴趣—培养欲望—形成记忆—促成行动”五个环节中，实效广告的信息会一直影响消费者的思考和行为。因此，在创作广告的时候，不是单纯地进行一种艺术设计，而是一种为了实现商业目标的创作。要按照AIDMA法则检测自己创作的广告是不是遵循这五个环节，是发挥了最终影响力，还是只引起了消费者的注意而未让消费者产生兴趣。如果作用只停留在第二个环节，说明其对消费者没有任何影响力，可以说广告是无效的。

（五）广告创意表现策划

广告创意表现策划是通过各种传播符号，形象地表述广告信息以达到影响消费者购买行为的目的。

1. 广告创意的表现方法

（1）写实。直接向消费者诉说广告产品（服务）的情况、特性及对消费者的利益点，动员消费者去购买。例如格力太阳式空调的“首创三缸压缩机，即使室外零下35度，室内也能达到25度”就直接点明了产品特点。

（2）比较。包括与竞争者比较，与相关事物比较，与自身产品比较等。

（3）权威。一是利用权威及关键时机进行广告宣传；二是借用名人形象进行广告宣传。

（4）示证。通过实物的实际演示、操作、使用、品尝等方式来证实商品质量优良、功效良好。例如，沁园净水器强调“20年专注净水，以‘为健康孜孜以求，每一天，每一人’为企业社会责任，踏遍中国七大水系，建立中国水质动态监控数据库”，通过展示使用净水器前后的水质，说明沁园净水器的性能。

（5）抒情。遵循所谓3B原则，即漂亮（beauty）、孩子（baby）、动物（beast）。包括对美的事物的欣赏之情，对儿童的感情，对动物或植物的感情。

（6）幽默。幽默的广告运用理性倒错、寓庄于谐的表现手法，达到风趣的效果，引起受众的兴趣，从而认知广告意向。

（7）夸张。包括夸大型夸张、缩小型夸张、关系型夸张等艺术夸张；功能特点夸张、产品业绩夸张、使用效果夸张、背离常理夸张、警示劝诫夸张等。

（8）叙事。叙述故事，突出产品效用。例如，广告大师大卫·奥格威为凯迪拉克轿车策划的广告“当时速达到每小时60英里时，这辆凯迪拉克轿车最大的噪声来自它的电子钟”。其广告内容就来自汽车的使用手册，上述广告语也是从该手册中摘录的原话。

（9）排比。包括平行排比、递进排比、递减排比。

2. 广告创意的表现手段

广告创意的表现手段有语言手段和非语言手段两种。

（1）语言手段。语言分为有声语言和无声语言两种。有声语言指广播歌曲、广告中的对话、旁白等。它是电信媒体的主要表现手段，更是广播媒体的唯一表现手段。广播媒体的广告信息几乎都是用有声语言传达的。无声语言指符号化语言，也就是文字，常用于报纸、杂志、路牌等平面广告信息的传播。

（2）非语言手段。它也可分为两种：一是有声非语言手段，即音响，它强化广告表现，是电子媒体广告不可缺少的部分。二是无声非语言手段，包括姿态和物态。姿态即行动或体态，消费者可以从广告作品中人的面部表情、四肢姿态及躯干动作来读取广告信息；物态指广告作品中出现的构图、色彩及其他一些有形实体传递的广告含义。

三、广告诉求策划

（一）广告诉求的概念

广告诉求是商品广告宣传中所要强调的内容，俗称“卖点”，它体现了整个广告的宣传策略，往往是广告成败关键之所在。广告诉求得当，会对消费者产生强烈的吸引力，激发起消费欲望，从而采取购买行为。

（二）广告诉求策略

广告诉求策略从性质上可分为理性诉求策略、感性诉求策略和情理结合诉求策略两类。

1. 理性诉求策略

广告向消费者推介产品时诉诸目标受众的理性思维，使消费者能够对产品的特质、功能等有一个清楚的了解，从而决定是否购买。例如，在进入市场的初期，雕牌洗衣粉以质优价廉为特色，打出“只买对的，不买贵的”口号，暗示其实惠的价格，以寻求在竞争激烈的洗涤用品市场突围。

2. 感性诉求策略

广告主要诉诸消费者的感性思维，以情动人，使消费者在感动之余认同该产品。

3. 情理结合诉求策略

情理结合诉求策略指用理性诉求传递信息，以感性诉求激发受众的情感，从而达到最佳的广告效果。例如，雕牌系列产品的广告策略就经历了从理性诉求向感性诉求的转变。其一系列关爱亲情、关注社会问题的广告深深地打动了消费者，使消费者在感动之余对雕牌产品产生深刻而良好的印象。比如，“妈妈，我能帮您干活了！”广告中关注下岗问题，摆脱了日化用品强调功能效果等的品牌区分套路，对消费者产生情感触动，建立起贴近人性的品牌形象。

第3节　广告媒体策划

广告媒体策划的目的是构思、分析并巧妙地选择适当的传播渠道，使广告信息能够在恰当的时机、恰当的场合传递给恰当的受众。

一、广告媒体概述

（一）广告媒体的概念

广告媒体又称广告媒介，是指广告活动中把广告信息传播给目标受众的物质技术手段。广告媒体是传播广告信息的运载工具，是广告者与广告宣传对象之间起媒介作用的物质手段，也是生产者与消费者之间的桥梁。

示 例

快手“500个家乡”品牌广告抚慰乡愁

“500个家乡”是快手自2017年开始推广的品牌传播项目，目前已发展为反映普通人与家乡之间情感联结的快手品牌IP。最初“500个家乡”是快手员工关怀的公益营销项目，通过跟随员工回家乡投放广告大牌和帮员工在家乡建立篮球场、图书馆等方式进行品牌IP传播。近年来，快手“500个家乡”项目不断号召大家晒出家乡，重拾家乡美好，记录家乡变化，使中国人浓厚的家乡情感得以传承。

2023年末，快手“500个家乡”项目跟随脱口秀演员李雪琴、首个“电竞养老院”经营者林烧和首位视障播音硕士董丽娜三位创作者走进家乡，通过三部短视频展示了铁岭、许昌、大连三个家乡的精神气质。

柔软的铁岭

快手在《柔软的铁岭》短视频广告中，让李雪琴以一种柔软的口吻，娓娓道来她心底的故乡铁岭。该短视频广告通过幽默的表现方式，找到了铁岭这位“老铁”包裹在彪悍外衣之下的那份柔软。广告文案“一块铁会被压扁，但一朵棉花不会”起到了点睛之笔。在快手的烟火视角捕捉之下，铁岭这座城市和铁岭人骨子里所秉持的生存哲学，以一种举重若轻的方式，笑迎八方的客，笑对生活的坎。

心里慌，来许昌

快手在《心里慌，来许昌》短视频广告中，以设问方式进行信息表达。“为啥网上有那么多许昌的好人好事?”快手在讲述许昌这座城市的时候，它没有止步于只称赞这里的好人和好事。它通过“最年轻的养老院院长”林烧的视角，设计出了一条治愈且能自愈的旅游线路——如何用3 000元，做一个月的许昌人。在这个短视频里，观众会被许昌这座城市所散发出来的“小富即安”的精气神吸引，由此产生对许昌的向往与奔赴。

大连人，要赢

快手在《大连人，要赢》短视频广告中，让董丽娜用一种听感和触感的视角讲述，她既为“生来就是要赢”的大连注入了一抹坚韧的底色，也呼应了大连这座城市生来就铸就的一副傲骨。该视频内容接地气又提气。

思乡是品牌广告中通常比较容易打动受众的信息诉求。作为国民社区的快手，拥有着大量生活在大城小镇的用户。快手“500个家乡”品牌广告策划精准到了中国人对家乡的挂念与牵挂，创造出了快手品牌和城市互动的新视角。

资料来源：根据网络资料整理。

（二）广告媒体的分类

广告媒体有多种划分标准，较常用的分类方法有以下几种。

（1）广告媒体按物质属性分类见表9－2。

表9－2　广告媒体按物质属性分类

印刷媒体	报纸、杂志等
电子媒体	电视、广播、电子广告牌等
户外媒体	路牌、灯箱、交通工具等
直邮媒体	商品目录、销售信、说明书等
人体媒体	时装模特、广告宣传员等
包装媒体	包装纸、包装袋等
礼品媒体	文创用品、工艺品、精美印刷品等
售点媒体	门面、橱窗、货架陈列、店内广告等

（2）广告媒体按受众感觉分类见表9－3。

表9－3　广告媒体按受众感觉分类

视觉媒体	报纸、杂志、海报、传单、户外广告等
听觉媒体	广播、宣传车、音频等
视听两用媒体	电视、电影、视频等

（3）广告媒体按影响范围分类见表9－4。

表9－4　广告媒体按影响范围分类

国际性媒体	卫星电路、国际刊物等
全国性媒体	全国性电视台、电台、报刊等
地方性媒体	省（区、市）级及以下电视台、电台、报刊等

（4）广告媒体按受众面分类见表9－5。

表9－5　广告媒体按受众面分类

大众媒体	受众广泛，没有明显的年龄、性别、职业、文化及消费层次的区分，如电视、广播和一般性报纸

续表

中众媒体	具有年龄、性别或职业等明确指向，一般没有地理、文化及消费层次的区分
小众媒体	诉求目标有限的特定媒体，如户外媒体、礼品媒体等

(5) 广告媒体按时效分类见表 9-6。

表 9-6 广告媒体按时效分类

长期性媒体	指本身使用时间较长，不会轻易更换或淘汰的媒体，如路牌、杂志、书籍等；这类媒体适合做企业形象广告及产品性能比较稳定、内容比较复杂而需详加说明的商品广告
短期性媒体	指本身使用或传播时间较短的媒体，包括报纸、广播、电视等；这类媒体多适合做新上市产品，时尚流行产品，情感型、印象型或新闻型等商品的广告

二、广告媒体策划的内容

一个完整的广告媒体策划应该包括四个方面的内容：

(1) 有明确的目标受众范围，并确定切实可行、可以测定的相关目标，如广告发布的地理范围、信息力度等。

(2) 制定最有效的组合策略，例如是采用集中式还是分散式，并依据媒介效益、千人成本（CPM）、单位受益率等评估竞争媒介。

(3) 确定媒体投放频次，例如是连续式、起伏式还是脉冲式，广告长短等。

(4) 制定排期策略，包括月度、季度和年度广告投放的排期。

三、广告媒体策划的流程

一般而言，广告媒体策划的流程如表 9-7 所示。

表 9-7 广告媒体策划的流程

步骤	内容
前期沟通	与广告主进行沟通，了解产品的特性、特征并确定目标消费者
锁定区域	分析目标消费者的日常活动范围、消费心理，确认媒体投放区域
媒体评估	根据媒体形式、周边环境、媒体历年价格走势以及媒体受众变化等情况，对媒体进行全面客观的评估
媒体整合	广告媒体不同，其广告费用、广告设计、广告策略和广告效果也不同。另外，不同的广告媒体在不同的时间、地点使用或进行不同的组合运用，广告效果也不同。要根据媒体的客观情况、媒体评估等撰写媒体整合方案

续表

步骤	内容
撰写策划	媒体策划报告的内容大致分为五部分： • 前言：对媒体计划的基本策略和要素进行评述； • 背景评论与情况分析：简明扼要地描述产品的市场情况，概括营销目标与广告目标，说明创意的方向； • 媒体目标：对媒体策划所要达成的目的或目标作明确与可行的说明； • 媒体策略：概述怎样进行媒体的选择，确定媒体的配合、广告的日程频次安排、费用分配等； • 策划说明：阐述媒体计划的执行要素、所考虑的主要因素及选择各种媒体的理由
确认媒体	根据广告主的要求为其提出客观建议，确认媒体形式并与广告主达成一致意见

第 4 节　广告效果评估策划

一、广告效果评估概述

（一）广告效果与广告效果评估的概念

狭义的广告效果指的是广告取得的经济效果，即广告达成既定目标的程度，就是通常所说的传播效果和销售效果。广义的广告效果还包含心理效果和社会效果。心理效果是广告对受众心理认知、情感和意志的影响程度，是广告的传播功能、经济功能、教育功能、社会功能等的集中体现。社会效果是指广告对社会道德、文化教育、伦理、环境的影响。

广告效果的评估一般是指广告经济效果的评估，即调查消费者对各种媒体，如报纸、杂志、广播、电视、户外广告等的接触情况。

（二）广告效果评估的特征

广告效果评估的主要特征体现在两个方面：

1. 累积性

从时间上看，广告信息到达消费者之后产生效果的时间长短不一。从广告的信息环境看，消费者置身于不同的媒体环境中，他们可能从几个媒体上看到某个广告，最后才对广告中的产品产生较完整、较深刻的印象。广告效果累积效应的大小与广告作品的制作水准、媒体投放计划和时间是紧密相关的，不同的广告策略呈现不同的累积效应。

2. 复合性

广告效果并不是单一的，而是多方面、多角度的。一个广告往往同时具有经济效果、心理效果和社会效果，复合多种信息传播功能。一个广告活动往往要与其他营销活动如公共关系、促销等相互整合才能发挥功效。因此，广告活动的效果往往是复合性的。

二、广告效果评估策划的主要考虑因素

（一）广告代言人

广告代言人作为一种广告信息来源，对广告效果有着重大影响。广告代言人是否可信，广告代言人对目标受众是否具有吸引力、影响力，广告代言人的形象与广告产品形象是否一致等，都对广告效果有着直接的影响，因而必须对其加以测评。

（二）广告信息

广告信息的内容及诉求方式是影响广告效果的重要因素，是广告效果评估的一项主要内容。在广告事前检测中，可以从消费者的角度测量广告传递了什么信息，表达是否清楚，是否提供了受众最关心的内容。例如，一个新品牌的广告是否提及消费者尝试该产品的理由。广告事后检测，即广告刊播后或广告活动结束后测量的内容有：广告受众记住了多少产品信息，他们对广告信息的相信程度，是否记住了广告活动口号或广告品牌。

（三）广告媒体

对广告媒体的测量主要包括三个方面的内容：一是测量不同媒体或媒体工具的广告效果，以决定哪一个媒体最有效；二是测量不同广告频次的广告效果，以确定最佳广告频次，减少广告浪费；三是测量不同媒体时间表对广告效果的影响，例如是连续刊播广告效果好还是分散刊播广告效果好。这些都是需要广告主重视的问题。

三、广告效果评估策划的主要关联因素

广告效果评估是一项复杂的工作。在数字媒体技术快速发展以及大数据应用不断普及的背景下，对基于数字媒体的广告效果的评估已经变得非常容易。但对其他媒体而言，广告效果评估要参考如下因子进行加权评估。

（一）受众规模因子

主要参考发行（收看、接触等）数据。一般会假定发行量越大的媒体，广告价值越高。这是传统大众媒体如广播、电视、报纸和杂志等广告价值评估分析的主要构成因子。

（二）受众构成因子

主要参考阅读（收视、点击、浏览等）率数据。数据来源包括专业机构的调研数据以及其他第三方公开的研究数据、媒体自身提供的受众构成数据等。一般会假定媒体受众群体与产品销售目标群体的吻合度越高，广告价值就越高。

（三）媒体对受众的影响力因子

主要参考媒体在互联网的二次传播能力。数据来源于网络数据挖掘研究结果。例如，通过对网民上网痕迹的监测和浏览网页数据的分析挖掘，研究该媒体在网络上二次传播的映射，折射出该媒体实际的阅读人群特性和社会影响力。一般会假定媒体在相关领域互联网形成二次传播的能力越强，广告价值就越高。

例如，作为社交媒体领域的后起之秀，近年来短视频快速发展，在短时间内带动社交媒体走向新的高度。短视频以直观生动的表现形式吸引了许多受众。短视频的发展在一定程度上也打破了单一、单向的媒体传播局面。

（四）广告主对媒体的认同因子

主要参考广告监测数据。数据多来源于第三方广告监测机构。一般会假定媒体在相关领域的广告集中度越高，广告价值就越高。

广告策划是一种创造性思维活动，它是对消费者行为学、产品学、营销学等多学科知识综合、交叉和创造性运用的结果。了解广告策划的本质、掌握广告策划的方法是做好营销策划工作的前提。广告承载着意识形态传播功能，因此广告策划首先要有正确导向，用好中国元素，讲好中国故事。这就要认真学习领会习近平总书记关于“广告宣传也要讲导向”的重要指示精神，以习近平新时代中国特色社会主义思想为指导，贯彻落实创新、协调、绿色、开放、共享的新发展理念，坚持社会主义核心价值观，策划出高质量的广告，传递社会正能量。其次，广告策划要塑造诚实可信、值得信赖、受人尊敬的中国形象和企业形象。严格遵守《广告法》，坚守营销伦理道德，拒绝虚假广告，拒绝影响未成年人健康成长的广告，杜绝不正当竞争广告和夸大产品功能效用的广告，维护消费者权益。

案例分析

奥利奥“看谁能泡到”整合营销传播活动

奥利奥“看谁能泡到”整合营销传播活动曾荣获中国艾菲奖日用品类银奖。下面是对该策划方案的具体介绍。

市场背景

奥利奥专注于“扭一扭，舔一舔，泡一泡”的广告传播活动是中国最成功的传播创意核心之一。这个广告传播活动在2005年被奥利奥品牌引入。目前，奥利奥已成为中国饼干市场的领导品牌。品牌认知“第一提及率”可以反映出这个广告传播活动的成功。过去几年，奥利奥在品牌认知和广告知名度方面均名列第一位。这个广告传播活动帮助奥利奥品牌在2008年12月至2009年11月的销售额达到了里程碑式的1亿美元。

奥利奥在2010年面临更艰巨的挑战，没有新产品的辅助，如何利用同样的“扭、舔、泡”实现销售增长24%的目标？

广告目标

首先，市场渗透率从18%提升到20%。其次，饼干销量增加24%，销售收入增长22%。

广告核心创意

传播创意核心：扭一扭，舔一舔，但是你能泡到吗？

核心创意是如何产生的？第一，核心目标人群：中度或重度饼干消费人群，但没有买过奥利奥。第二，消费者洞察：父母愿意参与到孩子的游戏中。第三，传播策略：利用奥利奥专属的独特吃法，通过互动游戏增进父母和孩子之间的情感联系。第四，执行：通过中国偶像姚明传递奥利奥的独特吃法。

创意最终是如何实施的？见图9-2。

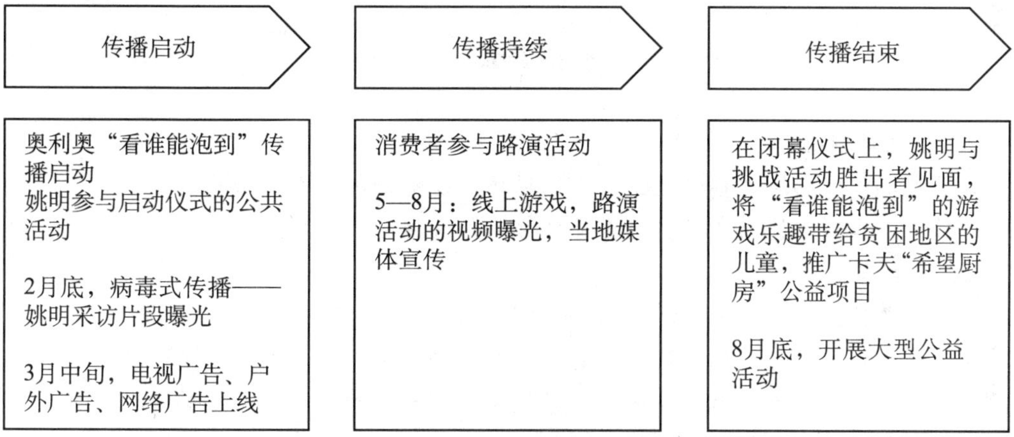

图9-2 奥利奥“看谁能泡到”大挑战

广告媒体

电视广告（硬广告、赞助或公关活动）、互联网（网站广告、公众广告）、户外广告。

广告效果

电视广告LINK测试结果为非常好，在中国广告测试数据库排行榜中名列前20%。媒体到达率2 000万人，广告总价值达260万美元（投资成本为44万美元）。

投资回报是投资成本的5.9倍。具体表现在：活动网站表现突出；通过网络广告链接访问网站数量1 245 290 871人次；页面总浏览量4 457 100人次；平均访问时间为2分26秒。

资料来源：肖开宁．中国优秀广告案例与鉴赏大全．北京：中国经济出版社，2013.

讨论题

1. 奥利奥的广告策划是如何体现的？
2. 奥利奥的广告传播活动成功的关键因素是什么？
3. 奥利奥的广告策划对我们有何启示？

重点名词

广告策划　　整体广告策划　　广告调查　　广告定位
广告创意　　广告媒体　　广告效果

思考题

1. 如何理解广告策划两种类型的异同?
2. 广告调查的内容是什么?
3. 广告策划主要包括哪些内容?
4. 广告策划的程序是怎样的?
5. 广告创意策划的要点是什么?

拓展练习

一、目的与目标

1. 了解广告策划应具备的理论知识，熟悉广告策划的内容与流程。
2. 掌握广告策划的方法及其在企业实践中的运用。

二、内容与要求

1. 资料准备：收集整理2～3份广告策划案例，分类归纳并总结核心要点。
2. 具体任务：通过对广告策划内容的学习，分组进行广告策划训练。
3. 任务要求：收集本地企业的广告策划案例，开展模拟广告策划的练习。

三、组织与实施

1. 将班级同学分成5～6人一组的小组，实行组长负责制，全体组员共同完成课堂任务。
2. 各小组进行分工，完成资料的收集、汇总与分析。
3. 经过小组讨论后，完成实训报告，提交PPT文档，注明分工及各自的贡献。
4. 各小组选派成员对报告进行讲解，并回答其他组成员的提问。
5. 授课老师对各组的汇报进行点评及评分，提出意见及改进建议。

拓展阅读

一、阅读案例

1. 汪哲慧. SG胜加近期创意故事盘点. 中国广告，2023（12）：62-69.
2. 朱唯嘉，顾明毅. 播客正流行，Spotify如何顺应营销创新?. 国际品牌观察，2023（21）：64-68.

二、阅读书籍

1. 克洛，巴克. 广告、促销与整合营销传播：第8版. 北京：中国人民大学出版社，

2021.

2. 奥格威．一个广告人的自白：纪念版．北京：中信出版社，2015.

3. 西奥迪尼．影响力．北京：北京联合出版公司，2021.

即测即评

扫描二维码可在线自测并查看答案。

第10章
促销策划

本章要点

- 了解促销策划的概念。
- 掌握促销策划的5W2H法则。
- 掌握促销策划的类型。
- 掌握促销策划的流程。
- 掌握常见促销活动的策划要点。

引导案例

“东方甄选”直播的情感传播

新东方于2021年12月创建“东方甄选”账号顺势实现转型，以教师跨界主播带货的形式，把教室带到直播间，推广并销售高品质农产品和优质图书产品。“东方甄选”抖音平台粉丝量超过千万，抢占了较为稳定的市场份额。

2022年6月9日，“东方甄选”主播董宇辉在一场直播活动中“毫无征兆”地火了。当天“东方甄选”直播账号粉丝量刚刚突破百万，仅仅7天之后粉丝直接突破千万，该月直播间销售额更是高达6.81亿元。从此，新东方凭借“东方甄选”直播间强势出圈，取得了高流量和高收益，开创了全新的直播带货模式。

与“3、2、1！上链接!”“全网最低价”反复强调购买优惠力度的直播间有着天壤之别，“东方甄选”创新了直播带货风格，创造了一种富有文化情景的直播氛围。一方面，由于主播是具备较高文化素养、教学经验丰富的一线教师，在直播中他们不仅全面介绍产品特点，还将人文、地理等多方面知识融入直播带货，输出生活感悟和价值观念。例如，主播董宇辉在每次介绍东北五常大米时，都有不同的走心表述。另一方面，以往传统直播间会邀请明星网红作为带货嘉宾，利用粉丝效应进行引流，而“东方甄选”则邀请了饱读诗书、阅历丰富的作家，与主播一起探讨生命与死亡，向受众呈现一场又一场心灵深处的对话，具有润物细无声的力量，治愈人心。

资料来源：臧晨渊．“东方甄选”直播的情感传播策略．新媒体研究，2023，9（18）：68－71.

启示：“东方甄选”直播促销巧妙地利用情感传播元素吸引受众的注意力，通过情感的倾诉有效唤起其心理体验，使其成功产生情感满足和认同，并寻求情感补偿。由此可见，促销策划不能再仅仅局限于简单的产品价格优惠，还要从产品内涵与文化价值出发，找寻促销活动与消费者的情感链接，最终通过情感共振和品牌依恋引导其进行情感消费。

第 1 节　促销策划概述

促销是营销策略组合之一。促销是企业在一定的预算范围内，针对明确的时间、地点和顾客群，提供一些临时性的附加利益，以实现对消费者、中间商以及销售人员交易行为的积极影响的营销传播活动。促销策划是目前企业营销策划中最普遍的策划项目，也是营销人员经常应用到的策划项目。

一、促销策划的内涵

（一）促销策划的概念

促销策划是在对广告、营业推广、公共关系、人员推销等各种促销工具进行组合运用时具有创造性的谋划与设计。要准确地理解促销策划的概念，需要掌握四个方面：一是促销策划应考虑短期目标，通常都有限定的时间和空间；二是促销策划注重行动，往往要求消费者或经销商参与，行动导向目标是促进销售活动的开展；三是促销策划工具比较丰富，有面向消费者的促销工具，也有面向经销商和推销人员的促销工具；四是促销策划要求在特定时间给予购买者激励，以诱使其购买特定产品，这种激励或为金钱，或为商品，或为附加服务。总之，促销策划的最大特征在于它是战术性营销工具，而非战略性营销工具，它提供的是短期营销刺激，会导致消费者直接的购买行为。

（二）促销策划的界定

促销策划包括整体促销策划和单一促销策划。整体促销策划是对企业整个促销工作的谋划和设计，即谋划广告、营业推广、公共关系、人员推销等如何实现最佳组合，以实现企业营销目标。单一促销策划是根据企业营销目标，在充分研究市场的基础上，确定企业在一定时间针对确定的市场选择特定的营业推广方式，制定有效的促销行动方案。本章主要探讨营业推广（SP）促销策略。

（三）促销策划的 5W2H 法则

促销策划要遵循 5W2H 法则，即在开展促销活动策划时要明确 7 个基本要求，分别是：为什么要做促销活动（why）、什么时候做促销（when）、在哪里做促销（where）、做什么内容的促销活动（what）、谁来负责促销活动（who）、如何做促销活动（how）、投入多少费用做促销活动（how much）。

二、促销策划的类型

不同促销目标、不同市场类型下应采用不同的促销策划，明晰促销策划类型非常重要。

（一）根据促销对象不同划分

根据促销对象不同，促销策划可以分为面向消费者的促销策划、面向中间商的促销策划和面向推销人员的促销策划。

1. 面向消费者的促销策划

面向消费者的促销策划主要是向消费者提供附加利益以吸引其购买。面向消费者的促销方式有赠送样品、有奖销售、折价、奖励包装、事件营销、退款等。面向消费者的促销策划方向主要两种，一种是降低价格的促销策划，另一种是增加附加价值的促销策划（见表 10-1）。

表 10-1　面向消费者的促销策划

种类	即时价值	延时价值
降低价格策略	特殊的零售价格	折价券
	特价包装	折扣
附加价值策略	奖励包装	附加津贴
	购买附赠品	定期活动

营销视角　电商平台的返利模式

当下电子商务行业发展迅猛，电商平台为了刺激消费者购买，增加自身的收益，往往会对商品采取返利的促销方式。目前流行的返利模式有两种：积分返利和现金返利。积分返利模式是电商平台主流的返利方式，消费者注册会员后购买会员产品按照返利规则得到积分，积分可以用来换取平台指定的产品，如京东、天猫等都有其特定的积分返利方式。现金返利以第三方返利平台为主导，消费者通过返利平台指定的链接跳转到对应的商家店铺进行消费后，平台再将返利以现金的形式汇入消费者账户。返利主要针对终端消费者，直接面向消费者提供优惠政策，以提高市场份额，扩大销售规模，获取超额利润。

资料来源：单镇杰，黄海玲，林强，等．平台竞争商家的返利促销策略．系统工程，2023，41（3）：83-93.

2. 面向中间商的促销策划

面向中间商的促销策划主要是向中间商提供业务支持和财务利益以鼓励其销售产品。面向中间商的促销方式有特定商品津贴、广告津贴、陈列津贴、折价、销售竞赛等。面向中间商的促销策划关键在于如何设计促销激励力度。

3. 面向推销人员的促销策划

面向推销人员的促销策划主要是向推销人员提供财务激励以刺激和鼓励其推销产品。面向推销人员的促销方式有销售提成、推销竞赛、销售返点等。面向推销人员的促销策划关键在于如何有效激励推销人员提升工作绩效。

（二）根据促销范围区间不同划分

根据促销范围区间不同，促销策划可以分为开拓型市场的促销策划、成长型市场的促销策划、成熟型市场的促销策划和退出型市场的促销策划。

1. 开拓型市场的促销策划

开拓型市场一般是指新产品上市时期的市场，也可以是成熟产品新拓展的区域市场。开拓型市场的特点是销售渠道和消费者对该产品都缺乏认知，还没有尝试性进货和购买行动，更没有建立稳定的购买习惯。因此，开拓型市场的促销活动面临的任务是快速达成分销商的第一次进货和消费者的尝试性购买，以快速进入市场。开拓型市场的促销策划可以配合新品上市广告策划开展，使中间商和销售人员对产品和市场建立信心，使消费者对新产品建立必要的初始印象和认知。

开拓型市场的促销策划可以面向中间商、销售人员和消费者三类对象一同展开，但不同促销对象的促销方式不同。刺激中间商首次进货的有效方式是促销津贴。激励销售人员的促销方式有客户拓展竞赛和新品销售竞赛等。引导消费者尝试性购买的促销方式有样品派送、免费试用、展示演示、有奖销售和买赠销售等。其中，样品派送适用于能快速体验和感受产品使用效果的快速消费品，免费试用和展示演示适用于产品体积、重量和价值均比较大的耐用消费品。这三种促销方式均能实现终端用户对产品性能、功效的实际接触与体验，从而降低用户购买的认知障碍与风险。有奖销售和买赠销售能够减小用户购买新产品的经济压力感而增加实惠感。

2. 成长型市场的促销策划

成长型市场是指产品生命周期处于成长阶段的市场。此时，销售渠道和消费者对产品都有了一定了解，销售额不断增长。成长型市场促销活动的任务和目标是快速提升销量。

成长型市场的促销策划可以同时对中间商、销售人员和消费者进行。激励中间商的促销方式有厂商联合促销、开展销售增长竞赛等。由于这个阶段还需要进一步拓展销售渠道，因此，可以针对销售人员开展渠道建设竞赛和销售增长竞赛。针对消费者的促销可以采用有奖销售、买赠销售和游戏销售等方式。

3. 成熟型市场的促销策划

成熟型市场是指产品生命周期处于成熟阶段的市场。这种类型市场的特点是竞争激烈，利润降低，扩大销售规模是获得效益的重要途径。成熟型市场促销活动的目标是实现销量的最大化。

成熟型市场的促销策划需要从中间商、销售人员和消费者三个方面共同发力，开展整合促销策划。针对中间商的促销需要采用折扣销售措施，还可以组织销售竞赛。针对销售人员的促销主要是市场份额竞赛和销售排名竞赛。针对消费者的促销令人眼花缭乱，除了常规的有奖销售和买赠销售外，还可以采用降低购买成本的折扣销售、降价销售、简易包装、集体团购，鼓励消费者长期持续购买的会员销售和积分促销，鼓励消费者提前更新换购的以旧换新，提高消费者购买趣味的游戏促销等方式。

4. 退出型市场的促销策划

退出型市场是指企业有组织、有计划地主动撤出的产品市场。这类市场的促销策划可以根据退出市场的时间进度和轻重缓急，分别或同时针对中间商、销售人员和消费者展开。针对中间商的促销方式有老品排空清库津贴和折扣销售，针对销售人员的促销方式有老品销售竞赛，针对消费者的促销方式有折扣销售、降价销售和怀旧销售等。

三、促销策划的原则

促销策划的本质就是为促进企业销售目标的实现，刺激消费者购买和增加经销商效益而设计的促销活动及措施。针对中间商的促销策划，主要是运用利益机制，实现双赢。针对销售人员的促销策划，重在提升业绩正向激励。而面向消费者的促销策划，影响面最广，动用的促销资源最多，手段变化也最多，但实际成效差别也最大。因此，促销策划最需要关注促销设计的有效性、刺激性、多样性和直接性等。

面向消费者的促销策划可以沿着凸显产品利益塑造品牌魅力、设置附加利益增加购买动力、创新活动方式吸引顾客参与和借助权威影响增强购买信心四大方向去开展活动创意设计。

（一）凸显产品利益塑造品牌魅力

直接利用产品利益优势如质量、性能、款式等进行促销策划，是整合产品与促销、兼顾品牌与销量的首选促销策划思路。这一做法具有投入少、产出高，公众接受度高、信赖程度高等特征。这种促销策划既具有现实的销售促进意义，又具有长远的品牌建设意义。这种促销策划还可以与公关策划结合起来，增进公众对品牌的认知与好感。

示　例

瑞幸与茅台跨界联名促销，谁受益

2023年9月4日，茅台与瑞幸联合推出的新品“酱香拿铁”刷屏网络。一时间，“酱香拿铁”成为“新晋顶流”。“酱香拿铁”上线首日，各地销售火爆，出现上线即售罄情况。据瑞幸官方战报，“酱香拿铁”单日单品销量超542万杯，销售额超1亿元。“酱香拿铁”成为2023年饮品圈最大爆款产品。

回顾“酱香拿铁”的营销周期，预热期为9月1—3日，瑞幸与茅台官方号发布相关宣传海报，内容包括“联名热度有多高？53度”等，同时相关关键意见领袖（KOL）也进行了联名物料的提前爆料。9月4日“酱香拿铁”正式上市，瑞幸和茅台发布联名广告，瑞幸发布联名概念视频、生产视频、新品海报等相关内容。9月

4—7日，瑞幸在各大社交平台进行话题造势，包括“喝了是否酒驾”“含茅量”等，“酱香拿铁”成功出圈。随后瑞幸发起“晒照赢咖啡活动”，瑞幸和茅台还对相关舆论进行回应，延续了长尾效应。

在这场备受关注的营销事件中，茅台和瑞幸各自达成了目标。一方面，茅台通过与瑞幸的合作使其品牌年轻化，优化了产品矩阵；另一方面，对于瑞幸来说，它与茅台的合作也有助于提升自身在咖啡行业的综合实力与品牌调性。这对于双方整体的流量、销量、品牌和渠道都有较好的加持。

资料来源：营销复盘：瑞幸×茅台，“酱香拿铁”的顶流之路．(2023-09-15)．https://www.thepaper.cn/newsDetail_forward_24609547；酱香拿铁日销1亿！瑞幸×茅台跨界联名背后的新逻辑｜零售不动产．(20223-09-06)．https://view.inews.qq.com/k/20230906A08J9E00?no-redirect=1&web_channel=wap&openApp=false.

(二)设置附加利益增加购买动力

当产品与竞争品牌相比缺乏利益优势、价格优势、品牌优势和广告优势时，靠正常的促销活动和价格无法打动消费者，需要在正常销售条件下设置附加利益以吸引顾客关注，促使顾客动心，实现顾客购买向本品牌转移。这种促销策划是市场上最常见的促销策划。这种促销策划具体采用的利益诱导方式有：优惠打折、限时限量减价、买赠、抽奖等。但是，这种促销策划尤其需要考虑附加利益呈现形式的新颖性和趣味性。

(三)创新活动方式吸引顾客参与

在品牌、产品和促销预算无法超越竞争对手时，迫切需要通过创新促销的活动方式吸引顾客参与，从而实现以少胜多、以智取胜。当然，在促销预算较宽裕时，也应该尽可能策划这种以巧制胜的促销活动。

示　例

淘宝“金桃之夜”

2023年8月，淘宝曾在微博发起“淘宝100W+”产品征集活动，邀请网友截图分享淘宝上销量超过100万的商品页，并在悬赏征集中挑选出了呼声最高的八个“淘宝100W+”产品，为它们设计了金桃子奖杯，这八个产品分别是：华为体重秤、麻辣王子辣条、卫龙魔芋爽、拜耳蟑螂药、虚拟野生蚊子、吉香居下饭酱、好欢螺螺蛳粉以及蜂花护发素。由于奖杯设计颇具特色，加之各大官方号纷纷下场争抢“淘宝100W+”称号，活动获得了不少网友的关注。趁着天猫“双十一”，淘宝举办了一场公仔圈的明星盛典，暨首届“淘宝100W+”金桃之夜线下颁奖典礼。颁奖典礼要求所有出席嘉宾皆为公仔，或是品牌公仔或是从淘宝购买的玩偶服，抑或是自制的搞笑服装，不能出现人类。现场除了荣誉揭晓，嘉宾现场表演、红毯秀也可圈可点。各个品牌带来了精彩纷呈的歌舞表演，草裙舞、芭蕾舞、女团舞等在现场一一呈现，其中卫龙魔芋爽携舞伴“麻辣麻辣外星人”登台表演钢管舞《好日子》，一曲舞毕，点燃了观众的热情，现场掌声如潮。

场内笑点不断，场外也热闹纷呈。自2023年11月初金桃之夜活动官宣以来，不少品牌为参会使出浑身解数，在淘宝官博评论区喊话官方给予入场资格。受邀品牌也纷纷开启“奔走相告”模式，在品牌直播间，在老板办公室门口，在食堂，在公司大门口，在超市货架，在广州、杭州、长沙多地CBD，挂易拉宝、拉横幅、上大屏，争相炫耀邀请函。

各个品牌的“花式玩梗”迅速拉近了品牌与消费者之间的距离，淘宝此次金桃之夜的举办创新了与年轻人的沟通方式，以品牌产品为先，将产品人格化，方便消费者迅速建立对产品的印象。同时，大量搞笑魔性的内容也十分利于UGC的二次互动传播，扩大曝光。

资料来源：“半个公仔圈都来了”，双11淘宝举办“金桃之夜”，为销量100W＋宝贝颁奖．(2023-11-09)．https：//www.jiemian.com/article/10367765.html.

（四）借助权威影响增强购买信心

如今的促销活动泛滥，消费者已经麻木，有些促销活动还存在欺诈，消费者已经开始警惕。那么，怎样才能提高消费者对企业促销活动的信任度与参与度，从而提高促销活动的效果？进行促销策划时可以借助具有广泛影响力的权威专家、意见领袖、权威机构等，提升促销活动的可信度。

营销视角 不同促销方式下促销购买限制的作用情境

促销购买限制是促销效果达成的重要影响因素。促销购买限制主要通过两个方面影响消费者购买行为。一是从情感层面刺激消费者快速做出决策，促销购买限制会通过影响消费者感知兴奋唤醒来激发消费者的冲动购买行为；二是突出促销产品的稀缺性，从而增加消费者感知价值。促销购买限制主要有对促销产品数量的限制和促销时间的限制两种，即限量促销和限时促销。

研究表明，促销方式对促销购买限制和消费者购买意向之间的关系起到调节作用。当促销方式为赠送赠品时，限时促销能比限量促销产生更高的购买意向，其中促销机会的确定性起到了中介作用。因为在该情境下，收益信息被突出了，为了确保获得收益，人们倾向于选择确定性大的选项，而限时促销相较于限量促销能带来更大的确定性，所以此时限时促销更能促进人们的购买行为。当促销方式为产品打折时，限量促销能比限时促销产生更高的购买意向，其中感知价值起到了中介作用。打折促销属于减少损失型促销，虽然会减少实际支付金额，但由于该促销方式与价格直接相关，会强调消费者花费多少，此时损失信息被突出，人们倾向于追求更高的价值，而限量促销相较于限时促销能带来更大的感知价值，所以限量促销更能促进人们的购买行为。

资料来源：王国才，刘文静，王希凤．不同促销方式下促销购买限制的作用情境研究：框架效应视角．南开管理评论，2023，26（4）：58-67.

四、促销策划的误区防范

促销效果不佳，有促销执行的问题，也有促销策划的问题。促销策划需要从策略和实战两个方面防范常见误区。常见的促销策划失误如下：

（一）营销问题诊断处理失误

营销问题诊断处理失误主要来自对营销逻辑的理解偏差。企业应意识到促销策划不能从根本上解决企业面临的营销问题，促销策划只是短期的战术性营销工具。比如，许多企业在营销过程中不注重品牌建设与市场建设，直到市场或销售出现问题时才想起开展促销活动以提升销量。企业销量下降的原因是多种多样的，涉及品牌、产品、销售渠道、价格、外部环境变化等。通过促销策划去解决销量下降问题往往治标不治本。

（二）促销对象定位选择失误

促销对象定位选择失误主要来自对目标顾客与潜在顾客判断的偏差。这种失误容易出现在面向消费者的促销策划中。面向消费者的促销策划容易出现目标促销对象与实际参与对象的错位，即真正要促销沟通的目标顾客基本没来参加促销活动，而参与活动的对象恰恰又不是产品的目标顾客。比如，某中高档女性内衣的目标消费者为中高收入的白领女士，却经常举办户外展示活动，主要形式有户外搭台、模特表演、产品介绍、有奖问答与礼品派发等，这就造成观看表演的群体与真正的目标顾客不一致的现象。

示　例

京东的个性化推荐

云计算、大数据、物联网、人工智能等技术的发展，构筑了强有力的数字技术，使个性促销服务十分便利。个性化推荐是通过分析消费者的购物习惯，构建针对性的个性化推荐，以满足不同消费者的购物需求。在电子商务领域，实现个性化推荐的前提是收集消费群体的相关信息数据，并结合用户画像进行推荐。这种定制化的推荐能够显著提高客户转化率。

京东的个性化推荐系统涵盖了数据收集与存储、在线推荐，以及数据在线与离线分析等关键步骤。首先，数据的收集与存储阶段主要依赖于历史离线数据和用户点击系统数据。京东与腾讯合作，整合了腾讯的微信、QQ等网站数据，后续分别采用不同的技术对离线数据和在线数据进行分析。

数据清洗是该过程中不可或缺的一步，因为商业数据常常受到残缺、重复、不一致等问题的困扰，同时还需要处理一些不真实的商业数据，如交易作弊和评论作弊。清洗后的数据会经过建模阶段，包括用户画像和商品建模。商品建模需要结合商品属性、流量、实际销量等数据，而用户画像基础数据涵盖网络日志数据、交易数据和行为数据。这些数据经过分析方法进行建模，同时结合用户和商品模型，通过在线推荐实现个性化推荐服务。

在个性化推荐的过程中，京东充分考虑用户在不同位置的需求，根据用户画像提供个性化的产品推荐。例如，在商品的单品页中，京东根据用户购买意图推荐最佳组合，同时通过“您可能还需要”和“你可能需要以下商品”服务在购物车页面提升客单价并促进再次购买。整个个性化推荐引擎的流程是交叉进行的，以确保全方位的个性化服务。

资料来源：刘茗．大数据时代电子商务精准营销实现个性化推荐研究．现代营销（下旬刊），2022（9）：164-166.

（三）促销手段选择运用失误

促销手段选择运用失误主要来自对营销逻辑和营销策略工具应用的理解偏差。企业应准确判断影响消费者购买决策的因素。比如，一些企业滥用打折促销手段，这就是片面理解价格策略的作用所致。价格无疑是消费者购买产品时要考虑的一个重要因素，但不是唯一决定因素。当企业越来越依赖降价打折取悦消费者时，就会陷入一个可怕的价格误区。产品频繁打折、降价往往意味着品牌形象的贬值。

（四）促销费用预算管理失误

促销费用预算管理失误主要来自对营销管理的失控。促销的费用预算及管理对促销活动效果有着相当重要的影响，预算不合理，管理不当，常常会“算错账花错钱”。比如，某品牌的促销方式是凭广告即可领赠品一件。结果吸引了很多人，赠品却不够。现场秩序混乱，消费者怨声不断，媒体也纷纷进行负面报道。

第2节　促销策划的流程

促销策划通常应对促销活动的每一个环节进行详细设计与规划，按照特定流程开展策划。一般而言，促销策划的流程可以分为六个步骤，如图10-1所示。

一、确定促销目标

（一）促销目标分类

促销策划工作从确立促销目标开始。确立促销目标是制定科学有效的促销策划方案的前提。企业促销策划目标应与企业整体营销目标以及具体的促销目标相匹配。促销目标不同，促销策划方案也不同。常见促销目标如表10-2所示。

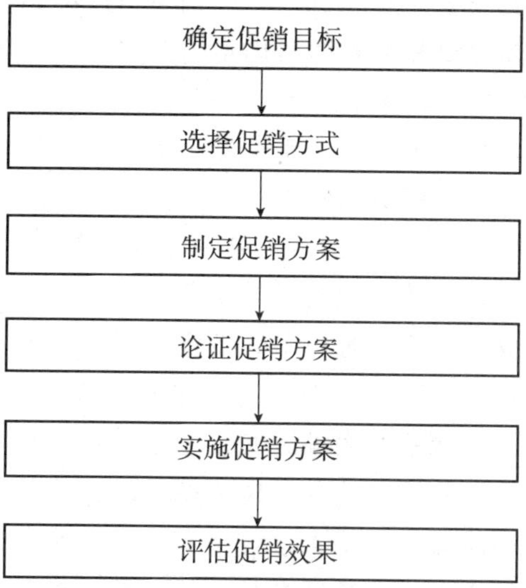

图 10-1 促销策划的流程

表 10-2 促销目标分类

分类标准	促销目标	具体描述	具体指标
促销性质	市场目标	侧重于市场发展、市场巩固和市场竞争，出发点是市场	销售业绩、销售增长、市场规模、市场份额、市场地位、消费者购买情况、市场网络触及、产品接受程度、企业形象等
	财务目标	侧重于财务核算方面，出发点是经济效益的评估	销售收入、销售费用和投入产出比、销售毛利等
促销时效	短期目标	侧重于战术性的市场工具应用	知名度、销量、重复购买率、品牌转换率、消费者关注程度、试用人数、新客户数量、促销广告到达率、奖品兑换率等
	长期目标	能够指引企业长期发展的方向	巩固和提升品牌形象、建立和提升品牌美誉度和品牌忠诚度、教育消费者、培训中间商等
促销对象	面向消费者的促销目标	面向消费者	促进未使用者试用、促进新顾客购买、提高顾客忠诚度和满意度、提高单次购买量、增加购买频率、接受产品的新用途和新使用方法、建立和传播品牌形象等
	面向中间商的促销目标	面向中间商	扩展现有销售渠道、加快产品流转、维持较高存货水平、鼓励经营新产品、鼓励开展产品促销活动、改进陈列、提高市场占有率、规范渠道管理等
	面向销售人员的促销目标	面向销售人员	鼓励推销新产品、鼓励开发新渠道、鼓励寻找潜在顾客、鼓励推销过季产品、培养竞争意识、提高销售专业水平等

营销视角 | 小红书的 City Walk 与体验式营销

City Walk 是指在城市中漫步，在城市中走来走去寻找快乐的行为，是人们探索一座城市的出行方式。根据小红书发布的《2023小红书City Walk趋势报告》，2023年上半年小红书平台上City Walk的相关搜索量同比增长超30倍，2023年7月下旬时小红书City Walk相关笔记数已经达到47万。

小红书适时抓住趋势，打造了一场城市狂欢"马路生活节"，将200多场活动搬到马路上，吸引了超1.8亿次关注，成功引爆全网。9月底，小红书正式落地"遛遛生活"营销IP，并于9月23日正式发起首站"遛遛生活·上海站"活动，打造长达1个多月、4条遛遛路线、百家小店联动的线下"遛弯大事件"。小红书在品牌"走出货架，走上马路"上做了多维尝试，有效拓宽了品牌种草的多维空间，为产品体验式营销带来全新思路。在整场活动中，小红书携手六大品牌作为"遛遛搭子"，并设置盒马、天真蓝、罗森、LuOne凯德晶萃广场、来福士、龙湖天街、小电科技共七大遛遛接头点，同时邀请上海100多家优质生活小店，共同打造专属遛弯路线。在后续活动中邀请到金典、麦当劳、潘婷、青岛啤酒白啤、谜瑞可、HFP多家品牌一起打造长达四周的遛遛日程，并结合产品特征定制化打造出绿色有机、健康自律、精致亮丽的遛遛路线，通过邀请用户前往线下领取"遛gai地图"参与集章的活动设置，让用户能"一边逛、一边玩、一边被种草"，有效增强了品牌与用户关系的黏度，强化了口碑传播的忠诚度。

整场活动中，小红书以线上线下交互融合的新零售模式，让产品体验和种草自然融入生活，帮助用户发现美好生活，享受消费乐趣，助力品牌与消费者建立情感链接，创造更深层次的产品体验。

资料来源：2023小红书City Walk趋势报告.（2024-01-02）.https：//www.renrendoc.com/paper/303913542.html；锁定citywalk趋势，看小红书如何与品牌巧妙"遛"出一条「种草花路」.（2023-10-31）.http：//news.china.com.cn/mts/2023-10/31/content_1188273.htm.

（二）设定促销目标

著名管理学家彼得·德鲁克说，企业必须要有一个目标，没有目标就没有灵魂。在促销策划中，制定促销目标应当尽可能精确、量化、可行、现实，而且有时间限制。当然，企业在任何时候都不可能也没有必要同时完成如表10-2所示的所有促销目标。由于促销目标要服从于企业的整体营销目标，同时还要解决企业目前面临的问题或抓住眼前有利的机会，因此企业必须在各种目标中做出选择，在不同的时期、不同的销售区域，确定不同的促销目标，这样才能确保企业整体营销目标的实现。比如，某啤酒公司根据淡旺季推出不同的促销活动，相应的促销目标也不一样。淡季的促销目标是维持顾客对产品的兴趣，尽量增加需求。而旺季的促销目标是调整促销力度，增加顾客购买频率，吸引顾客购买价位较高的产品。

二、选择促销方式

选择合适的促销方式是成功策划促销活动的关键。促销方式使用得当，可收到事半功倍的效果。促销方式使用不当，则可能与促销目标南辕北辙。选择促销方式时应注意三种因素，即促销目标因素、产品因素和企业因素。

（一）促销目标因素

促销目标因素要求所选择的促销方式必须有利于达到促销目标，符合促销目标对象的心理需要。对于个体消费者、中间商、企事业单位等应当区别对待，促销方式的选择需要考虑短期目标与长期目标。

（二）产品因素

产品因素是指选择促销方式时要考虑产品的类型和所处的生命周期，不同的产品、不同的生命周期应使用不同的促销方式。表 10－3 反映了产品生命周期与促销方式之间的匹配关系。

表 10－3 产品生命周期与促销方式之间的匹配关系

分类	促销方法	导入期	成长期	成熟期	衰退期
对企业内部	销售人员的教育、培训	▲	▲	●	●
	销售人员的销售竞赛	●	▲	▲	▲
	开发促销工具	▲	▲	●	●
	销售奖励	▲	▲	●	●
	公司内部宣传	●	●	▲	●
对中间商	销售奖励	●	▲	▲	●
	折扣政策	●	▲	▲	▲
	销售人员的销售竞赛	●	▲	▲	●
	从业人员教育	▲	●	▲	●
	促销参考手册	▲	▲	●	●
	公司内部刊物	●	▲	▲	●
	派遣驻点人员	▲	▲	●	●
	售点人员	▲	▲	●	●
对消费者	消费者教育	▲	▲	●	●
	消费者会员组织	●	▲	▲	●
	发布会、展示会	▲	▲	●	●
	折扣、优惠	●	▲	▲	▲
	免费样品	▲	●	●	●
	邮寄广告	▲	▲	●	●
	小册子	▲	●	●	●
	有奖销售	●	▲	▲	●
	公益赞助	●	▲	▲	●
	服务	▲	●	▲	●

注：▲代表效果较好，●代表效果一般。

（三）企业因素

选择促销方式时要充分考虑企业自身的优劣势和可用资源，并要符合品牌形象和企业营销策略。表10－4反映了企业竞争地位与促销方式之间的匹配关系。

表10－4　企业竞争地位与促销方式之间的匹配关系

分类	促销方式	强势企业	弱势企业
对企业内部	销售人员的教育、培训	▲	▲
	销售人员的销售竞赛	▲	●
	开发促销工具	●	▲
	销售奖励	●	▲
	公司内部宣传	▲	●
对中间商	销售奖励	▲	●
	折扣政策	●	▲
	销售人员的销售竞赛	▲	●
	从业人员教育	▲	●
	促销参考手册	●	▲
	公司内部刊物	▲	●
	售点广告	●	▲
对消费者	消费者教育	▲	●
	消费者会员组织	▲	●
	发布会、展示会	●	▲
	折扣、优惠	▲	▲
	免费样品	●	▲
	邮寄广告	▲	●
	小册子	●	▲
	有奖销售	▲	▲
	公益赞助	▲	●
	服务	▲	●

注：▲代表效果较好，●代表效果一般。

三、制定促销方案

制定促销方案是策划促销活动的第三个重要环节。一般来说，促销方案应该包括如下内容：

（一）促销目标

企业应当根据目标市场的特点和整体策略来制定促销目标。在每项促销活动开展之前都应确定要达到的具体目标。只有促销活动目标明确，才能有的放矢。

（二）促销对象

促销活动针对的是目标市场的每一个人还是某一特定群体？活动控制在多大范围？哪些人是促销的主要目标？哪些人是促销的次要目标？这些选择会直接影响促销的最终效果。

（三）促销主题

促销主题是促销活动策划的核心，应该力求创新，使活动具有震撼力和排他性。促销主题要与产品品牌诉求和定位相一致，促销主题是打动消费者的关键，要贴近目标消费者的利益。

1. 促销主题的设计方法

促销主题的设计方法有理性诉求、情感诉求和道义诉求三种。理性诉求主要是提供有关产品质量、经济性、效用、性能便利性、品质一致性、服务信赖性等方面的理性信息。情感诉求主要是激发受众的某种情感从而诱导与促成他们购买。道义诉求主要是告诉受众什么是正确的态度、价值观、行为准则等。

2. 促销主题设计的角度

促销主题设计通常从三个角度展开。一是围绕产品展开，即以产品为主题的促销活动；二是与季节性消费联系在一起，即以季节特点为主题的促销活动；三是结合特定节假日的促销主题。

3. 促销方式

这一部分主要阐述活动开展的具体方式。促销方式设计要重点考虑营业推广（SP）促销工具选择问题。SP 促销工具按实施主体分为消费者 SP 促销工具、经销商 SP 促销工具和销售人员 SP 促销工具。SP 促销工具按性质分为免费类、优惠类、竞赛类、组合类（见图 10－2）。

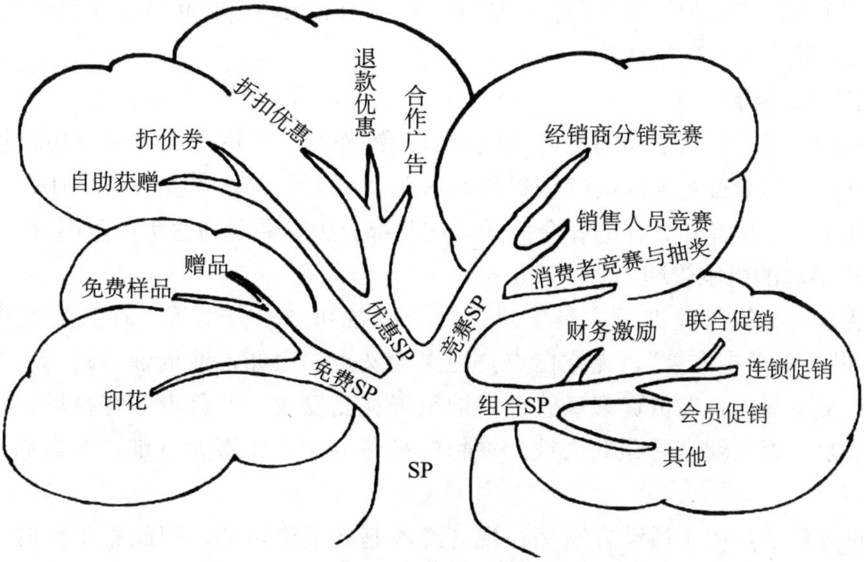

图 10－2　SP 促销工具树

营销视角 | 社交媒体营销

社交媒体已成为现代电子商务的新分支，称为社交商务。相较于传统的电子商务，社交商务呈现出独特的特征。在这个领域，产品的营销不再仅由生产者提供，而是由广大消费者通过社交媒体共同创造，形成了UGC（用户生成内容）。在移动互联时代，社交商务引领着消费者主动获取信息的新趋势，他们不再被动接受商家的推荐，而是积极参考其他消费者创造的信息，将其作为购买的决策依据。

现代消费者趋向于积极利用社交媒体，通过分享照片、视频等方式来评估和传播信息，为其他消费者提供可信赖的购买信息。社交媒体上的内容不仅具有评估性，而且对于说服消费者起到了积极作用。UGC为消费者的购买决策提供了有力的信息支持，同时也对品牌识别、内容评价和购买意图产生了积极影响。

小红书是社交媒体营销的代表性平台。作为一个提供海量生活方式分享笔记的平台，小红书上95%以上为用户原创内容。这些原创内容深度还原了真实的消费场景和用户体验，为消费者的决策提供了参考。用户参与内容创作，形成了“浏览笔记—种草—拔草—发布笔记”的正向循环。消费者浏览笔记后可能会被吸引，产生“种草”行为，然后下单“拔草”，最后发布笔记，再次吸引其他消费者“种草”。这种循环可以不断提升用户的活跃度和流量转化率。

资料来源：薛云建，高晶，浦徐进．用户和营销人员生成内容对消费者购买意愿的影响：以新浪微博为例．经营与管理，2022（7）：24－32；张明．小红书从“种草”到“拔草”．企业管理，2022（8）：48－53.

4. 促销活动时间和地点

促销活动的时间和地点选择恰当会事半功倍。在时间上应尽量让消费者在空闲之际参与，在地点上也要方便消费者；事前要与政府相关管理部门和参与部门沟通好。开展促销活动的时机和地点很重要，促销活动的持续时间也很重要。促销活动持续时间过短会导致无法实现购买行为，很多利益不能获得；促销活动持续时间过长又会使费用过高，并降低活动在顾客心目中的地位。

5. 促销活动传播

促销活动传播对促销活动的最终成败起着关键作用，无论是通过对宣传现场的布置来渲染气氛，还是通过对媒体的广告投放来吸引消费者，都很重要。选择什么样的传播方式及表现手法，选择什么样的媒介传播，这些都会影响受众到达率和费用投入力度。

6. 促销活动的组织管理

促销活动的组织管理涉及人员安排、物资准备和试验方案等。在人员安排方面要“人人有事做，事事有人管”，无空白点，也无交叉点。比如，谁负责与政府、媒体的沟通，谁负责文案写作，谁负责现场管理，谁负责礼品发放，谁负责顾客投诉，各个环节都要考虑清楚，否则就容易顾此失彼。在物资准备方面，要事无巨细，考虑周详，确保万无一失。

尤为重要的是，由于活动方案是在现有经验基础上确定的，因此有条件时可开展必要的试验来判断促销工具的选择是否正确、刺激程度是否合适、现有途径是否理想。试验方式可以是询问消费者、填调查表或在特定的区域试行方案等。

7. 促销费用预算

对促销活动的费用投入和产出应做出预算。促销费用过低会影响促销效果，促销费用过高又会影响企业的正常利润。应将开展促销活动所需的费用详细列出来。制定促销活动费用预算的常用方法有销售百分比法、量力支出法、竞争对等法和目标任务法。

应特别注意的是，许多促销效果是累积性的，必须到一定的程度才能显现。促销费用忽上忽下或发生中断，都会使促销效果不大且无法延续，还可能影响内部士气，甚至引起经销商或零售商的反感。

8. 促销活动意外防范

每次促销活动都有可能出现一些意外，制定促销方案时应考虑准备一些应对措施。比如政府部门的干预、消费者的投诉，甚至天气突变导致户外的促销活动无法继续进行，等等。策划者必须对可能出现的各种意外事件做必要的人力、物力、财力等方面的准备。

四、论证促销方案

促销策划方案制定出来以后，要进行讨论，以发现问题与不足，进一步修订和完善。对于大规模的促销活动，必要时还可以在正式实施前选择小区域市场进行测试，以确保促销方案的严密性、可操作性和实效性。

通常，论证促销方案主要从以下几个方面展开：

（一）法律方面

检查拟定的活动方案和活动细节，看是否符合政府有关部门在保护消费者权益、维护公平竞争等方面的限制性法规。

（二）物资后勤方面

促销活动可能需要制作特殊的包装，或者加印特殊的商品条形码，因此需要检查是否能够及时准确地把促销用品和器材运到促销现场。此外，还要确认相关部门在计划时间内实施该方案的可行性，确保各部门配合到位。

（三）促销预算方面

要考虑整个活动经费的预算是否全面准确，各项费用是否合理，不同产品的促销活动之间是否相互协调，经费能否到位等，力求以最小的费用取得最大的收益。

（四）促销时间方面

检查促销时间的选择是否考虑了大多数经销商和内部销售人员的实际情况，是否符合消费者的购买习惯。

（五）促销方式和力度方面

检查所选定的促销方式和力度是否适合本次促销活动所要达到的目的，是否能够有效吸引顾客参与。

营销视角 | 预售模式下的线上促销

自2020年“双十一”购物节以来，“定金十尾款”的定金预售促销方式备受关注。该促销方式要求消费者提前支付商品的定金，然后在尾款结算时可抵扣一部分商品价格。相较于普通折扣促销，预售活动能有效增加“双十一”的收入。同时，在预售模式下，消费者需求更加明确，供需匹配度更高。预售信息能提高企业对未来市场需求预测的准确性，为商家的生产和销售计划提供依据，防止产品滞销。此外，商家能够根据预售信息提前准备货物派送，降低“爆仓”和用户等待货物产生的额外物流运输成本。

预售模式不仅能为卖家提供灵活的价格策略，助力企业获取更多利益，实现精准营销，同时能规避商家在消费者信息方面的劣势，提高商家的利润。在这一背景下，预售模式逐渐成为电商竞争中的重要策略，被视为缓解电商“价格战”带来的竞争压力的战略发展方向。

资料来源：汪旭晖，陈鑫．基于平台型电商企业声誉和从众效应的预售定价策略．管理工程学报，2021，35（1）：126－141；王夏阳，江彤，周家鑫．定金预售模式下的电商线上促销及送货策略研究．当代经济管理，2022，44（4）：16－24.

（六）促销活动传播方面

检查促销活动传播是否有效、经济，是否适用于本次促销活动。企业常常通过内部测试、消费者调查、在选定的市场区域内进行试验等方式进行预先评估，以完善设计方案，把促销活动的风险降至最低。

五、实施促销方案

在促销活动中，有“三分策划七分执行”之说，可见促销活动执行的重要性。促销方案的实施包括前期准备和促销执行两大方面。

前期准备包括促销广告的创意设计，促销礼品、赠品、广告品、宣传品等促销物料的设计制作与发放，促销活动的内部沟通、动员与培训，促销活动现场的陈列与布置，促销产品的生产、运输与储存等。

促销执行包括促销广告的发布、促销活动现场控制、销售接待与服务、销售统计与货款回收等。要加强促销活动的执行力度，确保促销活动按照促销方案执行。要注意促销活动过程中市场的变化，及时解决促销活动过程中出现的问题。

六、评估促销效果

促销活动结束以后，要对照促销目标检查促销活动的执行过程，对促销效果及时进行评估，总结促销方案策划和执行过程中的经验教训，以提高促销活动策划水平和执行水平。常用的评估促销效果的方法如下：

（一）短期促销效果评估方法

1. 目标比较法

目标比较法指比较促销活动开展前后销售指标的变化情况，如销量、销售额、市场份额、品牌知名度、重复购买率、指名购买率等。其中，最常用也最容易操作的是对销量进行比较。

在促销活动前、促销期间和促销活动后，产品的销量会有所变化，并呈现出几种不同的变化情况。在其他条件不变时，销量的变化可以说明不同的促销活动产生了不同的效果。通常，可能出现的情况有稳步上升、平起平落、大起小落、小起大落、不起不落。

2. 观察法

观察法是指通过直接观察消费者或零售商对促销活动的反应，对促销活动的效果进行评估。这种方法操作起来简便可行，而且费用较低，反馈及时，但结论易受主观影响，不太精确。当促销前后的销量不易测量，目标比较法无法使用时，可采取此方法。当然，也可将此方法作为目标比较法的补充。

观察消费者对促销活动的反应，主要是对消费者参加竞赛或抽奖的人数、消费者反应率、优惠券的回兑率、消费者态度等进行观察；观察零售商可以从赠品的发放情况、零售店的陈列、张贴 POP 的情况、是否给消费者优惠等入手，从中得出结论。

3. 消费者调查法

消费者调查法是在目标市场中随机寻找一组消费者样本，和他们面谈，了解促销活动的知名度、消费者对促销活动的认可度、企业形象在促销活动前后的变化、有多少人从中获得利益，以及本次活动对他们将来的品牌选择有何影响等。通过分析这些问题的答案，可以了解促销活动的效果。

（二）长期促销效果评估方法

采用消费者固定样本调查可对促销活动的长期效果进行评估。主要是定期调查某部分消费者的品牌态度，包括品牌认知、品牌形象和品牌忠诚度等一系列指标的变化，由此推断一段时间内促销活动的效果。

信息技术的发展为促销活动长期效果的评估提供了良好的技术手段，应用这些先进技术可以观察家庭的购买行为、媒体行为的变化，以及消费者对不同形式促销活动的敏感程度，甚至可以帮助企业辨别哪种形式的促销活动对改变消费者的品牌购买习惯所起作用最大，或者什么形式的促销活动是形成消费者品牌忠诚的最佳选择。当然，也可以揭示出促销活动对品牌资产和品牌地位可能产生的负面影响。

营销视角 “网红”直播电商能带来忠诚消费者吗

直播电商作为一种新的零售渠道，已被证明能够依托主播的粉丝在短期内实现销售的增长。然而，直播电商能否将主播的粉丝转化为企业的忠诚消费者，为企业带来长期收益，仍是一个未知数。

研究发现：第一，在短期营销效果上，“网红”直播电商招揽新客的能力优于线上传统营销，但提升客单价、促进新客转化为会员的能力低于线上传统营销。第二，在长期营销效果上，“网红”直播电商中消费者的回购率、回购金额和回购数量都比线上传统营销中的消费者低，这表明“网红”直播电商并不能比线上传统营销带来更忠诚的消费者。第三，“网红”直播电商带来的效益受到“网红”主播的影响，主播的个人特征、专业领域等方面的差异会导致“网红”直播电商在短期效益和长期效益上的差异。

企业的营销渠道管理需要兼顾渠道的短期效益和长期效益。企业在布局直播电商时，不能仅仅看到直播电商带来的短期销售额的提升，还应当考虑直播电商对长期消费者忠诚的影响，将直播电商的长短期效益与企业的长短期目标结合起来更有益于企业做出科学的决策。

资料来源：邹玉凤，卢向华，李凤瑶．网红直播电商能带来忠诚消费者吗?：来自某化妆品品牌消费者购买的证据．外国经济与管理，2023，45（5）：134－152.

第3节　促销活动策划

促销活动形式比较丰富，不同形式的促销活动的策划要求不同，下面介绍一些常见的促销活动策划。

一、消费者竞赛促销活动策划

（一）消费者竞赛促销活动的概念

消费者竞赛促销活动是企业邀请消费者参加与品牌宣传和产品销售有关的竞赛活动，根据竞赛成绩赢取奖品或奖金的促销活动形式。消费者竞赛促销活动利用消费者的表现心理、好胜心理、快乐心理与幸运心理，吸引其参加企业品牌宣传与产品销售活动，使其赢得一定的奖励。

（二）消费者竞赛促销活动的主要形式

1. 品牌与产品知识有奖竞赛

这类竞赛要求参赛者根据促销品牌及产品的广告或使用说明书填写答卷，对优胜者给予奖励。问题越简单，参加的人自然越多，企业开展竞赛的目的就是希望参与者通过回答问题知道并记住这个品牌。这类竞赛的参加者往往无须购买。企业期望通过活动让公众接触品牌和产品，了解品牌和产品，以扩大潜在消费群体。

2. 产品包装收集竞赛

这类竞赛是鼓励消费者通过收集产品包装参与的竞赛活动。这类竞赛有利于促进产品的销售，只要奖品具有一定的吸引力，就会刺激消费者重复购买本产品，并收集包装参与竞赛。收集产品包装（如瓶盖）的竞赛是一种常用的促销手段，在给予优胜者奖励的同时，要注意到未获奖的消费群体，不能让他们失望。

3. 体育项目竞赛

体育项目竞赛指通过体育竞技来开展竞赛活动，这种方式比较容易吸引目标顾客参与，参与者既进行了比赛，又锻炼了身体。这样的活动也容易增加品牌在目标顾客心中的好感，提升品牌形象。

4. 智力竞赛

此类竞赛活动的难度稍大，需要顾客发挥自己的聪明才智，体现自己的创造力，获奖的评价标准也是以作品的创造力为准绳。此类活动着重于品牌形象的树立，活动的目标对象定位非常明确。这类活动大多并不直接要求公众消费产品，也不设置消费产品参与门槛，而是将重点放在吸引公众参与，以增加品牌的亲和力，缩短与公众之间的距离。此类竞赛形式很多，策划者可以充分发挥创意，如开展征文比赛、猜谜比赛、创意设计和书画竞赛等。

5. 广告语征集竞赛

这是以品牌建设为目的的竞赛活动，企业既可以通过诚心征集得到理想的广告语和建议，又能扩大产品和品牌的影响。征集广告语一般不以购物为前提，因此其最大的不足是参与者与产品的目标顾客相关性不大。企业如能针对目标顾客开展征集广告语和建议的活动，也许会使活动更加有效。

6. 个人形象与才艺竞赛

活动邀请参赛者参加形象与才艺比赛以展现活动主办方的品牌理念，虽然参赛者人数有限，但由于通常和大众媒体联合举办，具有良好的娱乐性和观赏性，因此也能吸引公众深度关注。这样的竞赛一般赛程时间和环节都较长，因此能起到持续深度传播品牌的作用。这类活动的主题若能迎合顾客的愿望（如过一把“明星瘾”），就能引人注目，如模仿秀、选美比赛等竞赛活动。

7. 产品现场消费竞赛

这是一种使用或消费产品的竞技活动，主办企业旨在通过产品消费竞技活动提升产品的影响力。比如，各类啤酒节上往往有喝啤酒比赛的传统项目。这类竞技如能设置一定的条件，争取更多的顾客参与，就可能产生更大的效应。这类竞技应特别注意活动的秩序和安全，否则会适得其反。

（三）消费者竞赛促销活动的策划要点

在策划竞赛活动时，主办方应特别注意以下问题：

1. 确定适当获奖者人数

竞赛活动获奖者太多，往往会引发一些纠纷和问题。通常竞赛活动的获奖者最好不要超过100人。

2. 确定活动内容的合法性

举办大规模竞赛活动前，主办方应事先确认所有的活动内容完全合法，以免日后出现麻烦。可以向律师、公证处或管理部门咨询。如根据《中华人民共和国反不正当竞争法》，抽奖式的有奖销售最高奖的金额不得超过五万元。

3. 及时公布竞赛活动结果

竞赛活动结束后，主办方应该及时公布竞赛答案，竞赛的答案应有明确的对错标准。这实际上是一种很有效的营销传播手段，因为这些答案通常是介绍促销商品的主要优点的。

二、有奖销售活动策划

（一）有奖销售活动的概念

有奖销售活动以场面热烈、回报率高、惊心刺激、内容丰富、形式多样被企业广泛采用，并被认为是见效最快、最适合激发消费者购买欲望的促销活动之一。消费者在购买商品时也往往存有侥幸心理，希望自己的选择不仅物有所值，而且能够有意外收获，因而乐于参与有奖销售。

（二）有奖销售活动的基本形式

1. 以产品促销为主题的有奖销售

这类有奖销售包括产品包装附赠奖励和产品销售随机奖励。

产品包装附赠奖励主要指在产品包装内附有奖品、奖金或获奖凭证，但从产品外包装上看不出是否有奖，更看不出奖项的内容和等级，只有当消费者购买产品后打开包装才能发现。这种促销活动在食品、饮料、酒水等竞争激烈的行业中运用得特别多，如“揭盖有奖”“再来一瓶”等。

产品销售随机奖励主要指顾客在购买产品时可在购买现场通过一定方式抽奖。为提高促销奖励的直接性，避免顾客等候或来回折腾，通常采取现场抽奖并兑奖的方式，市面上常用的抽奖方式主要包括刮刮卡刮奖、抽奖箱抽奖（摸奖）、幸运转盘转奖等。奖项的设计和中奖的概率是事先应告知顾客的，抽奖有时也采取非现场方式即事后集中抽奖。

2. 以品牌传播为主题的有奖销售

以产品购买为条件的有奖销售直接与产品销售相关，尽管这对于促进当期产品销售有明显的作用，但是对于品牌提升的意义不大，对于产品的长期稳定销售意义也不大，而且由于频繁使用，作用效果也呈下降趋势。因此，需要丰富有奖销售的形式，降低有奖销售过于商业化、功利化的色彩，通过奖励消费者对品牌传播的贡献，加强品牌与消费者利益与情感的互动沟通，加强品牌与消费者的联系，促进品牌深度融入消费者的心智与情感。面对追求个性化、购物渠道多元化和过程体验的新时代消费者，采用这类激励方式更有必要。而互联网及信息通信技术又为品牌与消费者互动沟通提供了极大的便利，因此，这种有奖促销更容易执行。

3. 以奖励消费者才智为主题的有奖销售

面对有强烈自我表达意愿的新兴消费者，企业需要用彰显自我风采、实现自我价值的方式来吸引消费者参与，让有奖销售真正“奖”到消费者心里。越来越多的企业将有奖销售的重心转移到为消费者提供展现才艺的平台上，当奖品变成对消费者个性和自我形象的肯定，需要他们去构思和创意甚至有时需要付出努力才能得到时，“奖”就会变得更有价值，消费者也会更重视和珍惜。

（三）有奖销售活动的策划要点

从本质上说，有奖销售是企业与消费者之间的情感互动，它需要企业付出情感和智慧，通过价值主张的传递，建立消费者对商品本身的信任和对品牌的认同，从而提供能满足其需求的产品或服务。在进行有奖销售活动的策划时，企业在技术层面需注意以下五点：

1. 避免胁迫和控制消费者

有奖销售活动的策划应避免胁迫和控制消费者。胁迫和控制消费者等于变相剥夺了消费者的购物选择自由。如果试图通过投机取巧的手段来诱使消费者购买产品，必然会引起消费者的反感和抵制。

2. 避免自说自话

企业在策划有奖销售活动时，应找准产品与消费者之间的情感触点，避免自说自话，让企业与消费者之间沟通顺畅，以带动消费者广泛参与。

3. 防止品牌传播错位

一次成功的有奖销售活动必须精准地传播品牌的价值主张，使品牌形成正向积累。品牌传播主题要契合目标顾客的需要和媒体接触习惯。

4. 做好管控

有奖销售活动操作难度大，需管控的环节多，充分考验企业营销部门的执行力。因此，在进行有奖销售活动设计时，原则上不能占用消费者太多时间。促销管控不力还会导致企业销售队伍和销售网络的腐败，从而失去消费者的信任。

5. 创新有奖销售形式

随着电子商务的兴起，企业传统有奖销售模式的效果呈现出边际效益递减的趋势。传统有奖销售模式如何突破旧套路进行升级成为企业必须面对的挑战之一。

三、游戏促销活动策划

（一）游戏促销活动的概念

游戏促销活动是企业设计一些构思奇巧、妙趣横生的游戏节目让消费者参与，同时把企业信息、品牌信息、产品信息传递给消费者的一种促销行为。游戏促销能充分满足人们的兴趣，将枯燥简单的促销活动变得丰富多彩、妙趣横生，从而增强品牌宣传与产品促销的互动性与有效性。游戏促销的成功机理在于消费者爱玩的天性，游戏促销容易给消费者带来深刻的印象，从而加深其对品牌的印象。

（二）游戏促销活动的主要形式

1. 智力游戏促销

这类游戏促销活动以拼字游戏、拼图游戏等智力游戏方式赢取产品、奖品、奖金或价格优惠折扣，使产品促销过程充满趣味，让消费者在购物过程中感受到实惠与快乐。

2. 体力游戏促销

体力游戏促销让顾客比拼体力来赢取活动奖励，从而促进产品销售和品牌传播。

3. 趣味游戏促销

趣味游戏促销让顾客参与语言趣味、音乐趣味、技巧趣味活动赢取奖励，从而传播品牌、促销产品。

4. 集物游戏促销

集物游戏促销让顾客收集产品包装中的商标、活动标志、游戏卡片、系列图画、系列人物或系列故事来赢取奖励，由于要集齐活动规定的数量，消费者必须购买很多产品，因而带动了产品的销售。

（三）游戏促销活动的策划要点

1. 游戏活动参与对象应与目标消费者一致

虽然每个人都有一定的童趣，但不同年龄、不同层次的消费者对游戏类型的接受度存在很大差异。因此，唯有针对产品目标消费群的心理设计的游戏才能打动他们。

2. 游戏方式尽量从简并具可操作性

尽管游戏内容的趣味性和可操作性在某种意义上有一定的矛盾，趣味性强的游戏，内容势必会复杂一些，但是，只要游戏的原理比较简单，并注入了时尚元素，就具有可操作性。

3. 游戏参与门槛不能太高

游戏参与门槛越低越好，最好不要限制参与条件，而应以集聚人气、寻求商机为目的。制造商以产品为载体的游戏活动可以配合优惠券一起开展。应尽可能简洁明了地说明游戏方法，通过演示、图例等让消费者感到方便有趣，再以诱人的奖品来刺激鼓励。

4. 游戏主题要有新意和吸引力

要设计一个有创意、简单、极具吸引力的游戏主题，不但要有趣味性，能够吸引顾客的注意力，还要将产品或品牌内容巧妙地融入其中。游戏主题具有一定的新闻性更好。

5. 游戏的奖励要有吸引力并可在现场兑现

消费者参与的诱因归根结底在于奖品，奖品的设置同样是以少数大奖吸引人、以多数小奖安慰人。大奖可以是超出产品价值的，中奖一般为产品，小奖一般为纪念品。同时，设置奖品不能忘记品牌传播的目的。中奖面要可控，不宜以抽奖的方式来控制奖品数量，否则会大大损害参与者的积极性。奖励通常需要在游戏现场兑现（金额非常大的奖励除外），否则参与者会觉得很麻烦，影响其参与的积极性。

四、集点换物活动策划

（一）集点换物活动的概念

集点换物活动是一种先消费后获赠的促销活动。集点换物活动的基本形式是消费者收集产品的购买凭证，达到活动规定的数量即可换取不同的奖励。奖励可以是本企业的同类产品，也可以是其他赠品礼品，或者是下一次购买的折扣优惠券等。集点换物的最大目的在于鼓励消费者重复购买，培养忠诚稳定的消费群。集点换物活动适用于品牌知名度高的成熟产品，且是消费频繁、消耗量大的产品。

（二）集点换物活动的常见形式

1. 无时间限制的集点换物

无时间限制的集点换物指的是无论什么时候，消费者购物后都可得到积分券，积分券只要积累到一定数量，就可兑换规定的礼品，兑换礼品的时间没有限制。其最大的好处是让消费者打消顾虑，放心参加。不利之处在于，活动一经宣布，公司就不得不预留该笔预算，即使绩效不佳或公司经营状况发生变化，都不能轻易中止，以免企业信誉蒙受损失。

2. 有时间限制的集点换物

大多数的集点换物活动都会规定一个时间期限，即消费者须在规定的促销期内购物才能得到积分券，并且只有在规定的促销期内，消费者把规定数量的积分券交给厂商，才能兑换礼品。如果超过了规定的促销期限，消费者购物就得不到积分券，也无法拿已有的积分券兑换礼品。有时间限制的集点换物促销活动旨在促使消费者在短期内增加购买次数或购买金额。这种方式对企业来说易于控制活动的预算开支，更受欢迎。

（三）集点换物活动的策划要点

集点换物活动的策划应注意以下要点：

1. 活动产品策划

要确定哪些产品线或产品项可以参加活动，可以全线参加也可以部分参加，具体根据企业的需要来确定。

2. 换物内容策划

确定集点兑换的是本企业的产品还是其他赠品。通常选择兑换本企业产品，也可以选择兑换其他赠品，这时赠品的选择就和买赠促销的赠品选择一样，需要考虑目标消费者的喜好等多种因素，选择消费者喜欢的赠品才会使集点换物活动产生吸引力，消费者才会积极参与。要合理估计赠品采购数量，提前采购。一般来说，兑换的产品或赠品的品种数量应尽可能多，这样消费者就有一定的选择空间。

3. 兑换标准策划

可以根据换购的产品或赠品的价值确定不同的集点。集点分布要尽可能广一点，使更多的消费者参与。集点设计要合理，不能太高也不能太低，这需要测算产品价格、成本和利润，需要研究消费者的购买频次和有效刺激区域值。

4. 活动时间策划

可以根据产品的购买周期或消费周期并结合集点的数目综合确定一个较为合理和消费者能够接受的时间周期。

5. 活动方式策划

集点换物活动通常是在产品包装上印制活动标志，如在包装袋上、瓶盖里或者产品标签上印制活动标志，也可以印制专门的活动卡片，消费者收集这些活动标志和卡片到指定地点兑换产品和赠品。为了方便消费者，也为了增强活动的效果，兑换地点一定要尽量方便消费者，并尽可能与产品销售地点一致，以便增加回头客，带来持续消费。

6. 活动传播策划

集点换物活动需要向消费者进行传播，可以采用媒体广告宣传，也可以采用售点广告宣传，但通常都会在产品包装上做活动宣传。要协调好产品的销售周期与活动的时间周期，最好能做到两者一致。

促销策划是在对广告、营业推广、公共关系、人员推销等各种促销工具进行组合运用时具有创造性的谋划与设计。促销策划的本质就是促进企业销售目标的实现，刺激消费者购买和增加经销商效益而设计的促销活动及措施。进行促销活动策划时，企业要根据具体营销情景开展负责任促销活动设计，让消费者自主选择参与这些活动。云计算、大数据、物联网、人工智能等数字技术的发展，催生出销售促进的新方式、新模式，给商业世界带来了广泛而深刻的影响，数字技术的应用使顾客在线上、线下不同场景中的活动数据化。企业能够对顾客在购买过程不同触点的数据进行采集、研判与应用，通过动态反馈实现全顾客生命周期的精准营销，有效提升顾客体验，极大提升了促销活动的互动性、针对性和有效性。

促销活动策划应体现诚信准则，遵守相关法律规定。企业开展促销要公示促销规则、促销期限以及对消费者不利的限制性条件等，充分保障消费者的知情权，维护消费者的合法权益。企业在促销策划中要遵守营销伦理道德，诚实守信、实事求是，不开展不正当竞争的促销，不夸大产品的功效，不传播虚假优惠折扣，杜绝假冒伪劣和欺诈。促销策划要坚持内容为王，坚持以社会主义核心价值观为指导，呈现健康、积极、正面的营销内容，引导健康消费，弘扬社会正气。

案例分析

流浪宝贝暖冬公益行动策划

2023年大雪节气之际，淘宝联合阿里巴巴公益、小流浪旅舍、它基金特别发起了一场流浪宝贝暖冬公益行动。

这次公益行动的特别之处在于：首先参与这次行动的55家淘宝店铺，集体把自己重点商品推荐的广告位让给了一群流浪小动物。这些小动物来自全国各地的流浪动物救助站、小动物保护中心、生命关爱基地，它们有自己的名字，也有自己的性格与喜好。

淘宝设计的这次公益行动的参与机制非常简单。只要消费者用手机淘宝搜索“帮小流浪过冬”，在主会场里点击救助任意一个小动物，消费者就可以进到包括网易严选、卫仕、云宠宝、普安特在内的55家淘宝店铺中的一家。之后，只要选择用0.01元认购一份暖心包，商家就会相应地在这个冬天配捐20元物资给到小动物们。消费者认购完毕后，也会收到一封感谢信。

除了集结淘宝商家把店铺的推荐位置让给流浪小动物，淘宝还做了两件事。第一件事是把一些常年合作的户外广告位让给了那些需要帮助的小动物。第二件事是准备了5万多个特别定制的爱心快递盒，给参与这次活动的爱心淘宝商家。那些下单这次公益宝贝的消费者收到快递拆箱时会发现，盒子底部有一封信，信上写的则是感谢在这个冬天为小动物们送出的爱意。

在这次流浪宝贝暖冬公益活动策划中，淘宝打通了站内推荐页、线下广告位、用户快递盒这些媒介触点，完成了商家一对一帮扶小动物、用户低门槛参与的公益行动。

资料来源：冬日最暖公益：大雪，淘宝推荐“需要你的”宝贝．(2023-12-15)．https：//www.rmzxb.com.cn/c/2023-12-15/3460029.shtml.

讨论题

1. 结合案例分析此次促销活动策划的成功之处。

2. 结合案例分析此次活动如何营造促销氛围。企业如何通过促销活动策划塑造良好形象？

重点名词

促销策划	整体促销策划	单一促销策划
促销策划流程	促销工具	促销活动策划

思考题

1. 什么是促销策划？促销策划的类型有哪些？
2. 简述促销策划的流程。
3. 促销策划方案应包括哪些内容？
4. 促销活动主题设计的方法有哪些？
5. 消费者竞赛促销活动的策划要点是什么？有奖销售活动的策划要点是什么？
6. 试对一家企业的产品进行调查分析，并在此基础上撰写促销活动策划方案。

拓展练习

一、目的与目标

1. 了解促销策划应具备的理论知识，熟悉促销策划的内容与流程。

2. 掌握促销策划的5W2H法则及其在企业实践中的运用。

二、内容与要求

1. 资料准备：收集整理2～3份促销策划案例，分类归纳并总结核心要点。

2. 具体任务：通过对促销策划内容的学习，分组进行促销策划的训练。

3. 任务要求：收集本地企业的促销策划案例，开展模拟促销策划的练习。

三、组织与实施

1. 将班级同学分成5～6人一组的小组，实行组长负责制，全体组员共同完成课堂任务。

2. 各小组进行分工，完成资料的收集、汇总与分析。

3. 经过小组讨论后，完成实训报告，提交PPT文档，注明分工及各自的贡献。

4. 各小组选派成员对报告进行讲解，并回答其他组成员的提问。

5. 授课老师对各组的汇报进行点评及评分，提出意见及改进建议。

拓展阅读

一、阅读案例

1. 吕雅柔．珀莱雅让情绪发声．销售与市场（管理版），2023（12）：103.

2. 臧晨渊．“东方甄选”直播的情感传播策略．新媒体研究，2023，9（18）：68-71.

3. 2023安踏全域营销案例拆解，探究服装服饰行业品牌全域营销布局与玩法．（2023-11-07）．https：//zhuanlan. zhihu. com/p/665426519.

二、阅读书籍

1. 克洛，巴克．广告、促销与整合营销传播：第8版．北京：中国人民大学出版社，2021.

2. 张荣举．快消品促销管理与方案：规划·技能·工具．北京：中华工商联合出版社，2021.

3. 西奥迪尼．影响力．北京：北京联合出版公司，2021.

4. 曾鸣．商业智能．北京：中信出版社，2018.

即测即评

扫描二维码可在线自测并查看答案。

第11章
公共关系策划

本章要点

- 了解公共关系策划的概念和原则。
- 掌握公共关系策划工作的注意事项。
- 掌握公共关系策划的流程。
- 掌握典型公共关系专题活动的策划要点。
- 掌握危机公关的策划要点。

引导案例

华为 Mate 60 Pro 何以爆火出圈

2023 年 8 月 29 日，经过数年蛰伏，备受外界关注的 Mate 60 Pro 出现在了华为商城的线上货架中，未开新机发布会便开售。在几乎零宣传的情况下，华为 Mate 60 Pro 依然引发了广泛关注和抢购热潮。9 月 25 日，华为新品发布会上主办方虽然没有过多提及 Mate 60 系列，但它依然成为主角，现场观众多次齐呼“遥遥领先”，场外刷屏朋友圈。

华为 Mate 60 Pro 预售当天，上架即售空。上市一个月之内，该手机先后经历了销售热、讨论热、拆机热，引发了“是否为 5G 芯片”“华为回归 5G”“华为苹果 PK”“华为回归，谁受影响最大”等热门话题的讨论。华为 Mate 60 Pro 成为近年来全球手机市场热度、关注度最高的现象级爆品之一。

这款华为手机的芯片型号和制式是什么？支不支持 5G？这是市场和消费者最关心的问题。但是，华为在这些点上留下悬念。华为在所有的宣传页面中，并没有出现“麒麟”和“5G”字样，这给了市场各种猜测、测试、遐想的空间。华为 Mate 60 Pro 也被消费者冠上了“争气机”的美誉。从网上的留言和刷屏，到线下的咨询和抢购，大家纷纷用实际行动来表达支持。

资料来源：吴清．华为 Mate 60 何以爆火出圈．中国经营报，2023－10－16.

启示：华为 Mate 60 Pro 上市是一次成功的公共关系活动策划。华为 Mate 60 Pro 上市极具新闻话题性。精准的发布时机和节奏控制、消费心理洞察、差异化竞争买点，都是华为 Mate 60 Pro 手机迅速出圈的重要原因。公共关系策划涉及驾时（时机）、运势（空间）和使术（策略）的综合考量。公共关系策划切忌无中生有，违背真实性准则。

第1节　公共关系策划概述

一、公共关系与公共关系策划的概念

公共关系是社会组织在运行管理过程中，为了塑造组织形象，促进社会公众对组织的认识、理解、信任、支持与合作，通过传播手段来影响公众的活动。构成公共关系活动的三个基本要素是组织、公众、传播沟通。

公共关系策划是组织为获得公共关系活动的成功和实现形象战略目标而事先进行的谋划、构思和设计最佳方案的过程。通常，通过公共关系调查确定了公共关系问题并掌握了充分的信息之后，就要进行公共关系策划，制定公共关系活动方案。公共关系策划直接体现公共关系目标，即塑造组织形象，提高组织的知名度与美誉度。公共关系策划具有强烈的战略性、策略性和创造性，具有全局性、长期性、指导性、稳定性等特征。

营销视角　公益组织形象的符号传播

公益组织形象是社会对公益组织的整体看法和评价。公益组织形象符号传播主要包括视觉符号、理念符号、行为符号的传播。

公益组织的视觉识别系统是公益组织整体形象的视觉符号传播系统，是公益组织理念表达符号化、形式化的重要载体，是公益组织个性化呈现的表达方式。公益组织的名称、标识符号、标准字、标准色、宣传口号、宣传歌曲、宣传视频等视听符号，是公益组织理念和行为规范的集中性、抽象化、符号化反映，是公益组织形象的生动体现。

公益组织的理念是指公益组织长期传承而形成的共同认同和遵守的价值准则和文化观念，以及由公益组织价值准则及文化观念决定的本组织发展方向、思想和战略目标。公益组织的理念符号主要依靠公益组织的故事和理念口号传播。

公益组织的行为符号传播可能是一个血肉丰满的人物传播，也可能是一项贴切的服务传播，它们一起积极参与公益组织形象的构建。

资料来源：肖灵．公益组织形象的符号传播探析．新闻爱好者，2022（8）：59－61.

二、公共关系策划的原则

（一）公众利益与组织利益相统一

在公共关系策划过程中，既要反映组织发展的要求，也要反映公众对组织的要求，做到公众利益与组织利益的统一。这种互惠互利精神指导下的公众利益与组织利益的统一，应体现在公共关系活动的全过程，包括以下几个方面：首先，应体现在公共关系活动的目的上。其次，应体现在公共关系活动的计划上。再次，应体现在实施公共关系项目的行为上。最后，应落实到公共关系活动的效果上。

（二）总体形象与特殊形象相统一

一个组织形象的好坏是相对于公众的要求而言的，形象策划就是要设法赢得公众的好感和支持。成功的公共关系策划应既能满足一般公众的共性要求，又能满足特殊公众、重点公众的特殊要求，既不厚此薄彼，又能形成自己的风格，使组织的总体形象和特殊形象和谐统一。

（三）知名度与美誉度相统一

知名度和美誉度是相辅相成的。知名度只有以美誉度为基础，才能产生正面的积极效果；美誉度要以知名度为条件，才能充分显示其社会价值。提高组织的知名度和美誉度，既是从组织的生存发展需要出发，也是从公众的利益需求出发，二者不可偏废。

（四）社会效益与经济效益相统一

首先，公共关系活动必须重视经济效益。经济效益是企业追求的主要目标之一，也是最直接的目标，只有重视经济利益才能维持企业的运转。其次，公共关系活动的目的之一是使组织与公众相互了解和适应，而这种了解和适应的最佳基础就是社会效益。最后，应处理好经济效益与社会效益的辩证关系。企业应有长远的眼光和社会责任感，兼顾经济效益与社会效益。

（五）独创性与连续性相统一

公共关系策划的本质是创新，是在尊重科学的基础上发挥创造性思维，求新求特，策划出与众不同的活动内容和方式。但组织的形象不是仅凭一两次成功的活动就能改善的，还应考虑到活动的阶段性和连续性，使独创性与连续性相统一，以实现首尾一贯的效应。

（六）既定性与变通性相统一

要在坚持原则性、坚持既定目标的同时保持一定的灵活性、变通性，在方案的实验论证和实施中不断反馈调整，该放弃的必须放弃，不能僵化、教条。

三、公共关系策划的作用

（一）树立组织形象

公共关系策划是要帮助组织树立起良好的内外部形象。在组织内部，使员工具有良好的精神面貌，形成较强的凝聚力和向心力。在组织外部，主动利用各种手段传播信息，让公众了解自己、认识自己，赢得公众的理解和信任。

（二）建立信息网络

由于外部环境不断变化，企业如果不及时掌握市场信息，就会失去优势。公共关系活动是企业收集信息、获得反馈以帮助决策的重要渠道。

（三）处理公众关系

在现代社会环境中，公共关系活动是维持和协调组织与内外部关系的最有效的手段。主要有三个方面：一是协调领导者与员工之间的关系；二是协调组织内部各职能部门之间的关系；三是协调组织与外部公众的关系。

（四）消除公众误解

任何组织在发展过程中都可能出现失误，这就要求组织提前做好应急准备，通过公共关系起到缓冲作用，使矛盾在激化前及时加以缓解，为组织重新塑造良好的形象。

（五）分析预测

公共关系可以帮助组织及时分析社会环境的变化，包括政策、法律法规的变化，向组织预报有重大影响的近期或远期发展趋势，预测组织重大行动计划可能遇到的社会反应等。

（六）促进产品销售

通过适当的公共关系活动向公众介绍新产品、新服务，既能激发公众的消费欲望，又能为企业和产品树立更好的形象。

四、公共关系策划工作的注意事项

（一）以组织目标为核心

公共关系策划为组织目标服务，而解决组织形象问题是公共关系的首要任务。偏离组织目标的行为是对组织资源的浪费。公共关系策划开始时就必须确定主题、媒介、标志、广告词、理念、资金量和来源、持续时间等。这一切都要围绕组织目标进行。评估一个公共关系策划方案，要看其能否实现组织目标，能在多大程度上实现为总目标服务的公共关系目标。

要研判公共关系策划目标，一方面在公共关系活动立项前要充分了解组织的目标并迅速将目标归类分析，列出公共关系活动策划的目标系统；另一方面要在公共关系活动中保持一定的灵活性与应变性。

（二）以公众心理为主战场

公众心理研究是公共关系策划的依据之一。首先，这是由公共关系的职业性质决定的。公共关系工作面对的客体是公众。公众心理研究成功与否决定了公共关系的策划效果。其次，这是由社会和时代发展决定的。公众需要多样化，其根源在于心理需要的多样化，因此，研究公众的心理成为公共关系策略走向成功的必由之路。公众心理是公共关系策划综合评估的重要内容。

公共关系策划过程中要研究公众心理，首先要开展公众调查研究。调查后要深入分析公众处于什么层次，诉求点应放在何处，公众心理的主要倾向是什么；论证评估时，一定要讲清公众心理与组织目标的辩证关系。

（三）以信息个性为“金刚石”

信息个性是指公共关系策划所传播的信息要具有鲜明的个性，要明显区别于其他同类信息，应是不可替代的。

信息个性是公共关系策划获取竞争优势的需要。若公共关系策划没有好的创意，没有信息个性，就会被信息的汪洋大海所淹没。任何组织要赢得公众必须满足信息个性化要求。因此，公共关系人员在策划伊始就必须着眼于策划的信息个性。公共关系策划要突出个性，信息传播口号可以将组织名称嵌进去，使组织特色一目了然。

（四）以审美情趣为“金钥匙”

审美情趣是公共关系策划的起点之一。要想使公众满意，就要考虑公众的审美水平、审美感知、审美评价、审美享受、审美意识的层次，还要注意到审美的关系，即美与美感、内容与形式、主体与客体的关系，方案设计者与方案接受者的审美关系等。

进行公关策划，应充分了解公众的文化背景，运用心理学、美学、哲学的观点，考虑多方面的审美效果。

五、公共关系策划的 PDCA 工作法

公共关系策划一般采用 PDCA 工作法来开展，即计划（plan）、实施（doing）、检查（check）、总结（act）（见图 11－1）。

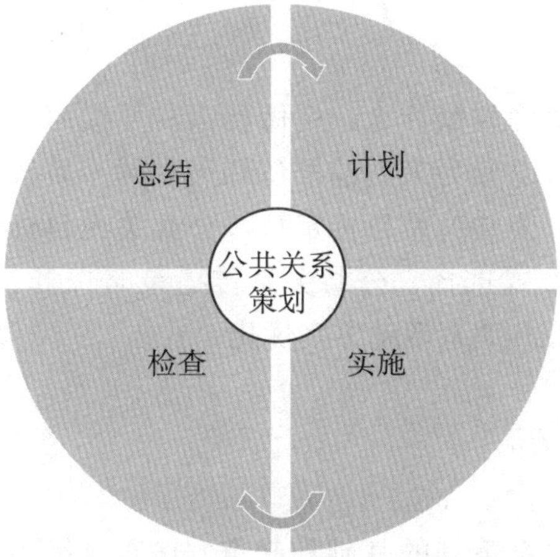

图 11－1　公共关系策划的 PDCA 工作法

（一）计划

一个有创意又可行的计划是策划成功的关键。公共关系计划包括方针和目标的确定，以及活动规划的制定。

（二）实施

一个好的计划要在实施的过程中才能显示它的价值。实施过程也需要周密的设计，因为实施过程涉及大量的资源配置、人员调度以及时间与空间的安排。

公共关系计划的实施目的在于为组织塑造良好的社会形象，影响公众舆论，优化组织环境。正确运用传播媒介和选择公共关系的活动方式是公共关系计划实施的关键。

（三）检查

通过检查，可以不断修改差错，控制质量，督促进度，保证实施顺利。这一步实际上是和实施同步的，而检查的标准是预先制定好的。检查可以采用亲临实践、现场指导等方式。

检查的目的是在肯定成绩的同时发现新的问题，以便不断调整组织的公关目标、公关政策和公关行为，持续改进公共关系计划。

（四）总结

总结是下一次公共关系策划活动的开端。通过总结分析，可以吸取经验教训，积累策划素材，为以后的成功策划打下基础。可以根据公众对组织形象的反馈意见调整形象，选择更成熟的公共关系途径和公共关系方案，不断提高公共关系策划的档次，朝更科学的方向发展。常用的总结方法有民意调查法、专家评价法和比率统计法等。

第2节　公共关系策划的流程

进行公共关系策划要明确先做什么、后做什么，要按照一定的步骤、方法去思考问题。公共关系策划的流程可以分为策划前准备和策划两个阶段，涉及的具体工作程序分别是：公共关系调查分析、公共关系目标定位、公共关系目标公众分析、公共关系活动主题设计、公共关系活动方式选择、公共关系传播策略选择、公共关系活动经费预算、公共关系活动组织安排、公共关系活动方案优化。

一、公共关系调查分析

公共关系调查是公共关系策划的基础和起点。它通过运用定性和定量研究方法，准确地了解公众对组织的意见和态度，发现影响公众舆论的因素，并分析和确定社会环境状况、组织的公共关系状态及其存在的问题，为组织制定切实可行的公共关系策划方案提供客观依据。

公共关系调查分析的内容包括组织基本情况调查、组织形象调查和组织的社会环境分析。

（一）组织基本情况调查

组织基本情况调查指对组织内部的各种因素进行分析，主要是分析组织的政策、活动程序及行为是怎样促使问题产生和环境变化的，还包括对组织关键人物的观点和行为的分析，对与问题相关的组织各部门和单位的活动过程的分析及对组织历史等的分析。

（二）组织形象调查

组织形象是公众对组织的整体印象和评价，也是组织的表现和特征在公众心目中的反映。组织形象调查包括组织自我形象调查、组织实际形象调查和组织形象差距分析。

1. 组织自我形象调查

组织自我形象即一个组织自己所期望建立的社会形象。组织自我形象分析包括组织实态的调查分析、员工层的调查研究、管理层的调查分析和决策层的研究分析。一个组织的形象蓝图最终来源于决策层。因此，在进行组织自我形象调查时必须尽可能把握决策层的观点、意见、态度，作为组织自我形象分析的重要依据。

2. 组织实际形象调查

组织实际形象即组织的实际状态和行为在公众舆论中的投影、反映，也就是社会公众和社会舆论对组织实际状态和行为的认知和评价。这种认知和评价体现为组织在社会公众中的知名度和美誉度。组织实际形象调查就是通过舆论调查和民意测验，了解组织在社会公众中的知名度和美誉度，测定和分析组织在社会上的实际形象。

3. 组织形象差距分析

组织形象差距分析即将组织的实际形象与组织的自我形象进行比较分析，揭示二者之间的现实差距，指明公共关系策划工作的目标和任务。

对于组织的实际形象，可以在综合分析公众评价意见的基础上应用组织形象地位象限分析法进行测量（见图 11－2）。

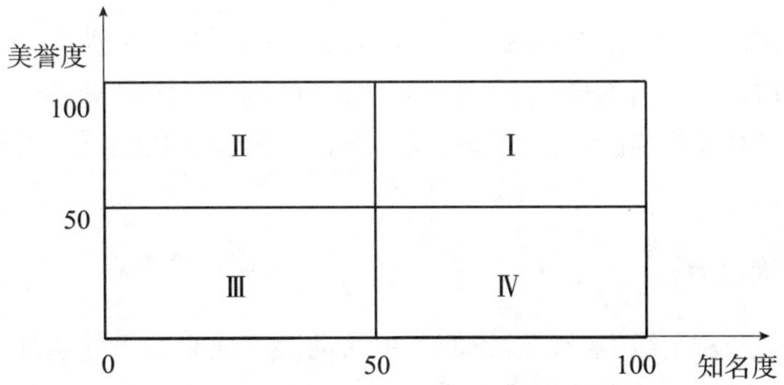

图 11－2　组织形象地位象限分析图

如图 11－2 所示，处于第Ⅰ象限的组织形象为高知名度/高美誉度，属于最佳的公共关系状态。处于第Ⅰ象限的组织需要注意，知名度越高，美誉度的压力就越大。处于第Ⅱ象限的组织形象为高美誉度/低知名度，属于较为稳定、安全的一种公共关系状态。处于第Ⅱ象限的组织需要意识到，组织知名度偏低，美誉度的社会价值得不到应有的体现。处于第Ⅲ象限的组织形象为低美誉度/低知名度，属于欠佳的公共关系状态。处于第Ⅲ象限的组织既没有名气，公众评价也不好，但因为其知名度低，公众不良印象和评价的影响面比较窄，负面作用相对比较小。处于第Ⅳ象限的组织形象为低美誉度/高知名度，属于“臭名远扬”的公共关系状态。在这种情况下，组织首先应该设法降低负面知名度，向第Ⅲ象限转移，再努力挽救信誉，为重塑形象打基础。

（三）组织的社会环境分析

组织的社会环境分析是对组织所处的环境进行分析以确定自己是否适应社会环境的变化，以及怎样调整自己以适应社会的需要。组织的社会环境分析需要特别关注社会公众舆论。

二、公共关系目标定位

公共关系目标定位就是要弄清自己想干什么、想要达到什么目的，即确定公共关系目标。策划者要在公共关系调查分析的基础上，对公共关系的未来环境及对组织可能产生的影响进行科学的预测分析，思考组织面临的公共关系问题，并结合实际情况确定公共关系策划的目标。常见的公共关系目标可以分成以下四类：

（一）形象塑造目标

公共关系的目的在于塑造良好的组织形象。当组织形象还没有在公众面前树立时，公关的主要任务是树立形象。一旦树立了组织形象，就要维护组织形象。因此，形象塑造是公共关系策划的重要目标之一。

（二）形象矫正目标

当组织形象在公众心目中下降或不好时，就应从各个方面疏通与公众的关系。同时，促使组织改进工作，矫正组织形象。根据内外部条件的变化不断调整组织公关的目标和任务，是动态调整系统模式的主要工作方法。为此，形象矫正是公共关系策划的重要目标之一。

（三）形象优化目标

组织形象是公众对组织本身、组织的各项活动及其成果给予的总的评价和认定，它体现着组织的宗旨和性质，直接影响着公众对组织的认识和态度。优化组织形象受政治因素、经济因素、观念因素、社会因素等的制约。优化组织形象任重而道远，公共关系策划为组织形象的优化提供了目标取向和客观的路径选择。

（四）危机公关目标

危机事件发生后，各种传闻会迅速扩散，对组织形成较大的负面影响，并转化为对组织的进一步发展极为不利的舆论环境，对组织形象构成巨大威胁。当组织面临危机事件时，公共关系策划目标应确立为危机公关，应该尽快消除不良影响。危机公关必须态度鲜明，该认错认错，该召回召回，让公众看到组织在认真总结教训。组织面临危机事件时，只能以诚恳的态度解决问题。

三、公共关系目标公众分析

公众即与公共关系主体利益相关并相互影响和相互作用的个人、群体或组织。公众是反映组织形象的镜子，要策划公共关系活动，就要确定公共关系的目标公众。谁是本组织的公众对象？他们属于哪个群体、哪个层次？他们在哪里？他们有什么诉求？只有让合适的目标公众参与公共关系活动，才能有效地实现其目标。

（一）公众的分类

根据不同的层次、角度和标准，可以将公众分成不同类型。

1. 根据组织公关活动的内外部对象分类

根据组织公关活动的内外部对象，公众可分为内部公众和外部公众两类。内部公众即组织内部的成员，包括股东和员工。外部公众即组织的外部沟通对象，包括顾客、供应商、竞争者、新闻媒介、社区等。

2. 根据关系的重要程度分类

根据关系的重要程度，公众可分为首要公众、次要公众和边缘公众三类。首要公众是对组织的生存和发展最重要的公众。次要公众是对组织的生存和发展重要性较低的公众。边缘公众对组织的生存和发展来说可有可无。

3. 根据关系的稳定程度分类

根据关系的稳定程度，公众可分为临时公众、周期公众和稳定公众三类。临时公众是因为某一因素、偶发事件或特别活动而形成的公众对象。周期公众是按一定规律和周期出现的公众对象。稳定公众指具有稳定结构和稳定关系的公众对象。

4. 根据公众对组织的态度分类

根据公众对组织的态度，公众可以分为顺意公众、逆意公众和独立公众三类。顺意公众指那些对组织持赞成意向和支持态度的公众对象。逆意公众指对组织持否定意向和反对态度的公众对象。独立公众则是指对组织持中间态度，观点和意向不明朗的公众对象。

5. 根据公众发展过程分类

根据公众发展过程，公众可以分为非公众、潜在公众、知晓公众、行动公众四类。非公众指与组织无关，其观点、态度和行为不受组织的影响，也不对组织产生作用的公众群体。潜在公众指由于潜在公共关系问题而形成的潜伏公众、隐患公众、隐蔽公众或未来公众。知晓公众指已经知晓自己的处境，明确意识到自己面临的问题与特定组织有关，迫切需要进一步了解与该组织有关的所有信息，并开始向组织提出权益要求的公众群体。行动公众指已采取实际行动，对组织构成压力，并迫使组织采取相应行动的公众群体。

（二）目标公众分析

公共关系活动是以不同方式对不同公众展开的，因此对目标公众的分析就显得十分重要。公共关系策划必须与目标公众的心理动机和需求结合起来。只有确定了目标公众，通过透彻分析，才能确定公共关系活动的主题和主要内容的设计。

目标公众分析分为三个步骤：首先是识别目标公众的权利要求。其次是对目标公众的各种权利要求进行概括和分析，找出各类公众权利要求中的共同点和共性问题，把满足各类公众的共同权利要求作为设计组织总体形象的基础。最后，调查分析目标公众的个性要求，以便提高公共关系活动策划的针对性。为此，策划者要深入调查分析目标公众的性别、年龄、职业、爱好、文化程度、素质水平、收入、生活方式、思想方式、消费心理、购买习惯等个性特征。

四、公共关系活动主题设计

一个好的公共关系活动主题可以用公式表示为：公关主题＝公关目标＋公众心理＋信息个性＋审美情趣。活动主题是对整个公共关系活动的高度概括和凝练，是唤起公众关注、获得公众认同的最重要的信息。公共关系活动主题的表现形式有多种。活动主题的设计应符合公关目标和公众心理，同时要对公众有一定吸引力。

公共关系活动的主题设计应满足以下三个要求：

（一）切合目标

主题表达力求精练传神、朗朗上口，并与公关目标一致，最好能用一句话点出公共关系活动的目标。比如，乐元素与大自然保护协会携手开启的保护滇金丝猴公益传播活动的主题设计为“微笑不消失，‘救’在消消乐”。这一主题比较巧妙地点明了公益传播活动的合作者，提升了公众保护滇金丝猴的意识。

（二）突出特色

主题设计应突出组织自身特色，便于围绕主题开展活动，树立起独特的组织形象。比如“为了千千万万个失学儿童”是希望工程的宣传主题，这一主题精练、简洁，充分表达了希望工程的目标。

（三）针对性强

主题设计要考虑到不同阶段公共关系的特点和不同公共关系活动方式的要求，使之具有针对性。比如，宣传型公关活动的主题聚焦于提升知名度，交际型公关活动的主题聚焦于人情味等。

五、公共关系活动方式选择

不同类型的组织机构，或同一组织的不同发展阶段，或同一阶段中针对不同的公众对象及公关任务，都需要不同的公共关系活动方式。

（一）公共关系活动的业务方式

根据公共关系活动的业务特点，可以将公共关系活动方式分为以下五种类型：

1. 宣传型

宣传型公共关系策划主要是运用印刷媒介、电子媒介等宣传手段，传递组织信息，影响公众舆论，迅速扩大组织的社会影响。宣传型公共关系策划的特点是主导性强，时效性强，传播面广，推广组织形象见效快，特别有利于提高组织的知名度。

2. 交际型

交际型公共关系策划主要运用各种交际方法和沟通艺术，广交朋友，协调关系，缓和矛盾，化解冲突，为组织创造“人和”的社会条件。交际型公共关系策划的特点是直接沟通，形式灵活，信息反馈快，富有人情味，在加强感情联络方面效果突出。

3. 服务型

服务型公共关系策划主要以实际的服务行为作为特殊媒介，吸引公众，感化人心，获取好评，争取合作，使组织与公众之间关系更加融洽、和谐，为组织提高社会信誉。服务型公共关系策划的特点是以行动作为最有力的语言，实在实惠，最容易被公众接受，特别有利于提高组织的美誉度。

4. 社会活动型

社会活动型公共关系策划主要以组织的名义发起或参与社会性的活动，在公益、慈善、环保、文化、体育、教育等社会活动中充当主角或热心参与者，在支持社会事业的同时扩大组织的整体影响。社会活动型公共关系策划的特点是社会参与面广，与公众接触面大，社会影响力大，形象投资费用也高，能有效地提高知名度和美誉度。

5. 征询型

征询型公共关系策划主要运用收集信息、社会调查、民意测验、舆论分析等信息反馈手段，了解舆情民意，把握时势动态，监测组织环境，为决策提供咨询。征询型公共关系策划的特点是以输入信息为主，具有较强的研究性、参谋性，是整个双向沟通中不可缺少的重要机制。

营销视角 “利益至上”还是“环保先行”

随着“碳达峰”“碳中和”目标的提出，绿色消费理念越来越深入人心。绿色消费按照受益主体的不同可以分为强调他人受益的绿色消费与强调自我受益的绿色消费。前者意味着消费者的绿色购买行为具有较高的利他属性，能够为社会和身边人带来更好的生态环境；后者则代表绿色消费行为具有较高的利己属性，能够满足消费者对自身及家人健康和安全的需求。

研究发现，在消费环境中启动时间资源概念会激活个体抽象的高解释水平，并与强调受益主体为他人或社会整体的绿色消费信息相匹配。此时，消费者对绿色消费或绿色产品的接受意愿会更高。而在消费环境中启动金钱资源概念会激活个体具体的低解释水平，并与强调受益主体为自我或家人的绿色消费信息相匹配。此时，消费者对绿色消费或绿色产品有更积极的购买意愿。

基于此，企业在绿色营销的过程中，可以利用商场道具、广告语、互动游戏以及线上小程序等形式，与消费者时间或金钱资源的概念认知进行匹配。更具体地，当商家想要强调绿色产品的购买和使用能够给他人和社会整体带来更好的生存环境和福利时，可以考虑在消费环境中增加与时间资源相关的线索，例如，在较为明显的位置放置时钟或日历，使用时间轴的方式设计产品的宣传方案，在背景图片或绿色广告中加入与时间资源相关的元素等（例如，只争朝夕、期待无限未来等）。

资料来源：孙瑾，陈晨，渠文静．“利益至上”还是“环保先行”？：金钱与时间资源对绿色消费的影响．外国经济与管理，2024，46（2）：53-69.

（二）公共关系活动的行为方式

针对不同的组织环境和组织公共关系的具体状态，可以采取不同的公共关系行为方式：

1. 建设型

建设性公共关系主要是组织为开创新局面而选择的一种公共关系活动方式，其目的是提高知名度，使公众对组织、产品和服务等形成新印象。建设型公共关系活动适用于组织的开创阶段，以及某项事业或产品与服务的初创阶段。

2. 维系型

维系型公共关系主要是组织在稳定发展之际用来巩固良好形象而选择的一种公共关系活动方式，其目的是向社会公众传递组织的各种信息，增进对组织的好感，积极发展组织的顺意公众。维系型公共关系活动适用于组织稳定、顺利的发展时期。

3. 防御型

防御型公共关系主要是在社会组织出现潜在危机（或不协调）时，为防止自身公共关系失调而采取的一种公共关系活动方式，其目的是发现组织公共关系失调的症状和前兆，及时采取措施调整政策和行为，促使其朝有利于良好公共关系的方面转化。防御型公共关系活动适用于组织出现潜在公关危机之际。

4. 进攻型

进攻型公共关系主要是在组织与环境发生冲突、摩擦之际采取的以攻为守的一种公共关系活动方式，其目的是抓住有利时机，吸引公众的注意和兴趣，提高组织的知名度与美誉度。进攻型公共关系活动的选用要慎重。

5. 矫正型

矫正型公共关系主要是在组织形象与声誉遭受损害之际，采取措施来纠正主客观原因给组织带来的不良影响的一种公共关系活动方式。矫正型公共关系活动适用于组织的公共关系严重失调、形象受到严重损害之际。

六、公共关系传播策略选择

传播沟通是公共关系活动的基本要素之一。选择合适的公共关系传播策略对公共关系策划的成功非常关键。公共关系传播策略的选择应注意以下要点：

（一）联系目标

根据公共关系的具体目标和工作要求，选择和使用传播媒介与沟通方法。选择和使用的手段和方法须符合公共关系工作的性质和要求，这样才可能充分发挥其功能。

（二）适应对象

根据公共关系对象的特征，选择和使用传播媒介与沟通方法。根据不同的公众对象选用不同的传播方法，这样才能使信息有效地到达目标公众，并被公众接受。

（三）区别内容

根据传播内容的具体特点，选择和使用传播媒介与沟通方法。根据传播的内容来决定传播的形式，使传播形式的优势得以充分发挥。

（四）合乎经济

根据具体的经济能力和最经济的条件，选择和使用传播媒介和沟通方法。根据组织的公共关系预算和传播投资能力，量力而行，精打细算，争取在最经济的条件下获得尽可能大的传播效果。

七、公共关系活动经费预算

合适的公共关系活动经费预算是公共关系策划方案工作顺利进行的重要保证。可以根据人力、物力、财力及每项公关活动的轻重缓急，事前安排预算。预算可以给公关费用的分配提供一个参照，知道哪些费用是必须花的，哪些费用是可花可不花的，哪些费用是应严格控制的。一旦某项公关活动结束，就可以根据公关活动的效益与成本预算之比来评估花费是否值得，为下一步工作提供参考依据。

（一）编制公共关系预算的常用方法

1. 销量抽成法

销量抽成法指按企业的总产值或销量，抽取一定的百分比作为公共关系预算。这种方法的优点在于能够很快决定预算。主要缺点在于预算缺乏弹性和计划性，不一定符合实际需要。

2. 目标作业法

目标作业法指先制定出公共关系期望实现的目标和工作计划，然后将完成任务所需的各项费用项目详细列出，核定各单项活动和全年活动的预算。这种方法的优点在于计划性强，弹性较好。但需要事先审慎计划和预测，如预测不准确，就可能超支、短缺或浪费；主观性较强，容易影响预算的控制。

3. 投资报酬法

投资报酬法是指把公关开支当作一般投资来看，根据同量资金投入获得同等报酬的原则，哪个部门投资报酬率高，就可获得较多的资金，反之，就只能得到较少的资金。这种方法的优点是把组织的一切开支都当成投资，有利于提高资金的利用效能，改变过去不讲究资金使用效能的观念和做法。

4. 竞争对垒法

竞争对垒法指根据竞争对手的公关费用来确定本组织的公关费用。计算费用有两种方法，即增减百分比法和市场份额法。

（二）公共关系预算的基本构成

公共关系预算的基本构成涉及劳务工时报酬、办公经费、专业器材和成品制作费用、公共关系广告费用、各项传播媒介宣传费用以及实际活动费用等。

八、公共关系活动组织安排

公共关系活动组织安排涉及确定活动时间、空间等内容。

（一）确定时间

确定公共关系活动的时间，首先要以既定的目标系统为依据，按照目标管理的办法，制定一个系统的时间表；其次要考虑到确定时间表时的横向关系；最后要特别注意避开“时间陷阱”。

（二）确定空间

公共关系活动空间的确定需要考虑选用什么样的场地和多大范围的空间，而这要由目标公众的活动空间来确定。同时，还应根据不同的公关项目内容、经济条件和自然条件进行确定。

九、公共关系活动方案优化

公共关系活动方案的优化过程就是提高方案合理性和可执行性的过程。公共关系活动方案优化需要从策划目标、限制性因素、潜在问题、预期结果等方面衡量比较。公共关系活动方案优化的常用方法有重点法、优点综合法、集体论证法等。

第 3 节　公共关系专题活动策划

一、公共关系专题活动的概念及分类

（一）公共关系专题活动的概念

公共关系专题活动又称为公共关系特殊事件，它是社会组织围绕某一特定主题所进行的专题性的传播活动。在每次公共关系专题活动中，社会组织就某个方面同公众进行重点沟通，从而实现组织特定的公共关系重点目标。

（二）公共关系专题活动的分类

公共关系专题活动的种类很多，可以按照不同标准进行划分。

1. 按活动性质分类

按活动性质，可以将公共关系专题活动分为商业性活动、公益性活动、专业性活动、社会工作活动和集合性活动。

商业性活动包括商业宣传活动、商业促销活动、商业推介活动等。公益性活动包括环保、敬老、慈善、救灾、捐赠活动等。专业性活动包括科技、文化、艺术、体育等某一专业内容十分突出的活动。社会工作活动包括属于社会工作范畴的活动，例如道德教育，公民教育，青年、妇女等专题类型的活动。集合性活动集各种性质的活动为一体，例如，城市旅游节可能既有商业性活动又有公益性活动，既有社会工作活动又有娱乐性活动。

2. 按活动形式分类

按活动形式，可以将公共关系专题活动分为会议型活动、庆典型活动、展示型活动、综合型活动。

会议型活动包括新闻发布会、研讨会、洽谈会、交流会、鉴定会和培训类等。庆典型活动包括奠基礼、落成典礼、周年庆典、开业典礼、颁奖典礼、庆功会等。展示型活动包括展览会、展销会、促销活动、电影节等。综合型活动包括集各种活动形式于一体的系列活动，例如一个展览会可能同时包括研讨会、颁奖典礼、新闻发布会和周年庆典等。

二、公共关系专题活动策划的5W 模式

公关专题活动策划是对公关专题活动的 5W 进行策划。5W 模式由哈罗德·拉斯韦尔最早提出，将传播过程划分为五个要素，即何事（what）、何时（when）、何地（where）、何人（who）以及为什么（why），分别对应传播中的谁（who）、传播什么（say what）、通过什么渠道（which channel）、向谁传播（to whom）和传播的效果怎样

（with what effect）。

（一）策划内容

公共关系专题活动策划的内容如下：

（1）典型仪式，如奠基典礼、落成典礼、开幕典礼、就职仪式等。

（2）周年店庆，如周年纪念日。

（3）展销会。通过实物（新产品）的展示和演示来配合宣传企业的形象和产品。

（4）专题喜庆活动，如消费者联欢会、军民共建联欢会、招待会、舞会、大型文艺演出。

（5）学术研讨会。赞助和承办全国性、地区性的专题学术研讨会，通过理论界的传播扩大社会影响。

（6）社会公益活动，如资助办学的社会募集等活动。

（二）策划时机

公共关系专题活动策划应善于分析，抓住“准时”“准点”，把握好开展专题活动的时机等。适合进行公共关系专题活动的时机包括：

（1）重大事件发生之时，如组织重大活动举办之时、组织推出新产品之时。

（2）社会生活中的节日和组织纪念日。

（3）组织管理运行过程中蕴含的时机。组织成长处于关键点之时、组织发展受挫或危机转换之时。

（三）举办地点

公共关系专题活动的举办地点可选取事件发生地、目标公众所在地、交通便利且人流量较大的地点，以地利为佳。

（四）人员及规模

确定参与公共关系专题活动的人员及规模，以扩大影响为最终目的，以经济成效为原则，结合专题活动的需要。

（五）策划氛围

要为公共关系专题活动的开展进行必要的预告、铺垫、宣传、广告，为活动营造良好的氛围。

三、典型的公共关系专题活动策划

（一）新闻发布会策划

新闻发布会是组织与公众沟通的例行方式。它是一种两极传播：先将消息告知记者，再通过记者所属的大众媒介告知公众。新闻发布会用于树立或维护组织形象，协调公共关系，引导舆论。

1. 新闻发布会的常见方式

企业对外发布新闻常用的方式有：酒会、记者招待会、新闻发布会、主动向媒体提供新闻素材、主动向媒体提供新闻稿件等。

酒会更自由、随意，非正式，气氛相对轻松，它可以单独召开，也可以附属于其他形式。比如，在记者招待会后举行酒会。记者招待会一般是专题性的，以“答记者问”为主要特色。新闻发布会最正式，易引起媒体的兴趣，获得新闻媒体的关注。

2. 新闻发布会的策划要点

（1）确定发布会主题。新闻发布会的主题很重要。主题的策划可以借势当前公众关注的新闻事件，确立相关性话题。

（2）确定邀请对象。确定新闻发布会的目的和主题之后，信息发布的目标受众也基本确定。策划者要根据新闻发布会的主题有选择地邀请新闻记者来参加。发布会通常会邀请组织高层，甚至请最高领导发言，因此需要赢得组织高层和相关部门的理解与支持。

（3）确定发布会时间。为了吸引更多的记者参加，一定要掌握好新闻发布会的时机。新闻发布会的持续时间不宜过长，通常半小时左右为宜，最好不要超过一小时。

发布会一般要避开周末或假日，也要避开重要的政治事件和社会事件，因为媒体对这些事件的大篇幅报道会冲淡发布会的传播效果。

（4）确定发布会场地。发布会场地的选择一般应综合考虑品位与风格、实用性与经济性、方便性等具体要求。

场地可以选择户外，也可以选择室内，以室内居多。比如在酒店举办新闻发布会，可根据需要选择不同的星级酒店，所选酒店的风格与发布会的内容要协调。

同时，确定会议厅容纳人数、主席台的大小，投影设备、电源是否可正常使用，布景、麦克风是否可正常使用，相关服务如何，交通是否便利，泊车是否方便，等等。

（5）确定发布会流程。发布会流程涉及迎宾、签到，分发资料；主持人宣布会议开始，介绍发言人、来宾和新闻单位；发言人发布新闻、介绍详细情况；记者提问、发言人回答；主持人宣布结束；参观或其他安排。

（二）展览活动策划

展览是通过实物、文字、模型、录像等多种传播工具来展现成果的一种综合性的传播方式。展览要灵活运用各种传播工具，图文并茂，使公众能形象直观地了解展览的意图。

1. 展览的常见方式

展览可从不同的角度来划分，以展览规模而论，有大型、中型、小型之分；以展览时间来分，有长期和短期、定期和不定期、固定和流动之分。

按展示的内容，展览大体上可分为综合性展览与专题性展览。综合性展览要求总览全局，全面介绍一个地区或一个单位的情况。专题性展览是围绕一个专业或一个专题举办的展览，虽不要求全面系统，但同样要求主题鲜明、内容精练，有一定的深度。

2. 展览活动的策划要点

策划展览需要精心的组织和有关部门的密切配合，具体需要抓好以下几个方面：

（1）设计展览主题。要精心设计展览主题，在展览主题的指导下去精心挑选、制作展览的实物，如图表、照片、文字、录像及音频等。

（2）确定展览内容。在展览主题的指导下确定展览内容。展览内容需结构严谨、层次分明，要使各分篇之间环环相扣，互相呼应，并注意版面、实物、解说词之间的合理配置，使整个展览融为一体。

（3）确定展览方案。确定展览方案包括明确展览时间、展位布置、相关人员培训、制作宣传册等，撰写好精练的、深入浅出的前言、解说词和结束语。

（三）庆典策划

庆典活动是指社会组织利用重要节日或自身重要事件，以庆祝的方式开展的一种公关活动。庆典活动参加人员多，场面热闹，组织者必须安排周密。

1. 庆典的常见方式

庆典的常见方式有开业庆典、周年庆典、庆功典礼和节日庆典。

开业庆典主要指一个组织成立或开张时所举办的庆祝活动。如某商场开业、某协会成立举办的庆典，其作用是让公众认识组织。

周年庆典主要指组织在成立周年之际，为扩大影响而举办的一种传统庆祝活动，其作用是借此联络各相关组织，扩大社会影响。

庆功典礼主要指组织在取得了某一重要荣誉时举办的庆祝活动，其作用是提高员工士气，扩大社会影响。

节日庆典主要指利用特殊节日，如国庆节、春节等举办的庆祝典礼，其作用是扩大社会影响，联络各种社会关系。

2. 庆典的策划要点

（1）确定庆典活动的主题。庆典主题要求题目新颖、别致、不落俗套，以吸引更多公众的注意。

（2）明确庆典活动筹备。庆典筹备工作通常包括邀请嘉宾、拟好开幕词、确定典礼的程序等。应拟出邀请嘉宾的名单并经领导同意，印制请柬，一般需提前送交嘉宾，以便对方及早做出安排；拟好开幕词、致贺词的提纲，落实致辞人和剪彩人，确定致贺词的宾客名单并提出相应的要求；拟定好典礼的程序，对环境、会场、照明、音响等仔细准备。

（3）设计庆典活动的程序。庆典活动的一般程序为主持人宣布开始；介绍来宾；由组织的重要领导或来宾代表讲话；安排参观活动；安排座谈会或宴会；邀请重要来宾留言或题字。

（4）策划庆典传播工作。庆典传播工作涉及庆典宣传材料准备和宣传造势活动。

通常应准备庆典主题、背景、活动内容等相关材料，装在特制的包装袋内发给来宾。对记者还应添加较详细的资料，以便记者写新闻稿件。

庆典是一种传播活动，要善于鼓动才能收到好的效果。必须营造和谐热烈的气氛，使参加者的情绪受到感染，在不知不觉中接受传播者的宣传。

（5）做好庆典活动的接待工作。为了做好庆典活动的接待，可以设置接待室。对所有来宾都应热情接待、耐心服务，对重要来宾要由组织领导亲自接待，他们的签到、留言、食宿均应由专人负责。

（四）社会赞助策划

社会赞助是一项社会福利性活动，是组织为提高社会声誉而举办的专题活动，如赞助、捐款、设立福利基金等。组织通过资金或物资赞助某项社会公益活动，是为了提升自己的社会形象。赞助是组织向社会表示其承担社会责任和义务的最好方式之一。

1. 社会赞助的常见方式

赞助体育活动，以赞助体育设施和大型体育比赛为主。赞助体育活动往往可获得较多的关注，影响大，效果较为明显。

赞助文化活动，往往以赞助电影、电视节目、文艺表演、知识竞赛、艺术节等为主。赞助文化活动有利于提高公众的科学文化素质，培养公众的感情，可以提升组织在公众心目中的知名度和美誉度。

赞助教育事业，以赞助学校、图书馆、博物馆的软硬件设施为主。因教育在公众心目中具有崇高的地位，赞助者可获得良好的声誉，快速提升自己的知名度和美誉度。

赞助社会福利事业，以给贫困地区、残疾人、孤寡老人、荣誉军人等提供帮助为主。赞助社会福利事业体现了组织高尚的品德和主动承担社会责任的精神，社会效果好。

2. 社会赞助的策划要点

（1）明确赞助原则。社会赞助策划需要充分考虑社会责任与影响力、经济效益、公众关注度和合法性原则，提升其社会效果。

（2）研究赞助项目。赞助项目比较广泛，可以赞助体育运动、文化生活、教育事业，或赞助某一职业的奖励基金、社会慈善和福利事业，还可赞助各种展览会、学术研讨活动等。策划者应该多做研究，确定合适的赞助项目以使组织获得最大的信誉投资。

（3）制订赞助计划。赞助计划一般包括赞助的目标、对象、赞助形式、经费预算、赞助主题、传播方式、实施方案。

第 4 节　危机公关活动策划

公关危机是指突然发生的严重损害组织形象、给组织造成严重损失的事件。危机使组织面临严重的困难，使社会组织陷入舆论压力之中，甚至使组织失去公众的信任，进而影响组织的生存和发展。

一、公关危机的概念及类型

（一）公关危机的概念

公关危机是一种特殊类型的危机状态，它是由组织内外的某种非常性因素所引发的公共关系非常事态，也是一种特殊的公共关系状态。组织的公关危机可导致组织与公众的关系迅速恶化，影响组织的正常运作，甚至威胁组织的生存和发展，同时组织形象遭受损害。

（二）公关危机的类型

确认公关危机的类型是正确认识公关危机、进行危机公关策划的关键一环。公关危机按照不同的分类依据有不同的类型。根据引发公关危机的原因，公关危机可以分为如下类型：

1. 组织行为不当引起的危机

组织行为不当引起的危机是指在社会组织发展过程中，由于组织在指导思想、工作方式、运行机制等方面的原因引起的公关危机。一般是由社会组织的政策失误或管理不善造成的。这类原因导致的公关危机完全是组织的责任，对组织形象的损害极其严重，造成的影响也很恶劣，公共关系活动的难度也较大。

2. 突发事件引起的危机

突发事件引起的危机是指由于非预见性、外在因素引起的突发性事件，使组织公共关系形象受损的危机。常见的突发事件引起的危机有不可抗力导致的重大伤亡事故、外在因素引起的事故、外来的故意行为等引发的危机。

3. 失实报道引起的危机

失实报道引起的危机是由于新闻部门的报道失实导致公众对组织产生误解，从而使组织形象受损的危机事件。常见的失实报道引起的危机有失实和不全面的报道、曲解事实、报道失误等。公关危机的处理往往需要动员整个组织的力量及综合运用各种传播媒介，使之成为一种公共关系项目。

二、危机公关的概念及原则

（一）危机公关的概念

危机公关是指组织针对危机事件采取预防、控制、挽救与恢复措施而开展的一系列公共关系活动。

（二）危机公关的原则

1. 勇于担当原则

组织在危机事件发生之时应该勇于承担责任，即使受害者在事故发生中有一定过错，也要拿出最负责任的态度与实际行动迅速对事件做出处理，及时补偿受害者，并通过新闻媒介向公众致歉，解决深层次的心理、情感关系问题，以赢得公众的理解和信任。

2. 真诚沟通原则

处于危机事件中的组织往往是公众和媒体的焦点，组织的一举一动都受到关注，弄虚作假只会弄巧成拙。组织始终保持坦诚的态度，对公众真诚相待是取得公众信任和谅解的基本条件。

3. 快速反应原则

面对公关危机，组织必须当机立断，快速反应，果决行动，及时与媒体和公众进行沟通，迅速控制事态，确保事态不扩大、不升级、不延伸。

4. 系统运行原则

公关危机虽然是因某个事件而引发，有不确定性，但其影响可能是巨大而深远的。制定危机公关方案时，需要站在整体的角度进行全面缜密的策划，不要头痛医头脚痛医脚，也不要指望通过一两次公关活动就能彻底化解危机。

危机发生时，企业内部应迅速统一观点，组建危机公关班子，保证对外口径一致，不发布不准确的消息，使公众对企业处理危机的诚意感到信赖。

5. 权威证实原则

危机发生后，邀请第三方权威机构为自己证言，在尊重事实的基础上，请权威机构对自己的行为做出客观公正的评价。尤其是当公众对组织产生误解的时候，由第三方权威机构证明自己的清白要远远好于自证清白。

三、危机公关过程的策划要点

公关危机事件发生后，公共关系人员应迅速会同有关职能部门，及时调查分析，迅速了解事件全貌，判明危机事件的性质与来源，认真听取公众意见，选用恰当的方式方法恢复组织的形象。针对不同公众确立相应的对策，制定消除事件影响的危机公关策划方案，及时采取措施消除危机。

（一）果断采取措施，有效制止事态扩大

应立即采取措施做出妥善处理，控制影响，尽量减轻其对组织的危害。在开展事故调查的同时，应立即组织救援工作，尽力控制事态的发展。首先，迅速弄清导致公关危机的原因，采取有效措施，防止事态进一步发展和蔓延；其次，迅速利用传播媒介等有效手段及时公布组织采取的措施，把公关危机产生的严重社会影响和对组织的严重损害控制在最低限度，并与有关部门及时联系。

（二）展开情况调查，收集信息

组织出现公关危机后，应及时组织人员，运用有效的调查手段，深入公众，尽力找到目击者和当事人，迅速开展事故调查工作。尽快查明基本情况，了解公关危机的各个方面，收集公关危机综合信息，包括事故发生的时间、地点、直接原因、事态现状和发展趋势，人员伤亡数量和程度，对本组织的设施和公共设施的损坏及范围、财产损失情况及已造成的或可能进一步造成的社会影响等。尽快形成基本的调查报告，为处理危机、制定相应政策及应急措施提供依据。

（三）成立专门机构，制定危机公关方案

迅速成立处理事件的专门机构，由组织主要负责人任领导，有关职能部门人员组成权威性、有效率的工作班子，危害特别严重的公关危机应由最高负责人直接指挥。在事件处理过程中不随意更换工作人员。在掌握事件全貌的基础上判明情况，制定对策，全体人员统一口径、协同行动。

（四）确定新闻发言人

确定新闻发言人，统一对新闻界的口径，由新闻发言人代表组织向公众和社会各界公布真相，介绍组织正在做的种种努力，或设记者接待站处理新闻发布工作，接待记者采访，回答记者提问，毫无保留地公开事故的真相，对涉及机密的情况妥善解释，求得记者理解和同情。由专人负责发布消息，主动向新闻界提供真实、准确的消息，公开表明组织的态度和处理原则，集中处理与事件有关的新闻采访，给记者提供权威的资料。公布的资料要认真仔细核实，力求准确无误，重要事项应以书面形式提供，内容应简明扼要，避免使用技术性术语和晦涩难懂的词句，以免报道失实。

（五）全面开展工作，安抚好受害者

根据危机处理的方针、对策和有关安排，迅速、扎实、全面开展工作，认真了解受害者的情况，实事求是地承担责任，并诚恳地道歉，冷静地听取受害者的意见，了解和确认有关赔偿损失的要求，给受害者以安慰和同情，并尽可能提供其所需的服务，尽最大努力做好善后工作。财产损失核准后应赔偿经济损失，诚恳地向公众致歉，以期迅速获得公众的谅解、宽容，了解公众需求，及时弥补公众的损失。对于伤亡人员要及时治疗与抚恤。

如属内部事件，应立即通知伤亡者的亲属，采取有力措施进行救护或善后，安抚有关各方人员；如属外部事件，应立即组织队伍参与抢救或应急服务工作。工作人员要谨慎、冷静、耐心、富有同情心，避免在事故现场与受害者发生争执，即使受害者有一定责任，也不要在现场追究。

（六）认真做好检查，切实改进工作

事态发展得到有效控制后，应针对事件的原因和发展情况采取有效的改进措施，改进对公众的服务。实事求是、及时地把事件真相向公众和领导部门汇报，并定期报告事态发展情况以获得帮助和指导。处理结束后，详细报告处理的全过程及预防措施的制定和落实情况等。同时利用新闻媒介消除公关危机造成的影响，向公众公开致歉；及时向新闻界提供公众希望了解的信息；还可组织公众到事故现场参观检查；公开受害者或其家属对组织表示谅解的讲话和文章等。

公共关系策划是组织为获得公共关系活动的成功和实现形象战略目标而事先进行的谋划、构思和设计最佳方案的过程。公共关系策划直接体现公共关系目标，即塑造组织形象，提高组织的知名度与美誉度。公共关系策划具有强烈的战略性、策略性和创造性，具有全局性、长期性、指导性、稳定性等特征。

开展国际传播、讲好中国故事是中国企业公共关系策划的重要内容。党的二十大报告强调，“加快构建中国话语和中国叙事体系，讲好中国故事、传播好中国声音，展现可信、可爱、可敬的中国形象。加强国际传播能力建设，全面提升国际传播效能，形成同我国综合国力和国际地位相匹配的国际话语权。深化文明交流互鉴，推动中华文化更好走向世界”。企业在公共关系策划过程中要始终坚持“四个自信”，以习近平新时代中国特色社会主义思想为指导，全面贯彻党的二十大精神，加强中华优秀传统文化传播，尤其要讲好中国企业现代化的故事，传播好中国品牌的声音，树立起中国企业的知名度和美誉度。

案例分析

国泰航空危机公关

2023 年 5 月 22 日下午，一名网友在小红书发文，图片文案用了“实名举报国泰航空歧视非英语乘客”。

2023 年 5 月 22 日 21 点 59 分，国泰航空官方微博发布第一份声明，对网友反映的问题深表歉意，表示公司高度重视，会进一步了解，严肃处理。

2023 年 5 月 23 日 13 点左右，该网友在小红书再次发文，称被告知成立了专项调查小组。

2023 年 5 月 23 日 14 点 28 分，国泰航空官方微博发布第二份声明。进一步提到，暂停有关人员的飞行任务，三日内公布处理结果。

2023 年 5 月 23 日晚，国泰航空行政总裁林绍波代表国泰航空发布声明，表示已解聘三名涉事空中服务员，并将领导跨部门工作小组做出全面检讨。

2023 年 5 月 24 日，香港特区行政长官李家超表示，涉事空中服务员的言行伤害了香港和内地同胞的感情，破坏了香港一向尊重、有礼的文化和价值观。此次事件属于严重事件，国泰航空需进行检讨，类似情况不容再次发生。

2023 年 5 月 25 日下午，国泰航空发布了两篇声明，一篇就“空中服务员工会”相关事件进行澄清，另一篇则对有关国泰航空服务董事发出的一封英文内部信件进行辟谣。在第一篇声明中，国泰航空澄清，“空中服务员工会”是一个独立工会，从来不代表国泰。公司不接受、支持或同意该工会对此事的立场。在另一篇声明中国泰航空表示，留意到网络上流传有关公司服务董事发出的一则英文内部信件，相关信息为伪造，并不属实。公司不希望这些虚假信息混淆视听，并保留一切追究法律责任的权利。

2023 年 8 月 25 日，国泰航空首次在内地市场招聘空中乘务员，预计招聘 200～300 人。公司表示未来将不断扩大内地人才储备，包括但不限于空中服务人员、见习飞行员等岗位，以更好地服务旅客。

资料来源：2023年度十大危机公关事件盘点．（2023-12-29）．https：//baijiahao. baidu. com/s? id=1786603345567888667&wfr=spider&for=pc.

讨论题

1. 结合案例分析国泰航空此次危机公关策划的成功之处。
2. 结合案例分析企业危机公关应该如何处理。
3. 结合案例分析企业应该如何在社交媒体上传播信息。

重点名词

公共关系策划　　公共关系调查　　公共关系策划方法
公共关系策划流程　　组织形象

思考题

1. 什么是公共关系策划？公共关系策划的原则有哪些？
2. 如何测量组织形象？公共关系策划的流程是怎样的？
3. 什么是公共关系专题活动？公共关系专题活动策划的5W模式是什么？
4. 如何策划新闻发布会？
5. 移动互联网背景下的危机公关策划有哪些新的要求和挑战？

拓展练习

一、目的与目标

1. 了解公共关系策划应具备的理论知识，熟悉公共关系策划的内容与流程。
2. 掌握公共关系策划的要点、方法及其运用。

二、内容与要求

1. 资料准备：收集整理2～3份公共关系策划案例，分类归纳并总结核心要点。
2. 具体任务：通过对公共关系策划内容的学习，分组进行公共关系策划训练。
3. 任务要求：收集本地企业的公共关系策划案例，开展模拟公共关系策划的练习。

三、组织与实施

1. 将班级同学分成5～6人一组的小组，实行组长负责制，全体组员共同完成课堂任务。
2. 各小组进行分工，完成资料的收集、汇总与分析。
3. 经过小组讨论后，完成实训报告，提交PPT文档，注明分工及各自的贡献。
4. 各小组选派成员对报告进行讲解，并回答其他组成员的提问。
5. 授课老师对各组的汇报进行点评及评分，提出意见及改进建议。

拓展阅读

一、阅读案例

1. 杨思敏，袁奕，孙丰国．世界杯营销的六大逻辑．销售与市场（管理版），2023（1）：58－61.

2. 拱千舒，魏泓泉，邱晨希．中国车企强势突围 自主品牌何以享誉海外．公关世界，2023（20）：19－22.

二、阅读书籍

1. 程宇宁．整合营销传播：品牌传播的策划、创意与管理．3 版．北京：中国人民大学出版社，2022.

2. 克洛，巴克．广告、促销与整合营销传播：第 8 版．北京：中国人民大学出版社，2021.

3. 周安华，林升栋．公共关系：理论、实务与技巧．8 版．北京：中国人民大学出版社，2022.

即测即评

扫描二维码可在线自测并查看答案。

第12章
网络营销策划

本章要点

- 了解网络营销和网络营销策划的概念。
- 掌握网络营销策划的目标、原则和内容体系。
- 掌握网络营销活动策划的步骤。
- 掌握不同类型的社交媒体营销策划的要点及技巧。

引导案例

抖音电商的精准化运营

抖音电商流量分为自然流量与付费流量，前者由平台免费分发，遵循赛马机制，逐级按照实时排名分配流量，后者则是商家通过付费购买流量包，进而提高直播或短视频的曝光。目前二者的具体设计尚不明确，尤其是付费流量，大多商家反映进行流量投放后虽然直播间人数会激增，但很难卖出去货。即使能促成一部分订单成交，事后这部分订单退货率也相对较高，无法形成有效的GMV（gross merchandise volume，商品交易总额），这使得很多商家栽了跟头，长期的流量投放也导致店铺入不敷出。对于实力雄厚的知名商家而言，即便流量投放精准度有限，也还可以通讨搜索位引流等其他方式进行弥补。大部分中小商家却难以承受流量投放不精准的后果，加之前期投入的成本过多，只能通过自然流量勉强度日，甚至有的商家以时间换流量，让员工通过24小时不间断轮播的方式来提高GMV。

面对抖音电商快速发展过程中的诸多问题，很多商家选择逃离抖音电商。“以变应不变”是大多数商家的选择，既然平台规则无法改变，那么就要自我调整来适应规则，通过精准化运营、苦练内容本领等举措涅槃重生。

精细化运营，不断复盘迭代

抖音带货不是流量越多，收益就越高。这是很多商家在经历投流不精准之后得出的结论。尽管抖音流量充满红利，但商家若想实现持续盈利就需要进行精准化运营，不然投流越多就亏得越多。精细化运营作为商家经营的重要保障，在实际操作过程中对运营要求也较高。比如，精准投流要求运营对流量具有一定敏感性，尤其是在测算流量效果时运营需要摸索算法逻辑，并不断调整投放内容与规模，进而提高投放效率。戴可思是一家专注母婴护理品的新消费品牌，在摸清抖音流量投放规律后，对直播间的经营策略进行调整，优化流量投放效率，之后店铺虽然经历了短暂的业绩不佳，但在团队的努力下最终月GMV达到2 000万元。这主要得益于精细化运营的实施，通过复盘过往直播数据，精准识别目标人群，最终在获客成本不变的情况下显著提高了商品转化率。如今的戴可思已然从最初的中小品牌跃升为知名品牌。总而言之，精细化运营需要商家在既有规则下形成店铺运营方法论，但现阶段大部分商家还在探索中，只有少数获得了成功。

苦练内容本领，打造优质人设

抖音电商是内容电商，做好内容便可事半功倍。大部分商家没有专业的运营团队，它们主要是个体工商户以及从淘宝、京东等电商平台转入的中小商家，想要趁着流量红利搏上一搏，却没想到被“套牢”。抖音电商像一把双刃剑，在突显商家优势的同时会暴露商家的缺点，没有精准的内容定位就想通过流量红利快速获利注定会失败，这也是很多商家折戟抖音的主要原因。内容是流量分发与商品转化的基础，想要做好抖音电商首先要做好内容，而做好内容的关键在于打造优质人设，确定能给用户提供什么价值。在这方面洪陵羊绒是成功的典范。洪陵羊绒创始人洪陵通过普及羊绒知识，走访羊绒产地分享所见、所感、所悟，重塑了大众对传统羊绒的认知，并将个人IP与品牌IP完美融合。短短三年，洪陵羊绒从一个即将破产的品牌做到抖音电商知名品牌，这其中离不开独特的内容塑造。利用自身优势，不断将抖音电商的公域流量转化为私域流量，进而使得洪陵羊绒的商品复购率高达70%，这在“随缘下单”的抖音电商可谓一骑绝尘。总体而言，洪陵羊绒的成功离不开优质人设的塑造，这也表明内容如一块敲门砖，能够不断撬开用户的需求。

资料来源：王家宝，武友成．抖音电商：如何做有质量的GMV．清华管理评论，2022（Z2）：129-135.

启示：抖音直播带货是一种有效的销售促进方式，如何把握流量与带货的关系，需要从内容营销上下功夫，只有了解消费者的心理，才能事半功倍，没有精准的内容定位就想通过流量红利快速获利注定会失败。

第1节 网络营销策划概述

一、网络营销的概念

网络营销是以互联网为媒介，以满足网络用户需求为中心，利用各种网络应用手段去实现企业营销目的的一系列行为。

网络营销是企业整体营销战略的一个组成部分。网络营销既不同于传统营销，又与传统营销有着密切联系。网络营销是基于计算机网络开展的营销活动，它的基本目的、思想和营销工具与传统营销一致，只不过在实施和操作过程中与传统营销的方法和手段有着较大差别（见表12-1）。

表 12-1 传统营销与网络营销的区别

	传统营销	网络营销
消费者	目标市场的选择多是针对某一特定消费群体	目标市场面向个体需求者，可实现由大规模目标市场向“一对一”个人目标市场转化
产品	可以销售所有产品和服务	并非所有产品都适合在网上销售
价格	制定产品价格时重点考虑产品成本和企业目标利润，销售价格一般高于网上价格	充分考虑目标消费者的价格接受能力，弱化中间商作用，可与消费者分享成本降低带来的价值增值
渠道	多层次渠道，渠道布局取决于营销各主体的空间距离及交通条件	利用互联网与顾客直接沟通，借助第三方物流减少对库存和中间环节的依赖
促销	一对多、单向的、非个性化的、高成本促销	一对一、双向的、消费者主导、个性化的、低成本促销

二、网络营销策划的概念

网络营销策划是指企业以互联网为媒介，在对内外部环境进行准确分析的基础上，围绕营销发展目标，全面构思、精心设计其未来一定时期内的网络营销策略、阶段目标以及实施方案的过程。

网络营销策划既要科学地分析市场，又要合理安排，有效设计和实施、控制营销行为。网络营销策划力求在适当的时间、适当的地点，以适当的价格向适当的消费者或用户提供适当的产品，并用适当的促销方式与目标顾客沟通。

三、网络营销策划的目标

网络营销策划的目标通常包含五种类型：销售型网络营销目标、服务型网络营销目标、品牌型网络营销目标、提升型网络营销目标和混合型网络营销目标。

（一）销售型网络营销目标

销售型网络营销目标主要是为企业拓宽销售网络，借助互联网的交互性、直接性、实时性和全球性为顾客提供较为方便快捷的网上销售渠道。目前许多企业在网上设立店铺，如小米商城就是小米公司在网上自建的销售站点。

（二）服务型网络营销目标

服务型网络营销目标主要是为顾客提供网上连接服务，顾客通过网上服务人员就可以远距离进行业务咨询和业务办理。由于网络本身的实时、互通等特点，很多企业转向提供网络服务，例如网上转账、网上查询、网上客服等。

（三）品牌型网络营销目标

品牌型网络营销目标主要是在网上建立和维系自己的品牌联系，加强与顾客的营销沟通，进而建立品牌满意度和品牌忠诚度，为企业的后续发展打下基础。品牌型网络营销目标侧重于形成顾客独特的品牌印象。

（四）提升型网络营销目标

提升型网络营销目标主要是通过以网络营销代替传统营销的手段，全面降低营销费用，提高营销效率，促进营销管理和提高企业竞争力。提升型网络营销目标侧重于从企业营销绩效提升视角规范营销行动。

（五）混合型网络营销目标

混合型网络营销目标指企业为实现其营销目标采用多种营销手段，以便同时达成前述几种目标。例如，三只松鼠通过网络销售坚果产品，同时建立了网络品牌。随着网络营销的深入开展，大部分企业的网络营销目标逐渐转向混合型。

四、网络营销策划的原则

（一）系统性原则

网络营销是以网络为工具的系统性的企业经营活动，它是在网络环境下对营销的信息流、商流、制造流、物流、资金流和服务流进行的管理。因此，网络营销策划是一项复杂的系统工程。策划人员必须以系统论为指导，对企业网络营销活动的各种要素进行整合和优化，使信息流、商流、制造流、物流、资金流和服务流皆备，相得益彰。

（二）创新性原则

网络为顾客对不同企业产品和服务所具有的效用和价值进行比较带来了极大便利。在个性化消费需求日益增加的网络营销环境中，通过创新打造与顾客个性化需求相适应的产品服务特色是提高效用和价值的关键。创新带来特色，特色不仅意味着与众不同，而且意味着额外的价值。在网络营销方案的策划过程中，必须在深入了解网络营销环境，尤其是了解顾客需求和竞争者动向的基础上，努力提供旨在增加顾客价值和效用、受顾客欢迎的产品特色和服务特色。

（三）操作性原则

网络营销策划方案必须具有可操作性，否则毫无价值可言。这种可操作性表现为在网络营销方案中，策划者根据企业网络营销的目标和环境条件，就企业在未来的网络营销活动中做什么、何时做、何地做、何人做、如何做的问题进行周密的部署、详细的阐述和具体的安排。也就是说，网络营销策划方案是一系列具体的、明确的、直接的、相互联系的行动计划的指令。网络营销策划方案一旦付诸实施，企业的每一个部门和相关员工都能明确自己的目标、任务、责任以及完成任务的途径和方法，并懂得如何与其他部门或员工相互协作。

（四）经济性原则

网络营销策划必须以经济效益为核心。网络营销策划会消耗一定的资源，网络营销方案的实施会改变企业经营资源的配置状态和利用效率。网络营销策划的经济效益是策划所带来的经济收益与策划和方案实施成本之间的比率。成功的网络营销策划应当是在策划方案实施成本既定的情况下取得最大的经济收益，或花费最小的策划方案实施成本取得目标经济收益。

（五）协同性原则

网络营销策划应该是各种营销手段的应用，而不是网络媒体的孤立使用。诸如微博、博客、微信、网络社区等网络社交媒体各有特点又相辅相成，不同网络社交媒体之间的功能相似或重合，并没有明确的界限，信息流动与网络媒体融合共生，推动共同发展。网络营销资源要协同应用才能达到最好的网络营销效果。

五、网络营销策划的内容体系

（一）网络营销系统的组成

企业在组建网络营销系统时，应该考虑企业的营销目标是谁，如何与这些客户通过网络进行联系。网络营销系统是企业开展网络营销的基础，由一系列子系统构成。它主要包括品牌管理子系统、营销沟通与销售子系统、客户关系管理子系统、绩效评价子系统和数据库及支撑平台等。

（二）网络营销的基本方法

网络营销方法是对网络营销资源和网络营销工具的合理利用，是网络营销各项职能得以实现的基本手段，在网络营销内容体系中处于重要位置。网络营销的方法有很多，可以按照不同的方式进行分类。这里按企业是否建立网站来将网络营销方法分为无站点网络营销方法和基于企业站点的网络营销方法，其中也有一些网络营销方法是二者通用的。

1. 无站点网络营销方法

无站点网络营销是指企业没有建立自己的网站，而是利用互联网上的资源（如电子邮件、邮件列表和新闻组等）开展的网络营销活动。常见的无站点网络营销方法有免费发布供求信息、在线黄页服务、加入行业信息网、网络社区营销、网上拍卖、网上商店等。

2. 基于企业站点的网络营销方法

基于企业站点的网络营销是指企业通过自己的网站开展网络营销活动。常见的基于企业站点的网络营销方法有搜索引擎营销、许可 E-mail 营销、病毒式营销、网络会员制营销、网络广告营销、博客营销、网站资源合作营销等。

（三）网络营销策略

网络营销策略是企业根据自身所处市场地位不同而采取的一些网络营销组合，包括网页策略、产品策略、价格策略、促销策略、渠道策略和顾客服务策略等。

示　例

希望树的数字化营销

希望树（Full of Hope，FOH）锁定了除甲醛这片“蓝海”。2020年6月，“希望树除甲醛魔盒”（昵称为FOH除甲醛果冻）正式上线，同年11月植物除醛急救喷雾正式上线，除甲醛品类更加丰富。

打造差异化产品，占领消费者心智

希望树在产品中添加激活材料，并特意设置了可视化的产品变色机制。消费者在使用时，需将盒内的激活液滴在蓝色果冻凝胶表面，随着产品被激活，蓝色会在24小时开始变色，果冻中的核心除醛成分复合雪松除醛因子开始挥发，7天内盒中的果冻逐渐变为乳白色、淡紫色，直至两个月后彻底干瘪。在除醛果冻中添加清香好闻的雪松精油，提升了消费者的嗅觉感知。“看得见、闻得到”的除醛过程，很大程度上消解了消费者因无法感知除醛效果而对除醛产品产生的怀疑，让消费者获得了全新、可信赖的除醛体验。

圈定目标人群，聚焦抖音平台

希望树根据前期的投放结果与内部商议，将品牌用户画像圈定在了一、二线城市，25～35岁，对健康安全更敏感的高知宝妈群体。与抖音平台合作后，巨量云图数据显示本品在“精致妈妈”“新锐白领”“资深中产”三种人群中的渗透率最高，这进一步验证了希望树在目标用户投放上的精准性。希望树团队认为抖音用户人群与本品目标客户高度契合，抖音平台非常适合做品牌宣传，它能为产品提供涵盖生意诊断、定向优化、品效爆发的全链路扶持，孵化出满足客群消费需求、品质过硬的新锐品牌，助力团队提高自运营能力。

活用巨量引擎，加速品牌传播

希望树根据“O－5A模型”（其中，O为尚未接触过品牌信息的机会人群，5A是将购买人群分为5类，即A1为被品牌触达一次的被动人群，A2为被品牌触达多次的浅度认知人群，A3为对品牌有主动行为的深度互动人群，A4为实施了购买行为的人群，A5为与品牌形成了长期互动的私域人群），对不同客户采取了不同的营销手段和广告投放机制。例如，希望树通过老用户的购买时间和客户关系进行筛选，利用抖音进行推送和曝光，提醒客户进行复购。针对潜在购买人群，希望树会将其分为A1、A2、A3，再采取与之匹配的营销方式，通过丰富的触点尽可能多地积累A1人群，通过竞价广告和直播间来收获A2和A3人群。

资料来源：杜雨轩，胡左浩，赵子倩，等．数字营销赋能品牌破圈成长：以初创企业FOH希望树为例．清华管理评论，2023（6）：112－121.

1. 网页策略

网页策略主要是从营销的角度来研究企业制作网页时应遵循的原则，以及何种结构、何种表现方式便于网络用户获取信息。网页策略最重要的一点是怎样使企业的网站在海量网页中被注意。

2. 产品策略

在网络环境下，消费个性化受到企业重视。这使网络营销中的产品呈现出众多个性特色。企业网络营销产品策略的关键在于从网络营销环境出发，努力满足不同顾客的个性化要求，形成企业自身的优势。

3. 价格策略

网络营销价格策略是成本与价格的直接对话。在网络环境下，消费者很容易掌握同行业各个竞争者的价格。企业如果想在价格上取得优势，就要注重强调自己产品的性价比以及与同行业竞争者相比之下自身产品的特点。除此之外，网络营销的价格策略也应适时做出调整，企业的营销目的不同，所制定的价格也会不同。

4. 促销策略

网络营销促销策略的出发点是利用网络的特征实现与顾客的信息沟通。网络营销促销策略更强调与用户的互动关系。通过网络促销活动，让尽可能多的潜在用户访问网络站点，获得产品和服务的相关信息，为最终做出消费决策提供支持。

5. 渠道策略

网络将企业与消费者连在一起，给企业提供了一种全新的销售渠道。这种新渠道不仅简化了传统营销渠道的构成，而且集售前售后服务、商品与顾客资料查询、销售等于一体，有较大的优势。

6. 顾客服务策略

网络营销与传统营销模式的不同还在于它特有的互动方式。在传统营销模式中，人与人之间的交流十分重要，营销手法比较单一；而网络营销可以根据公司产品的特性，根据特定的目标客户群，以特有的企业文化来加强互动，节约开支，形式新颖多样，避免了传统营销模式的老套和单一。

第2节　网络营销活动策划

网络营销活动是在互联网上进行的活动，其活动策划一般多见于各大网络平台。网络营销活动策划需要遵循5W2H准则，思考这场网络营销活动是什么（what），为什么要做这场网络营销活动（why），这场网络营销活动在哪些网络平台做（where），这场网络营销活动什么时候制作、什么时候上线（when），这场网络营销活动面向的对象是谁（who），这场网络营销活动需要多少预算、需要什么资源（how much），这场网络营销活动怎么做（how）。

网络营销活动策划需要按照要点步骤展开，一般有八个步骤，分别是明确网络营销活动目标、构思网络营销活动方案、规划网络营销活动时间、选择合适的网络媒体平台、设计网络营销活动形式、确定网络营销活动预算、确定网络营销活动工作安排、制定网络营销活动风险控制措施。

示　例

天猫“潮起新中式”活动策划

从传统中式到国潮，再到新中式，有关中国风的流行概念多年来层出不穷、轮番演变。近年来，新中式成为爆火出圈的时尚流行趋势。

2024年春节前夕，消费者穿新衣、换新妆的消费需求达到顶峰。主打东方美学的新中式，成为女性打造新年穿搭的风格首选。为承接年末旺盛的新中式需求，2024年1月10日至12日，天猫超级品类日发起了“潮起新中式”活动，分别以故宫文创、敦煌研究院、甘肃省博物馆、陕西历史博物馆四大博物馆的馆藏文物为灵感，举办了开年首场新中式大秀，阐释了新中式的四大风格趋势。故宫文创的九龙壁、敦煌研究院的缠枝牡丹纹边饰、甘肃省博物馆里的磁州窑虎纹瓷枕、陕西历史博物馆的独孤信多面体煤精组印，成为这次天猫“潮起新中式”活动四种新中式的代表性元素。天猫“潮起新中式”活动让传统与现代跨越时光对话，探索文物瑰宝如何成就时髦穿搭。

为了让更多人理解新中式，天猫超级品类日还携手明星开启“全网寻找新中式主理人”的活动，邀请那些对新中式穿搭感兴趣的人一起用自己的方式演绎新中式。此次活动掀起了一波“人人都晒新中式”的流行，助推了开年第一波新中式热潮。

之后，天猫在社交媒体上又策划了多个与新中式有关的话题进行传播。比如“为什么现在年轻人喜欢新中式”“新中式真的不能乱穿”“新中式左压右扣”……借助这些话题在多个圈层掀起讨论和热议，天猫超级品类日面向大众做了一次有关新中式的知识科普。

资料来源：根据网络资料整理。

一、明确网络营销活动目标

网络营销活动目标一般可以分为五种，即销售型网络营销目标、服务型网络营销目标、品牌型网络营销目标、提升型网络营销目标和混合型网络营销目标。网络营销活动目标可以是单一目标，也可以是多种目标（见表12-2）。

表12-2　网络营销活动目标

目标类型	目标描述
销售型网络营销目标	促进潜在顾客和现有顾客购买产品
服务型网络营销目标	提供互动服务，保持顾客活跃度和满意度

续表

目标类型	目标描述
品牌型网络营销目标	让更多的人知道公司产品和品牌
提升型网络营销目标	一是拉新，增加新顾客并保持其网络活跃度，刺激其更好地转化；二是促活，唤醒现有顾客，召回流失顾客
混合型网络营销目标	包括以上所有方面

网络营销活动目标要根据运营的实际情况来确定。比如，产品刚上线时需要增加曝光量，吸引新顾客，此时强调拉新和促活；而新顾客基数上来以后，活动目标变为唤醒现有顾客，强调如何与顾客互动，保持其活跃度，然后留住顾客。

二、构思网络营销活动方案

企业在开展网络营销活动之前需要制定一个总体活动方案，以便为后续活动提供有效指导。一般来说，网络营销活动方案要列出八个事项，如表12－3所示。

表12－3　网络营销活动方案

事项	说明
活动目标	活动目标要具体清晰，根据运营阶段要求而定
活动主题	活动主题是用来传播的，要足够简洁，富有创意，便于网络传播
活动对象	活动对象要通过对用户个人信息、购买偏好等进行分析，并结合自身特点来确定
活动时间	活动时间要规划出筹备期、预热期、引爆期和长尾期
活动平台	活动网络平台特别多（如微博、微信、抖音等），要综合考虑
活动形式	活动规则简单，要能满足网络用户的某项需求，激发其欲望
活动经费	详细罗列活动经费，预留不可预计花费
活动资源	活动资源要区分设计资源、开发资源、传播资源和运营资源

在进行网络营销活动策划之前，活动方案无须太详细，不要花太多时间在策划活动前的准备上，只要满足简单易懂、内容清晰和方案要素全面三个要求即可。

营销视角 | **如何讲好社交故事**

社交情境指存在多人同时在场的情境，在该情境下即使人与人之间没有直接交互也构成了社交情境。在营销实践中，广告采用社交情境叙述的方式来传达产品或品牌在某种社交情境下的消费体验已成重要趋势。广告中采用社交情境叙述旨在通过讲述社交故事，引导消费者想象在该社交场景下使用产品或品牌以建立对产品或品牌的认知，即启动消费者的心理模拟。

企业可以通过在广告中采用社交情境叙述这一可控的沟通策略，激发消费者想象具体的社交情境从而对其施加影响。一方面，进行社交情境叙述时，企业应充分考虑如何增强受众的心理模拟，从而提升广告的说服效果；另一方面，不同的社交情境叙述是通过启动不同的心理模拟路径起作用，有利于企业对消费者心理的洞察，帮助其提升广告设计的合理性和有效性。

社交情境叙述与社交信息框架之间的匹配效应能够帮助企业在面对个体消费者时，根据可能启动的消费者心理模拟状态调整广告的信息表达。例如，在交互情境叙述的广告中采用社交损失框架说服，而在表现情境叙述的广告中采用社交收益框架说服，从而进一步提升广告说服的精准性和有效性。

资料来源：张皓，肖邦明，刘通．如何讲好社交故事？社交情境叙述在广告中的影响研究．南开管理评论，2023，26（4）：47-59.

三、规划网络营销活动时间

网络营销活动的时间规划通常分为筹备期、预热期、引爆期和长尾期。

活动筹备期，策划者要规划好网络营销活动的具体时间与流程，让准备参加活动的受众清楚地知道其期待的环节什么时候会来。活动预热期，可以通过多种传播方式让用户了解活动信息、活动具体时间和活动亮点，引发其对活动的关注。比如，“双十一”会提前半个月预热，提前积累流量、锁定用户，然后在“双十一”当天集中爆发。活动引爆期，需要在各个网络平台加强传播，增加活动入口，吸引一开始没有加入的用户参与活动。比如，“双十一”天猫一直播报交易额，不断地给用户制造一种心理压力。实时榜单、折扣商品排行榜等都是激发用户消费的做法。活动长尾期，用户新鲜感和热情迅速下降，可以给予适当奖励以保持活跃度。比如，“双十一”结束后，天猫做的战绩PK活动和返场活动。

四、选择合适的网络媒体平台

网络营销活动在什么样的网络平台上进行？这是需要策划者慎重思考的一个问题。网络媒体直接影响着网络营销活动的形式、受众和效果。

网络媒体平台众多，有的平台大，有的平台小；有的平台受众活跃，有的平台受众不太活跃。在不同的网络媒体平台上开展活动的效果不同。在选择网络媒体平台时，要选择那些受众多且活跃，体验良好且功能齐全的平台。图12-1比较了符合上述条件的网络媒体平台。

策划者在进行新媒体活动策划时，一定要充分利用新媒体平台各自的特色，为新媒体活动策划的成功打好基础。下面分别介绍上述三种网络媒体平台对网络营销活动的影响。

（一）门户网站

门户网站是指提供互联网信息资源的综合性服务应用系统，是在互联网技术发展早

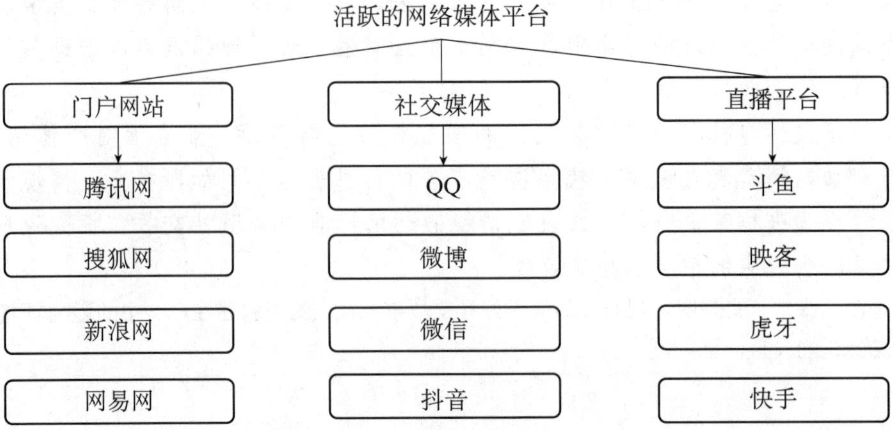

图 12-1 适合开展活动的网络媒体平台

期形成的一种网络媒体平台。门户网站的定位类似于传统媒体，主要以单向传播信息为主。门户网站的优势就在于传递的信息量大，并且拥有成熟的信息检索系统。门户网站适用于策划多环节和多内容的综合性网络营销活动，这样可以充分发挥其传播和承载信息量大的特色。

（二）社交媒体

社交媒体是基于 Web 2.0 的思维和技术，以用户为中心，允许用户进行内容创造和交换的新型网络媒体。社交媒体与传统媒体的主要区别在于允许用户生成内容，通过社交媒体，互联网用户可以分享意见、见解、经验和观点。常见的社交媒体包括 QQ、微博、微信、博客、抖音等。

社交媒体最大的特点就是信息交互性强、信息碎片化和传播迅速。根据社交媒体的这个特点，活动策划者可以考虑将具有一定互动性并且有较强传播目的的营销活动放到社交媒体平台上。表 12-4 对三种社交媒体进行了比较。

表 12-4 微博、微信和抖音的比较

	微博	微信	抖音
用户群体	用户广而杂，偏年轻化，女性较多	用户群体覆盖面较广	以 35 岁以下年轻人为主，女性用户略多于男性用户
特性	主要发布短文、图片，易形成热点	发布图文、语音、视频	发布短视频、音乐视频
渠道分析	对推广内容的趣味性要求极高	高频度、多维度进行推广，对文案、图片要求高	比较适合做品牌认知，对推广内容的质量要求极高

（三）直播平台

直播平台虽是一种新兴的网络媒体，但能够带来场景的多样化，降低了视频直播的门槛，简化了制作流程，拉近了与用户的距离。相较于门户网站和社交媒体，直播平台具有娱乐性强和互动性强的特点。由于这两个突出的特点，直播平台上网络游戏活动和户外直播活动十分火热。

五、设计网络营销活动形式

设计网络营销活动形式是要找出最吸引活动对象的方法。目前比较常用的网络营销活动形式主要有四种，分别是补贴、话题、游戏及折扣。设计网络营销活动形式往往需要注意五个关键点（见表12-5）。

表12-5 设计网络营销活动形式的关键点

关键点	说明
有趣	活动要吸引网络用户，活动形式的设计要尽量有趣
简单流畅	从网络用户进入活动页面到参与完成，尽可能简化流程，减少用户在每个环节的流失
通俗易懂	活动规则简单，网络用户不需要花费太多的时间就知道去做什么和能获得什么
用户利益	活动页面把用户利益放在最明显的位置，让用户在最短的时间内获取可得利益的信息
引导分享	引导参与过的老用户将活动进行分享，这是扩大活动效果的有效形式

（一）补贴

这种方式的关键一步是形成规模，即在较短的时间内被大用户群所接受和使用。生活服务类产品的网络营销常用这种活动形式。以美团外卖为例，点外卖会得到一个红包，红包分享出去，自己和他人都能领，这会吸引更多的人使用，也让分享的人能够留下来。美团外卖还优化了红包的玩法，在分享的时候会显示第几个红包是最大的，一来丰富了玩法，二来促使用户持续分享。这种补贴的形式给美团外卖带来了大量的新用户。

（二）话题

这种方式需要依赖网络媒体的力量和用户的口碑，让产品或服务成为用户谈论的话题。通过鼓励用户提供正面的话题，达到活动的效果。

（三）游戏

通过玩游戏的方式植入产品的信息或获取产品的优惠。这种活动形式电商运用得最广泛。比如，支付宝在每年的“双十一”都会推出一系列获取优惠券的小游戏。

（四）折扣

折扣是简单又能吸引用户的一种活动形式。产品提供一定的折扣，或者许诺一定的利益，吸引用户购买更多的产品，甚至购买原本不在购物清单的产品。比如，苏宁易购“818狂欢节”对部分产品直接折价促销。

六、确定网络营销活动预算

不需要经费的网络营销活动有很多，既可以与商家合作，由商家提供奖品，也可以通过创意吸引用户。

需要经费的网络营销活动应该如何做预算？策划者一般需要根据活动目标、活动形式、企业具体情况、活动方案等确定活动经费预算。比如活动目标是拉新，不涉及利润，企业要求的拉新成本是5元/人以内，拉新人数是100人。根据预算的计算公式为：预算＝人均成本×目标拉新数，则此次活动经费预算为500元。

七、确定网络营销活动工作安排

策划者在进行工作安排时需要制定详细的工作表，严谨地将工作分配给合适的人或部门，并且制定好合理、具体的完成时间。可以通过绘制甘特图和时间表来明晰活动进度及相关安排。

八、制定网络营销活动风险控制措施

在网络营销活动上线前，策划者应该对活动上线后可能会遇到的风险提前预测并准备好应对措施。网络营销活动过程可能遇到的常见风险包括技术风险、用户风险和外部环境风险等（见表12-6）。

表12-6 常见网络营销活动的风险控制

风险类型	风险表现形式	风险控制措施
技术风险	网站被攻击，活动专题页面打不开	考虑技术处理
	恶意刷活动的现象	考虑产品本身、活动规则和技术手段的问题
	活动上线延迟	考虑技术处理
用户风险	用户对活动内容不感兴趣	考虑提取活动环节，快速优化
	用户对活动反应超出预期，预算不够	考虑再寻投资赞助
	用户抓住活动漏洞后作弊灌水	考虑对活动形式进行优化
外部环境风险	活动页面涉嫌诱导分享违规被禁	考虑活动形式设计

第3节 社交媒体营销策划

一、社交媒体分类

根据美国互动广告局的界定，社交媒体分为三类：自有社交媒体、付费社交媒体和赢得社交媒体（见表12-7）。

表 12－7　社交媒体的类型

	自有社交媒体	付费社交媒体	赢得社交媒体
定义	企业通过自身拥有或部分控制的渠道向用户传递沟通信息	企业付费后得以利用的社交媒体平台或功能	企业将与消费者的对话当作传播渠道，或消费者自发为企业进行（正面或负面）宣传
举例	• 微博 • 推特 • 脸书 • 领英 • YouTube • 微信公众号（认证步骤需付费） • 直播平台	• 软件安装 • 自费开发的微信小程序 • 付费热搜和广告	• 口碑 • 热词 • 病毒式传播
角色	为顾客建立长期社交化 CRM（客户关系管理）渠道，广告，招聘，危机管理	能在社交媒体平台上接触到消费者，作为自有社交媒体和赢得社交媒体的催化剂	社交媒体演变为赢得社交媒体，通常是完美执行与协调自有社交媒体和付费社交媒体传播的结果
益处	• 激发消费者在各阶段的参与行为 • 每个粉丝可以通过社交图谱影响多人 • 提高定向传播能力 • 建立顾客忠诚	• 定向 • 直接 • 规模 • P2P 社交扩散 • 品牌化内容 • 可测量 • 品牌安全 • 品牌导向	• 社交 • 可以引导信息的传递 • 透明 • 顾客为品牌发声 • 迅速扩散
挑战	• 需要建立与维护多个渠道 • 持续互动 • 内容传播受限 • 针对公众的 CRM	• 早期行业标准 • 定价模式不断演变 • 快速变化的环境	• 活跃的品牌参与 • 消费者的负面言论极容易引发品牌危机

二、社交媒体营销的概念及目的

社交媒体营销是指运用社交媒体以提升组织、品牌、产品、个人的知名度、认可度，达到直接或间接营销目的的活动。社交媒体营销不同于网络营销。网络营销不仅包含社交媒体上的营销活动，而且包含非社交媒体平台上的营销推广（如电子邮件营销与搜索引擎营销等）。网络营销涉及的范围大于社交媒体营销。此外，一般来说，社交媒体营销比网络营销更注重与用户的互动。

触发交易行为是针对消费者和潜在客户展开社交媒体营销的终极目标。社交媒体营销的具体目标包括：广告传播、品牌形象管理、品牌知名度提升、获取产品相关反馈、诱导顾客参与、扩大社群、人员销售、危机管理等（见表 12－8）。

表 12-8　社交媒体的营销目的与目标群体

目标群体	营销目的
现有顾客	提高消费者满意度和品牌忠诚度，引导顾客在社交媒体中为品牌发声（培养或寻找意见领袖），保持和顾客之间的业务关系，提高对公司品牌的购买频率和数量
潜在顾客	提升品牌知名度，引发对产品的兴趣和喜爱，将其转化为最初的购买行为
现有顾客和潜在顾客	吸引顾客参与社交媒体内容的互动，如阅读、转发、评论、点赞等；创造新内容和提出新建议来帮助产品和品牌提升

营销视角　用 AR 获取感知力，促进购买意愿

增强现实（augmented reality，AR）是一种交互技术，它在现实环境中叠加虚拟元素，并允许用户对这些虚拟影像进行操作和控制。在营销领域，AR 技术最直接的应用之一是产品展示，即在真实场景中投射虚拟产品图像，实现虚拟产品与实际环境的融合。研究发现，基于 AR 的虚拟产品展示能够提供更丰富的感官仿真体验，帮助消费者建立对产品使用过程的心理意象，进而提升在线购物的信心。用户可以自主控制虚实结合的现实，强化虚拟与现实的相互嵌入，让用户感受到虚拟和现实在时空上的同步，从而拉近了消费者与产品的心理距离。这种体验使消费者加强对 AR 技术展示产品的感知，进而增强其购买意愿。

AR 技术的商业应用扩展了用户的感知能力，通过将实景与虚拟世界相连接，强化了用户的互动体验。这为各行各业带来了创新的可能性。例如，宜家的 AR 应用 IKEA Place，与苹果新推出的 ARKit 技术完美配合，以 3D 物体形式展示图像，包括逼真的阴影和产品质地，以及符合拍摄的地点光线，使得用户的体验更加真实。用户下载应用后，可通过设备拍摄想要放置宜家物品的地方，然后选择并插入产品图，自由移动至合适位置。用户可方便地分享、保存图片，通过应用了解价格并直接购买。

资料来源：崔楠，陈全，徐岚，等．当历史文创产品遇上 AR：增强现实技术产品展示对消费者历史文创产品评价的影响．南开管理评论，2021，24（6）：50-63.

三、社交媒体营销策划

（一）内容营销策划

1. 内容营销的发展

内容营销起源于 19 世纪。约翰·迪尔（John Deere）是一个铁匠，以打造农用机器为业，他创办的迪尔公司称得上世界最著名的农机公司，1895 年创办并发行了《耕耘》杂志。公司并没有利用该杂志直接销售设备，只是传授农民新技术，指导他们如何成为更成功的农民企业家。《耕耘》杂志的内容都是由思想活跃的记者、故事写作者和设计人员联合完成的，从不发布促销信息和自助服务内容，涉及的只是农民密切关注的话题。如今 100 多年过去了，《耕耘》杂志的发展势头依然强劲，它是世界上发行量最大的农业杂志，采用 12 种语言面向 40 个不同的国家发行，每月发放至 150 多万名农民手中。

在约翰·迪尔之后，开始有了更多的内容营销案例，例如1900年米其林公司推出了《米其林指南》。这本指南共400页，封面颜色为标志性的红色，可以协助驾驶员正确保养车辆以及找寻舒适住所。该指南初版免费发行了35 000册，经过多年的发展，现已成为美食点评领域的著名榜单。1922年，世界最大零售商店西尔斯（Sears）开了广播节目。在通货紧缩期间，这个广播电台协助农民了解西尔斯·罗巴克农业基金会提供的内容。20世纪30年代，宝洁进军广播连续剧。这个推出了香皂和洗衣粉等诸多知名品牌、极其成功、创意十足、特征鲜明的公司，开创了肥皂剧的先河。由此可知，最初的内容营销偏向教育性的内容，目的在于帮助目标客户解决他们关心的问题，从而形成用户对品牌的忠诚。

2. 内容营销的定义

内容营销是创建及传递内容以吸引明确或潜在目标受众的商业营销过程，目的是促使顾客做出能为企业带来利润的行动。总结起来，内容营销有三点核心要素：（1）创建、分享/传递有价值的内容；（2）吸引明确或潜在的目标受众（客户）；（3）为企业带来商业价值（利润）。

在内容营销中，营销者并不直接推销产品或服务，而是通过有趣、有用、有价值的内容来吸引目标受众，建立起信任和品牌情感。这种营销方式强调与受众的双向交流，需要富有创意、有思想深度的内容以及灵活的发布渠道。

3. 内容营销策划

内容营销本质上是一种同现有和潜在顾客交流而不谈销售的手段，属于非干扰营销。你不是在推销产品或服务，而是在传递能让购买者深入理解的信息，取悦他们以建立情感联系。这种策略的精髓在于：如果连续不断地向购买者传递有价值的信息，那么最终他们回馈给企业的将是业务往来和对企业的忠诚。

在企业社交媒体内容营销策划中，聚焦于创造和传播有价值的、相关且连续的内容是成功的关键。内容营销策划的内容往往包括新闻、博文、信息图、案例、视频、照片、白皮书、线上研讨会以及调研报告等。为了引起用户参与和关注，内容营销策划的内容最好以视觉元素（如视频和图片）为主。相关研究表明：人类大脑加工处理图像的速度超过文字处理速度的60 000倍之多。相对于无图像内容，含图像的内容引发互动参与的概率提高了180%。近年来，抖音、快手、小红书等短视频平台兴起的原因正在于此。内容营销并非简单地发布一些文章和图片，而是要针对受众特点、行业趋势和品牌定位等，精心设计和策划出具有独特性和深度的内容。此外，内容的发布渠道也需要权衡利弊。常见的发布渠道包括自媒体平台、社交媒体、品牌官网以及合作伙伴网站等。成功运营社交媒体的企业通常根据自身产品、目标用户来推送有趣、有料的内容，积极参与各种话题以促进消费者谈论、转发甚至撰写与企业相关的报道。

企业通常拥有付费媒体（paid media）、自有媒体（owned media）、赢得媒体（earned media）三种类型的媒体，通过有效组合兼顾内容的发布、创建以及策划，就可以赢得更加稳定、更加忠实的用户。对于付费媒体，不管是广告投放还是媒体合作，企业需要做的就是发布。自有媒体就是企业可以控制、创造和运营的媒体，例如自己的网站、微信、微博等社交媒体平台，或是传播手册与型录等传统宣传品。赢得媒体则是企业通过一个策划活动赢得的口碑。在数字营销时代，策划推广活动越来越重要，通过一波一波策划活动与用户沟通，使内容与用户产生紧密的关联，可以赢得用户的忠诚，企业只有平衡上述三者的关系，才能获得回报。

营销视角 | 元宇宙与新型消费业态

以网络信息技术为基础，由技术建构的，通过镜像映射还原、延伸现实或创造原生数字场景生成的，有别于现实但与现实交互融合的虚拟数字空间，即为元宇宙。元宇宙的本质特征包括五个方面：一是要素丰富、沉浸体验；二是恒久开启、实时存在；三是去中心化、规则共享；四是跨越虚实、基于现实；五是集体互动、强社交性。

游戏中开发设计、操作环境的虚拟化，会展中场景布置、组织呈现的虚拟化，娱乐中玩乐场所、互动人物的虚拟化，保健中健康诊断、运动赛事的虚拟化，生活中房产全貌、餐饮品相的虚拟化，教育中的虚拟现实知识讲解、增强现实技能体验，交易中的数字藏品竞价拍卖、商场商品随心触达，零售中的脑机接口感官具象、体感技术试用体验，广告中的虚拟关键意见领袖、无限多元品牌场景，旅游中的切换自如景点项目、私人定制交通工具……元宇宙下的消费已然发生变革，以全新运行模式与创新路径快速发展。

在新兴技术支持下，元宇宙以虚实互融、沉浸互动的模式提质扩容线上消费，激活拉动线下消费，塑造了新型消费业态。一方面，从线下到线上再到线上线下渠道融合，从静态图文到动态音频视频再到虚实结合沉浸式宣传，从企业单向发布到客企双向沟通再到多元主体即时互动，元宇宙消费是消费伴随技术时代演进的新一轮跃升。拓展交易模式路径、突破传播方式壁垒、丰富互动形式层次，元宇宙以既超越现实又弥补现实的消费价值催生出新型消费业态。另一方面，在生存基础性、功能实用型实物消费不断向品质发展性、享受体验型服务消费升级的过程中，消费者不再满足于现实层面的消费，愈加追求虚拟乃至虚实交互层面的消费体验，希望在有限时空中高限度、多维度实现需求的满足，元宇宙消费则是消费紧扣市场需求升级下的再一次转变。元宇宙是在技术支持下对服务结构的优化，在场景建构下对服务体验的创新，契合了当下消费需求的升级。

资料来源：张宇东，张会龙．消费领域的元宇宙：研究述评与展望．外国经济与管理，2023，45（8）：118-136.

示　例

内容数字化提升消费者的体验感

对于消费者而言浏览线上虚拟店铺，进行 AR 试穿，可以获得更好的消费体验，足不出户即可进行产品消费决策。由此，时尚企业更多利用 AI、AR 等数字技术进行品牌营销和产品展示，满足消费者的购物体验需求。作为家纺行业龙头企业，罗莱积极推动品牌智能升级。2021 年罗莱携手中国纺织信息中心打造出一款创新型购物场景和服务体验小程序——罗莱灵感家。这个小程序利用仿真模拟技术，在消费者拍摄的家居实景中提供搭配效果模拟展示，满足了消费者在线试搭体验需求，提升了品牌营销效率。同时，借助人工智能技术，根据消费者拍摄的家居照片进行视觉识别分析，由AI生成专属文案，为消费者带来了个性化的消费体验。

资料来源：王晨．智慧营销新趋势：内容营销不止于内容．纺织导报，2022-08-26.

（二）发布平台策划

常见企业自有社交媒体的内容发布平台有微博、微信、网络直播平台等。

1. 微博

微博是一种以Web 2.0为基础的社交媒体。企业可以利用长度在140字以内的微型博客快速宣传企业新闻、产品、文化等，形成一个固定圈层的互动交流平台。如今微博已经取消了字数限制，其“微型”属性有所削弱，但实际上丰富了微博形式，而且并不影响其进行营销活动。与传统媒体相比，微博具有使用门槛低、信息发布成本低、传播速度快和互动性强等特点。用户可以通过简单的“关注”和“被关注”等行为建立联系，形成新的在线社会关系网络。比如，新浪微博和推特这些微博类平台允许发文者根据粉丝兴趣创建文本、视频或基于图片的各种内容。公司可以推送有关公司产品的信息，公布促销活动，吸引微博平台上的用户（粉丝和非粉丝）进入线上店铺或者实体店铺。相较于其他技术手段，微博平台可以帮助企业实时地与顾客保持联络。与此同时，由于微博转发评论方便，信息传播扩散异常迅速。

微博平台发布有趣且信息丰富的文章，而不是试图把销售作为主要目的。各类微博平台的用户群体更关心的是“你在做什么”“你能告诉我些什么”，而不是“你卖什么”。多数行业中的产业分析师、记者以及其他有影响力的人在微博上表现得都较为活跃。运营微博成功的企业通常推送有趣的内容（而不仅仅是与营销相关的信息），积极参与各种话题以促进消费者谈论、转发甚至撰写与企业相关的报道。

2. 微信

微信是一款以信息通信为核心功能的交互式媒体，通过文本消息、即时语音消息、一对多群发消息、图片/视频分享、位置分享等形式为用户提供一个与朋友交流互动的平台。企业可以通过微信公众号实现与特定群体的文字、图片、语音以及视频的全方位沟通互动。企业主体注册公众号的数量上限为两个。微信公众号分为四类：服务号、订阅号、小程序和企业微信。企业开通微信的模式以及功能和适用群体如表12-9所示。例如，中国国际航空公司在微信平台开通了两个公众号，即中国国际航空公司官方微信和中国国际航空公司唯一官方订阅号。两个账号都为关注者提供机票预订、航班动态、在线值机、改期等服务，消费者在不登录网页或者另外下载APP的情况下可以进行机票订购和值机等，十分便利。与此同时，两个账号每天都推送不同的内容，实现了功能互补。

表 12-9　企业开通微信的模式

类型	功能	适用群体
服务号	为企业和组织提供更强大的业务服务与用户管理能力，主要偏向服务类交互（功能类似12315、114，提供绑定信息）； 群发次数：服务号1个月（按自然月）内可发送4条群发消息	媒体、企业、政府或其他组织
订阅号	为媒体和个人提供一种新的信息传播方式，主要功能是在微信上给用户传递资讯（功能类似于报纸杂志，提供新闻信息或娱乐趣事）； 群发次数：订阅号（认证用户、非认证用户）1天内可群发1条消息	个人、媒体、企业、政府或其他组织
小程序	开发者可以快速开发一个小程序，小程序可以在微信内被便捷地获取和传播，同时具有绝佳的使用体验	个人、媒体、企业、政府或其他组织
企业微信	企业的专业办公管理工具，提供丰富免费的办公应用，并与微信消息、小程序、微信支付等互通，助力企业高效办公和管理	企业

3. 网络直播平台

除了在微博和微信发布内容和提供服务外，网络直播也成了社交媒体营销的重要平台。网络直播具有娱乐性、交互性、可靠性和及时性等特点。国内主要网络直播平台有斗鱼、虎牙、淘宝、聚美和映客等。直播的经济价值成功地吸引了品牌的关注，很多品牌以“网红”直播为突破口对营销进行新一轮的探索，开启直播变现模式。

UGC直播是最主要的形式，它指的是主播通过直播工具如手机在互联网上进行表演、展示、玩游戏、与观众互动等。其以普通用户自发产生的内容为基础，引发人与价值内容的关联、人与人的关联、人与商业的关联，最终为UGC供应商带来商业价值。

企业使用直播进行营销的方法主要有四种：一是直播＋“明星/网红”，选择“网红”或“明星”为品牌站台可以带来粉丝效应；二是直播＋企业日常，即向消费者展示企业日常行为、品牌和企业文化等；三是直播＋活动，比如直播品牌发布会等活动；四是直播＋电商，以淘宝直播为代表，通过直播促使其从产品导购向内容导购转型。

（三）发布时间策划

企业在使用社交媒体进行营销时，要选择合理的时间来发布内容。若发布时间选择不当，会导致内容不能被目标受众阅读，失去与目标受众互动的机会。

任何一个社交媒体平台都会有热门时间段与非热门时间段。在热门时间段，上网的用户比较多，此时发布的信息被看到的次数较多，转发和评论的条数也会增加。比如，根据新浪微博商务部的统计数据，网购类企业微博有一定的特殊性：第一，周四是网购的黄金时间，用户的互动热情尤为高涨；第二，工作日午间网购信息会得到更多的关注，13：00—15：00用户对网购信息最感兴趣。网购类企业微博在这些热门时间段发布信息，传播效果会比较好。

由于每个行业以及每个公司目标受众的习惯不同，根据以往的分析报告来选定发布时间也许不能达到最理想的效果。企业可以借助社交媒体运营分析软件来确定最合理的发布时间。选准发布时机可以让更多的目标受众看到企业发布的内容，提高参与率和转化率。

四、付费社交媒体营销策划

付费社交媒体可以帮助品牌打造知名度，创立正面积极的品牌形象，产生视频播放量，收集顾客有价值的反馈信息，同时还可以激发顾客加入社区、点击网页链接购买等行为。营销人员可以界定自己的目标人群，通过社交媒体平台将付费广告投放给目标群体。付费社交媒体营销策划主要包括微信付费推广策划和微博付费推广策划。

（一）微信付费推广策划

1. 微信付费推广的类型

微信付费推广分为三大类：朋友圈广告、公众号广告和小程序广告，其功能及付费方式见表 12 - 10。

表 12 - 10　微信付费推广的类型与功能

类型	功能	付费方式
朋友圈广告	推广品牌活动 推广门店 推广商品 推广应用 派发优惠券 推广公众号 收集销售线索 推广小游戏	• 按曝光排期购买 √ 提前 1～28 天预订排期，锁定目标曝光量（保量） √ CPM（千人成本）单价按刊例执行 √ 单次投放预算 5 万元起
		• 按曝光竞价购买 √ 提前选择投放日期，锁定目标人群（不保量） √ CPM 出价由广告主设置，可基于效果实时调整 √ 每日预算 1 000 元起
公众号广告	推广品牌活动 推广商品 推广应用 派发优惠券 推广公众号 收集销售线索 推广小游戏	• 按曝光排期购买 √ 提前 1～28 天预订排期，锁定目标曝光量 √ CPM 单价按刊例执行 √ 单次投放预算 1 000 元起
		• 按曝光竞价购买 √ CPM 10 元/千次曝光起 √ 每日预算 200 元起
		• 按点击竞价购买 √ 每次点击出价 0.5 元起 √ 每日预算 50 元起

续表

类型	功能	付费方式
小程序广告	推广品牌活动 推广商品 推广应用 推广公众号	• 按曝光竞价购买 √ CPM 30 元/千次曝光起 √ 每日预算 1 000 元起
		• 按点击竞价购买 √ 每次点击出价 0.5 元起 √ 每日预算 50 元起

朋友圈广告是以类似朋友圈原创内容的形式在用户朋友圈进行展示的原生广告，可以依托好友点赞、评论等方式进行互动传播。通过整合优质用户流量，朋友圈为广告主提供了国内独一无二的互联网社交推广营销平台。朋友圈广告支持图文广告、视频广告、基础式卡片广告（内测）、选择式卡片广告（内测）等广告产品形态，支持品牌活动推广、公众号推广、移动应用推广、微信卡券推广和本地推广等。

公众号广告是基于微信公众平台，以类似公众号文章内容的形式在文章底部、文章中部、互选广告和视频贴片等四个广告资源位进行展示的内容广告。公众号广告支持公众号推广、移动应用推广、品牌活动推广、微信卡券推广、电商推广等。

小程序广告是基于微信公众平台，利用专业数据处理算法实现成本可控、效益可观、精准触达的广告投放系统。小程序推广支持品牌活动推广和电商推广。小程序广告具体位置由小程序流量主决定。

2. 微信付费推广的策划要点

（1）明确推广策划目标。微信提供的推广目标包括：推广品牌活动、推广门店、推广应用、推广商品、推广公众号、派发优惠券、收集销售线索等。策划好微信推广首先需要明确投放的营销目标，选择正确的推广目标，从而使用微信推广针对不同目标提供的投放解决方案。

（2）选择合适位置和购买方式。微信可以提供朋友圈信息流、公众号文章底部、公众号文章视频贴片、公众号互选广告、公众号文章中部和小程序广告等广告位置。根据广告位置的不同，微信提供对应的购买方式和售卖策略。企业应根据经费预算和实际情况，选择对应推广目标下希望展现广告的位置及购买方式。

（3）设置推广投放人群。微信广告支持按照地域、性别、年龄、手机相关情况（品牌型号、手机系统及联网环境）、婚恋情况、学历、兴趣标签（商业兴趣/APP 兴趣）、LBS、再营销等属性进行定向投放。企业可以通过微信强大的大数据分析能力，根据推广目标预算等，选择合适的定向标签，投放特定广告人群。

（4）提出创意并进行创意测试。不同广告位所需填写信息有所差异。想要推广效果好，营销创意非常重要。根据信息诉求目标，设计多款创意图片并进行创意测试。在控制其他变量不变的前提下，分别让组成成分、特征相同的访客群随机访问这些落地页版本，根据各群组的用户数据反馈，结合统计学的工具方法筛选出更符合效果需求的推广版本，进而实现信息投放的效益最大化。

（二）微博付费推广策划

1. 微博付费推广的类型

微博付费推广包含四大类（见表12-11），其中一些推广形式的优势如表12-12所示。

表12-11 微博付费推广的类型

类型	广告产品
搜索类	如热门搜索包、热门搜索榜、搜索推广、搜索彩蛋等
曝光类	如开机报头（包含四种素材类型和三种互动形式）等
信息流类	如粉丝通、品牌速递等
视频类	如微博故事等

表12-12 常用微博付费推广形式及优势

推广形式	优势
粉丝通	可以让移动应用展示在微博客户端的信息流中，选定投放的目标人群，广告就可以投放给微博的目标客户； 粉丝通应用推广采取的是竞价的广告模式，按点击进行竞价，每次点击的起拍价为0.5元，可以按自己预期的价钱进行出价，最终一个点击的扣费不会超过出价
粉丝头条	博文头条：博文营销利器，让更多人了解； 账号头条：快速提升关注，拥有海量粉丝； 帮上头条：快速提升关注，拥有海量粉丝
热门搜索包	强曝光：双重一级页面搜索框引导文案，可实现每日千万级曝光； 软推广：关键词潜意识引导用户点击； 聚集性：落地页首屏集中展现客户重点品牌信息，高效聚集转化
搜索推广	人群定向：基于关键词定向展现给特定用户人群，保障广告效果的影响； 资源独占：关键词同一时间仅限一个客户购买，独占优质推广位置； 舆论公关：即时热点舆论观点导向，品牌危机公关和形象维护提升； 原生展现：广告原生展现，用户接受程度高，便于互动和传播
品牌速递	针对品牌客户推出的强曝光、多样式的微博信息流广告； 曝光：优先其他竞价类信息流广告在流内对目标用户曝光； 样式：品牌主可选择图文card、视频、视频card、全景图card、焦点图card、视频+H5； 平滑：广告可触达全天优质时段的目标受众用户

2. 微博付费推广的策划要点

（1）定位好传播目标受众。微博营销推广策划需要定位好目标受众，企业应明晰自己的产品是什么，推广的目标受众是谁，要帮助目标受众解决什么问题。

（2）选题内容要有吸引力。微博中主要讨论和发表的内容要有吸引力。富有创意的活动内容可获得广大微博用户的认可和喜爱，从而使活动内容登上微博热门榜，得到更多微博用户的关注及转发。

（3）选择合适的意见领袖。根据推广要求及产品的特性，选择一些相关领域的意见领袖去讨论和传播内容。比如，直接请微博上与活动内容有所关联的行业“大V”或者知名人士帮助宣传推广活动，在微博上形成粉丝效应。

（4）选择内容更新频率。根据推广要求，确定微博更新频率。通常每天更新5～10条微博，但不要在一小时内连续发布多条。

五、社交媒体营销策划技巧

社交媒体营销策划技巧主要表现在三个方面，分别是流量把控、用好权限和引导人员。

1. 流量把控

任何社交媒体平台提供的流量都是有限的，而社交媒体的营销效果又是与流量成正比的，因此，社交媒体营销活动想要取得更好的推广效果，就要从增加总量和增加分配两个方面把控流量。

首先，对社交媒体营销活动的流量把控可以从增加总体流量着手，因为每个社交媒体平台的流量都有限，所以在进行社交媒体营销活动策划时，不要只专注于活动所在的社交媒体平台，还可以将其他社交媒体平台的流量引入，增加关注度。常见的引流平台如图12－2所示。

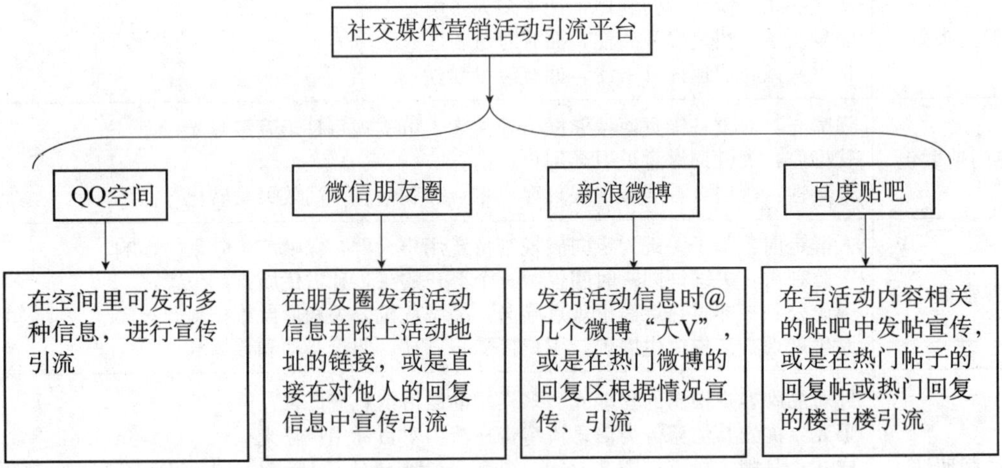

图12－2 常见引流平台

其次，策划者还可以从活动举办的社交媒体平台的流量分配入手，获得活动所在的社交媒体平台更多的流量。比如，在微博上，可以采用富有创意的活动内容、借力“大V”和头条置顶等方式获得更多的流量。

营销视角 | 数字视频营销的价值

在数字化时代，视频的种类不再局限于电视和户外屏幕设备的固定广告数字视频，而是发展出了一系列品牌视频、产品视频、客户推荐视频、直播视频、说明性操作视频、企业培训视频、娱乐视频等可以随时随地通过便携式电脑或智能移动终端接收、播放、分享、评论和上传的视频。这些视频在营销活动中的价值得到了进一步提升，形成了更高层次的数字视频营销。概括而言，数字视频营销的价值主要体现在信息传播的高效率、个性化需求的满足、品牌传播的卓越效果和分享欲望的满足四个方面。

相较于文字、图片、GIF动画等传播媒介，数字视频形式的媒介更快捷、承载信息量更大，也更易于被受众接受。同样的信息，使用集文字、图形、动画于一身的数字视频媒介，信息接收者接受的意愿会更高，对内容的解读也会更容易和准确。数字视频内容精简、形式活泼，容易实现病毒式传播，传播力度强、范围广、交互性强。传统营销受限于经济规模、技术等，以大众传播为主。而数字化时代的数字视频传播能解决个性化传播的需求，大数据算法的发展极大实现了数字视频信息的精准推送。

有效的数字视频营销考虑的是将企业的产品或服务以及品牌理念融入特定的场景中，让消费者自然地接受这种价值。因此，发挥数字视频营销的关键价值之一就是实现场景融入的品牌传播。

资料来源：王永贵，郭笑笑．数字视频营销的价值与效果评价．清华管理评论，2022（12）：41－47.

2. 用好权限

社交媒体平台都有会员服务。只要开通社交媒体平台的会员，就可以获得一定的特权，随着会员等级的提高，可行使的特权也会相应增加。策划者可以在策划社交媒体营销活动时在所选平台上开通会员服务，获得会员权限。利用好这些权限不仅可让活动进行得更加顺利，还能让活动的效果进一步放大。

权限在新媒体活动中的运用主要有禁言和置顶两种方式。禁言针对的是在活动评论交流中恶意引导舆论的用户，以保障活动不受破坏。置顶是将活动信息置顶在平台首页，以吸引更多人参加活动。

3. 引导人员

设置引导人员是进行社交媒体营销活动策划的一个重要技巧。社交媒体营销活动的引导人员的作用有很多，大致可以分为防御性作用和引导性作用两种。

引导人员的防御性作用表现在活动被恶意中伤诽谤后协助进行澄清，在“水军”恶意破坏活动时稳定受众情绪，在活动发生问题时协助公关。

引导人员的引导性作用表现在带头发动围观受众参加活动，活跃气氛并调节节奏，引导受众关注活动主题。

网络营销策划需要在网络环境下，利用各种在线渠道，如搜索引擎、社交媒体、电子邮件等，与潜在客户进行互动和沟通；借助互联网工具和技术，将产品或服务信息传达给目标受众，以提升品牌知名度、吸引潜在客户并促进销售；通过制定和实施有效的营销策略，达到企业品牌推广、产品销售、客户关系建立等目标。互联网开启了一个自由开放、复杂多样的虚拟世界，网络营销活动策划需要遵循网络营销的伦理准则，避免唯利是图、虚假营销、自我打赏等诱导消费者打赏和购买商品。

利用大数据“杀熟”、违规过度收集个人数据信息等数据泄露和被滥用的行为，侵犯了消费者的合法权益。针对这类问题，2021年6月10日，第十三届全国人民代表大会常务委员会第二十九次会议通过了《中华人民共和国数据安全法》。该法建立健全了数据安全管理制度，通过严格规范数据处理活动，切实加强数据安全保护，提高了数据乱用、滥用等的违法成本，更好守护广大人民群众在数字化发展中的获得感、幸福感、安全感。

企业在开展网络营销活动策划过程中有明晰的数据安全保护义务。进行网络营销策划要规范数据处理活动，不得违规过度收集用户个人数据信息，企业应在网络营销中承担网络公民的社会责任。

案例分析

深耕社交商务的多抓鱼

2017年5月上线的多抓鱼是一家依托于微信生态环境的线上二手书店。多抓鱼采用C2B2C模式进入二手书交易市场，即平台从用户手中收书，经由统一消毒、翻新、封装、定价后销售，赚取促成交易的服务费。

目前，多抓鱼主要依靠微信公众号、小程序以及APP进行运营，和顺丰快递建立了物流合作关系。多抓鱼立足微信生态，深耕社交电商，进行多方面营销创新。

社交化商务

在线上，多抓鱼注重对“兴趣社区”的打造，通过书单、“鱼邮”等互动逐渐形成了品牌独有的社区氛围。多抓鱼采用引导性推荐模式，帮助用户找到自己感兴趣的书单。在多抓鱼，你会看到“这本书千万不要读”、“那些不乐意在多抓鱼卖的书”、“为了封面购买”以及“酷到无法分类”等各色有趣、个性化的书单。除此之外，每本在售的图书底下还备注有其在豆瓣的评分，为购买者进一步提供了参考依据。借着书单，用户开始产生UGC；书单推荐语下的点赞、留言等互动加强了用户之间的关系，而且这种紧密围绕图书内容进行的社交增加了用户黏性。

除了线上交易，多抓鱼还积极拓展线下社交。多抓鱼在线下举办了“多抓鱼in毕业季”活动，与豆瓣阅读联合举办线下“快闪书店”活动，参加“上海世博公园@简单生活节”活动。这些线下活动策划不仅确立了多抓鱼售卖干净、优质的二手图书的品牌特性，而且通过精准定位，找到了潜在的目标用户。这些人大都转化为种子用户，为日后产品通过口碑再传播打下了基础。

便捷化交易

多抓鱼网上书店主要依靠微信小程序运营，与微信支付无缝衔接，买卖图书非常方便。针对卖家，多抓鱼升级了图书定价及回收的步骤，让卖家扫码就可进入机器审核，通过审核之后，便有快递员上门取货，节省了卖家的时间成本。多抓鱼对收购回来的图书进行人工审核，通过审核的图书经清洁、翻新、消毒以及重新包装后再进行交易，以便买家获得良好的购书体验。相比于其他二手交易平台，多抓鱼的平台交易过程更便捷，用户的信任度和黏性更加稳定。

精细化用户管理

多抓鱼从内容营销和用户体验方面入手进行精细化管理，提升用户信任度。一方面，多抓鱼根据用户的浏览行为推荐书籍，开展以多抓鱼书单为基础的内容运营工作。另一方面，针对目标消费群关注的服务质量和效率诉求，多抓鱼关注用户口碑，不推送促销，不强推社交分享。

讨论题

1. 多抓鱼网络营销活动的特点是什么？
2. 多抓鱼如何进行线上线下营销活动策划？活动效果如何？
3. 多抓鱼网络营销策划案例带来的启示是什么？

重点名词

网络营销	网络营销策划	网络营销活动策划流程
社交媒体营销	自有社交媒体营销	付费社交媒体营销
内容营销	元宇宙	

思考题

1. 网络营销策划的目标有哪些？网络营销策划的内容体系有哪些？
2. 网络营销活动策划的5W2H准则是什么？网络营销活动策划的步骤有哪些？
3. 如何撰写网络营销活动策划方案？
4. 社交媒体有哪些类型？社交媒体营销策划的技巧有哪些？
5. 付费社交媒体营销策划的要点有哪些？

拓展练习

一、目的与目标

1. 了解网络策划应具备的理论知识，熟悉网络策划的内容与技巧。
2. 掌握网络营销策划的方法在企业实践中的运用。
3. 掌握社交媒体营销策划的内容、方法与应用。

二、内容与要求

1. 资料准备：收集整理2～3份网络营销策划案例，分类归纳并总结核心要点。
2. 具体任务：通过对网络营销策划内容的学习，分组进行网络营销策划训练。
3. 任务要求：收集本地企业的网络营销策划案例，开展模拟网络营销策划的练习。

三、组织与实施

1. 将班级同学分成5～6人一组的小组，实行组长负责制，全体组员共同完成课堂任务。

2. 各小组进行分工，完成资料的收集、汇总与分析。

3. 经过小组讨论后，完成实训报告，提交PPT文档，注明分工及各自的贡献。

4. 各小组选派成员对报告进行讲解，并回答其他组成员的提问。

5. 授课老师对各组的汇报进行点评及评分，提出意见及改进建议。

拓展阅读

一、阅读案例

1. 曹忆静．City Walk：小红书中的新媒介景观现象探略．新媒体研究，2023，9（19）：62－64，69.

2. 张馨．基于价值共创视域的哔哩哔哩网站社群营销创新思路．老字号品牌营销，2022（12）：33－35.

二、阅读书籍

1. 王玮．网络营销．2版．北京：中国人民大学出版社，2022.

2. 利布，西曼斯基．内容是营销之本．北京：中信出版社，2018.

3. 田玲．网络营销策划与推广（慕课版）．北京：人民邮电出版社，2021.

4. 陶晓波．内容营销．北京：经济管理出版社，2021.

即测即评

扫描二维码可在线自测并查看答案。

第13章
企业形象策划

本章要点

- 了解企业形象的概念与构成。
- 掌握企业形象识别系统的构成。
- 掌握企业形象策划的流程与要点。

引导案例

焕新LOGO助力支付宝品牌升级

继2015年和2020年两次LOGO变动后，2024年农历春节前夕支付宝换掉了使用近四年的品牌LOGO。支付宝新LOGO采用同样的配色，去掉了外框和文字，并引入自然光，整体设计变得简洁和轻盈。支付宝对新LOGO的描述为："如水一般，持续传递信任、亲切、温暖的感受。"2004—2024年，支付宝LOGO的变化见图13-1。

图13-1　2004—2024年支付宝LOGO的变化

历数支付宝多次LOGO变动，背后无不伴随着环境的变化和品牌定位的升级。2004—2013年，支付宝LOGO中英文网址一直保留。这代表着该品牌一直都是PC时代的支付工具。2015年，支付宝LOGO设计强调简洁，代表着品牌正式从移动支付升级为全景式的场景平台。2020年，支付宝LOGO整体变蓝，还去掉了Alipay的标识。这代表着该品牌不再只是金融工具，还是数字化的生活平台。2024年这次LOGO更新，代表着支付宝品牌的又一次焕新，与生态开放、技术创新和服务拓展息息相关。

资料来源：根据网络资料整理。

启示：品牌LOGO代表着公司的品牌定位，除了“好不好看”，更重要的是对企业理念的呈现。品牌LOGO升级既是品牌定位传播手段，也是强化品牌辨识度和品牌战略的有效方式。品牌LOGO升级是品牌不断迎合消费者需求的结果，也是企业多各层面全新布局的新开始。

第1节　企业形象概述

一、企业形象的概念与构成

（一）企业形象的概念

企业形象是指企业内外部公众对企业整体的印象和评价，即人们通过企业的各种标志（如品牌图形、产品特点、营销策略、人员风格等）建立起来的对企业的总体印象，是企业文化建设的核心。

企业形象是企业精神文化的一种外在表现形式，它是社会公众与企业接触交往过程中，通过人体的感官获得、感受到的总体印象。良好的企业形象不仅是吸引顾客、扩大市场份额的保证，也是吸引人才的基础，还有利于企业进行资本运营，为可持续发展提供资源。

一般而言，健康且良好的企业形象的作用主要体现在以下五个方面：其一，对于内部员工而言，可增强其自豪感，工作更加努力，绩效更佳，人员更稳定，这有利于吸引更多优秀人才。其二，对政府部门来说，企业形象良好有利于得到更多的支持。其三，对于客户来说，良好的企业形象能够增强客户对产品质量的信心，增加客户对企业的信赖，有利于留住老客户和吸引新客户，创造直接经济效益。其四，对于大众来说，良好的企业形象会口口相传，成为企业的免费活广告。其五，对于供应商来说，良好的企业形象能够让供应商获取更优惠的采购价格和更合理的付款方式等，有利于降低采购成本，提高价格竞争力。

（二）企业形象的构成

企业形象的构成如表13-1所示。

表13-1　企业形象的构成

构成	要素
产品形象	质量、款式、包装、商标、服务等
组织形象	体制、制度、方针、政策、程序、流程、效率、效益、信用、承诺、服务、保障、规模、实力等
人员形象	领导层、管理群、员工等

续表

构成	要素
文化形象	历史传统、价值观念、企业精神、英雄人物、群体风格、职业道德、言行规范、公司礼仪等
环境形象	企业门面、建筑物、标志物、布局装修、展示系统、环保绿化等
社区形象	社区关系、公众舆论等

营销视角 面向Z世代的精准化国际传播

Z世代一般指1995—2009年出生的人，也被称为“后千禧一代”“移动互联网原生代”。

Z世代崇尚创新，媒介参与度高，媒介平台关注广泛，并且会因为相同的媒介兴趣形成特定圈层。Z世代成长于经济、科技快速发展的时代，经历了新旧观念的冲突与交融，思想活跃、兴趣多元，乐于接受新事物，追求个性与创新，具有较强的媒介使用意愿、信息交互能力以及媒介参与意识。Z世代在关注社会问题与热点事件的过程中，常表现出较强的社会责任意识和国家认同感。在文化情感认知方面，Z世代的注意力模式发生变革，更加重视虚拟情感和文化元素带来的体验，追求深层审美与泛化审美的结合。

以Z世代为受众的国际传播，需要突破思维定式，根据话语对象进行精准施策。构建面向Z世代的精准化国际传播路径，需要注重传播理念、传播机制与传播方法的协同，以理论研究为基础确立全球传播叙事理念，以Z世代为受众构建全媒体传播机制，以视频化为方向创新跨文化传播方法。

资料来源：李厚锐．面向“Z世代”的精准化国际传播．上海交通大学学报（哲学社会科学版），2023，31（9）：53-62.

（三）企业形象的功能

1. 规范与导向功能

企业形象是把企业的价值观念和行为规范加以确立，为企业自身的生存和发展树了一面旗帜，向全体员工发出了一种号召。这种号召一经广大员工认可、接受和拥护，就会产生巨大的规范与导向作用。例如，IBM提出“IBM means best service”（IBM意味着最佳服务），日产汽车公司强调“品不良在于心不正”，美国达美航空公司倡导“a family”（亲和一家），都是在教育、引导、规范着员工的言行、态度，让他们在工作中注意把自己的形象与企业的形象联系起来，努力打造世界一流的企业。

2. 资产增值功能

企业形象是企业的无形资产，它具有实实在在的资产增值功能，可使企业在开拓市场的过程中获得丰厚的利益回报。有形资产和无形资产共同构成了现代企业的资产。有形资产就是企业所具有的实体形态和资产，包括固定资产（如机器设备、房屋、建筑物等）、对外投资和自然资源等。无形资产是指企业经过多年经营取得的没有物质实体而以某种特殊权利、技术知识、公众评价等信息形态存在的资产，如专利权、商誉等。良好的企业形象有助于增加销售量，使企业在与竞争者相同的条件下获得超额利润，企业形象自身也就有了价值。企业形象是否良好，可以从商标中看出，具体体现为商标的价值。

3. 关系构建功能

从企业内部来说，不同的人从事不同的工作，人的性格、爱好、追求不一样，如果没有一种精神力量把他们“黏合”起来，企业就会成为一盘散沙。企业形象确立的共同价值观和信念，就像一种高强度的理性黏合剂，将企业全体员工紧紧地凝聚在一起，形成命运共同体，产生集体安全感，使企业内部心往一处想，劲往一处使，成为一个协调和谐、配合默契的高效率集体。

从企业外部来说，只有塑造好的企业形象，才能为企业构建良好的公众关系打下基础，才可以从根本上留住顾客。一家美国公司运用战略与绩效分析做过一项调查，结果显示：开发新客户比维护旧客户要多花5倍的成本；96%的顾客遇到不好的服务，虽然不会当场做出反应，但多半自认倒霉而不再光顾，然后平均告诉周围10位好友；有20%的人传播力更强，一般会告诉20余人；一次不好的服务造成的损失，需要12次好的服务才能弥补。企业形象塑造是一个持续不断的过程，短期行为可能会给企业的长期利益带来难以补救的损失。为了避免此类事件发生，企业应将优质产品和优质服务作为企业可持续发展的关键。

4. 激励功能

在企业内部，企业形象可以有效地强化员工的归属意识，充分调动员工的积极性与创造性，从而增强企业的向心力和凝聚力。一般而言，企业具有良好的形象，员工会产生荣誉感、成功感和前途感，觉得在企业里工作是一种值得骄傲的事情，由此就会形成强烈的归属意识和奉献意识。在这个意义上，好的企业形象可以作为一个激励员工的重要因素。

5. 辐射功能

企业形象的建立，不仅对内有着极大的凝聚、规范、号召、激励作用，而且能对外辐射、扩散，在一定范围内对其他企业乃至整个社会产生重大影响。我国石油系统的“铁人精神”、航天系统一直秉持的“航天精神”，日本企业界经常提及的“松下人”“丰田人”等说法，都是企业形象对外辐射的典型范例。

6. 促销功能

企业形象的最终确立是以达到公众信赖为目的。只有公众信赖了，他们才有可能进一步购买企业的产品或服务。这一机制是企业形象能够产生市场促销力的根源。在相同的质量水平下，公众首选企业形象更好的企业的产品。企业形象的促销功能通常是通过驰名商标等品牌附属价值实现的。公众对品牌的认同，实际上就是对企业形象的认同。

7. 扩张功能

良好的企业形象可以为企业赢得良好的市场信誉，使企业能够在短时间内实现扩张，融得经营资金，吸引更多的合作者，从而扩大自己的市场影响力。对于企业来说，塑造企业形象的过程，其实就是名牌成长曲线的修正与调控过程。

二、企业形象识别系统的概念

企业形象识别系统(corporate identity system，CIS) 是指一个企业区别于其他企业的标志和特征构成的系统。企业形象 (CI) 是指企业有意识、有计划地将自己的各种特征向社会公众主动展示与传播，使公众在市场环境中对企业有一个标准化、差别化的认知，以便更好地识别并留下良好的印象。

CI 的早期实践可以追溯到 1914 年德国的 AEG 电器公司。AEG 在其系列电器产品上首次采用彼德·贝汉斯设计的商标，这成为 CI 中统一视觉形象的雏形。20 世纪三四十年代，英国建造伦敦地铁，该工程由英国工业设计协会会长弗兰克·毕克负责。他聘请爱德华·琼斯顿负责印刷字体的设计，使站牌、路标、车票的字体保持一致。伦敦地铁的视觉导视系统、海报等被称为“设计政策”的经典之作。

第二次世界大战结束后，国际经济逐渐复苏，企业经营者认识到建立统一的识别系统以及塑造独特经营观念的重要性。自 1950 年开始，欧美各大企业纷纷导入 CI。1956 年，IBM 以公司文化和企业形象为出发点，突出表现制造尖端科技产品的精神，将公司简称设计为蓝色的富有品质感和时代感的造型。八条横纹组成的标准字成为 IBM 的形象代表，这也成为 CI 正式诞生的重要标志。20 世纪 60 年代，欧美国家的企业导入 CI 成为潮流，代表是由无线电业扩展到情报、娱乐等领域的美国广播公司；70 年代的代表是可口可乐公司，它以强烈震撼的红色、独特的瓶形、律动的条纹令人瞩目。20 世纪 60—80 年代是欧美 CI 发展的全盛时期。日本企业在 20 世纪 70 年代以后推行 CI，代表企业有马自达、大荣超市等。我国企业在 20 世纪 90 年代开始建立自己的 CI，一般认为我国引入 CI 最早最成功的例子是广东太阳神集团有限公司。

三、企业形象识别系统的构成

CIS 不仅是一种意识，也是一种文化，它是针对企业的经营状况和所处的市场竞争环境，为使企业在竞争中脱颖而出制定的战略。CIS 将企业的经营理念与精神文化运用整体系统传达给企业内部与外部公众，并使其对企业产生一致的认同感。

CIS 包括三个子系统，即企业的理念识别 (mind identity，MI)、行为识别 (behavior identity，BI) 和视觉识别 (visual identity，VI)。三个子系统有机结合在一起，相互作用，共同塑造具有特色的企业形象。

(一) 企业理念识别

企业理念是指企业在长期生产经营过程中所形成的企业共同认可和遵守的价值准则和文化观念，以及由企业价值准则和文化观念决定的企业经营方向、经营思想和经营战略目标，包括企业使命、经济哲学和企业价值观等。企业理念识别是 CIS 的灵魂。例如，日本著名的百货商店松屋将“顾客第一主义”作为企业理念，麦当劳的企业理念是时间、质量、服务、清洁、价值。

企业理念识别不仅是企业经营宗旨与方针的体现，还包括一种鲜明的文化价值观。对外它是企业理念识别的尺度，对内它是企业内在的凝聚力。完整的企业理念识别系统的建立，首先有赖于企业经营理念的确立，企业经营理念是导入企业理念识别系统的原动力。

企业理念定位的模式主要有：

1. 目标导向型

采用这种定位模式的企业将理念规定或描述为企业在经营过程中所要达到的目标和精神境界。它可分为具体目标型和抽象目标型。具体目标型的企业理念如日本丰田公司的“以生产大众喜爱的汽车为目标”，抽象目标型的企业理念如我国海尔公司的“真诚到永远”，美国杜邦公司的“为了更好地生活，制造更好的产品”。

2. 团结凝聚型

采用这种定位模式的企业将团结奋斗作为企业理念的内涵，以特定的语言表达团结凝聚的经营作风。美国达美航空公司的“亲如一家”，上海大众汽车有限公司的“十年创业，十年树人，十年奉献”等即属此种类型。

3. 开拓创新型

采用此种模式定位的企业以拼搏、开拓、创新的团体精神和群体意识来规定和描述企业理念，如日本本田公司的“用眼、用心去创造”，我国贝泰科技公司的“不断去试，不断去做”，日本住友银行的“保持传统，更有创新”等。

4. 产品质量型

采用此类定位模式的企业一般用质量第一、注重质量、注重创名牌等含义来规定或描述企业理念。

5. 技术开发型

这种类型的企业以尖端技术的开发意识来代表企业精神，着眼于企业开发新技术的观念。这种定位与开拓创新型较相似，不同之处在于，开拓创新型立足于一种整体创新精神，这种创新渗透于企业技术、管理、生产、销售的方方面面，而技术开发型立足于产品研发的专业技术，内涵要窄得多。如日本东芝公司的“速度，感度，然后是强壮”，佳能公司的“忘记了技术开发，就不配称为佳能”等。

6. 市场营销型

这种类型的企业强调把顾客需求的满足作为自己的经营理念。麦当劳的“顾客永远是最重要的，服务是无价的，公司是大家的”，施伯乐百货公司的“价廉物美”都是典型代表。

7. 优质服务型

这类企业突出为顾客、为社会提供优质服务的意识，把“顾客至上”作为其经营理念的基本含义。这种理念在许多服务行业如零售业、餐饮业、娱乐业极为普遍。

（二）企业行为识别

企业行为识别系统是企业理念识别系统的外化和表现。企业行为识别是一种动态的识别形式，它通过各种行为或活动将企业理念贯彻、执行、实施。

企业行为识别系统几乎覆盖了整个企业的经营管理活动，主要由两大部分构成：一是企业内部系统，包括企业内部环境的营造、员工教育及员工行为规范等；二是企业外部系统，包括产品规划、服务活动、公关行为、广告关系及促销活动等。

行为识别的独特作用决定了企业在导入CI时必须把企业及其员工的行为习惯作为突破口和着力点，通过不断打破旧的不良习惯，建立新的行为模式，从而实现真正的观念转化和水平提升。当然，企业要搞好BI建设绝非易事，必须对行为识别系统的构成和目标有全面透彻的认识，并在此基础上抓住关键，全力推进。

（三）企业视觉识别

企业视觉识别系统是企业形象识别系统的视觉符号，是企业形象的视觉传递形式，是企业形象最有效、最直接的表达。

企业视觉识别系统是企业形象识别系统的重要组成部分。它是在理念识别和行为识别的基础上，通过一系列形象设计，将企业经营理念、行为规范等（即企业文化内涵）传达给社会公众的系统策略，是企业全部视觉形象的总和。企业视觉识别系统将企业的品牌理念与核心价值通过视觉传播形式，有组织、有计划地传递给客户、公众及企业员工，从而树立起统一的企业形象。

企业视觉识别系统原则上由两大要素组成：一为基础要素，包括企业名称、企业标志、标准字体、专用印刷字体、企业标准色、企业造型或企业象征图案以及各要素相互之间的规范组合。二为应用要素，即上述要素经规范组合后，在企业各个领域的展开运用，包括办公用品、建筑及室内外环境、衣着服饰、产品包装、交通工具等（见表13-2）。

表13-2　企业视觉识别系统

基础要素	应用要素
• 企业标志 • 企业标准字体 • 企业标准色（色彩计划） • 企业造型（吉祥物） • 企业象征图案 • 企业专用印刷字体 • 基本要素组合 • 标识符号系统（企业专用形式）	• 办公用品 • 员工服装 • 企业车体外观 • 办公环境识别 • 企业广告宣传 • 企业形象广告及广告识别系统 • 企业商品包装识别系统

（四）CIS各识别要素的主要内容及相互关系

从某种意义上说，CIS中MI、BI和VI的关系，就仿佛一个人的心灵（原则）、行为和仪表之间的关系。一个形象完美的人应该同时拥有美丽的心灵、高尚的行为和优雅的仪表。人的行为是由其心灵支配的，而个人的形象最终取决于其行为，也就是取决于他如何做事。企业形象也是如此，社会公众对企业的认知归根结底取决于企业“如何去做”。

MI是CIS的基本精神所在，它处于最高决策层次，是系统运行的原动力和实施的基础。但是无论从管理角度还是传播角度来看，理念仅仅代表着企业的意志和信息内核。企业理念是精神化的、无形的，但是受企业理念支配的BI是可以体现出来的、有形的。如果理念不能在行为上得到落实，那它就只是一些空洞的口号，流于形式。同时，VI的内涵是由企业的BI赋予的，通过VI所产生的联想便是企业的BI。如果一个企业的产品和服务质量低劣，无论口号喊得如何漂亮，广告做得如何诱人，都无法得到社会公众的认可，更谈不上塑造良好的企业形象。只有将企业理念转化成每一位员工的精神的一部分，落实到员工的一言一行，企业的面貌才能焕然一新，才能赋予VI富有魅力的内涵，才会得到社会公众的认同，企业CIS战略的实施才能卓有成效。表13-3列出了企业CIS各识别要素。

表13-3　企业CIS各识别要素

基本要素	应用要素
企业名称、徽标 企业造型、象征图案 企业品牌标志 企业品牌标准字体 企业专用印刷字体 企业标准色 企业宣传标语 广告用语 市场营销说明书	建筑外观、橱窗 招牌、旗帜、标志牌 办公用品 员工制服 交通工具 包装用品 广告制作

CIS是MI、BI、VI三个子系统的有机统一体，只有通过对三个子系统的策划和设计，制定系统化的CI战略，才能有效地塑造企业的良好形象。

第2节　企业形象策划的流程与要点

企业整体形象战略实质上是体现企业差异化经营的一种战略。CIS不仅是企业标识的系统设计，还是企业整体形象设计，包括企业战略、经营目标、社会地位和内部管理的总体形象设计。企业形象策划与导入必须内外结合，以企业内部力量为主，借助企业外部力量，必须通过全体员工的共同努力才能取得成功。企业理念精神的传播既要依靠外部力量，又要依靠内部力量。

一、企业CIS策划的流程

（一）企业CIS策划的工作流程

1. 成立CIS策划委员会

CIS策划委员会由企业内部CIS策划办公室与企业外部专业CIS策划公司共同组成。企业内部CIS策划办公室的职能包括：（1）为外部专业策划部门提供企业的有关资料；（2）与外部专业策划部门共同分析和策划；（3）对员工进行培训；（4）组织和控制CIS战略的实施。

企业外部专业CIS策划公司的职责有：（1）根据企业高层领导的特点及企业的原有形象调查，帮助企业确认或确立独特的理念精神；（2）在企业理念精神的指导下，确立企业的社会定位、市场定位及产品定位，并制定相应的战略和制度；（3）设计能代表企业形象、突出企业风格的企业标识，并通过大众媒体和非大众媒体进行传播；（4）帮助企业制订培训和导入计划；（5）对企业内部员工进行CIS培训与教育，使全体员工达成共识，共同为塑造企业良好形象而努力。

2. 为企业形象策划造势

企业形象塑造需要企业内外配合，造势是十分必要的。造势的主要方法有：（1）通过简报、有关文件、资料汇编等传播CIS的有关知识，宣传导入CIS、提升企业形象的重要意义；（2）通过动员报告、部门讨论，进一步提高认识、统一思想、达成共识；（3）开办各层次的CIS知识培训班和研讨班，请CIS策划专家讲授CIS方面的知识和导入CIS的具体程序等；（4）利用新闻媒体向外部公众进行宣传造势。

3. 进行企业形象实态调查与分析

企业形象实态调查与分析主要由外部的专业公司负责，主要步骤与内容如表13－4所示。

表13－4　企业形象实态调查与分析步骤

步骤	任务	内容
第一步：调查	调查内容	企业经营环境调查、企业内部环境调查、企业外部环境调查
	调查对象	企业高中层管理者、各类型的企业员工、企业的公共关系对象、其他社会公众
	调查技术	问卷调查、座谈调查、个别访问、观察调查
第二步：分析	企业基本形象分析	经营者形象、市场形象、社会形象、内部形象、综合形象
	企业辅助形象分析	表明企业个性的建筑外观、公司名、有关标识、标准色、标准字及其认知情况
	企业经营情况分析	企业的经营领域、经营理念和经营方针，企业的市场地位及信息沟通等
第三步：评价与诊断	评价企业形象的合理性	理念精神及行为准则是否合适，基本形象是否符合企业的精神理念、经营目标和特色，有无正面或负面形象
	评价企业形象的认知性	企业内部员工及外部的社会公众对企业形象及品牌的认知程度，企业形象的传播媒介是否有助于企业形象的识别与传递，企业形象的识别系统之间是否一致等
	评价企业形象的竞争性	企业名称及标识的设计是否合理；企业的营销战略是否有利于树立良好的企业形象，具有竞争性；企业现有形象对企业的损益状况、市场地位的影响等

（二）企业形象策划的关键程序

1. 确定企业形象定位

企业形象定位指企业独特的精神、文化或经营风格在公众心目中形成的独特形象和地位，包括企业定位、市场定位、产品定位。

2. 确定企业形象的战略计划

根据企业形象塑造战略的目标要求及其定位，针对CI战略的各个组成部分，特别是BI部分，制定长期战略和短期活动计划；确定企业形象计划的实施方案和管理办法；确定各项活动的具体开展方式，所需时间及日程表，所需经费，各项活动的负责人及主办、协办单位。

3. 进行企业形象的系统设计

设计出CIS的基本要素系统和应用要素系统，并在企业内部和外部公众中进行测试，经过反复修改、调整后确定最终方案。企业CIS手册的构成如表13-5所示。

表13-5 企业CIS手册的构成

部分	项目	内容
引进介绍	文字部分	领导、专家、协作单位贺辞；企业负责人致辞；企业发展展望；导入CIS的目的与动机；企业形象管理系统的组织机构；CIS手册的使用说明（最好有英文）
	图片部分	企业领导动员及工作照片；企业建筑物照片（含标识和标准字）；培训班照片；导入CIS活动照片（公益活动、行为规范活动）；企业业绩照片或图表
CIS基本要素系统	企业名	原名；现名；更名说明
	企业标识	原标识；新标识、图案；含义
	企业标准字体	中文字体；英文字体；字体的含义
	企业吉祥物	图案；含义
	企业标识、标准字体及吉祥物组合系统	
	企业标准色系统	主色；辅色；主辅色组合；含义
CIS主要应用要素系统	办公用品系列	（样本图片）
	广告用品系列	（样本图片）
	交通工具系列	（样本图片）
	服饰系列	（样本图片）
	包装系列	（样本图片）

二、企业理念识别策划

（一）理念识别是企业形象系统的核心

企业理念识别通常是企业所处的社会地位、经济实力的反映，也是企业发展指向、运行轨迹的前瞻性的体现。理念识别是灵魂，是企业识别系统的精神所在，也是整个企业识别系统运作的原动力。影响理念设计的因素主要有：科技因素、产品生命周期变化的影响、消费者行为的影响等。

（二）企业理念策划的前提条件分析

1. 特性

企业理念策划具有多元性和主导性。多元性指不同发展阶段存在不同的理念，同一发展阶段也存在不同的理念。主导性指一段时期内必有一种理念占主导地位。

2. 基本类型

企业理念策划诉求的常见类型有展示科技水平、社会责任感、对人力资源的重视、服务宗旨和创新精神等。展示科技水平，如“前卫、科技、智慧”“技术领先，品质超群”等。展示社会责任感，如“商标就是责任”等。展示对人力资源的重视，如“人是我们的第一资源”。展示服务宗旨，如“尊重个人，服务顾客，追求完美”“真诚到永远”。强调创新精神，如“不模仿，以世界性的眼光来思考”。

（三）理念识别系统设计的内容

企业理念识别系统设计的内容如表 13-6 所示。

表 13-6　企业理念识别系统设计的内容

内容	描述	示例
经营方向	企业的事业领域（经营范围）和企业的经营方针，表明企业在哪一个（或几个）领域为社会提供服务	企业的经营方针主要有：和谐、诚实、努力、信用、服务、责任、贡献、创造力、安全等
经营思想	企业生产经营活动的指导思想和基本原则	华为的愿景与使命：把数字世界带入每个人、每个家庭、每个组织，构建万物互联的智能世界
经营道德	员工在经营活动中应该遵循的，靠社会舆论、传统习惯和内心信念来维系的行业规范的总和；以“自愿、公平、诚实、信用”为基本准则	IBM 的《企业指导手册》
经营作风	企业的行为方式和存在方式	麦当劳的 QSCV 服务
经营风格	企业精神和企业价值观的体现	松下的七大精神

（四）企业理念的行为化

企业理念的行为化如表13－7所示。

表13－7 企业理念的行为化

内容	示例
仪式化	企业每天的升旗仪式
环境化	把企业理念置于醒目位置
楷模示范	海尔以职工的发明创造来命名工艺或工具
培训教育	美国通用电气公司发现1美元培训投入可产出50美元
象征游戏	企业开展的拓展训练

三、企业行为识别系统策划

（一）企业组织群体规范策划

1. 企业管理制度策划

企业管理制度是规范企业组织群体的行为、塑造良好企业形象的主要约束机制。企业管理制度策划主要包括企业宏观管理制度和各职能部门制度两部分。

2. 企业组织行为策划

企业组织行为策划包括企业组织设计、企业组织目标设计、企业组织结构设计、企业组织活动策划。

（二）企业员工行为规范策划

1. 企业员工的工作规范

企业员工的工作规范包括员工行为准则设计、个体工作环境设计、群体工作环境设计等。

2. 企业员工的礼仪规范

企业员工的礼仪规范包括员工的仪容仪表规范、商业社交礼仪等。

四、企业视觉识别系统策划

（一）视觉识别系统基本要素的设计

企业视觉识别系统的要素如表13－8所示。

表13－8 企业视觉识别系统的要素

基本要素	应用要素
企业名称、品牌标志、标准字体、标准色、象征图案等	办公用品、办公设施、招牌旗帜、建筑外观、衣着服饰、产品设计、广告宣传、场区规划、交通工具、包装设计等

1. 视觉符号设计的原理

视觉识别设计是以商标的造型和色彩计划为核心，将企业的经营理念、管理水平、产品特色及广告融为一体，运用清晰而简洁的视觉传达沟通技巧，使受众产生认同并赢得社会信赖，以期实现市场拓展、为企业创造无形资产和经营业绩的营销战略目标。

企业视觉识别系统的建立是将企业的经营理念和战略构想转化成词汇和画面，使抽象理念落实为具体可见的传达符号，形成一整套象征化、同一化、标准化、系统化的符号系统。企业视觉识别系统设计应强调引人注目、寓意丰富、简洁明快、易识易记。

2. 企业视觉形象的选择要求

企业可以通过商品本身、企业领导者、有趣的故事画面、有代表性的建筑、抽象的艺术人物和图案、卡通画等不同的形式来表现企业形象。主要要求有：

（1）独创性——赋予设计对象以全新的意义，以产生不同凡响的视觉效果。

（2）情趣性——能引起人们的情感反应。

（3）针对性——针对不同的诉求对象、不同的文化背景、不同地域的历史条件进行设计。

（4）艺术性——有准确、鲜明、生动的艺术形象。

3. 企业视觉形象的设计程序

企业视觉形象的设计程序如表13-9所示。

表13-9 企业视觉形象的设计程序

程序	内容
资讯调查	企业形象调查：公众认知、基本形象、辅助形象、规模形象、名称形象、标志形象等
	沟通效果调查：对外宣传渠道、对内沟通方式、内部传媒的表现水平等
设计定位	了解企业基本情况，丰富设计构想；确定企业战略性市场地位；研究社会受众对企业的要求、希望
创意甄别	多次提案，反复修改
实施管理	制作企业识别手册

（二）视觉识别系统的设计运作程序

1. 委托设计

选定设计开发方式（全部委托、部分委托、指名设计、公开竞标）；拟定设计开发委托书（明确开发目标，阐述原因背景、战略作用和工作目的，提出设计要求，明确审稿方式等）。

2. 审议提案

审议提案包括审议标准（创意的新颖性、构图的技巧性、视觉的易识性、理念的准确性）和审议程序（初评、复议、审定）。

3. 设计开发

设计开发包括标志、标准字的精确化修改，展现基本要素和系统的提案，构筑视觉识别基本系统，应用项目的设计开发，模拟、测试、打样。

4. 推广应用

视觉识别系统在企业内推广应用。

五、企业导入CIS的注意事项

企业形象是一种有价值的无形资产。企业应树立这样一种观念：为塑造企业形象而导入企业形象系统所花费的金钱不是“开支”，而是“投资”，是一种开发性的投资。既然是投资，就要有投资效应。为了使形象投资能产生预期的效应，在导入企业形象系统之前，应注意以下几点：

（一）认真编制形象塑造规划

编制规划前应找出企业实际形象与期望之间的差距，在企业形象规划中，要制定企业形象发展目标与具体实施步骤，同时应注意规划的建设性与可操作性。此外，还应尽可能增加必要的投入，不能因为对企业形象的投资与对建筑物、设施设备等固定资产的投资不同便犹豫不决。如果一开始就不敢投资，往后的工作自然就无法进行。如果为了节省经费而删除某些必要的项目，或者花钱的项目一律砍去，就会使企业形象建设受阻，或半途而废。

（二）企业形象塑造要坚持从实际出发

企业形象如何建设，应根据不同企业的不同条件、优势、基础和需要来考虑。例如，有的企业可从视觉形象入手，重点抓企业标志、品牌或开展广告宣传大战；有的企业可注重行为识别培育，着眼于提高企业整体素质，培养企业凝聚力和竞争力；还有的企业可以注重理念识别，倡导企业文化与企业精神，探索适应市场经济发展的经营之道。需要指出的是，企业形象建设应由一点入手，带动其余的方方面面，不能只顾一点，不问其余，否则极易使形象扭曲变形。

（三）企业形象塑造要有特色

差别性是企业形象塑造最基本的特征。在市场经济条件下，企业应追求个性化的企业形象，方便消费者识别，有助于给企业带来稳定的客源。比如有两家大型企业，设施、规模、商品相同，但一家以“温情服务”的形象推向市场，另一家则没有什么特色，这两家企业的销售结果就大不一样。

（四）企业形象塑造要与提升员工素质相结合

企业要着重提高全体员工的文化素质、业务素质与职业道德水平，定期和不定期地对企业全体员工进行职业道德、思想素质、业务素质的培训与教育，形成重质量、讲信誉的风气，令员工爱店敬业、忠于职守、和睦团结。

企业形象策划是对企业整体定位、市场定位和品牌价值观的确定，以及在市场中树立和传递企业形象的有效方式。形象策划需要综合考虑企业的目标群体、市场竞争环境、产品特点等因素，制定相应的策略和计划，旨在提升企业的知名度、认可度和竞争力。

党的二十大报告深刻指出，“增强中华文明传播力影响力。坚守中华文化立场，提炼展示中华文明的精神标识和文化精髓，加快构建中国话语和中国叙事体系，讲好中国故事、传播好中国声音，展现可信、可爱、可敬的中国形象”。要坚定文化自信，塑造中国企业和品牌良好形象。企业作为国家经济、文化、外交的重要载体，是中国与世界相互沟通、相互交流的渠道和桥梁。做好企业的形象策划，有利于提升中国企业的市场竞争力。

案例分析

青春小酒“江小白”的品牌营销

“江小白”是重庆江小白酒业有限公司旗下的江记酒庄运用单纯酿造法生产的一种“利口、轻口味、纯粹”的高粱酒。江小白以“简单纯粹，特立独行”为品牌精神，持续打造江小白品牌IP与消费者进行沟通。

江小白品牌面向新青年群体，主张简单纯粹的生活。该品牌以“我是江小白，生活很简单”为文案，坚持反奢侈主义的产品理念，主张当代年轻人要直面自己的情绪：不逃避，不沉默，不抑郁，做自己。江小白的品牌形象是一个简单的动漫人物，他留着新潮的发型，长着一张大众脸，穿着时尚简单的服饰，双手插兜。江小白赋予这个动漫人物鲜明的个性：时尚、简单、我行我素，善于卖萌、自嘲，却又很文艺。这个品牌形象的来源就是当代大部分年轻人，既平凡又不甘平凡，善于卖萌也善于自嘲，简单时尚、我行我素但又拥有一颗文艺的心，这样的品牌形象十分亲民，就像当代年轻人的自画像。

江小白自从以“我是江小白”为口号推出后，在中国白酒行业就彻底打出了“青春小酒”的旗号。江小白的品牌定位为“青春小酒”，依靠独特的营销策略迅速走红并大卖。

江小白定位为年轻人的白酒，打破了传统白酒文化，成为后起之秀，利用自身优点结合新媒体在白酒行业迅速发展，成为现代“青春小酒”的代名词。

资料来源：黄璐云．青春小酒“江小白”品牌营销策略研究．老字号品牌营销，2023（10）：9-11.

讨论题

1. 江小白的品牌定位是什么？它是如何针对年轻人塑造品牌形象的？
2. 江小白的品牌形象识别系统包括哪些内容？
3. 江小白品牌IP策划成功的关键是什么？有何启示？

重点名词

企业形象　　企业理念识别　　企业行为识别
企业视觉识别　　企业形象策划

思考题

1. 什么是企业形象？企业形象的构成要素有哪些？
2. 为什么说标志是企业视觉识别系统各要素中最重要的？
3. 如何进行企业形象策划？

拓展练习

一、目的

1. 了解企业形象策划应具备的理论知识、方法和思考框架。

2. 掌握企业形象策划内容，对企业形象策划有感性的认知，能够根据实际情况对企业形象进行策划。

二、内容与要求

1. 资料准备：收集2～3份经典企业形象策划案例，分析该案例的策划要点。

2. 具体任务：通过对企业形象策划内容的学习，分组讨论企业形象策划书的内容。

3. 任务要求：选择一家本地领先企业，为其撰写一份企业形象策划书。

三、组织与实施

1. 将班级同学分成5～6人一组的小组，实行组长负责制，全体组员共同完成课堂任务。

2. 各小组进行分工，完成资料的收集、汇总与分析。

3. 经过小组讨论后，完成实训报告，提交PPT文档，注明各自的分工及贡献。

4. 各小组选派成员对报告进行讲解，并回答其他组成员的提问。

5. 授课老师对各组的汇报进行点评及评分，提出意见及改进建议。

拓展阅读

一、阅读案例

1. 吴哲．疫情之下，《囧妈》上演“终结者”？．销售与市场（管理版），2020（3）：91-93.

2. 伏磊．任天堂：百年游戏帝国穿越史．销售与市场（管理版），2020（1）：71-78.

3. 李暄，王小娟．唐宫夜宴：一个新视听传播时代的开始．新媒体公共传播，2021（2）：19-26.

4. 王俊超．基于Python的中美企业名称认知对比分析——翻译数智论下企业形象重构研究．西安外国语大学学报，2023，31（4）：106－111.

二、阅读书籍

1. 叶万春，叶敏，万后芬，等．企业形象策划：CIS导入．5版．大连：东北财经大学出版社，2018.

2. 曾凡海．企业形象策划与设计．北京：清华大学出版社，2016.

3. 刘杨．品牌形象策划设计．成都：西南大学出版社，2022.

4. 汪秀英．企业形象策划．上海：上海财经大学出版社，2021.

即测即评

扫描二维码可在线自测并查看答案。

第 14 章
营销策划组织与管理

本章要点

- 了解营销策划组织管理模式。
- 掌握营销策划执行前的准备和执行过程。
- 掌握营销策划控制的常用方法。
- 掌握营销策划评估的程序和方法。

引导案例

腾讯防鸟撞公益活动策划

城市中大量的玻璃墙设计对鸟类很不友好。玻璃幕墙反射出的倒影会让鸟类误以为这是可以穿越的树丛，从而直接撞上去，造成鸟类伤亡。

腾讯洞察到这一现象，以鸟为媒介，发起了一场“守护蓝天”公益活动。腾讯先在内部发起防鸟撞改造，并咨询相关专家寻求改进意见，最终在总部滨海大厦外侧玻璃幕墙贴上波点贴纸，防止鸟类撞击意外发生，从而使这栋楼变成一座“鸟类友好型大楼”。腾讯成为全国首家进行大规模防鸟撞改造的互联网科技公司。

同时，腾讯充分展现公司特性，与中国国家地理杂志合作开发了一款用于鸟类识别和科普的小程序，命名为“观鸟君”。腾讯在小程序上推出了防鸟撞专题，不仅公开了防撞贴纸的设计方案，也为受众提供了其他问题的具体解决方案。人们在发现鸟类撞击事件后即可进入专题，快速学习相关施救的操作方法。

资料来源：杨思敏．腾讯以鸟为媒，守护蓝天．销售与市场（管理版），2023（12）：100.

启示：城市空间与自然界生物协调共生成为一个重要命题。腾讯针对生态和谐这一命题，在防鸟撞问题上积极发声，并为此投入资源，体现了其企业社会责任感。同时，腾讯利用数字化手段公开其波点贴纸方案、利用各种传播渠道宣传防鸟撞的重要意义，让更多个人及公司参与到防鸟撞行动中来。腾讯通过公益行动和数字化手段有效提升了公司声誉。

第 1 节　营销策划组织

营销策划是一种复杂且富有创意的系统行为。选择有效的营销策划组织管理模式，能使企业的营销策划活动取得事半功倍的效果；选择合适的营销策划组织方式，则是营销策划活动顺利开展的重要前提和保证。

一、营销策划组织原则

营销策划一般按如下原则组织。

（一）目标原则

在进行营销策划项目的组织时，要确保营销策划目标与组织营销目标相一致，即以实现企业营销目标为导向。营销策划一定要服从于企业营销目标的实现，要与所承担的营销任务及其目标相一致，同时要与企业外部环境相适应，顺应企业的战略要求。

（二）效率原则

在进行营销策划项目的组织时，要确保高效率。市场形势瞬息万变，营销策划活动要反应迅速，制定决策和策略要果断，信息传递要快捷、协调一致。否则，营销策划活动将会丧失有利的市场机会。

（三）权责明晰原则

在明确营销策划任务与目标的基础上，营销策划项目组织者一定要弄清楚相关参与人员的职责范围，明确其权力和责任。营销策划项目应把相关人员的职责、权力与利益联系起来，避免出现信息传递和工作交流协作中的消极抵制现象，促使营销组织积极有效地完成营销策划工作。

（四）动态调整原则

营销策划项目组织各个要素之间存在复杂的交互关系，某一环节的变化会对整个营销策划项目造成巨大的影响。因此，营销策划组织架构要有弹性，要运转灵活，以适应某一环节的变化，并能根据内外部环境的变化进行动态调整。

二、营销策划组织管理模式

一般情况下，营销策划组织管理模式可以从以下四种基本模式中进行选择，即指令性组织管理模式、转化性组织管理模式、合作性组织管理模式和推动性组织管理模式。表 14－1 对这四种组织管理模式进行了比较。

表 14-1 营销策划组织管理模式

类型	主要特点	领导者角色	优点	缺点
指令性组织管理模式	凭借权威发布各项命令来推动方案的实施，突出领导者的决策性作用	领导者 决策者	统一决策和指挥有利于方案的顺利实施	易受市场信息、领导者素质、决策与执行分离等因素的制约
转化性组织管理模式	运用组织机构、激励手段、控制手段来促使方案实施	设计者 协调者	方案实施更为科学有效	容易产生组织沟通新问题
合作性组织管理模式	决策参与范围扩大到企业高级管理层，集体决策	决策者 协调者	信息更准确完备，提高了方案成功的可能性	决策效率受影响
推动性组织管理模式	决策自下而上产生	组织者 决策者 领导者	领导负责与集体决策相结合	耗费人力、物力、财力，易受领导者素质、组织制度等因素的制约

营销视角 平台组织的特征

平台组织通过数字技术进行互动创造价值。平台组织的第一个特征是通过数字技术，能够在用户组之间交互，并允许这些用户组执行定义的任务。在通过数字技术进行互动的这一过程中，平台组织相对于传统组织形式的价值创造过程发生了根本性的扭转，平台组织的价值创造依托于不同“方”在互动中的获得价值，并取决于网络效应。

平台组织通过灵活协调的分工结构适应复杂市场或社会需求。平台组织的第二个特征在于其对分工形式的转变。在平台组织中，其分工形式与传统组织所惯用的自上而下的模式迥然不同，其中心化程度显著下降。平台组织的运作极大削弱了部门间合作的阻力，能够让专业不一的部门针对复杂社会问题和社会需求形成灵活合作的组织机制与文化。

平台组织运行大多以监督和声誉机制为主要的组织特征。平台组织的第三个特征是它独特的激励与监督功能。平台放弃了层级控制（并不是没有控制机制），取而代之的是通过新的、分布式的机制来控制，即依赖于市场或社会力量的参与，而不是等级权威。

资料来源：宋锴业，徐雅倩．平台与新组织思想兴起．科学学研究，2023-12-06.

三、营销策划组织方式

企业进行营销策划主要通过两种途径来实现：一种是通过内部组织方式，即企业自行组织内部营销管理人员建立自己的策划部门进行策划；另一种则是通过外部组织方式，即借助“外脑”，通过外聘专门的策划人员或专业的策划公司进行策划。具体采用哪种组织方式，企业应根据实际情况灵活选择。

（一）营销策划内部组织

企业组建营销策划内部组织，一方面能为企业节约大量的咨询费用，另一方面也能适应企业发展对策划工作的客观需求。采用内部组织方式有利于增强工作自主性，较易获得来自企业内部的各种相关信息和数据，由其制定的策划方案也更符合企业需要，更易与企业的发展战略相一致。

通常企业可以采取两种方式建立内部营销策划组织，第一种是建立自己的营销策划部门，第二种是组建营销策划团队，负责企业的营销策划工作。一般来讲，营销策划团队由负责人、主策划人、调研人员、设计人员、执行人员等组成。

（二）营销策划外部组织

企业借助营销策划外部组织可以弥补企业营销策划能力的不足，提高工作效率。营销策划外部组织主要可以分为调研服务类、咨询策划类、设计制作类、全面服务类等类型。营销策划外部组织的关键是选择合适的外部营销策划公司或专家。

营销策划外部组织开展业务时通常要和企业相关部门密切合作，可以采用如下三种合作方式。

1. 独立设计，联合实施

一些中小型企业或大型企业的派出机构在开展营销策划活动时，可以委托实力较强的策划公司或外部专家设计促销方案，经企业认可后，双方共同配合实施。

2. 联合设计，联合实施

一些竞争性的、大型的营销策划活动往往需要借助外部策划公司或外部专家的优势和力量。双方先成立联合项目小组，共同设计方案，经企业认可后，共同配合实施。

3. 全面代理，监督管理

某些企业为了保证营销策划活动的专业化管理，与外部策划公司或外部专家形成了代理关系，即在一定时期内由外部策划公司或外部专家代理开展营销策划活动。

第 2 节　营销策划执行

营销策划能否实现目标受多种因素的制约，特别是方案实施和执行。一个成功的营销活动 20%靠策划，80%靠执行。营销方案策划得再好，如果不能有效实施，那么一切都将是空谈。

一、营销策划方案执行前的准备

营销策划方案执行是一项相当复杂的工作。执行者不仅要面对动态环境的变化，还要接受各种不确定因素带来的挑战。要想使营销策划方案执行工作进展顺利，首先就必须在营销策划方案执行前做好充分的准备。营销策划方案执行前的准备工作如下：

（一）确定方案执行人员及分工

所有营销策划方案最终都是由人来执行的。确定营销策划方案执行人员和分工，是进行方案执行准备工作的首要任务。

确定方案执行人员及分工要围绕策划方案和具体的行动计划来进行。首先，要根据行动计划明确承担执行策划方案任务的机构及人员，并组合、调配各层级组织及设立相应的领导机构。其次，在此基础上明确每个职位的职责、权限以及与其他关联组织的关系，使每个执行部门和相关人员清楚分工和责任，从而各司其职、各负其责，使策划案的各项措施都能落到实处。最后，要制定相应的规则，并交代注意事项等。要以最合理的组织安排和人员调配来保证策划方案执行活动所需资源得到有机整合，使资源的效用得到最大限度的发挥，以保证策划活动的顺利实施。

（二）培训方案执行相关人员

营销策划方案的执行最终要依靠具体的操作人员来完成。操作人员的素质、能力及对方案的理解程度都是决定实施工作顺利与否的重要条件和因素。因此，在正式执行方案之前，对相关人员进行培训就显得非常重要。

关于培训哪些内容、如何进行培训，组织者可以根据策划活动的复杂程度以及实施人员的素质和水平进行灵活安排。

一般情况下，培训内容主要包括营销策划意图、营销策划目标、实施内容、实施步骤以及实施要领和注意事项等。培训的目的在于使实施者了解或熟练掌握营销策划方案的执行要点，从而为更好地实施方案创造条件。

在具体的培训过程中，关于方案的目标、意义及要求部分的内容，既可以由策划者讲解，也可以由企业领导者讲解；而关于具体操作和实施部分的内容，则应由相关的营销人员说明。

（三）做好方案前期传播工作

一场营销策划活动能否成功执行需要很多人员的支持和配合。做好方案前期的传播沟通工作非常重要。方案前期的传播沟通可以采取多种形式，比如会议、文件、邮件等。

（四）制定应急预案

做前期准备时，营销策划者必须考虑到执行过程中可能出现的突发事件，并制定好应急预案。常见突发事件有天气变化、顾客拥挤、火灾、地震、停电、有人蓄意破坏等。针对突发事件，策划者应从资源（资金和设备）的分配和调度、应急组织领导、组织协调与沟通措施、备选方案准备等方面制定应急预案，以降低风险，防患于未然。

二、营销策划方案执行过程

营销策划方案执行一般可以分为七个环节：信息沟通、方案制定、确定分工、活动筹备、活动模拟、现场执行和执行考核。

（一）信息沟通

营销策划执行负责人须在策划活动正式筹备之前与相关人员进行充分沟通，了解尽可能多的信息，填写活动信息沟通表（见表 14－2）或信息沟通备忘录，再筹划下一步工作。

表 14－2　活动信息沟通表

活动名称			
活动单位		活动规模	
活动时间		活动地点	
执行负责人		相关人员	
活动目的			
活动流程			
活动要求			

（二）方案制定

在活动信息沟通完成之后，执行负责人自己或由执行方制定活动方案与活动执行方案（初稿），组织各部门展开讨论，根据修改建议形成活动执行方案，提交给领导审阅，最后根据领导反馈意见制定最终方案。执行方案制定的一般流程如图 14－1 所示。

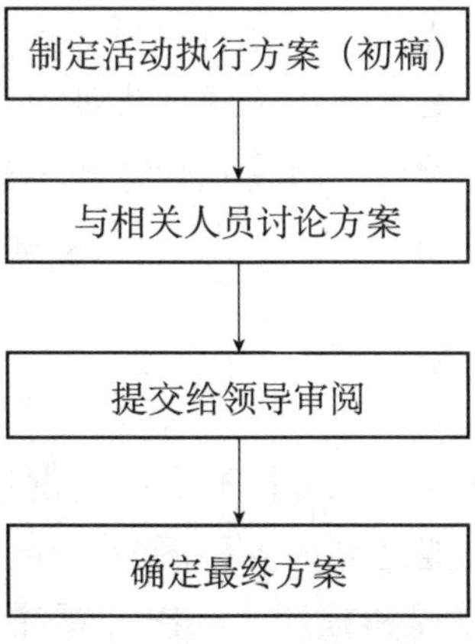

图 14－1　执行方案制定流程

（三）确定分工

营销策划活动前期需要成立工作小组，由小组负责人定期召开信息沟通会议，进行初步的分工。

策划方案确定后，执行负责人召集全体工作人员举行工作安排会，详细介绍营销策划活动信息及其具体人员安排，同时了解全体人员的时间和工作任务情况，听取反馈建议，及时进行工作调整与方案完善，最终确定全体人员的分工。

分工既要明确，又要切合每个工作人员的个人能力。确定分工最重要的一点就是每个任务都要有负责人，每个任务都要有预计完成时间。

（四）活动筹备

明确营销策划方案和人员分工之后，正式进入营销策划活动筹备环节。

营销策划活动筹备涉及的内容有：活动现场检查、接待来宾、联系相关媒体、活动进度管理、物料准备、现场布置、应急预案、公安消防、后勤保障、财务预算、文件管理等。

营销视角 | **活动进度管理常用方法**

活动进度管理常用方法如下：

● 紧前关系绘图法

这是创建进度模型的一种技术方法。该方法用节点表示活动，用一种或多种逻辑关系连接活动，以显示活动的实施顺序。通常包括四种逻辑关系，分别是完成—开始（FS），开始—开始（SS），完成—完成（FF），开始—完成（SF）。最常用的是完成—开始（FS）。

● 提前滞后量法

提前量是相对于紧前活动，紧后活动可以提前的时间量；滞后量是相对于紧前活动，紧后活动需要推迟的时间量。

● 关键路径法

关键路径法是一种用来预测总体项目时间的项目网络分析技术。它用于估算项目进度模型中项目的最短工期，确定逻辑网络路径的进度灵活性。这种进度网络分析技术在不考虑任何资源限制的情况下，沿进度网络路径使用顺推与逆推法计算出所有活动的最早开始（ES）、最早结束（EF）、最晚开始（LS）和最晚结束（LF）日期。

（五）活动模拟

为保证营销策划活动的顺利执行，可根据实际情况进行活动模拟。活动模拟就是模拟营销策划方案在执行过程中可能遇到的各种场景。企业进行活动模拟时，首先，执行者要熟悉策划方案实施的整个过程和程序；其次，要注意在执行过程中找出关键环节；最后，执行者还要尽可能发现执行过程中可能遇到的各种问题，及时准备应急预案，早做预防。

活动模拟主要是进行“模拟问答”，即对营销策划案的推出提出各种可能遇到的问题，事先进行准备并拟定答案。

通过营销活动模拟演练，策划者可以及时发现策划方案中那些被忽视或是尚未被察觉的问题，从而在执行方案前采取措施解决。同时，对各种场景和问题的模拟能使策划者获得处理各种问题的经验和技巧，从而有效提高其现场应变能力。

（六）现场执行

现场执行就是全面落实策划方案各项措施的具体过程。这也是整个营销策划方案执行工作中最为核心的部分，不仅直接关系到策划目标能否实现，而且是检验营销策划方案成效的一个重要过程。

要实现营销策划方案的顺利实施，首先，策划活动的负责人要明确方案执行过程中各执行人员的分工和责任，将策划方案的各项措施落实到个人；其次，要以策划方案为依据，严格执行；再次，要对实际支出和工作进度进行有效控制；最后，对执行过程中出现的偏差和遇到的问题要做好反馈，以便及时发现、及时调整。

（七）执行考核

执行考核也是营销策划方案执行过程中必不可少的一步。通过执行考核，策划者和执行者可以及时掌握营销策划方案的实施情况，从而对方案执行进度与执行效果及时控制。做好执行考核也是策划者真实意图得到贯彻与执行的一个有效保障。

一般来讲，执行考核的内容主要包括：活动费用支出情况、活动进度、活动效果以及执行者的态度等。考核时间的安排比较灵活，既可以是定期评估，也可以是随机抽查。考核方法与方式的选择灵活多样，营销策划工作的负责人可以根据实际情况决定。

三、营销策划方案执行工作表单

可以用些工作表单来管理营销策划方案执行情况，以提高工作效率。常用的营销策划方案执行工作表单有活动具体流程表、活动执行推进表、活动人员分工表和活动物料清单表等。

（一）活动具体流程表

活动具体流程表可以清晰地展示策划活动的实施过程。活动具体流程表需要包含时间、流程环节设计，以及每个流程的主要内容（见表 14－3）。

表 14－3　活动具体流程表

策划活动名称			
策划活动主题			
策划活动时段			
工作事件	时间	负责人	具体描述
1.			
2.			
3.			
4.			

（二）活动执行推进表

为了更好地呈现营销策划活动执行情况，需要一张很重要的活动执行推进表。活动执行推进表将所有的执行工作按照前期准备、现场执行、活动后期等模块进行划分。首先，对各个模块进行细化，比如整体进程把控、相关干系人、设计、现场搭建、媒体传播等。其次，确定项目总负责人，然后确定各项工作的分工及责任人。最后，规定任务完成的时间节点，进行项目的推进和把控。活动执行推进表常用甘特图进行绘制。

（三）活动人员分工表

活动人员分工表有人员分工总表和现场执行分工表。人员分工总表需要将项目分工单独做成一张表，明确分工情况，越详细越好。

（四）活动物料清单表

对现场所需的所有物料应列出活动物料清单表，以方便管理。要按照项目类别清晰划分，标注数量和预算。

第3节　营销策划控制

在营销策划方案实施过程中会出现许多问题，策划者必须加强监督和控制，使既定的营销策划目标顺利实现。常用的营销策划控制方法有方案控制、盈利能力控制、效率控制等。

一、方案控制

方案控制的目的在于保证营销策划方案中所制定的目标得以实现。为此，首先要制定目标管理体系；其次要对方案的执行情况进行监督，对任何严重的偏离行为做出判定并采取迅速有效的纠正行动。下列五种工具可以有效地检查营销策划方案的执行情况。

营销视角　扁平化组织

扁平化组织是科层组织的第一种重要演化，它缩减了层级，提高了组织管理和沟通的敏捷性。扁平化组织大幅提高了信息的沟通效率，避免了信息传递失真。扁平化组织与科层组织最大的差异在于层级减少，从而提高了沟通的效率和质量，提高了敏捷管理的能力。上述特征使得扁平化组织能够更加迅速地识别、感知和化解各类风险，弥补了传统科层组织对风险承担后知后觉的不足。

扁平化组织可视为便捷风险承担中相对较强的类型。管理层级大幅压缩，最精练的组织机构甚至只有一个层级，组织中的下属只接受一个管理者也是最高管理者的领导，可向最高管理者直接汇报，这提高了沟通的效率，保证了协调的质量。

资料来源：蔡宁伟，贾帅帅．社会形态、组织类型与风险承担．清华管理评论，2023（Z2）：58－65．经改编

（一）销售分析

销售分析是根据营销策划目标衡量和评价营销策划活动之后的实际销售情况。销售分析最常用的方法是销售差异分析。销售差异分析就是分析不同因素对销售情况的影响，比如不同地区的销售差异。

（二）市场占有率分析

市场占有率分析就是相对于竞争者而言公司的市场绩效如何。市场占有率包括总体市场占有率和相对市场占有率。市场占有率变动取决于客户渗透率、客户忠诚度、客户选择性和价格选择性等多种因素。

（三）营销费用率分析

营销费用率分析主要是研究营销费用与销售额之比。营销费用率分析具体包括销售队伍成本与销售额之比、广告成本与销售额之比、促销成本与销售额之比、市场调研成本与销售额之比、销售管理费用与销售额之比等。

（四）财务分析

营销费用率应放在总体财务系统中进行分析，以便决定公司如何盈利、在什么地方盈利。公司可以利用财务分析来判定影响公司资本净值报酬率的各种要素（见图 14－2）。

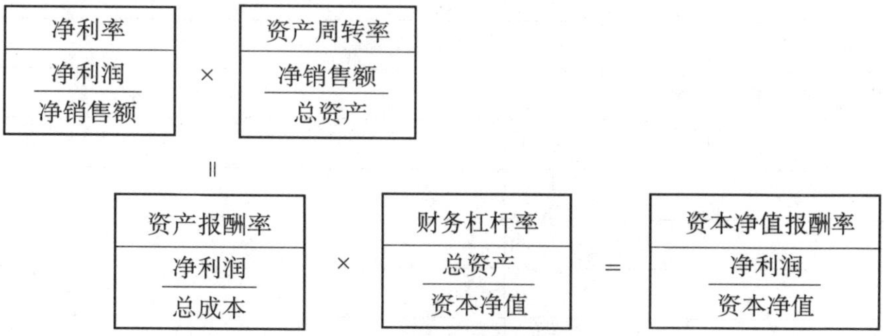

图 14－2　资本净值报酬率分析

要提高资本净值报酬率，公司就必须提高净利润与总成本之比，或提高总资产与资本净值之比。公司应分析其资产构成，即现金、应收账款、库存和厂房设备等，并注意是否能改善其资产管理。

（五）以市场为基础的评分卡分析

1. 客户绩效评分卡

客户绩效评分卡用于记录公司历年来以客户为主的基础信息，包括新客户、不满意客户、失去的客户、目标市场认知、目标市场偏好、相关的产品质量和相关的服务质量

等信息。对于每一项都要建立标准，如果当前的结果偏离了标准，就应采取改进措施。

2. 利益相关者评分卡

利益相关者评分卡用于记录所有对公司业绩有重要利益和影响的成员满意度信息，包括员工、供应商、经销商及股东等。为各个群体建立标准，当某一群体和更多群体的不满增加时，公司应采取行动予以改善。

二、盈利能力控制

公司必须衡量其不同的产品或服务、区域、客户群、分销渠道和订货量的盈利水平，这将帮助公司高层决定哪些产品或营销活动应该扩大、收缩或取消。

假如公司的盈利能力下降，可以通过资本收益率计算公式找出问题发生在哪里，应采取什么样的矫正措施。

$$\text{资本收益率}=\frac{\text{销售额}-\text{营销成本}}{\text{销售额}}\times\frac{\text{销售额}}{\text{流动资本}+\text{固定资本}}$$

对营销成本的计算要特别注意区分直接成本、可变的共同成本和不可变的共同成本。要以公平合理的方式将共同成本分摊到各种产品或服务或者各分销渠道上。

对于盈利能力控制的最关键信息是有关费用支出的细节。表14－4是公司简单的利润表，它概述了全部营销活动的结果。表14－5是根据业务职能分摊的营销成本，每一项都反映了资源利用的方式，这是每一种产品销售的最基本支出。表14－6反映了每一种渠道的销售所发生的职能支出。表14－7是每种分销渠道的利润表。

表14－4　简单的利润表

销售额	
产品销售成本	
毛利（销售额－销售产品成本）	
各项费用	
工资	
租金	
材料费	
小计	
净利（毛利－各项费用）	

表14－5　根据业务职能分摊的营销成本

项目	推销	广告	包装/运送	开单/收款
工资				
租金				
材料费				
合计				

表 14－6　每一种渠道的销售所发生的职能支出

渠道类型	销售（周期内交易量）	广告（广告次数）	包装/运送（交货次数）	开单/收款
渠道 A				
渠道 B				
渠道 C				
合计				
职能支出				
平均成本				

表 14－7　每种分销渠道的利润表

	渠道 A	渠道 B	渠道 C	整个公司
销售额				
产品销售成本				
毛利				
各项费用				
推销				
广告				
包装/运送				
开单				
总费用				
净利润/净损失（毛利－总费用）				

三、效率控制

为了提高营销策划活动的效益水平，需要加强对销售人员、广告、促销和分销渠道效率的控制。

（一）销售人员效率控制

各级销售经理都应该掌握自己所管辖区域关于销售人员效率的一些关键指标。比如：每个销售人员平均每天的拜访次数、销售人员每次拜访平均所需的时间、销售人员每次拜访的平均收入、销售人员每次拜访的平均成本、销售人员每次拜访的招待费用、每 100 次销售拜访的订单百分比、每一周期新的客户数目、每一周期流失的客户数目、销售人员成本占总成本的百分比等。通过对这些指标的评测，能发现一系列可以改进的地方。

（二）广告效率控制

广告效率是指广告投入给企业带来的效益。广告效率控制主要通过分析研究广告效果评估指标，确定广告效率提升方向。常用广告效果评估指标有每千人的广告成本、广告的接收者在受众中所占的百分比、广告前后顾客对产品态度的变化等。不同广告媒体的效果量化评估指标有区别。常见电视广告、报刊广告和网络广告效果量化评估指标如表 14－8 所示。

表 14－8　不同广告媒体的效果量化评估指标

广告媒体类型	广告效果量化评估指标	具体描述
电视广告	到达率和频次	• 覆盖率（%）：实施特定的广告媒介计划（广告投放计划）时所能到达的不重复观众人数占总体电视推及人口的百分比 • 平均暴露频次：所投放的广告有机会被观众收看的平均次数 • 有效到达率：至少有机会看过 n 次及以上的目标观众的百分比（或千人）
	毛评点	• 毛评点：广告媒介投放的接触千人数与推及人口千人数的百分比
	千人成本	• 千人成本：广告载体每达到 1 000 人次的受众量所需花费的成本
	节目广告收视比	• 节目广告收视比：广告段的平均收视率与节目平均收视率的比值
报刊广告	发行量与印刷量	• 发行量：印刷媒介每期按照实际发行并到达读者手里的份数 • 印刷量：印刷刊物每期实际印刷的平均份数
	阅读率	• 阅读率：在固定时间内阅读特定刊物的人口占总人口的比率 • 版面阅读率：测量指定的报刊和特定版面吸引读者数量的指标，是阅读某版面的人数占特定基础人数的百分比
网络广告	每千人印象费用	• 每千人印象费用（CPM）：为支持每 1 000 人次的访问而支出的费用；CPM＝总成本/广告曝光次数×1 000
	每次点击费用	• 每次点击费用（CPC）：网络广告每次点击的费用，一般以千人次作为单位；CPC＝总成本/广告点击次数
	每行动成本	• 每行动成本（CPA）：按照广告投放的实际效果计价，即按回应的有效问卷或者订单来计费，而不限广告的投放量；CPA＝总成本/转化次数
	转化率	• 转化率：受网络广告影响而产生的购买、注册或者信息需求的比率；转化率 ＝转化次数/广告曝光次数

（三）促销效率控制

为了有效提高促销效率，必须记录每一次促销活动及其成本对销售的影响。通过观察评估不同促销活动的结果，选出最有效的促销措施。促销效率控制常用量化指标有优惠销售所占百分比、每单位销售额的陈列成本、赠券回收百分比、示范引起访问次数等。

（四）分销渠道效率控制

分销渠道效率通常指实现分销目标所需资金投入的最优回报率。分销渠道效率体现在分销渠道经济性、分销渠道布局的合理性、分销渠道的运行效率和顾客满意度等方面。分销渠道经济性主要考察渠道实现的销售业绩；分销渠道布局的合理性主要考察渠道覆盖率和渠道冲突程度；分销渠道的运行效率主要考察渠道畅通性和流通力；顾客满意度则主要考察渠道终端销售服务满意水平。分销渠道效率控制常用量化指标有库存水平和库存周转率、出库情况、客户投诉率和分销成本等。

第 4 节　营销策划评估

营销策划方案实施活动的结束并不代表整个营销策划工作的结束。营销策划活动结束之后，组织应开展营销策划评估。对营销策划活动开展评估和调整，不仅是为了调整那些效果不佳的营销策划方案，也是为了以后的营销策划能够更有效地为实现营销目标服务。

一、营销策划评估的作用

营销策划评估通常指在营销策划活动结束后对策划方案的执行情况以及实施结果进行的评定与分析。营销策划评估对整个营销策划活动有极其重要的作用。

（一）判定营销策划工作成效

评估是对营销策划工作进行评定与总结的过程。只有对策划结果、执行过程、操作手段等内容进行认真评估，才能有效判定营销策划工作的成绩和找出营销策划工作中的不足。

（二）提高营销策划工作水平

评估也是对营销策划活动进行反思、总结经验和教训的过程。只有通过营销策划评估找出问题，持续改进，策划者才能不断积累策划经验和提高策划水平。

（三）评价营销组织工作绩效

有效的评估工作是营销组织绩效评价的重要依据，是对相关人员进行奖惩的前提。因此，认真做好策划评估工作非常重要。

二、营销策划评估的程序

按照一定程序评估是顺利有效地进行营销策划评估活动的关键。营销策划评估的程序一般可以分为六个步骤，分别是策划需求分析、确定评估目标、选择评估方法、设计评估方案、形成评估报告、反馈评估结果。

（一）策划需求分析

营销策划评估应当回归到营销策划的目的，从分析策划需求开始。策划需求分析主要是收集、分析与该策划方案相关的信息。策划需求分析的方法有很多，如问卷法、观察法、访谈法、小组讨论法、重大事件法等。

（二）确定评估目标

营销策划评估的第二步就是要确定具体且可测量的评估目标。评估目标通常是营销策划要达到的目的和预期成果。针对评估目标，可以制定相应的评估指标和标准。可为评估目标设定相应的分值，如用1～5分评价目标达成度，至少应达到3分才算合格。

（三）选择评估方法

做好营销策划评估工作应选取适当的方法。策划评估的方法有很多，既有定性的，也有定量的。比较常用的方法有综合评议法、对照比较法、关键事件法等。在营销策划评估工作中具体采用何种方法，应根据具体情况灵活选择。

（四）设计评估方案

富有成效的评估过程应该经过仔细周密的计划。设计评估方案时需要明确如下问题：为什么要进行评估？谁将接受评估？评估什么内容？如何进行评估？选择什么方法进行评估？另外，还要考虑进行评估可以利用哪些资源，影响评估的因素有哪些等。

（五）形成评估报告

一般而言，营销策划评估报告的内容包括概要、策划项目背景、评估目标、评估单位、评估方法、评估内容、结论及建议等。评估报告应简明扼要，可以通过数字、图表等方式来说明营销策划活动的效果。

（六）反馈评估结果

对于策划评估工作来说，评估结果的反馈是十分关键的一环，必须认真做好。评估人员要把评估结果反馈给组织相关成员。一方面，让组织高层了解营销策划方案的成本、存在的问题及带来的收益；另一方面，让相关人员意识到不足之处，不断总结改进，使其在今后的策划工作中越做越好。

三、营销策划评估的方法

（一）综合评议法

在策划评估中，综合评议法是经常用到的方法。该方法操作简便，有利于评估过程民主性的发挥。综合评议法主要由初评、综评构成，综合了专家评议、部门评议、个人评议等多种评议方式，评估结果比较客观全面。

综合评议法的步骤如下：首先进行初步评定。由策划专家组成评议小组，对策划的结果及策划过程的各个环节进行评估，给出专家组意见和评价。与此同时，策划活动的组织者、实施者及其他相关部门和人员也分别进行评估。当初步评估完成后，将评议小组的结果与各部门及人员的意见收集在一起，并按照各自的权重进行综合评估，得出最终评定结果。当然，在实际评估过程中，不同评估者的意见在综合评估中的权重也是可以调节的，从而能够满足评估者不同的评估目的和评估需要。

（二）对照比较法

对照比较法也是一种比较常用的评估方法。运用该方法进行评估的主要原理是：将策划的执行结果同原策划方案的目标进行对照比较，从而判定和评价各项活动及目标的实现情况，并对原因进行探究和分析。

运用该方法比较关键的一步是要确定对照比较的内容。一般情况下，对照比较的内容主要包括以下几个方面：策划目标是否实现，实现的程度如何；实施工作是否按计划进行，调整的内容有哪些；操作手段是否合理；预算是否超支；预测是否准确；等等。在选好比较内容后，就可以进行对照比较了。

（三）关键事件法

关键事件法是针对某一工作中重要的、影响该工作成功与否的任务和职责要素，将能反映不同绩效水平、可观察到的行为表现进行描述，作为等级评价的标准进行评定的一种方法。关键事件法是一种非常有效的评估方法，它能使评估者在把握关键事件的基础上对评估对象有更深入的认识。

运用该方法时，评估者应将注意力集中在那些对营销策划活动有关键影响或有关键意义的环节上，做好对关键事件的评定与分析。关键事件可以是对某个重要区域市场的开发，也可以是对某类品牌产品的市场推广，还可以是对企业形象、知名度等方面的塑造与提升。

除了这些方法，在评估工作中经常用到的还有经济效益测定法、公众调查法、观察法等，在此不一一介绍。

四、营销策划评估的注意事项

（一）评估过程要尽量客观全面

客观全面是对策划评估工作的基本要求。评估不仅是评定结果的过程，也是分析结果、总结经验教训的过程。如果这个过程不是建立在对客观情况实事求是、多角度全面分析的基础上，评估结果的准确性和有效性就会大打折扣。另外，若没有对结果的正确分析与评价，总结教训与积累经验也就无从谈起。因此，进行营销策划评估工作一定要尽量使评估过程客观全面。

（二）注意定性方法与定量方法相结合

定性方法主要是通过描述性的语言或文字对事物的本质特征进行阐释，而定量方法主要是利用数据分析、模型、图表等对事物的规律进行说明。虽说两种方法各有优点，但也存在各自的不足。营销策划评估应将定性方法与定量方法结合运用，以使评估结果准确而深刻。

营销策划组织与管理是决定营销策划方案有效性的关键环节。马克思主义哲学强调，要善于把握事物发展的总体趋势和方向，“不谋全局者，不足谋一域”。要坚持以人民为中心的思想，解决实际问题，关注并满足人民群众的需求与利益。在营销策划组织过程中提高系统思考能力，要做到统筹兼顾、综合平衡，突出重点、带动全局，不断强化营销策划组织工作的整体性、预见性和协同性。同时，营销策划组织与管理应注重环境保护和可持续发展，将商业目的与传播社会正能量、传播社会主义核心价值观有机融合起来，将经济效益、社会效益和生态效益有机结合，推动企业的健康发展与市场的繁荣。

案例分析

网易云音乐新年策划

2018年新年伊始，网易云音乐在线上线下全面推出新年策划活动。网易云音乐线上活动主推“2018，音乐的力量”品牌视频和“2017网易云音乐用户年度听歌报告”H5；线下活动主推“镜面长廊”，传递“2018，照见自己”的主题。

线上活动策划

2018年1月2—15日，网易云音乐线上新年活动的内容与用户见面，用户能通过网易云音乐首页体验到“新年初雪”、“2018，音乐的力量”品牌视频、“2017网易云音乐用户年度听歌报告”H5等丰富的活动。

网易云音乐首页的“新年初雪”寓意新年美好的期待与祝福，在红色背景的主页面中，一片片洁白的雪花轻轻飘舞，为网易云音乐这个音乐社区营造出更加温馨的氛围。“2018，音乐的力量”品牌视频中的音乐故事让每一个普通人从中发现自己，在新年之际感受到音乐带来的希望与力量；用户在“飘雪”的页面中进行“下拉”操作，便可打开这个全新的品牌视频。“2017网易云音乐用户年度听歌报告”H5通过每位用户这一年的听歌“足迹”，展现音乐对每个人的陪伴，最终传递网易云音乐将继续陪伴用户温暖前行之意。整个线下策划创意内容如同一个完整的闭环，最终落到每一个用户身上，直击人心，迅速引发用户的广泛参与和深度共鸣。这些线上策划活动一经推出迅速引起社交平台的刷屏式传播。

线下活动策划

2018年1月4日，网易云音乐在北京团结湖地铁站推出“2018，照见自己”线下主题活动。网易云音乐从10 000组精彩乐评里精选出14组，用镜面长廊的形式来呈现。“我只有一句话：你的江湖，多远我都来”“我要露出一点马脚，好让你发现我喜欢你”……这些关于希望、温暖、爱情等话题的文字借助极具视觉效果的镜面长廊，表达了网易云音乐的新年祝愿。

线上线下活动的效果

线上内容迅速引发用户和媒体的广泛传播，在全网掀起刷屏热潮。2018年1月2日上线当天，网易云音乐微信指数日环比上涨1 137.14%，百度指数创半年来新高。1月3日，在App Store免费App排行榜上，网易云音乐的排名上升至第6位。线下主题策划活动同样在短时间内获得大量用户的强烈共鸣。

网易云音乐这次新年活动一方面传递了网易云音乐将继续陪伴用户温暖前行这个信息；另一方面丰富和强化了“音乐的力量”这个品牌内核。这两个方面最终都指向一个心愿：希望每个普通人新的一年都能在音乐的温暖陪伴下充满力量地前行。

讨论题

1. 网易云音乐是如何进行新年线上线下营销活动策划的？有何启示？
2. 如何评估网易云音乐新年策划活动的效果？
3. 网易云音乐新年策划活动成功的关键是什么？

重点名词

营销策划组织　　营销策划执行　　营销策划控制
营销策划评估

思考题

1. 营销策划组织管理模式有哪些？各有何优缺点？
2. 营销策划方案执行前准备工作有哪些？营销策划执行过程是怎样的？有哪些注意事项？
3. 营销策划控制工具有哪些？
4. 营销策划评估方法有哪些？营销策划评估程序是怎样的？

拓展练习

一、目的与目标

1. 了解企业组织管理营销策划应具备的理论知识、方法和思考框架。

2. 掌握企业组织管理营销策划的内容，产生感性认知，能够根据实际情况组织与管理营销策划。

二、内容与要求

1. 资料准备：收集2～3份经典的企业策划案例，分析该案例的策划要点。

2. 具体任务：通过对企业组织管理营销策划的学习，分组讨论执行方案的内容。

3. 任务要求：以本地领先企业为例，撰写一份执行方案。

三、组织与实施

1. 将班级同学分成5～6人一组的小组，实行组长负责制，全体组员共同完成课堂任务。

2. 各小组进行分工，完成资料的收集、汇总与分析。

3. 经过小组讨论后，完成实训报告，提交PPT文档，注明分工及各自的贡献。

4. 各小组分别选派成员对报告进行讲解，并回答其他组成员的提问。

5. 授课老师对各组的汇报进行点评及评分，提出意见及改进建议。

拓展阅读

一、阅读案例

1. 吴哲．疫情之下，《囧妈》上演“终结者”？．销售与市场（管理版），2020（3）：91-93.

2. 伏磊．任天堂：百年游戏帝国穿越史．销售与市场（管理版），2020（1）：71-78.

3. 斯佩克兰，陈劲，陈家赐．数字化战略的卓越执行：星展银行的故事．清华管理评论，2022（11）：6-12.

4. 张智愚．从“史上最难喝的5款饮料”之一到火爆全网，东方树叶做对了什么？．销售与市场（管理版），2023（12）：48-51.

二、阅读书籍

1. 叶万春，叶敏，万后芬，等．企业形象策划：CIS导入．5版．大连：东北财经大学出版社，2018.

2. 曾凡海．企业形象策划与设计．北京：清华大学出版社，2016.

3. 德鲁克．卓有成效的组织管理．北京：机械工业出版社，2023.

4. 博西迪，查兰，伯克．执行：如何完成任务的学问．北京：机械工业出版社，2021.

5. 晁冠群．执行：OKR就这么用．北京：电子工业出版社，2021.

即测即评

扫描二维码可在线自测并查看答案。

附录

营销策划分析工具

学习营销只需要一天的时间，运用营销却需要一辈子的时间。

——菲利普·科特勒

阅读指引

一、问题分析工具

1. 问题树
2. 鱼骨图解法
3. AHP 法（层次分析法）

二、市场分析工具

1. PEST 分析模型
2. 五力模型
3. 5C 和 5P 法
4. 竞争三角分析法
5. SWOT 分析法
6. 关键成功因素
7. 市场吸引力-竞争地位分析法
8. BCG 矩阵分析法
9. 矩阵分析活用法

一、问题分析工具

1. 问题树

问题树是指在分析问题的过程中从最初的假设开始分解为每一个问题，然后对每一个问题再进行分解，最终形成的一种树状图。问题树可以用来帮助梳理解决问题的思路，它把最终要解决的问题一层一层地分解，把一个复杂的问题分解成一个个通过资料收集与分析便能论证（或推翻）的问题。

图 A－1 是一家企业在决定是否进入童装市场时所做的问题树。

2. 鱼骨图解法

鱼骨图解法由日本东京大学的石川馨教授首创。这种结构化的技巧类似于鱼骨的形状，故而得名“鱼骨图解法”。它原本是全面质量管理中一种专门用于分析质量问题原因的方法，目前也是进行因果分析时常用的一种技巧，其目的是用来寻找所有可能导致某一问题的原因。

以某消费品制造商为例，对其在营销中出现的问题进行分析。鱼头代表需要解决的问题，即该制造商产品在市场中所占份额减少。根据现场调查，该制造商市场份额减少的原因可以概括为五类，包括人员、渠道、广告、竞争与其他。每一类又包括若干可能的因素，如缺乏品牌意识、营销人员数量少、选购不便等。将五类原因及相关因素分别以鱼骨分布态势展开，形成鱼骨图（如图 A－2 所示）。下一步的工作就是找出产品市场份额减少的主要原因。根据现场调查的数据，计算出每种原因或相关因素在产生问题过程中所占的比重，以百分数表示，然后对所占比重较大的因素进行重点解决。

3. AHP 法（层次分析法）

AHP 法是一种帮助管理人员进行主观判断的测量方法。应用 AHP 法评估细分市场时应将所有关键经理召集到一起，向他们提供所有可得到的营销研究信息，这样就提供

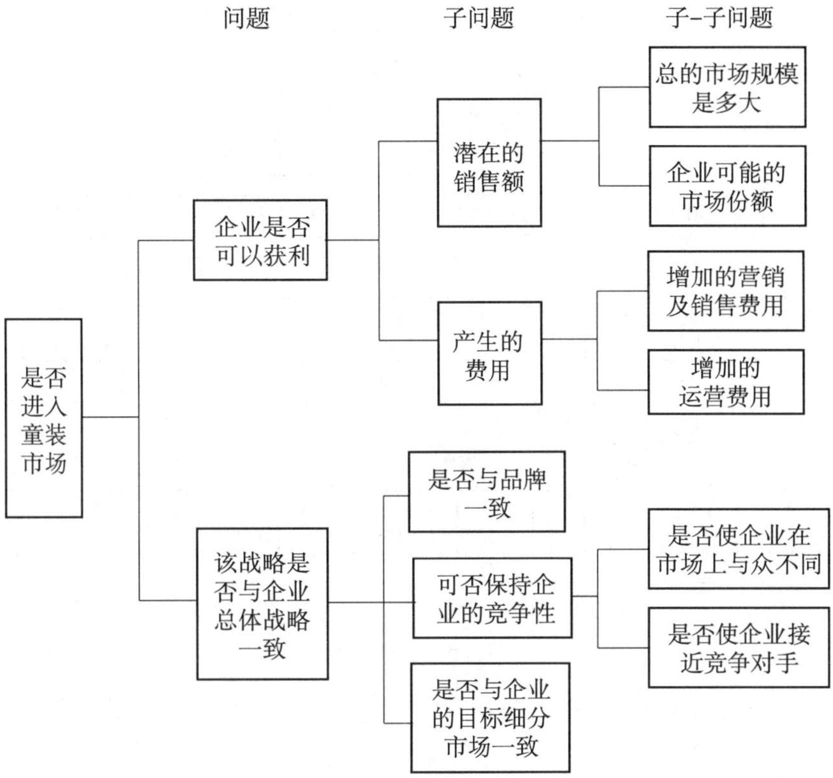

图 A-1　问题树

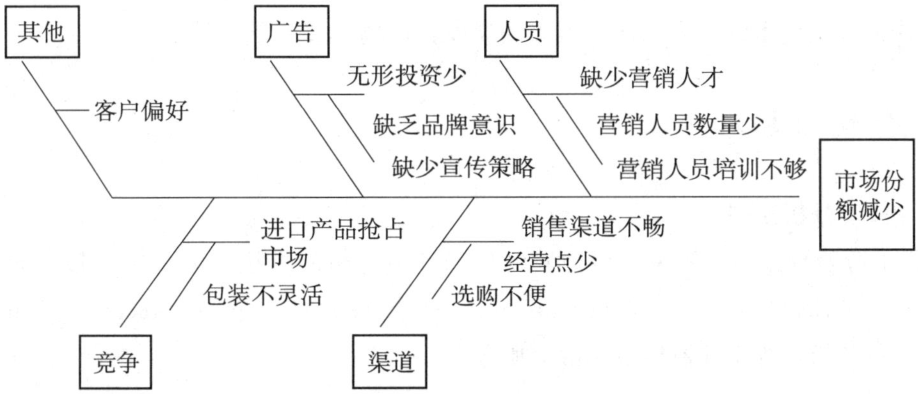

图 A-2　鱼骨图

了输入信息，以供商讨和评价各个不同的细分市场。对决定细分市场吸引力的互相关联的决策因素，通过两两比较对每个因素赋予相关权重。图 A-3 显示了各个细分市场的优先权结果。

在图 A-3 中，管理人员设立了三个标准：细分市场吸引力、细分市场优势、协同作用，并在长期情况下，确定了公司要实现的 4 个目标的权重（0.39∶0.34∶0.20∶0.07），从而决定了三个标准的相应权重（0.28∶0.51∶0.21）。根据这三个标准来评估当前 7 个细分市场（A、B、C、D、E、F、G）时，不具吸引力的应当剔除。

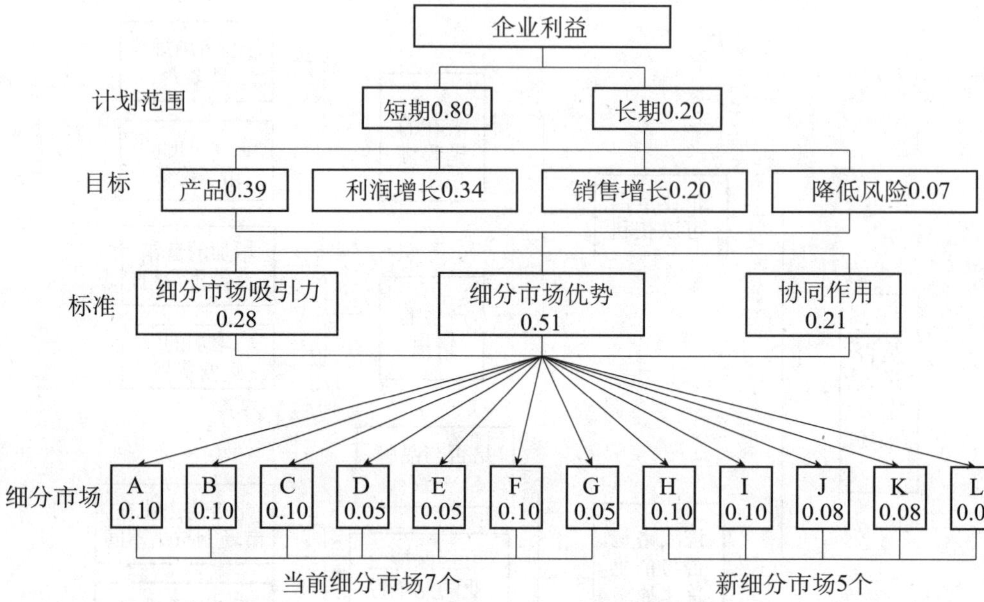

图 A-3 AHP 法

评估结果显示了企业应为每个细分市场分配多少资源。优先权可用来作为资源分配的粗略指导。

细分市场的发展状况既与宏观经济形势，如经济增长率、失业率、居民收入增长、国家政策情况等相关，也与行业发展情况相关。一般说来，细分市场上的竞争对手越多，越有可能创造出更多的需求从而扩大市场规模，市场发展前景也越好。

二、市场分析工具

1. PEST 分析模型

PEST 分析模型是一种关于企业营销外部环境分析的方法（见图 A-4），通过对政治/法律（political/law）、经济（economic）、社会（social）、技术（technological）等四个方面进行分析，为企业制定营销战略服务。

2. 五力模型

五力模型是由哈佛商学院教授迈克尔·波特提出的。在任何行业中，无论是国内还是国际，也无论是提供产品还是服务，竞争的规则都包含在五种力量内。该模型可以视为行业分析中最经典的分析模型，它第一次从各个角度对行业进行了全面分析。通过对这五种竞争力量的分析可以明确企业的优势和劣势，从而确定企业的市场地位。

五力模型如图 A-5 所示。

3. 5C 和 5P 法

当考虑顾客的要求、企业赖以生存的环境，以及本企业的产品和人员与竞争对手相

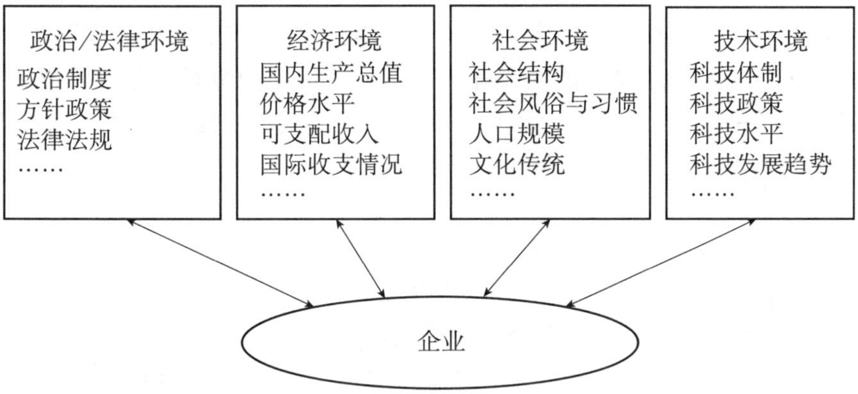

图 A-4 主要外部环境因素

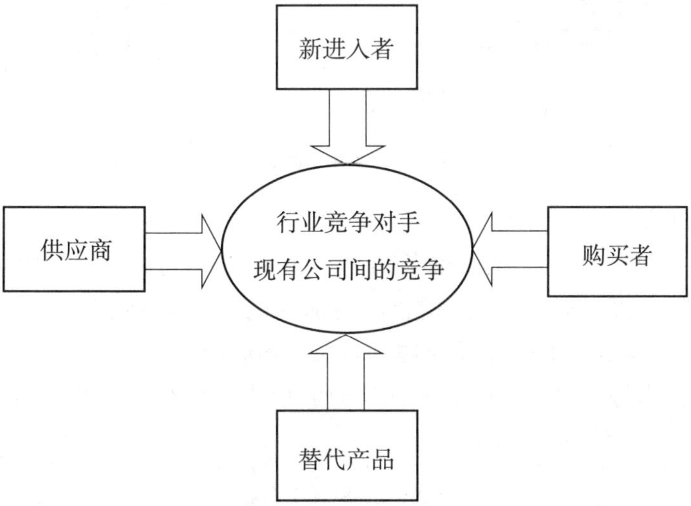

图 A-5 五种竞争力

匹配的需求时，5C 和 5P（见图 A-6）正是企业需要关注和理解的方法。它们是比较企业和竞争对手以及比较目前状况和希望达到的未来状况的非常有用的工具。二者之间的差距就表示企业需要的变化。

5C	5P
环境（context）	产品（product）
顾客（customer）	渠道（place）
公司（company）	定价（price）
竞争（competition）	促销（promotion）
成本（cost）	人员（people）

图 A-6 5C 和 5P

4. 竞争三角分析法

在分析市场竞争的过程中，许多竞争关系都由三个关键因素构成，科学地分析三者的关系，找出它们之间的差异就能获得竞争优势。竞争三角分析法依据数学定理“不共线的三点确定一个平面”，分析竞争市场、组织协同。竞争三角分析法（见图 A－7）根据需要变换不同的因子，可得到不同的分析结果。

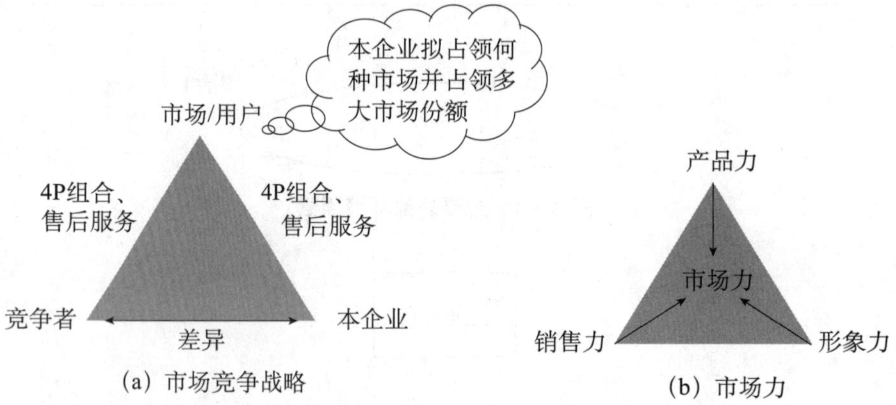

图 A－7　竞争三角分析法

5. SWOT 分析法

SWOT 分析（见表 A－1）是一种综合考虑企业内部条件和外部环境的各种因素而选择最佳营销战略的方法。其中，S 是指企业内部的优势（strength），W 是指企业内部的劣势（weakness），O 是指企业外部环境的机会（opportunity），T 是指企业外部环境的威胁（threat）。优劣势是对企业内在的强项与弱项进行分析，而机会与威胁是分析企业的外部环境可能产生的影响。

表 A－1　SWOT 分析

	优势：S 优势描述	劣势：W 劣势描述
机会：O 机会描述	SO 战略：成长型 发挥优势，利用机会	WO 战略：巩固/增长型 利用机会，克服劣势
威胁：T 威胁描述	ST 战略：多元化型 利用优势，回避威胁	WT 战略：收缩型 减少劣势，回避威胁

6. 关键成功因素

霍弗和申德尔 1977 年在《战略表达：分析概念》中首先提出关键成功因素（key successive factor）。关键成功因素是指企业在特定市场中获取利润必须拥有的技能和资源。简单地说，就是在一个行业中，任何企业如果要取得成功就必须具备的基本条件，它们可能是一种价格优势、一种资本结构或是一种消费组合等。比如在医药行业中，产品开发就是关键成功因素之一。

不同的行业有不同的关键成功因素（见表 A－2）。例如在纯碱行业中，生产技术是关键成功因素，企业要获得同样质量的纯碱，汞制作法的效率要比半透膜法高两倍以上，利用后一种方法进行生产的企业，无论做了多大的努力来降低成本，都难以取得成功。即使是处在同一行业的各个企业，也可能对该行业的关键成功因素有不同侧重。例如，在书写工具行业中，美国的派克公司和柯尔斯公司很成功，但它们的关键成功因素有所不同，派克公司侧重于无孔不入的广告宣传和众多的销售渠道，而柯尔斯公司更注重产品质量的提高和新产品的研制与开发。另外，在不同的行业生命周期内，行业驱动因素和竞争环境的变化也会使关键成功因素发生变化。行业（产品）生命周期各阶段的关键成功因素见表 A-3。

表 A-2 部分行业关键成功因素一览表

行业	关键成功因素
铀、石油	原材料资源
船舶制造、炼钢	生产设施
航空、高保真音响	设计能力
纯碱、半导体	生产技术
百货商场、零部件	产品范围、花色品种
大规模集成电路	工程设计、技术能力
电梯、汽车	销售能力、售后服务
啤酒、家电	销售网络

资料来源：徐二明．企业战略管理．北京：中国经济出版社，1998.

表 A-3 行业（产品）生命周期各阶段的关键成功因素

	导入期	成长期	成熟期	衰退期
关键成功因素	销售、消费者的信任、市场份额	对市场需求的敏感、推广产品品质	市场效率和产品功能、新产品开发	回收投资、压缩生产能力

资料来源：蔡树堂．企业战略管理．北京：石油工业出版社，2001.

在进行行业分析时，确定某个行业的关键成功因素非常重要。一般来说，对以下三个问题的明确回答有助于确认行业的关键因素：

（1）消费者在同类产品的各个品牌之间做出选择的依据是什么？

（2）行业中的卖方要想在竞争中取得成功需要什么资源与能力？

（3）行业中的卖方要想获得持久的竞争优势必须采取什么措施？

7. 市场吸引力-竞争地位分析法

市场吸引力-竞争地位分析法又称通用/麦肯锡模型，是以开发它的组织——美国通用电气和麦肯锡管理咨询公司命名的。根据市场的吸引力与企业的竞争地位进行业务组合分析，可以将业务矩阵划分成三个部分：投资发展区、选择性发展区、准备重构区。

如果组织有多个地点或不同的产品部门/业务，那么通用/麦肯锡模型是一个非常有用的工具，它具有很强的指导性，能够识别在各种不同定位/市场中运行的组织的各种要素。如图 A-8 所示，有六个概括性的选择可供考虑。

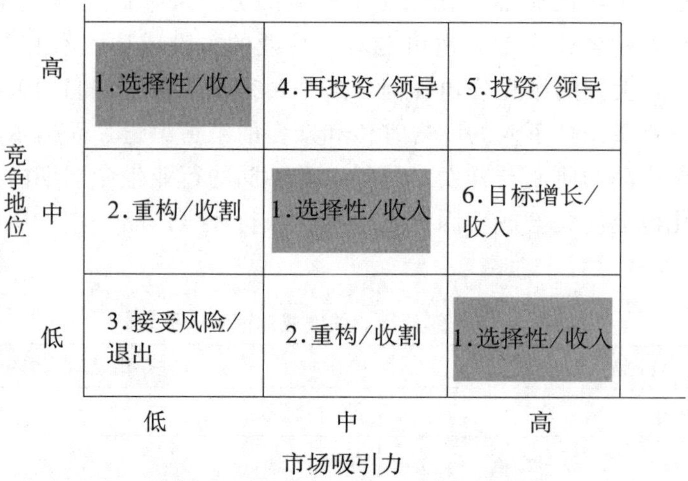

图 A-8　市场吸引力-竞争地位分析法

如果需要进一步为“市场吸引力”和“竞争地位”两个变量打分，可使用如图 A-9 所示的各种标准。

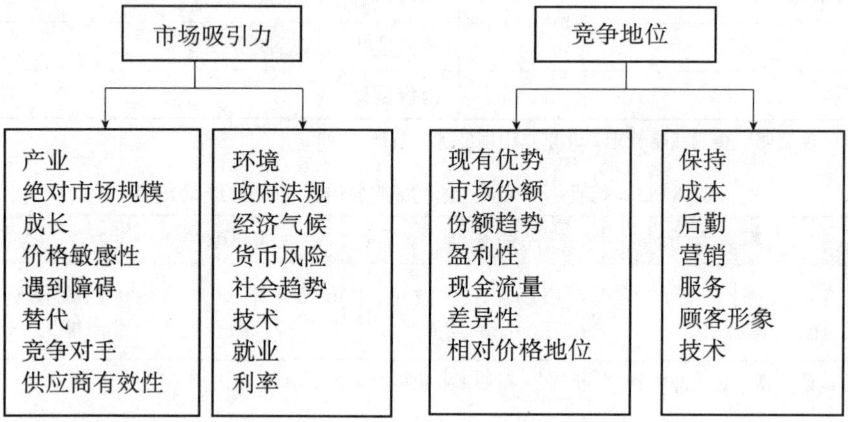

图 A-9　标准示例

8. BCG 矩阵分析法

BCG 矩阵分析法（见图 A-10）由美国波士顿咨询公司（BCG）创立，用来对企业的产品组合进行决策。

明星产品指相对市场占有率及相对销售增长率都比较高的产品。这类产品需投入大量现金来提高市场占有率，当它们的销售速度趋于下降时，便成为现金牛产品，由投资变为盈利。

问题产品指相对销售增长率较高、相对市场占有率较低的产品。这类产品需要投入大量的资金来提高市场占有率，为此必须考虑是否值得斥巨资去扶持这类产品。经营成功的问题产品将变为明星产品，否则应看准时机退出市场。

现金牛产品指相对销售增长率低但相对市场占有率高的产品。这类产品可为企业带来大量的现金收入，用以支持明星产品和问题产品。

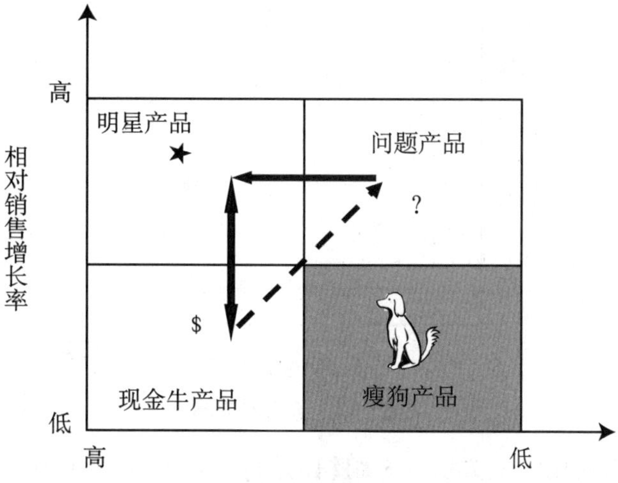

图 A－10 BCG 矩阵

瘦狗产品指相对销售增长率及相对市场占有率均较低的产品。这类产品有时可能会带来一些收入，但通常都是利微甚至亏损，白白占用管理人员的时间，得不偿失。

9. 矩阵分析活用法

（1）市场对产品。为扩大市场份额和提高收入，可以考虑如图 A－11 所示的四个选择。新产品即将进入新市场时，风险最大。

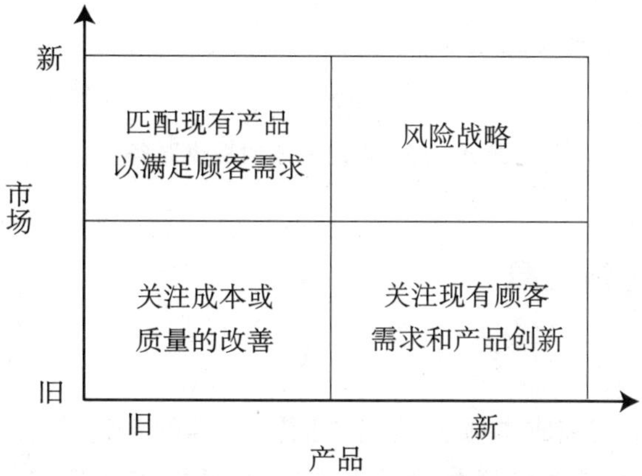

图 A－11 市场对产品

（2）价值对成本。竞争常用的两种方式无非是提供高感知价值（HPV）或实现低配送成本（LDC）。现实中，多数组织希望两者都达到一定程度。在保持低配送成本的基础上，选择从低配送成本到达高感知价值状态。图 A－12 显示了相关内容。

日本汽车生产商针对西方国家的生产商采取行动，以低配送成本为策略进入市场；随后，保持低配送成本状态，在产品技术上加大投入，迅速从他人手中抢占市场份额。

（3）产品品质（销售什么）对提供服务（如何销售）。在图 A－13 中要避免的方块显然是失败的方块。使用这一矩阵的方法是把自己的公司定位于矩阵中，与竞争者进行对

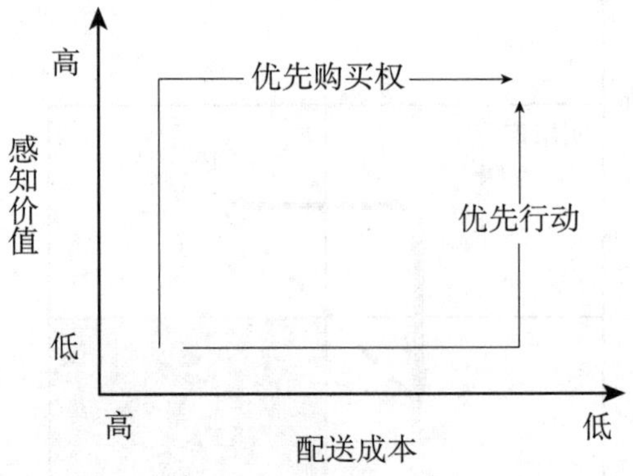

图 A-12　价值对成本

比。为获取数据，需使用定量方法（有组织的问卷调查、打分）和定性方法（使用培训过的外部促进者/市场调查员与顾客讨论）访问顾客。

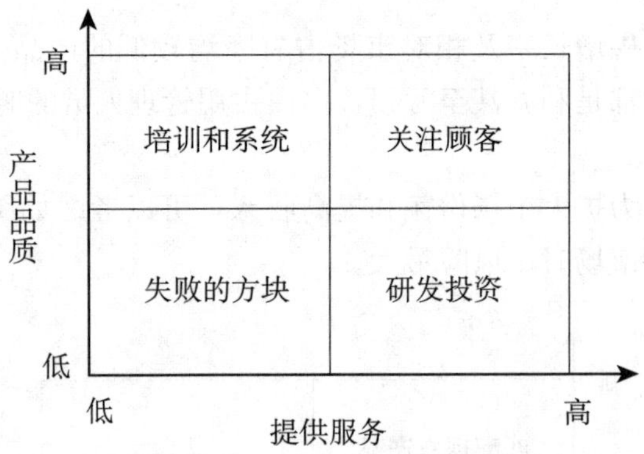

图 A-13　产品品质对提供服务

三、客户与供应商分析工具

1. 价值链

价值链分析有助于实施成本领先战略，面向顾客的最终产品/服务主要依赖于供应商。供应商将给整个业务系统增加什么价值？如果把支付服务/产品的最终价格定为100%，那么通过业务系统就能构建一个价值链（见图 A-14）。

构建价值链对于确切了解业务系统各部分产生的价值增值非常有用。运用这一信息有两种方法：(1) 改善。可以通过增进与供应商的关系来减少延滞时间/成本。节省的费用可以用来降低价格（以变得更有竞争力），或用于投资（以改进质量）。(2) 改变规则。正如宜家家居提供质量优良（但成本低）的部分组装家具，选择城镇边缘的仓储场所，并让顾客完成最终家具组合，通过这一方式有效降低了家具的价格。在供应、分销和生产环节中节省了费用，顾客就能买到价廉质优的家具。改变游戏规则可给企业带来更持久的竞争优势，竞争者如果不进行根本的变革就不能做出典型的反应。

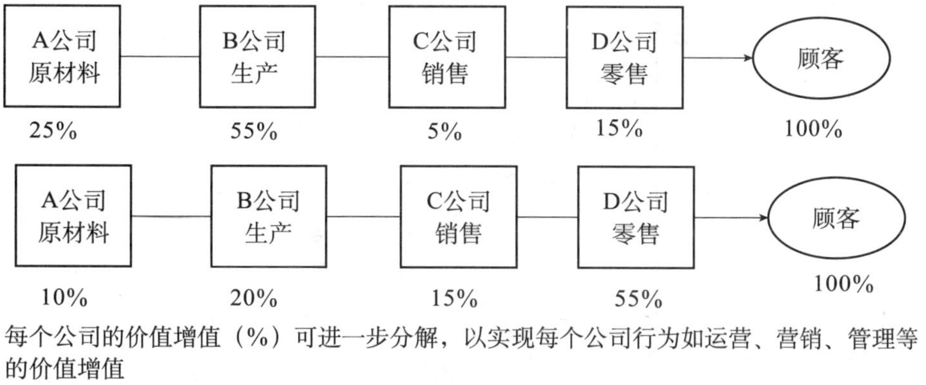

图 A-14 业务系统-价值链分析

2. AARRR 模型分析法

AARRR 模型分析法是由硅谷知名创业孵化中心 500 Startups 的创始人戴夫·麦克卢尔提出的客户分析方法。AARRR 模型对应客户生命周期中的五个重要环节，即用户获取（acquisition）、用户激活（activation）、用户留存（retention）、获取收入（revenue）、用户推荐（referral）（见图 A-15）。

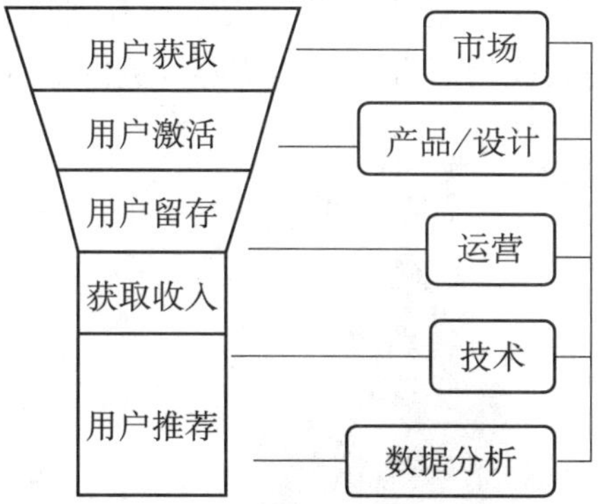

图 A-15 AARRR 模型分析法

用户获取指让潜在用户首次接触到产品，或者可以更宽泛地理解为“吸引流量”“用户量增长”。用户激活指获取用户后，通过产品组合和活动策划，引导用户完成某些“指定动作”，在消费产品的过程中强化体验，使之转化为长期活跃的忠实用户。用户留存就是减少客户流失，提高继续消费的客户人数。获取收入是指通过产品向用户收费的过程。用户推荐指基于客户关系的转推荐和主动传播，类似于病毒式传播。

3. 供应商的有效性对价值增值矩阵

一旦建立供应商的价值增值矩阵，就可以通过检查供应商的有效性来分析各种选择，就可以在如图 A-16 所示的标准矩阵上标出供应商。

使用外部供应商意味着已经做出制造/购买的决定。如果价值增值很低或供应商非常有限，就要重新考虑已做出的决定，整合始终是一种选择。如果供应商很多，就要考虑质量或成本（依据价值增值）来分散风险以防供应商倒闭。

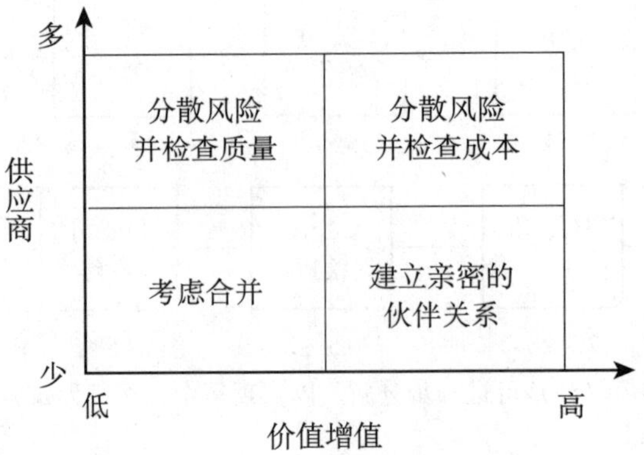

图 A-16　供应商的有效性对价值增值

四、品牌策划工具与模型

1. 品牌策划三角

奥美公司认为，品牌就是产品与消费者之间的关系。传播的目的在于影响消费者，而要想影响消费者，最重要的是洞察消费者。从无到有创建品牌，品牌个性、价值主张和消费者需求三者之间的关系成为所有品牌的核心（见图 A-17）。

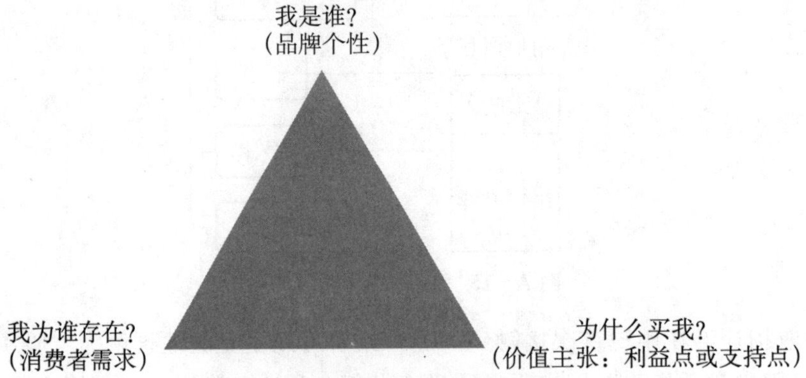

图 A-17　奥美企划工具三角关系

洞察消费者：什么会令他们心动？什么对他们来说是重要的？他们的感受、他们的生活、他们的想法是怎样的？品牌为他们做了些什么？品牌可以为他们做些什么？品牌想和他们建立什么样的关系？

消费者洞察力的形成：要获得真正的消费者洞察力，需要深入了解消费者，探讨并形成产品利益点、品牌情感利益点和人性真理之间的关系。

2. USP 定位理论

20 世纪 50 年代初美国的罗瑟·里夫斯提出，要向消费者提供一个“独特销售主张”（unique selling proposition），简称 USP 理论。图 A-18 显示了其内容。

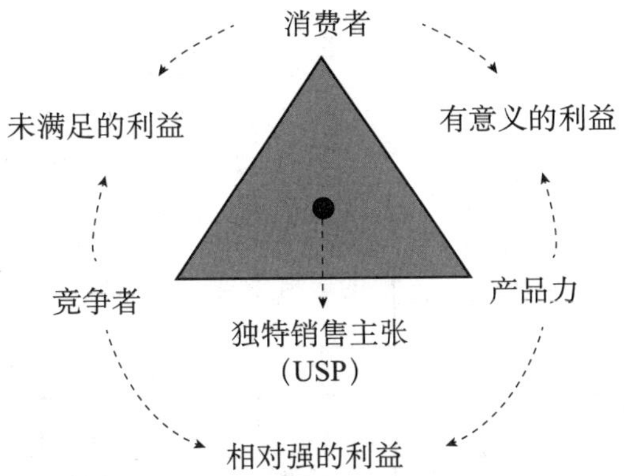

图 A－18　USP 定位关系图

USP 定位理论包括以下方面：(1) 强调产品具体的特殊功效和利益——每一个广告都必须为消费者提供一个销售主张。(2) 这种特殊性是竞争对手无法提出的——这项主张必须是竞争对手无法也不能提出的，必须具有独特性。(3) 有强劲的销售力——这项主张必须很强大，足以影响数百万的公众。20 世纪 90 年代，达彼斯指出：USP 的创造力在于揭示一个品牌的精髓，并通过强有力的、有说服力的方式证实它的独特性，使之所向披靡、势不可当。

USP 定位理论的三个特点如下：

第一，必须包含特定的商品效用，即每个广告都要有一个重点，给予消费者明确的利益承诺。

第二，必须是唯一的、独特的，是其他同类竞争产品不具有或没有宣传过的说辞。

第三，必须有利于促进销售，即这一说辞一定要强有力，能吸引数百万的公众。

五、流程分析工具

1. 工作流程分析

多数组织都有一个组织结构，表明谁向谁汇报，他们的职责是什么。几乎没有组织会分析这些职责之间的工作流，甚至不分析职责内部的工作流，但这种分析是一种功能强大的方式，它规划组织如何更有效地运转，并且可节省时间/成本或提高质量，或使二者都得到改善。图 A－19 是一个指示性的例子。它包括一个有力的分析方法：效果持续分析。每个任务计算成果时需要有一个对应的项目（图A－19 中以每次订货的平均量计算成果）。然后计算整个流程任务的总时间，并用成果除以时间得到效率水平。组织可以通过强调价值增值活动（那些真正被顾客重视的活动）为这类分析增加未来价值。如果从成果中扣除未来价值，并重新除以持续时间，就得到流程价值增值的百分比。应用这种分析，National Vulcan 公司发现它在保险业务流程中的真正价值增值不到 1%。

流程图的秘诀在于它是以归纳而非演绎思维的方式思考。因此，组织应该集中精力减少投入并增加产出价值。当横向流程涉及大量人员时，寻找机会整体处理任务（和人员）——这就形成了流程再造的基础。工作流程分析是一项重要任务，现有的流程图软件包有助于加快分析进度。

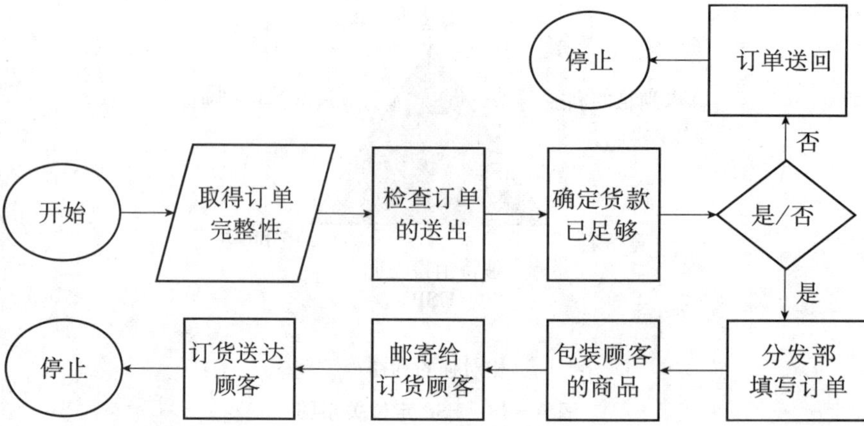

图 A-19 工作流程分析

2. 销售技巧和 SPIN

业务流程再造包含销售的基本思想。销售有许多技巧，SPIN 是其中比较不错的一种技巧。这种销售方法是由 Huthwaite 公司的一个研究小组基于许多研究开发的。小组成员用这些方法提供培训课程。他们跟踪了许多销售员的销售过程，试图弄明白成功的销售员和不是很成功的销售员之间的差别。他们发现成功的销售员询问更多的问题，并在目标顾客的头脑中形成有关服务或产品的需求。随后，Huthwaite 公司的研究小组分析这些问题的类型，并把它们分成四大类：状况（situation）、问题（problem）、暗示（implication）、需求偿清（need-pay off），即 SPIN。

（1）状况的询问用来了解客户的地点及其所处的环境。

（2）问题的询问试图确认客户在他所处的环境中看到的问题、困难和不满。

（3）暗示的询问用于形成问题，使客户了解还没解决的问题。

（4）需求偿清用于明确客户的需求和感知价值的程度。

使用 SPIN 的三个步骤始于预备阶段，包括介绍、匹配类型和通过提问“我能问你几个问题吗”获得控制。然后提出 SPIN 问题，当清楚客户的需求后，接下来的步骤就是显示满足客户需求的能力。最后阶段是总结并获得一些合适的承诺。图 A-20 归纳了这种方法。

使用 SPIN 来改变需求，并使需求与流程一致而相互匹配，这是驱动变革的有用方法，尤其在早期阶段，它不仅制定了解决方案来解决对现状不满的问题，而且有助于澄清这样一个观点：业务流程再造所要求的是把再造程序和运行结合起来。

六、他山之石

军事战略和方法

中国古代军事著作《孙子兵法》归纳出了战争的原理原则，后人将其延伸并应用于商业领域，如图 A-21 所示。

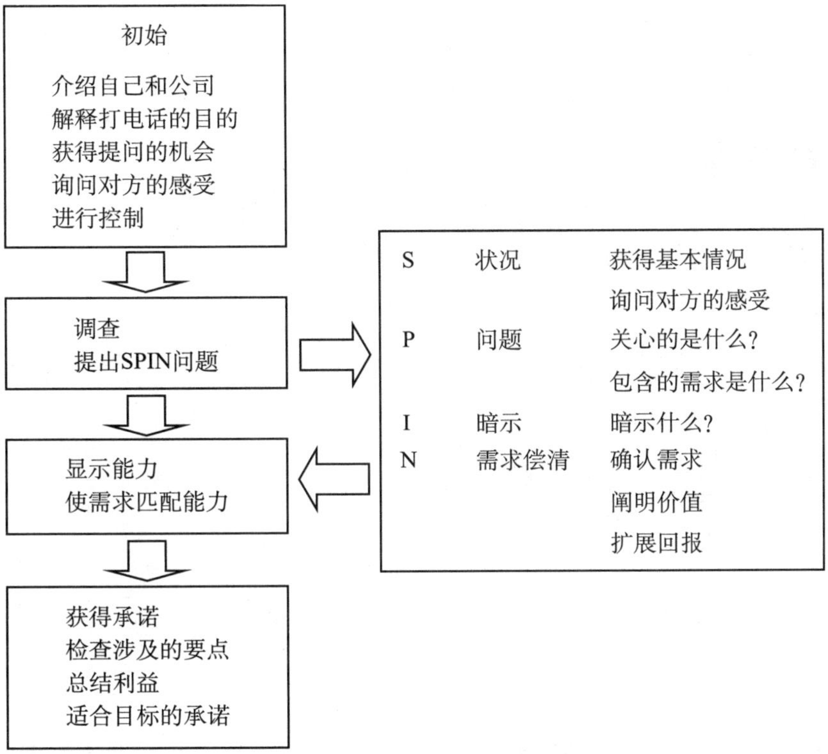

图 A-20　销售技巧：询问问题

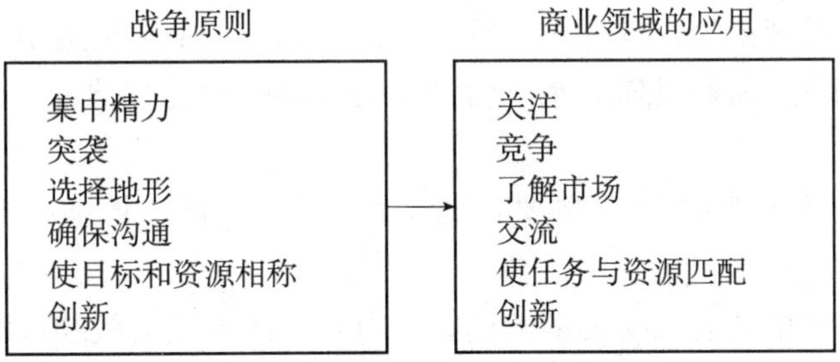

图 A-21　战争原则与商业领域的应用

桑德赫斯特皇家军事学院类似的战争原则，也可供商业应用借鉴，如图 A-22 所示。

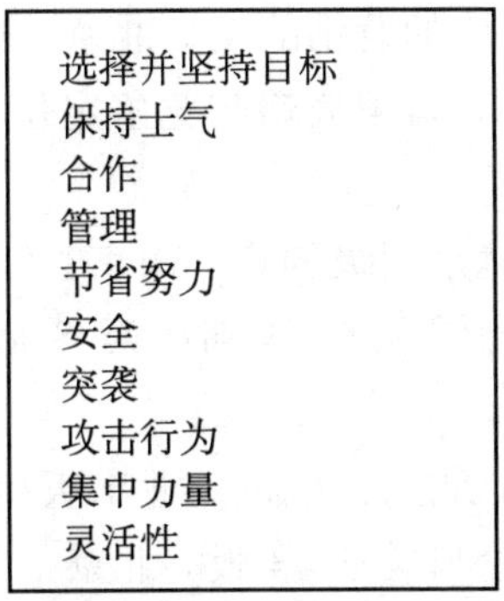

图 A-22　桑德赫斯特皇家军事学院的战争原则

参考文献

1. 麦克唐纳，威尔森．营销策划：精于思，易于行：第6版．北京：电子工业出版社，2011.

2. 麦克唐纳．营销策划：理念·步骤·方法．北京：中国铁道出版社，2016.

3. 科特勒，德里亚斯迪贝斯．水平营销：突破性创意的探寻法．北京：机械工业出版社，2019.

4. 科特勒，凯勒．营销管理精要：英文版·第6版．北京：中国人民大学出版社，2018.

5. 杨明刚．营销策划创意与案例解读．上海：上海人民出版社，2019.

6. 鲁百年．创新设计思维：创新落地实战工具和方法论．2版．北京：清华大学出版社，2018.

7. 梁东，连漪．品牌管理．北京：高等教育出版社，2012.

8. 施炜．连接：顾客价值时代的营销战略．北京：中国人民大学出版社，2018.

9. 胡利，皮尔西，布里吉特．营销战略与竞争定位：第6版．北京：中国人民大学出版社，2019.

10. 华彬，华楠．超级符号就是超级创意．南京：江苏凤凰文艺出版社，2019.

11. 布朗，苏特，丘吉．营销调研基础：第8版．北京：中国人民大学出版社，2019.

12. 路江涌．图解创新管理．北京：机械工业出版社，2018.

13. 连漪．市场营销学：理论与实务．3版．北京：北京理工大学出版，2016.

14. 孟韬，毕克贵．营销策划：方法、技巧与文案．3版．北京：机械工业出版社，2016.

15. 凯勒．战略品牌管理：第 4 版．北京：中国人民大学出版社，2014.
16. 安德森．长尾理论：为什么商业的未来是小众市场．北京：中信出版社，2015.
17. 庄贵军．营销渠道管理．3 版．北京：北京大学出版社，2018.
18. 连漪，窦均林．广告学．北京：高等教育出版社，2015.
19. 里斯，特劳特．定位（重译版）．北京：机械工业出版社，2017.
20. 乔治・贝尔奇，迈克尔・贝尔奇．广告与促销：整合营销传播视角：第 11 版．北京：中国人民大学出版社，2019.
21. 卢泰宏，朱翊敏，贺和平．促销基础：顾客导向的实效促销．5 版．北京：清华大学出版社，2016.
22. 黄劲松．整合营销传播．北京：清华大学出版社，2016.
23. 帕特里克，斯泰西，弗兰克，等．公共关系实务：管理案例与问题：第 8 版．北京：清华大学出版社，2017.
24. 戴鑫．新媒体营销：网络营销新视角．北京：机械工业出版社，2017.
25. 叶万春，叶敏，万后芬，等．企业形象策划：CIS 导入．5 版．大连：东北财经大学出版社，2018.
26. 德鲁克．卓有成效的管理者．北京：机械工业出版社，2019.
27. 多兰，西蒙．定价圣经．北京：中信出版社，2010.
28. 杨明刚．品牌与策划．上海：上海人民出版社，2016.
29. 克雷文斯，皮尔西．战略营销：原书第 10 版．北京：中国人民大学出版社，2016.
30. 宋俊骥，孔华．网络营销与策划实务．北京：人民邮电出版社，2018.
31. 叶龙．活动策划与执行大全：文案创意＋执行步骤＋技巧案例（新媒体版）．北京：清华大学出版社，2018.
32. 麦克唐纳，莫里斯．图解营销策划．北京：电子工业出版社，2014.
33. 杨飞．流量池．北京：中信出版社，2018.
34. 黄有璨．运营之光：我的互联网运营方法论与自白 2.0. 北京：电子工业出版社，2018.
35. 谭俊华．营销策划．2 版．北京：清华大学出版社，2017.
36. 希特，爱尔兰，霍斯基森．战略管理：概念与案例：第 12 版．北京：中国人民大学出版社，2017.
37. 马鸿飞．营销策划．北京：机械工业出版社，2016.
38. 大前研一．专业主义．北京：中信出版社，2015.
39. 德鲁克．公司的概念．北京：机械工业出版社，2018.
40. 郝志中．用户力：需求驱动的产品、运营与商业模式．北京：机械工业出版社，2016.
41. 蒂尔，马斯特斯．从 0 到 1：开启商业与未来的秘密．北京：中信出版社，2015.
42. 泽丝曼尔，比特纳，格兰姆勒．服务营销．北京：机械工业出版社，2018.

43. 郭国庆．服务营销．4版．北京：中国人民大学出版社，2017.

44. 罗森布罗姆．营销渠道管理．北京：机械工业出版社，2003.

45. 吴宪和．分销渠道管理．3版．上海：上海财经大学出版社，2016.

46. 张广玲．分销渠道管理．武汉：华中科技大学出版社，2020.

47. 李小红．分销渠道设计与管理．3版．重庆：重庆大学出版社，2015.

48. 李先国，杨晶，梁雨谷．销售管理．5版．北京：中国人民大学出版社，2019.

49. 熊银解，富特雷尔．销售管理：第4版．北京：高等教育出版社，2017.

50. 李兴国．公共关系学（数字教材版）．北京：中国人民大学出版社，2018.

51. 任正臣．公共关系学．2版．北京：北京大学出版社，2016.

52. 许颖，李建军．营销策划．上海：华东师范大学出版社，2014.

53. 萧潇．创意文案与营销策划撰写技巧及实例全书．天津：天津科学技术出版社，2017.

54. 景奉杰，曾伏娥．市场营销调研．北京：高等教育出版社，2010.

55. 强海涛．商务策划原理与实践．北京：机械工业出版社，2011.

56. 何修猛．现代广告学．8版．上海：复旦大学出版社，2016.

57. 德鲁克．管理的实践．北京：机械工业出版社，2018.

58. 阳翼．大数据营销．北京：中国人民大学出版社，2017.

59. 谢导．互联网营销：理念的颠覆与蜕变．北京：机械工业出版社，2016.

60. 何佳讯．战略品牌管理：企业与顾客协同战略．北京：中国人民大学出版社，2021.

61. 尹一丁．高势能品牌：打造品牌能量的12堂剑桥课．北京：中信出版社，2022.

62. 张晓岚．营销诡道：成长型企业市场销售谋略实录．北京，电子工业出版社，2017.

63. 王玮．网络营销．2版．北京：中国人民大学出版社，2022.

64. 弗拉什曼．内容为王：B2B品牌传播的关键要素．北京：中国科学技术出版社，2022.

65. 李飞．李飞逻辑营销9堂课．北京：机械工业出版社，2021.

66. 柯林斯．飞轮效应．北京：中信出版社，2020.

67. 周瑞华．十佳案例出炉：这是春节汽车营销的最佳打开方式．成功营销，2019 (3).

68. 阴雅婷．大数据环境中的品牌接触点传播变革与协同建构．广告大观（理论版），2019 (10).

69. 窦林毅．茶π现代营销启示录．销售与市场（管理版），2016 (12).

70. 陈真，黄沛．新媒体对整合营销传播的影响及对策研究．未来与发展，2019 (8).

71. 胡建伟，仇海燕．网络爬虫技术促大数据与CPI调查融合发展．成功营销，2019 (1).

72. 龙亮海．完美日记×中国国家地理：画眼影，学地理．销售与市场（管理版），

2020（1）.

73. 栗建．“戛纳国际科技节”：创意技术的“文艺复兴”．IT 经理世界，2018（7）.

74. 张广岐，宋伟，田梦雪，等．宝洁与联合利华的本土化传播策略研究．广告大观（理论版），2019（10）.

75. 谢佩洪，朱一．海尔集团的品牌国际化升级路径．清华管理评论，2018（12）.

76. 王卉，张文飞，胡娟．从今日头条的突破性创新看移动互联网时代内容产业的发展趋势．科技与出版，2016（6）.

77. 解学梅，王丽君．用户参与对企业新产品开发绩效的影响机理：基于在线社区视角．南开管理评论，2019（6）.

78. 付虹．阅读推广活动促进图书馆服务效益提升的实践探索：厦门阅读手绘地图策划案例分析．图书馆杂志，2017（10）.

79. 陆涛，张世斌．线上线下双渠道供应链定价策略研究：基于交货期敏感对价格影响的零售商双渠道定价分析．价格理论与实践，2019（11）.

80. 周雄伟，汪苗蓉，徐晨．O2O 模式下服务商的价格和时间决策．中国管理科学，2018（3）.

81. 庄贵军，邓琪，卢亭宇．跨渠道整合的研究述评：内涵、维度与理论框架．商业经济与管理，2019（12）.

82. 杜睿云，蒋侃．新零售：内涵、发展动因与关键问题．价格理论与实践，2017（6）.

83. 杨嫒嫒．新零售模式下的渠道研究——以名创优品为例．现代营销（经营版），2018（9）.

84. 林炳坤，吕庆华，杨敏．多渠道零售商线上线下协同营销研究综述与展望．重庆邮电大学学报（社会科学版），2017（7）.

85. 蔡海燕．基于“新零售”模式的实体渠道炒店策划和流程分析．现代经济信息，2019（11）.

86. 陈梅婷．认知神经科学在广告研究中的范式创新．广告大观（理论版），2019（4）.

87. 张智华，宋斌．论垂直类网络直播平台的兴起逻辑和圈层传播．现代传播，2019（9）.

88. 钱丽娜．2019“双 11”，自然堂和开心麻花要搞“开心”大事．商学院，2019（10）.

89. 赵保国，胡梓娴．网络促销方式对消费者购买意愿的影响机制研究．北京邮电大学学报（社会科学版），2016（4）.

90. 侯文培．Vlog 内容营销传播策划要点探析：以知名博主“@ACui 阿崔”的 Vlog 为例．新媒体研究，2019（12）.

91. 万展豪，王远舟．公共传播视野下组织形象建构“公共性”原则．传媒，2018（2）.

92. 潘颖．公共关系视域下的借势营销策略分析：以“杜蕾斯”品牌营划为例．新闻前哨，2018（3）.

93. 董大海，马芳，宋晓兵．善因营销与赞助营销对品牌忠诚影响的对比研究．科技与管理，2018（8）.

94. 香港旅游发展局．香港“旧城中环”公关项目．国际公关，2018（4）.

95. 徐丹，李倩．移动互联网时代的短视频与直播．新闻战线，2017（8）.

96. 张伟，李晓丹，郭立宏．不同微博营销渠道对产品销量的影响研究：品牌自有媒体VS第三方媒体的路径对比．南开管理评论，2018（2）.

97. 贺爱忠，蔡玲，高杰．品牌自媒体内容营销对消费者品牌态度的影响研究．管理学报，2016（10）.

98. 宋小康，朱庆华，赵宇翔．社会化媒体中表情包使用对信息交流效果的实证研究：基于言语行为理论．情报科学，2019（5）.

99. 马哲坤，涂艳．基于知识图谱的网络舆情突发话题内容监测研究．情报科学，2019（2）.

100. 沈国梁．直面Z世代：品牌应如何创新应变．中国广告，2019（11）.

101. 张益铭．IP跨界营销赋能新媒体传播方式的创新发展：以人民日报社新媒体中心为例．出版广角，2019（11）.

102. 陈心怡，杨佳蓉．利用整合营销传播观点建立感性品牌形象：以“江小白”为例．海峡科学，2019（7）.

103. 颜卉，刘予．数字化环境下奢侈品牌的“全渠道营销”解决方案：以蒂芙尼（Tiffany & Co.）为例．清华管理评论，2019，04.

104. 王红春，陈杨．双边市场视角下社交电商平台定价策略研究：基于拼多多的案例分析．价格理论与实践，2023（9）.

105. 王滔，颜波．复合型电商平台不同进驻模式组合下的在线渠道竞争策略选择分析．管理工程学报，2024，38（2）.

图书在版编目（CIP）数据

营销策划 / 连漪，梁健爱编著．-- 2 版．-- 北京：中国人民大学出版社，2024.7. --（新编 21 世纪市场营销系列教材）．-- ISBN 978-7-300-33019-8

Ⅰ．F713.50

中国国家版本馆 CIP 数据核字第 2024Q15R20 号

新编 21 世纪市场营销系列教材

营销策划（第 2 版）

连　漪　梁健爱　编著

Yingxiao Cehua

出版发行	中国人民大学出版社		
社　　址	北京中关村大街 31 号	**邮政编码**	100080
电　　话	010－62511242（总编室）		010－62511770（质管部）
	010－82501766（邮购部）		010－62514148（门市部）
	010－62515195（发行公司）		010－62515275（盗版举报）
网　　址	http://www.crup.com.cn		
经　　销	新华书店		
印　　刷	北京密兴印刷有限公司	**版　　次**	2021 年 3 月第 1 版
开　　本	787 mm×1092 mm　1/16		2024 年 7 月第 2 版
印　　张	21.25 插页 1	**印　　次**	2024 年 7 月第 1 次印刷
字　　数	476 000	**定　　价**	52.00 元

中国人民大学出版社　管理分社

教师教学服务说明

中国人民大学出版社管理分社以出版工商管理和公共管理类精品图书为宗旨。为更好地服务一线教师，我们着力建设了一批数字化、立体化的网络教学资源。教师可以通过以下方式获得免费下载教学资源的权限：

★ 在中国人民大学出版社网站 www.crup.com.cn 进行注册，注册后进入“会员中心”，在左侧点击“我的教师认证”，填写相关信息，提交后等待审核。我们将在一个工作日内为您开通相关资源的下载权限。

★ 如您急需教学资源或需要其他帮助，请加入教师 QQ 群或在工作时间与我们联络。

中国人民大学出版社　管理分社

教师 QQ 群： 648333426(工商管理)　114970332(财会)　648117133(公共管理)
教师群仅限教师加入，入群请备注(学校+姓名)

联系电话： 010-62515735，62515987，62515782，82501048，62514760

电子邮箱： glcbfs@crup.com.cn

通讯地址： 北京市海淀区中关村大街甲 59 号文化大厦 1501 室(100872)

管理书社　　人大社财会　　公共管理与政治学悦读坊